Uni-Taschenbücher 133

UTB

Eine Arbeitsgemeinschaft der Verlage

Birkhäuser Verlag Basel und Stuttgart
Wilhelm Fink Verlag München
Gustav Fischer Verlag Stuttgart
Francke Verlag München
Paul Haupt Verlag Bern und Stuttgart
Dr. Alfred Hüthig Verlag Heidelberg
J. C. B. Mohr (Paul Siebeck) Tübingen
Quelle & Meyer Heidelberg
Ernst Reinhardt Verlag München und Basel
F. K. Schattauer Verlag Stuttgart-New York
Ferdinand Schöningh Verlag Paderborn
Dr. Dietrich Steinkopff Verlag Darmstadt.
Eugen Ulmer Verlag Stuttgart
Vandenhoeck & Ruprecht in Göttingen und Zürich
Verlag Dokumentation München-Pullach
Westdeutscher Verlag/Leske Verlag Opladen

Information und Synthese

Herausgegeben von Klaus W. Hempfer und Wolfgang Weiß

Band 1: Gattungstheorie

In Vorbereitung sind:

Renaissance
Aufklärung
Struktur
Metapher
Topos
Parodie/Pastiche/Travestie
Roman I: Perspektive/Erzählhaltung
Satire
Ballade
Autobiographie
Utopie
Mythos
Rezeptionsästhetik
Literatur und Psychoanalyse
Literatursoziologie
Hermeneutik und Literaturwissenschaft

Klaus W. Hempfer

Gattungstheorie

Information und Synthese

Wilhelm Fink Verlag München

FÜR CHRISTL
UND
MEHRERE

ISBN 3-7705-0644-8
© 1973 Wilhelm Fink Verlag, München
Satz und Druck: MZ-Verlagsdruckerei GmbH, Memmingen
Buchbindearbeiten: Großbuchbinderei Sigloch, Stuttgart
Einbandgestaltung: Alfred Krugmann, Stuttgart

VORWORT DER HERAUSGEBER

Ziel der Reihe "Information und Synthese", deren erster Band hiermit vorgelegt wird, ist eine umfassende und zuverlässige Bestandsaufnahme der literaturtheoretischen Forschung des 20. Jhs. Geplant sind ca. 40 Bände, die über allgemeine Grundlagenfragen (Gattungstheorie, Theorie der Epochenbegriffe, usw.), einzelne Grundbegriffe (Strukturbegriff, Drama, Roman, Comics, Hörspiel, Renaissance, Aufklärung, usw.) und zentrale Problemkomplexe (Literatursoziologie, Literatur und Psychologie, Trivialliteratur, usw.) des Faches unterrichten und in einem Zeitraum von drei bis vier Jahren erscheinen sollen.

Selbstverständlich kann sich ein solches Unternehmen nicht auf die Forschungslage in einer der Philologien beschränken, sondern es soll der Versuch unternommen werden, die bereits weit fortgeschrittene und unfruchtbare Abkapselung der Einzeldisziplinen zu überwinden, indem die verschiedenen Ansätze und Erträge in eine Gesamtschau integriert werden. Vorrangig werden hierbei die Ergebnisse der germanistischen, anglistischen und romanistischen Forschung berücksichtigt; nach Möglichkeit soll jedoch auch die slawistische Literaturwissenschaft einbezogen werden.

Die Herausgeber sind der Meinung, daß sich in der heutigen Situation der Literaturwissenschaft Überblicke über die Forschungslage nicht in einem weitgehend kritiklosen Aneinanderreihen heterogener Positionen erschöpfen dürfen, sondern daß die verschiedenen Ansätze, Methoden und Ergebnisse auf ihre wissenschaftstheoretischen und methodologischen Prämissen hin untersucht werden müssen, da nur auf diese Weise zu einem systematischen Bezugsrahmen zu gelangen ist, der eine angemessene Beurteilung der jeweiligen Einzelergebnisse erlaubt. Die Darstellung der Forschung umfaßt im allgemeinen den Zeitraum seit der Jahrhundertwende. Die weiter zurückliegende Diskussion wird einbezogen, soweit dies vom Thema her nötig erscheint. In die jedem Band beigegebene Bibliographie werden auch solche Titel aufgenommen, auf die im Text selbst nicht eingegangen werden konnte. Anhänge und Indices sollen die Benutzbarkeit der Bände als Arbeitsbücher und Nachschlagewerke erleichtern.

Aus dem Gesagten ergibt sich, daß die Reihe sowohl für den Fachmann gedacht ist, der sich einen zuverlässigen Überblick über die theoretische Arbeit auf einem Teilgebiet seines Faches verschaffen will, als auch für den Studierenden, der sich in der Fülle der verschiedenen Auffassungen, Standpunkte und Richtungen, mit denen er im Laufe seines Studiums konfrontiert wird, zu orientieren versucht.

Klaus W. Hempfer (München)   Wolfgang Weiß (Köln)

INHALT

1	VORBEMERKUNGEN	9
2	PROBLEME DER TERMINOLOGIE	14
2.1	*Wissenschaftssprache, Objektebene und Beschreibungsebene*	14
2.2	*"Gattung" als metatheoretischer Begriff*	16
2.3	*Theoretische Begriffsbildungen*	18
2.4	*Entwurf einer systematischen Terminologie*	26
3	DIE SEINSWEISE DER "GATTUNGEN"	30
3.1	*Das Universalienproblem*	30
3.2	*Nominalistische Positionen*	37
3.2.1	Croces ästhetische und logische Grundannahmen als Apriori-Argumente gegen "Gattungen"	38
3.2.2	Normatives Gattungsverständnis	41
3.2.3	Einzelwerk vs. "Gattung" oder die Möglichkeit der Allgemeinerkenntnis	43
3.2.4	Gattungsbegriffe als Sprachkonventionen	49
3.2.5	Croces Entwurf einer "Modernen Poetik"	51
3.2.6	Kulturgeschichte vs. Literaturgeschichte und die Überwindung des Nominalismus bei Fubini	52
3.3	*Realistische und konzeptualistische Positionen*	56
3.3.1	Das normative Gattungsverständnis der poetisch-rhetorischen Tradition	57
3.3.2	Konkretisierend-verdinglichendes Gattungsverständnis	58
3.3.3	Anthropologische Konzeptionen	62
3.3.3.1	Weltanschauungstypen, psychische Haltungen und Goethes "Naturformen"	63
3.3.3.2	Gattungsbegriffe als Kategorien einer Fundamentalontologie	69
3.3.4	Archetypische Kritik	76
3.3.5	Expressiv-produktionsästhetische Konzeptionen	80
3.3.5.1	Gestalttheorie	80
3.3.5.2.	"Gattungen" als ästhetische Wirklichkeiten, Ausdrucksformen, Strukturen	85
3.3.5.3	Typen, Schichten, Entelechien	87

3.3.6	Kommunikativ-semiotische Gattungskonzeptionen	89
3.3.6.1	Ansätze und Vorstufen: "Gattungen" als Traditionen, Konventionen, Institutionen	89
3.3.6.2	"Gattung" und Hermeneutik	92
3.3.6.3	Struktural-linguistische, informationstheoretische und rezeptionsästhetische Fundierung der Gattungskonzepte	98
3.3.6.3.1	"Gattungen" als evolutionierende Bezugssysteme	98
3.3.6.3.2	"Gattungen" als funktionelle Varianten des Sprachsystems	99
3.3.6.3.3	"Gattungen" als parasitäre Strukturen bzw. konnotative Zeichen	100
3.3.6.3.4	"Gattungen" als Konstituenten der sprachlichen Norm	104
3.3.6.3.5	"Gattungen" und Grundkonzepte der generativen Grammatik	107
3.3.6.3.6	"Gattungen" als "Programme"	109
3.3.6.3.7	"Gattungen" als historische Familien/Gruppen von Texten	110
3.3.6.3.8	Konzeptualistische Positionen	114
3.3.6.3.8.1	"Gattungen" als nachträgliche Klassifikationen	115
3.3.6.3.8.2	"Gattungen" als regulative Hypothesen	118
3.3.6.3.8.3	Phänomenologischer Apriorismus	119
3.4	*Die konstruktivistische Synthese*	122
4	GATTUNGSBESTIMMUNG: KORPUSBILDUNG, STRUKTURIERUNGSVERFAHREN, DIFFERENZIERUNGSKRITERIEN	128
4.1	*Das Problem des Anfangs oder Induktion vs. Deduktion*	128
4.1.1	Induktion vs. Deduktion	128
4.1.2	Korpusbildung: Ausgehen vom Gattungsnamen vs. Beliebigkeit der Textgruppenbildung	130
4.1.3	Ausgehen vom Archetypus	132
4.1.4	Ideation des Typus aus spezifischen, historischen Realisationen	133
4.1.5	Hermeneutisches Verfahren	134
4.1.6	Rezeptionsästhetisch-konstruktivistisches Verfahren	135
4.2	*Strukturierungsverfahren*	136
4.2.1	Subtraktionsverfahren/Klassenbildung	136

4.2.2	Erstellen einer Dominante und Relationierung der Elemente	137
4.2.3	Struktur und Transformation	139
4.3	*Differenzierungskriterien*	150
4.3.1	Pluralität der Differenzierungskriterien und das Problem der Abstraktionsebenen	150
4.3.2	Sprachlich-literarische Kriterien	153
4.3.2.1	Primäre und sekundäre Merkmale: der Umfang	153
4.3.2.2	Innere Form/äußere Form/Gehalt	154
4.3.2.3	Mittel, Gegenstand, Art (Redekriterium) und Wirkung der Darstellung	155
4.3.2.4	Redekriterium und Sprechsituation	160
4.3.2.5	Sprachfunktionen und grammatische Kategorien	165
4.3.2.6	Zeit und Ort	169
4.3.2.7	Aussagestruktur und Fiktionalität	170
4.3.2.8	Differenzierungskriterien "aus linguistischer Sicht"	177
4.3.3	Gattungsdifferenzierung durch Korrelation mit anderen Systemen	180
4.3.3.1	Psychologische Kriterien	181
4.3.3.2	Soziologische Kriterien	186
4.4	*Zusammenfassung: Interdependenz von Strukturierungsverfahren, Schichtenspezifizierung und Differenzierungskriterien*	189
5	EVOLUTIONSMODELLE	192
5.1	*Geschichtsphilosophische Modelle*	192
5.1.1	Idealistische und marxistische Ansätze	192
5.1.2	Biologismus und Gegenpositionen	202
5.2	*Modelle ohne deterministische Gesetzeshypothesen*	207
5.2.1	Deduktiv-nomologische vs. historische Erklärung	207
5.2.2	Genieästhetische Ansätze	209
5.2.3	Stufenmodelle	210
5.2.4	Evolution als Systemwandel	212
6	ZUSAMMENFASSENDE THESEN	221
ANMERKUNGEN		229
BIBLIOGRAPHIE		274
ANHANG I: ÜBERSETZUNGEN DER NICHTENGLISCHEN FREMDSPRACHLICHEN ZITATE		294
ANHANG II: KONTROLLFRAGEN		304
PERSONENINDEX		308

1 VORBEMERKUNGEN

Die vorliegende Arbeit versucht, in eingehender Auseinandersetzung mit der gattungstheoretischen Reflexion seit der Jahrhundertwende Ansätze zu einer auf modernen wissenschaftstheoretischen Ergebnissen aufbauenden Systematik dieser textwissenschaftlichen Teildisziplin zu erstellen. Der gewählte Beginn ist dabei kein willkürlich chronologischer, sondern läßt sich wissenschaftsgeschichtlich begründen. In Deutschland vollzog sich im ausgehenden 19. Jh. eine Abkehr von den spekulativen, deduktiven ästhetischen Systemen durch Diltheys Versuch einer empirisch-psychologischen Grundlegung der Poetik; zwar ging er hierbei nur beiläufig auf g a t t u n g s poetische Fragen im engeren Sinne ein, doch beeinflußten seine produktionsästhetisch-psychologistischen Konzepte die germanistische Gattungsforschung entscheidend bis in die dreißiger Jahre dieses Jh.s. Einen ähnlichen Einfluß wie Dilthey in Deutschland hatte Brunetière in Frankreich, der im gleichen Jahr wie Symonds in England (1890) die Übertragung Darwinscher und generell evolutionstheoretischer Vorstellungen auf die Betrachtung der literarischen "Gattungen" forderte und somit den Positivismus Tainescher Provenienz durch Grundgedanken der biologischen Entwicklungstheorie zu aktualisieren suchte. Symonds wie Brunetière wurden außerhalb ihrer Heimatländer vor allem in der amerikanischen Literaturkritik rezipiert, während evolutionistisches Gedankengut in Deutschland kaum zum Tragen kam, wohl nicht zuletzt aufgrund der kategorialen Scheidung von Natur- und Geisteswissenschaften und deren jeweiliger Methoden durch Dilthey, Rickert u. a. 1902 erschien schließlich die Ästhetik Croces, dessen grundsätzliche Ablehnung der Gattungskonzepte die italienische Literaturkritik bis in die sechziger Jahre beeinflußte und der auch außerhalb Italiens eine nachhaltige Wirkung ausübte. Neben diesen drei Positionen, die einen wesentlichen Neuanfang der gattungspoetischen Reflexion darstellen, finden sich natürlich immer wieder Rückgriffe auf älteres Gedankengut — vor allem auf die goethezeitlich-idealistische Ästhetik und auf die rhetorisch-poetische Tradition seit der Antike —, das aus naheliegenden Gründen hier nicht zusammenhängend dargestellt werden kann, das jedoch dort, wo es zu einem historisch adäquaten Verständnis neuerer Ansätze notwendig erscheint, einbezogen wird. Zur eingehenden Darstellung der poetologischen Reflexion früherer Epochen sei verwiesen auf Behrens ('40), Weinberg ('61), Bray ('51) und Jäger ('70). Unsere Darstellung beginnt also bei den Arbeiten der Jahrhundertwende und reicht bis 1972. Dabei erschien es uns weder sinnvoll noch möglich, absolute Vollständigkeit und absolute Gleichgewichtung anzustreben. Einmal ist es nicht auszuschließen, daß uns, trotz gründlicher bibliographischer Ermittlung, einige Arbeiten entgangen sind, obgleich wir hoffen, daß alles Wesentliche, das in gängigen westlichen Sprachen publiziert wurde, erfaßt ist. Die slawistische Forschung konnte nur soweit einbezogen werden, als sie in Übersetzungen oder Resümees zugänglich war. Ferner erwies es sich als unmöglich, die ermittelten Arbeiten in gleich ausführlicher Weise darzustellen. Um einen lesbaren Umfang des Bandes nicht zu übersteigen, konnten nur die wichtigeren und/oder einflußreicheren Arbeiten eingehend referiert werden, wobei wiederum die neuere Forschung detaillierter berücksichtigt wurde als die ältere, die häufig nur noch von wissenschaftsgeschichtlichem Interesse ist. Neben der pragmatischen hat dieses Vorgehen seine sachliche Berechtigung darin, daß nicht wenige Arbeiten sich im Rahmen des Wissenschaftsprozesses als überflüssig erweisen, weil sie entweder Bekanntes wiederholen oder bereits Widerlegtes in Unkenntnis des Diskussionsstandes erneut verfechten. Die vorliegende Arbeit verfolgt deshalb unter anderem das Ziel, der durch die Abkapselung der einzelnen Nationalliteraturen und durch die steigende Publikationsflut gestörten wissenschaftlichen Diskussion eine rasch verfügbare Informationsgrundlage zu verschaffen. Dabei geht es uns allerdings keineswegs darum, aposteriorisch 'Patente' für diese oder jene 'Erstentdeckung' zu verteilen, sondern lediglich um eine möglichst adäquate Darstellung wesentlicher Positionen in ihren wissenschaftsgeschichtlichen Filiationen. Einbezogen wurden selbstverständlich auch die neueren Arbeiten aus der Linguistik, die in der Regel statt von "Gattungen" von "Textsorten" sprechen. Da die Publikationssituation in dieser Disziplin durch das Überhandnehmen der Preprints noch unüberschaubarer geworden ist als in der Literaturwissenschaft und da die "Textsorten" gerade in jüngster Zeit mit zunehmendem Interesse bedacht werden, ist Vollständigkeit hier erst recht ein unerreichbarer Grenzwert.[1]

In diesem Zusammenhang ist noch ein weiteres Problem anzuschneiden. Uns geht es um die Darstellung der Grundfragen, die bei jeglicher Gattungsanalyse auftauchen, nicht um spezifische Probleme im Zusammenhang mit spezifischen "Gattungen". Eine Reihe allgemeiner Aussagen sind jedoch im Rahmen spezieller Untersuchungen gemacht worden. Soweit wir diese ermitteln konnten und sie uns wesentlich erschienen, wurden sie berücksichtigt, aber selbstverständlich konnte nicht noch zusätzlich die gesamte Literatur zu den einzelnen "Gattungen" systematisch erfaßt werden. Dies ist in den Bänden zu den jeweiligen "Gattungen" zu leisten.

Da es Ziel der vorliegenden Arbeit ist, eine Systematik der Gattungsforschung zu erstellen und nicht nur mehr oder weniger locker verschiedene Forschungspositionen aneinanderzureihen, gehen wir nicht chronologisch nach einzelnen Autoren, sondern nach bestimmten Problemkomplexen vor, wobei sich von der Sache her ein bestimmter Aufbau ergibt. Als erstes sind Fragen des wissenschaftlichen Diskurses zu beleuchten, d. h. wie über "Gattungen" gesprochen wurde bzw. werden sollte: welche terminologischen Differenzierungen existieren, welche Aufgliederungen des Objektbereichs sie vornehmen, welche Kohärenz der Fachsprache gegeben ist usw. Vor allem geht es uns um die eindeutige Scheidung von Objekt- und Beschreibungsebene, deren Vermengung bis in die neuesten Publikationen hinein einer systematischen Gattungstheorie entgegensteht. Nach der Terminologie befassen wir uns mit den 'Gegenständen selbst', d. h. mit den weitgehend divergierenden Aussagen zur Seinsweise der "Gattungen". Aufgrund der jeweiligen ontologischen Voraussetzungen, der Frage, ob Allgemeinbegriffe als in irgendeiner Form existierend angenommen werden oder nicht, läßt sich als fundamentalste Gruppierung diejenige nach Nominalisten und Realisten vornehmen, wobei sich die letztere Position weiter in zahlreiche, erkenntnistheoretisch und methodologisch verschieden fundierte Gattungskonzeptionen auffächert. Innerhalb der einzelnen Abschnitte wird dann versucht, soweit dies mit der Systematik verträglich ist, chronologisch vorzugehen und wichtige Einzelautoren so ausführlich vorzustellen, daß nicht nur ein Bild der allgemeinen Wissenschaftsdiskussion entworfen, sondern auch der jeweils individuelle Beitrag möglichst adäquat dargestellt wird. Am Ende dieses Kapitels skizzieren wir auf der Basis der Piagetschen Erkenntnistheorie ein konstruktivistisches Gattungsverständnis, das sich als Synthese von Nominalismus und

Realismus begreifen läßt. Diese grundsätzliche Konzeption erfährt ihre Konkretisierung im 4. Kapitel, wo in Auseinandersetzung mit der vorliegenden Forschung generelle Probleme der Bestimmung von "Gattungen" diskutiert werden. Dabei geht es uns sowohl um die Fragen, die bereits bei der Erstellung des Korpus auftauchen, auf das eine Gattungsbestimmung bezogen bzw. von dem sie abgeleitet werden soll, als auch um allgemeine Prinzipien der Strukturierung eines wie auch immer konstituierten Korpus und um die Erstellung von Differenzierungskriterien. In diesem Zusammenhang wird der Versuch unternommen, die im Terminologiekapitel geforderte Unterscheidung und Hierarchisierung verschiedener Analyseebenen im Rahmen eines dynamisierten und historisierten Strukturbegriffs zu realisieren, wodurch uns eine Vermittlung des traditionellen Antagonismus von überzeitlicher oder nur geschichtlicher Bestimmung der "Gattungen" möglich erscheint. Ausschließlich dem geschichtlichen Aspekt ist das 5. Kapitel gewidmet, das die wichtigsten Evolutionsmodelle für "Gattungen" zu charakterisieren sucht und von diesem Ansatzpunkt her nochmals die Notwendigkeit der Unterscheidung von Objekt- und Beschreibungsebene, von historischer Konstitution und wissenschaftlicher Konstruktion von "Gattungen" begründet. Den Abschluß unserer Ausführungen bilden Thesen, die unsere an verschiedenen Stellen in Auseinandersetzung mit der vorliegenden Forschung entwickelten Vorstellungen zum Aufbau einer systematischen Gattungstheorie knapp zusammenfassen sollen.

Hinzuweisen ist schließlich noch auf einige technische Details. Um den ohnehin umfänglichen Anmerkungsteil soweit als möglich zu entlasten, wurde die seit einiger Zeit in linguistischen Publikationen übliche Kurzzitierweise benutzt — Verfasser, Erscheinungsjahr, Band- (falls nötig) und Seitenzahl —, mehrere Publikationen des gleichen Autors innerhalb eines Jahres werden durch Kleinbuchstaben unterschieden. Zitiert wird in der Regel in den Originalsprachen; nur dort, wo weit verbreitete deutsche Übersetzungen vorliegen (z. B. Wellek / Warren, N. Frye), wird von diesem Prinzip abgewichen. Die nichtenglischen fremdsprachlichen Zitate sind im Anhang I übersetzt. Das detaillierte Inhaltsverzeichnis und die zahlreichen Querverweise im Text ließen einen Sachindex als unnötig erscheinen. Der Personenindex soll es ermöglichen, sämtliche Aussagen zu einem Autor, die sich aufgrund der systematischen Gliederung mitunter an verschiedenen Stellen finden, rasch zu ermitteln. Die Fragen in Anhang II, dies sei ausdrücklich betont, beabsichtigen keine doktrinäre Festlegung auf die hier vertretenen Positionen, sondern sollen ausschließlich dazu dienen, den Studierenden ein Hilfsmittel an die Hand zu geben, das es erlaubt, ihr Verständnis der jeweiligen Argumentationszusammenhänge zu überprüfen. Eine kritische Reflexion des Dargelegten soll hierdurch nicht verhindert, sondern erst eigentlich ermöglicht werden.

Danken möchte ich an dieser Stelle für wertvolle Hilfe und kritische Lektüre verschiedener Teile und Vorstufen des Manuskripts meinem verehrten Lehrer, Herrn Prof. Noyer-Weidner, sowie Herrn Prof. W. Weiß (Köln) und meinen Freunden U. Schick, C. Morgenstern, G. Regn und K. J. Häußler. Die verbliebenen Mängel gehen natürlich ausschließlich zu meinen Lasten.

… placeholder …

2 PROBLEME DER TERMINOLOGIE

2.1 Wissenschaftssprache, Objektebene und Beschreibungsebene

Verständigung zwischen Teilnehmern eines Kommunikationsprozesses ist bekanntlich nur möglich, wenn diese über den gleichen Kode verfügen. Von gewissen Sonderfällen abgesehen, ist es in alltäglichen Kommunikationssituationen die Regel, daß die Teilnehmer, sofern sie dieselbe Sprache sprechen, auch denselben Kode beherrschen. Im Bereich wissenschaftlicher Kommunikation gilt Ähnliches von den "Sprachen" der exakten Wissenschaften, wenn auch aufgrund verschiedener Bedingungen, während die Problematik der Geisteswissenschaften nicht erst bei der theoretischen Fundierung — dieses Problem existiert in den exakten Wissenschaften ebenfalls[1] —, sondern bereits mit dem wissenschaftlichen Diskurs selbst beginnt. Während z. B. der Terminus der Implikation in der Logik durch die ihm zugeordnete Wahrheitstafel eindeutig definiert ist[2], wird mit dem Terminus "Gattung" in literaturwissenschaftlichen Arbeiten grundsätzlich Verschiedenes bezeichnet, und dies resultiert gerade aus dem grundlegenden Unterschied zwischen einer exakt aufgebauten Wissenschaftssprache und der natürlichen Sprache, auf die die "Bildungssprache"[3] der Literaturwissenschaft weitgehend rekurriert. Die Prädikatoren[4] der Normalsprache sind bekanntlich gerade nicht eindeutig fixiert, sondern mehrdeutig, sie besagen in verschiedenen Kontexten Verschiedenes und erfahren ihre jeweils aktuelle Eingrenzung erst in diesen Kontexten. Dies ist nun für eine umgangssprachliche Kommunikation durchaus zureichend, ja für die Ökonomie der Sprache wesentlich, führt aber in einem wissenschaftlichen Diskurs zu Problemen. Hier muß sichergestellt sein, daß der Sprechende einen Prädikator eindeutig in dem Sinne verwendet, wie ihn der Hörende versteht, und dies geschieht dadurch, daß man eine explizite Vereinbarung über den Sinn eines bestimmten Terminus trifft. Wissenschaftliche Termini müssen also im Unterschied zu Gebrauchsprädikatoren "kontextunabhängige oder kontextinvariante Elemente" einer spezifischen Wissenschaftssprache sein und zueinander in einem "systematischen Zusammenhang" stehen, d. h. sie müssen sich "gegenseitig im Gefüge eines Systems" bestimmen, und "eine Terminologie ist nichts anderes als eben ein solches System"[5]. Diese Bedingung, die prinzipiell jede Wissenschaftssprache erfüllen muß, um Mißverständnisse und Aneinandervorbeireden auszuscheiden, ist in den Geisteswissenschaften weitgehend nicht gegeben.

Der desolate Zustand der Gattungstheorie ist nicht zuletzt auf diese Tatsache zurückzuführen, eine Einsicht, die in den letzten Jahren zunehmend bewußt zu werden beginnt: "Es genügt, drei oder vier einschlägige Arbeiten einzusehen, um festzustellen, daß unter dieser Bezeichnung (sc. Gattung) Gruppen gebildet werden, die einander völlig ausschließen oder gar nicht berühren."[6] Mit Recht folgert Lämmert aus der Feststellung dieser Begriffsverwirrung, daß sie "von einer weitreichenden Unsicherheit in der Sache"[7] zeuge. Ganz entsprechend äußerte sich auch schon Kayser[8], während Suerbaum zwar dasselbe Phänomen feststellt[9], das Durcheinander der verschiedenen Gattungsbegriffe und Einteilungskriterien aber als Niederschlag der spezifischen Seinsweise des Objekts auffaßt: "Die Gruppenzugehörigkeit wird durch so unterschiedliche Kriterien bestimmt ..., daß es kaum Gruppen gibt, die begrifflich auf der gleichen Ebene liegen, und kaum Werke, die nicht die Merkmale mehrerer Gruppen tragen. Bei literarischen Texten herrschen Mischformen vor."[10] Freilich lassen sich Texte als "Mischformen" oder, wie wir später sagen werden, als Überlagerung verschiedener Strukturen begreifen, daraus folgt jedoch nicht, daß die Systematik als solche inkohärent sein muß: "Von der Sache her gesehen, wäre eine systematische Ordnung aber auch dann unangebracht und dem Wesen der Literatur unangemessen, wenn sie sich als durchführbar erwiese"[11], und dies sei aus zwei Gründen der Fall. Zum einen bilde Literatur kein geschlossenes System, "weil sie keine eigene Sprache" habe, und zum anderen sei die Gruppierung von literarischen Werken eine geschichtliche[12]. Die Literatur bildet in der Tat kein geschlossenes, zeitloses System, doch darf daraus nicht gefolgert werden, daß der Begriffsapparat, mit dem dieses ohnehin schwer faßbare Objekt beschrieben wird, seinerseits ebenfalls inkohärent sein muß und sich nur gegenseitig ausschließender bzw. überlappender Begriffe bedienen darf. Diese Argumentation ist Ausdruck eines Mißverständnisses, das sich ähnlich auch in manchen sprachwissenschaftlichen Arbeiten findet, wo behauptet wird, daß, weil die natürliche Sprache ungenau und unscharf sei, man von ihr auch keine genaue Beschreibung liefern könne, eine Argumentation, die Heringer folgendermaßen entkräftet: "Wenn nun an der Rede von der Ungenauigkeit (sc. der Sprache) doch etwas dran wäre, dann weiß ich nicht, wie man die Behauptung halten will, daß man Ungenaues ungenau beschreiben müsse oder nur ungenau beschreiben könne. Wenn meine Uhr ungenau geht, dann kann ich das ganz genau beschreiben, indem ich sage: 'Sie geht ungenau'. Ich kann auch beschreiben, wie sie ungenau geht. Auch das genau. Wie sollte es wohl aussehen, wenn ich ungenau beschriebe, daß meine Uhr ungenau geht?"[13] Auch wenn dieser Vergleich offensichtlich etwas hinkt, so bleibt festzuhalten, daß zunächst einmal eine prinzipielle Unterscheidung von Objekt- und Beschreibungsebene vorzunehmen ist. Das Objekt kann dann so "unsystematisch" sein wie es will, die Beschreibung des Unsystematischen hat als wissenschaftliche Begriffsbildung systematischer Natur zu sein.[14]

In einem unbeachtet gebliebenen Aufsatz von Skwarczyńska ('66) ist diese Unterscheidung in bezug auf "Gattungen" explizit vorgenommen worden: die "objets génologiques" (= generische Objekte) werden als objektive Entitäten von den "concepts génologiques" (= Gattungsbegriffe), die Produkte des Erkenntnisprozesses sind, und den "noms génologiques" (= Gattungsnamen), die diese Objekte und Konzepte bezeichnen, differenziert.[15] Nicht haltbar, hierauf wird im folgenden Kapitel einzugehen sein, ist natürlich die Hypostasierung von *objets génologiques,* die Annahme, daß die "Gattungen" in der gleichen Weise gegenständlich sind wie etwa die Texte selbst, doch ist diese Schwierigkeit zu beheben, indem man davon ausgeht, daß die Objektebene nicht durch die generischen Objekte selbst konstituiert wird, sondern durch die konkreten Texte, die mittels der "Zeigehandlung"[16] als real vorhanden ausgewiesen werden können. Damit erhält man die Unterscheidung von Objekt- und Beschreibungsebene, ohne bereits die realistische Hypothese der Existenz von Universalien zu implizieren.

2.2 *"Gattung" als metatheoretischer Begriff*

Ist einmal zwischen Objekt- und Beschreibungsebene unterschieden, steht einer begrifflichen Präzisierung und Systematisierung der Beschreibungsebene nichts mehr entgegen. In der Literatur zur Gattungstheorie fungieren eine Vielzahl verschiedener Termini, mit denen spezifische Arten von Textgruppenbildungen bezeichnet werden. Am häufigsten ist natürlich das Wort "Gattung", das jedoch in einer Doppelfunktion gebraucht wird, einmal als Oberbegriff für alle Textgruppenbezeichnungen (Art, Naturform, Grundhaltung usw.), zum anderen als eine dieser Bezeichnungen mit unterschiedlicher semantischer Differenzierung von ihnen. Die erste Bedeutung liegt dem Titel dieser Arbeit zugrunde: "Gattungstheorie" besagt nicht, daß es sich um die Theorie einer spezifischen Gruppierungsweise von Texten handelt, sondern um das generelle Problem der Gruppierungsmöglichkeiten überhaupt.

War Gattungstheorie bisher nahezu ausschließlich ein Geschäft der Literaturwissenschaft, so interessieren die neuere Sprachwissenschaft im Rahmen des sich in den letzten Jahren vollziehenden Übergangs von der Satz- zur Textlinguistik in zunehmendem Maße auch texttypologische Probleme. Die Linguistik spricht in diesem Zusammenhang dann von "Textsorten" bzw. "Textarten"[17] und meint damit dasselbe wie die Literaturwissenschaft mit "Gattung" im allgemeinsten Wortsinn (eine Gruppe ähnlich konstituierter Texte), nur daß sich der Linguist seine Textsorten auch und zunächst in ganz anderen Bereichen sucht als der sich weitgehend auf die Texte der "höheren" Literatur beschränkende Literaturwissenschaftler[18]. Dennoch wird gelegentlich eine terminologische Differenzierung vorgeschlagen. Für Weinrich ('72) z. B. ist Gattung "notwendig ein historischer (sozio-kultureller) Begriff", der, wenn die Literaturwissenschaft auch expositorische Texte, d. h. Texte außerhalb des engeren Bereichs der sog. "Schönen Literatur", untersuchen will, ohne weiteres auf diesen Bereich ausgedehnt werden könne: "Der linguistische Begriff der Textsorte ist von dem historisch-literarischen Gattungsbegriff zu unterscheiden. Die beiden Begriffe können jedoch der Extension nach partiell zur Deckung kommen."[19] Weinrich gibt keine weitere Begründung für diese Differenzierung, begreift den linguistischen Begriff jedoch offensichtlich als einen typologischen. Dergestalt ist die Abgrenzung aber kaum vorzunehmen, denn als typologisch verstehen sich eine ganze Reihe literaturwissenschaftlicher Ansätze. Denkbar erschiene auch, von den "Textsorten" der Normalsprache und den "Gattungen" der Literatur zu sprechen; da sich jedoch der Literaturbegriff beständig ändert, würde dies nur dazu führen, daß z. B. der Brief im 17. Jh.

als literarische Gattung, im 19. Jh. aber als Textsorte bezeichnet werden müßte. Statt von "Gattungen" nur mehr von "Textsorten" zu sprechen empfiehlt sich beim gegenwärtigen Stand der textlinguistischen Diskussion insofern nicht, als dieser Begriff überhaupt nicht aufgefächert ist und demzufolge im Gegensatz zu den traditionellen Textgruppenbezeichnungen keine terminologische Differenzierung grundsätzlich verschiedener Abstraktionsstufen erlaubt.[20]

Aufgrund dieser Schwierigkeiten und der Tatsache, daß der Begriff der Textsorte bisher ein wesentlich bzw. ausschließlich linguistisches Analyseverfahren impliziert, behalten wir den traditionellen Begriff der "Gattung" bei. Diesen verwenden wir — und dann steht er stets in Anführungszeichen — in metatheoretischer Funktion, d. h. um über die verschiedenen fachsprachlich-theoretischen Textgruppenbezeichnungen zu reden. Daneben fungiert dieser Begriff — ohne Anführungszeichen — auch auf der theoretischen Ebene zur Bezeichnung einer spezifischen Gruppenbildung.[21]

2.3 Theoretische Begriffsbildungen

Auf der Ebene der Fachsprache selbst erscheint der Gattungsbegriff in Opposition zu verschiedenen anderen Begriffsbildungen. Schon die antike Logik kennt den Unterschied zwischen Gattung (γένος, genus) als dem jeweils übergeordneten und Art (εἶδος, species) als dem untergeordneten Begriff. Beide sind dort jeweils relativer Natur, indem z. B. 'Tier' in bezug auf 'Lebewesen' eine Art darstellt, in bezug auf 'Wirbeltier' aber eine Gattung.[22] Dieser Unterschied wird, unter Aufgabe der relativen Verwendung beider Begriffe, auch von etlichen literaturwissenschaftlichen Gattungstheoretikern gemacht. So schlagen z. B. Petsch und Seidler vor, Gattung für die übergeordneten Bereiche (Epik, Lyrik, Dramatik), Art für die untergeordneten (Ode, Elegie) zu verwenden.[23] Als logische Begriffshierarchie begreift auch Skwarczyńska ihre Unterscheidung von *genre* (Epik, Lyrik, Dramatik), *espèce* (keine Beispiele) und *sous-genre* (keine Beispiele)[24]. Historischer Provenienz ist die Terminologie Viëtors, der 'Lied', 'Ode', 'Sonett' als "Gattungen" bezeichnet, während er 'Lyrik', 'Drama' und 'Epos' mit Goethe "Naturformen" nennt²⁵. Wie Viëtor unterscheidet Cysarz zwischen "Gattungen" (Roman, Novelle) und dem, was er "Einstellungen" (Epik, Lyrik, Satire, u. a.) nennt, "die an den verschiedensten Dichtungsgattungen teilhaben können"²⁶. Geht der Begriff 'Naturformen' auf Goethe zurück, so findet sich gelegentlich in der gleichen Bedeutung auch 'philosophische Gattung' (in Opposition zu 'historischer Gattung'), der auf Herder zurückweist²⁷. Staiger verfeinert diese Unterscheidung weiter, indem er, wie Cysarz, feststellt, daß man einen Roman sehr wohl 'lyrisch' und ein Drama 'episch' nennen kann, daß man also zwischen den "Fächern" 'Epik', 'Lyrik', 'Dramatik', in denen man Werke nach "bestimmten äußerlich sichtbaren Merkmalen" unterbringt²⁸, und den "Grundbegriffen" als "Namen einfacher Qualitäten"²⁹ unterscheiden muß, wobei Staiger zu letzteren nur "die Begriffe episch, lyrisch, dramatisch und allenfalls tragisch und komisch"³⁰ rechnen möchte. Dergestalt macht Staiger einen expliziten Unterschied zwischen "Sammelbegriffen"³¹ und "Grundbegriffen", der sich, wenn man letztere von ihrer anthropologischen Fundierung löst³², als wesentlich für eine Gattungssystematik erweisen wird. Methodisch wie terminologisch fortgeführt wird Staiger von Kayser und Ruttkowski. Im *Sprachlichen Kunstwerk* sind 'Epik', 'Lyrik' und 'Dramatik', die Sammelbegriffe also, "Gattungen"³³, dann aber auch die Gattungen im engeren, historischen Sinn, nämlich Lied, Ode usw.³⁴. "Grundhaltungen" sind das, was Staiger "Grundbegriffe" nannte³⁵, doch auch dieser Terminus wird auf zwei Ebenen verwendet: Kayser unterscheidet innerhalb der einzelnen "Grundhaltungen" nochmals nach "Grundhaltungen" und fächert auf diese Weise das Staigersche Schema weiter auf: "Als die drei einzigen G r u n d h a l t u n g e n, die als lyrische Kundgabe Gefüge schaffen, erkannten wir das lyrische Ansprechen, das liedhafte Sprechen und das lyrische Nennen, RUF, LIED und SPRUCH sind die drei lyrischen G a t t u n g e n."³⁶ Aus diesem Zitat geht hervor, daß bei Kayser nicht nur 'Grundhaltung' für zwei verschiedene Phänomene gebraucht wird, sondern der Terminus 'Gattung' wird gleich in dreifacher Bedeutung verwendet: für die Sammelbegriffe, für historische Gattungen (Ode, Lied) und für die nicht an spezifische historische Gattungen gebundenen Unterarten des Lyrischen, Epischen usw.; in letzterem Sinn ist 'Gattung' identisch mit 'Grundhaltung' in der zweiten Bedeutung. Die aufgefächertste Terminologie bringt Ruttkowski: er unterscheidet "Grundhaltungen" (lyrisch), "Sammelbegriffe" (Gedicht, Theaterstück), "Gattungen" (Epigramm) und "Arten oder Typen als weiter spezifizierte Gattungen"[37], hält sich selbst jedoch keineswegs an diese Differenzierungen[38], was paradigmatisch die Zuverlässigkeit der Abhandlung insgesamt widerspiegelt[39].

Verfügt das Deutsche, überblickt man die bisher angeführten Differenzierungsversuche, über eine ausgedehnte, wenn auch äußerst widersprüchliche Terminologie, so finden sich in französischen Abhandlungen einigermaßen verbreitet nur die beiden oben angeführten Ausdrücke *genre* und *espèce*. Gattungspoetik war in Frankreich nach der Überwindung der evolutionistischen Methode Brunetières so weitgehend in den Hintergrund getreten, daß sie van Tieghem 1939 als eine Forschungsrichtung bezeichnen konnte, die auf den ersten Blick "d'actualité et même de toute espèce d'intérêt"[40] zu entbehren scheine. Ähnlich äußerst sich noch Goudet ('65)[41]. Einen Neubeginn texttypologischer Forschung bringt im wesentlichen erst die linguistisch orientierte Pariser Semiologenschule um Roland Barthes und A. J. Greimas, die die Satzgrenze hin zu einer "linguistique du discours"[42] überschreiten will. In diesem Rahmen interessiert dann natürlich die Frage nach spezifischen Arten von Diskursen; hierzu existieren bisher allerdings nur Ansätze, insbesondere zu narrativen Strukturen[43], terminologische Differenzierungen sind noch kaum vorhanden. In einem allgemeinen Sinn wird von verschiedenen Diskurstypen[44] gesprochen, womit nicht bestimmte historische Textgruppen gemeint sind, sondern allgemeine Vertextungsverfahren, die in konkreten Texten in jeweils verschiedenen Kombinationen auftreten können.[45] Diese Diskurstypen werden in Todorov ('70) explizit von den "genres historiques" als "genres théoriques" unterschieden: "Les premiers résulteraient d'une observation de la réalité littéraire; les seconds d'une déduction d'ordre théorique."[46] Dabei werden die historischen Gattungen den theoretischen untergeordnet: "De toute évidence, les genres historiques sont un sous-ensemble de l'ensemble des genres théoriques complexes."[47] Dieser Bestimmung liegt eine weitere Differenzierung der *genres théoriques* in *genres complexes* und *genres élémentaires* zugrunde, wobei die ersteren durch die "coexistence de plusieurs traits" charakterisiert sein sollen, die letzteren durch "la présence ou l'absence d'un seul trait"[48]. Das Sonett z. B. wäre nach Todorov definierbar durch Vorschriften über den Reim, das Metrum und das Thema[49].

Findet in neueren französischen Publikationen also ähnlich wie in deutschsprachigen eine terminologische Differenzierung statt, die, wie verschieden auch immer das jeweilige theoretische Fundament und die sprachliche Formulierung sein mögen, darauf hinausläuft, zwischen ahistorisch-typologischer und historischer Kategorienbildung zu unterscheiden, so kann nach Striedter *žanr* im Russischen generell sowohl 'Grundbegriff' wie 'Gattung' bedeuten. Die Terminologie sei jedoch insofern unproblematisch, als die in den letzten Jahren von der westlichen Literaturwissenschaft eingehender beachteten Formalisten "mit žanr grundsätzlich nicht die 'Gattungen' episch, dramatisch, lyrisch, sondern Gattungsformen wie Roman, Novelle, Ballade, Ode usw." meinen[50]. In der italienischen Literaturkritik findet sich *genere* sowohl für die Sammel- bzw. Grundbegriffe wie die historischen Gattungen; bei Einbeziehung deutschsprachiger Gattungsforschung werden erstere als "classi psicologiche" bzw. "universali" von den *generi* im engeren, historischen Sinne unterschieden.[50a]

Überaus verwirrend ist demgegenüber wiederum die Situation in der englischsprachigen Kritik, was neuerdings ebenfalls zumindest reflektiert wird: "The k i n d s of literature go under many aliases (genres, species, forms, types, modes)."[51] Bezeichnend ist bereits, daß als Oberbegriff für die verschiedenen Textgruppenbezeichnungen nicht *genre,* sondern *kind* verwendet wird. Dies ist zumindest seit der Renaissance-Poetik die gängige englische Entsprechung für das lateinische *genus*[52]. In Publikationen um die Jahrhundertwende findet sich unter dem Einfluß der biologischen Evolutionstheorie häufig der Begriff *species*[53], in der gleichen Bedeutung wird aber auch *type*[54] und *form*[55] verwendet. In den letzten Jahrzehnten etabliert sich ferner allmählich das französische *genre*[56], das die anderen Bezeichnungen in zunehmendem Maße verdrängt[57]. Terminologische Reflexion und Differenzierungsversuche finden sich nur vereinzelt und tragen kaum zur Klärung bei. So möchte z. B. Ehrenpreis ('45) *kind, type* und *genre* nicht nach dem abgrenzen, was sie bezeichnen, sondern nach dem Kontext, in dem sie gebraucht werden: "For this study, classifications of literary works by literary traditions will be termed 'kinds' in literary criticism, 'genres' in literary scholarship, and 'types' in the teaching of literature."[58] Warum diese Bezeichnungen nach den Anwendungsbereichen, nicht aber nach ihren Signifikaten unterschieden werden sollen, ist nicht einzusehen. Sinnvoller differenziert Pearson zwischen *form* und *type,* wobei letzteres sich auf jene Grobeinteilungen wie "fiction", "poetry", "drama" oder den "essay" beziehen solle, während er *form* mit Bezug auf "such major distinctions as the 'novel', the 'novella', the 'short story', the 'epic', the 'ode', the 'sonnet' and the like" gebraucht, aber auch für "the formal arrangement of the phrase"[59]. Mit *type* bezeichnet er also wesentlich das, was in neuerer deutscher Terminologie als 'Sammelbegriff' fungiert, während *form* sowohl die historischen Gattungsbezeichnungen wie allgemeine stilistische Phänomene umfaßt[60]. Fowler macht in seiner Arbeit, in der *form* als allgemeiner Oberbegriff verwendet wird, einen Unterschied zwischen *genre* und *mode*: "By genre I mean a better defined and more external type than mode. Genres each have their own formal structures, whereas modes depend less explicitly on stance, motif, or occasional touches of rhetorical texturing."[61] Man erfährt nun zwar nirgends, was *modes* eigentlich sind, doch läßt sich aus dem Kontext erschließen, daß mit diesem Begriff Phänomene wie das 'Satirische' von historischen Gattungen wie der *formal verse satire* abgegrenzt werden sollen. Die im englischen Bereich bisher am weitesten vorangetriebene terminologische Auffächerung findet sich bei Rodway / Lee ('64) und bei Rodway ('70)[62]. Hier wird unterschieden zwischen *type, mode, mood, kind, variety* und *form*. Daß *kind* als allgemeinster Oberbegriff fungiert, wurde bereits gesagt; *type* bezeichnet sodann die Gliederung nach dem Redekriterium in *Lyric, Dramatic* und *Narrative*, Begriffe, die, wenn auch anders definiert, den Staigerschen 'Grundbegriffen' verwandt sind[63], doch damit ist die Systematik schon zu Ende. Vor allem die Begriffe *mode, mood* und *kind* (in der spezielleren Bedeutung) werden derartig verschwommen definiert — was obendrein auch noch zum Prinzip erhoben wird[64] —, daß sie entweder wechselweise auf ein und dasselbe Phänomen angewendet werden können oder ähnliche Phänomene verschiedenen Begriffen zuordnen: Das Satirische z. B. wird einmal als *mode*, dann aber auch wieder als *mood* bezeichnet[65], während das Didaktische, das offensichtlich eher auf einer Ebene steht mit Begriffen wie 'satirisch', 'komisch', 'farcenhaft' usw., als *variety*, eine Subkategorie des spezielleren *kind* also, angesehen wird[66] und damit Unterscheidungen wie der zwischen Vers- und Prosadrama bzw. der zwischen verschiedenen Perspektiven im Roman gleichgestellt wird[67]. Da auch der Verfasser selbst die Inkonsequenz nicht übersehen kann, hilft er sich mit dem bereits diskutierten Argument: "... there is inevitably some overlap; the terminology is intended to match the material it will have to deal with, and literature only rarely divides itself into mutually exclusive categories."[68] Wieder einmal wird die Unklarheit der Begriffsbildung der Unsystematik des Objekts angelastet. Die Objektbeschaffenheit kann nun aber einfach nicht dafür verantwortlich gemacht werden, daß in der Sprache des Beschreibungssystems, in das Begriffe als – angeblich – normierte Prädikatoren eingeführt werden, der gleiche Begriff verschiedene Objektphänomene bezeichnet und umgekehrt ein und dasselbe Objektphänomen durch verschiedene sprachliche Bezeichnungen wiedergegeben wird. Freilich sind Texte aufgrund verschiedener Klassifikationsverfahren verschieden klassifizierbar – womit noch nichts über die Adäquatheit der Klassifizierungskriterien gesagt ist –, die Bestimmung der jeweiligen Klasse und damit des sie bezeichnenden Begriffs muß jedoch eindeutig sein.

An dieser Stelle ist nochmals auf eine Bedeutung des Typusbegriffs zurückzukommen, die bisher nur beiläufig angesprochen wurde. Wie wir sahen, kann 'Typus' entweder die Sammel- bzw. Grundbegriffe – bei Pearson und Rodway – oder aber, wie z. B. bei Ruttkowski[69] und Suerbaum[70], die Untergruppe einer historischen Gattung bezeichnen: in diesem Sinne wäre die Schicksalsballade ein 'Typus' der 'Gattung' Ballade. Für Lämmert ist der Begriff 'Gattung' als Bezeichnung für Textgruppen wie Elegie, Ode usw. ebenfalls ein historischer, während der Typusbegriff "im Gegensatz zum Gattungsbegriff nicht konkrete Gestaltungen, sondern ... durchwaltende Tendenzen"[71] meint. Hierzu gehören z. B. bestimmte "viewpoint-Typen", die "Einfachen Formen" von Jolles, "Kurz- und Langformen" oder auch der "Handlungsroman"[72]. Ganz explizit betont Lämmert den überzeitlichen Charakter dieses Konzepts: Die "typischen Formen der Dichtung bezeichnen nämlich – ungeachtet des etwaigen Vorwiegens eines Typus in einer Zeit bei einem Volk oder einem Dichter – ihre allzeitigen Möglichkeiten ... Gattungen sind für uns historische Leitbegriffe, Typen sind ahistorische Konstanten"[73]. Ebenso verwendet auch Stanzel den Typusbegriff: "Romantypen, wie sie hier verstanden werden, sind überzeitliche Konstanten, und als solche von den historischen Formen des Romans, z. B. Ritterroman, Schauerroman usw. klar zu unterscheiden"[74]. Mit Recht verweist Lämmert darauf, daß auch die Staigerschen Grundbegriffe typologischer Natur seien[75], sie liegen jedoch auf einer höheren

Abstraktionsebene: Indem Lämmert und Stanzel bestimmte 'Bauformen' des Erzählerischen beschreiben, beschreiben sie, um bei dieser Terminologie zu bleiben, eigentlich Subtypen des Typus 'erzählerisch'.

Diese Unterscheidung wird dann in der Gattungssystematik von Leibfried ('70) explizit vorgenommen, dessen Texttheorie insgesamt weitestgehend auf der Phänomenologie Husserls fußt. So problematisch damit die Grundkonzeption des Buches ist, schließlich sind entscheidende Grundlagen von Husserl durch neuere Erkenntnisse falsifiziert[76], so ist es doch ein entscheidendes Verdienst Leibfrieds, eingehend die absolut notwendige Scheidung verschiedener ontologischer Schichten bei der Gruppenbildung von Texten herausgearbeitet zu haben[77]. Begriffe wie 'erzählerisch', 'aphori-' stisch', 'dramatisch', 'berichtend' usw. bezeichnet Leibfried als "Eidé" (sg. Eidos)[78], 'novellistisch', 'episch', 'romanhaft' usw. als "Subeidé"[79]. "Eidé" sind dabei nach Husserl "Titel für Momente bzw. Momentkomplexionen"[80], "Subeidé sind Titel für ähnliche Gruppierungen innerhalb eines Eidos"[81]. Hat man z. B. die Momente des Eidos 'erzählerisch' bestimmt, so kann man darangehen, "Typen aufzustellen, weil man jetzt sagen kann, welche Bereiche des Eidos man typisiert: denn Typen greifen immer nur etwas am Gegenstand heraus"[82]. Dieser Typusbegriff wird nun nochmals in Real- und Idealtypen aufgefächert, wobei die Idealtypen auf bestimmte Momente an den "Eidé" bzw. "Subeidé" zurückgreifen (z. B. die erzählte Zeit, die Raumaufteilung, die Personen), während die Realtypen "Gruppen ähnlicher Texte, zeitlich und örtlich begrenzt", darstellen[83].

Stanzel und Lämmert faßten ihren Typusbegriff im Sinne von Idealtypus, während das, was Leibfried als Realtypen bezeichnet, bei ihnen die historischen Gattungen sind. Durch die Einführung des Begriffs "Eidos" für 'episch', 'lyrisch' usw., von "Subeidos" für Untergruppen dieser allgemeinen Begriffe und durch die Differenzierung von Ideal- und Realtypen wird für Leibfried der herkömmliche Begriff der Gattung entbehrlich[84]. Bereits in der Terminologie (εἶδος = Urbild, Idee) offenbart sich natürlich eine ganz bestimmte — realistische — Ontologie, auf die in anderem Zusammenhang zurückzukommen ist.[85]

Hirsch ('72), der ebenfalls auf Husserl und dem Typusbegriff fußt, indem er von bestimmten Typen des Wortsinns ausgeht[86], behält demgegenüber den Begriff 'Gattung' (*genre*) bei, unterscheidet jedoch zwischen "weiten" und "wahren" Gattungen. Die wahre Gattung ist jene, "die ein Werk wahrlich subsumiert", während die weite "faktisch nichts ist als ein vorläufiges Schema"[87]. Die weiten Gattungsbegriffe seien rein heuristischer, die wahren konstitutiver Natur, wobei Hirsch allerdings zugibt, daß man ohne die ersteren nicht auskäme, weil man ohne sie nicht über Texte sprechen könne[88]. Insgesamt hat der Gattungsbegriff bei Hirsch mit dem normalen wissenschaftlichen Sprachgebrauch jedoch nur mehr wenig gemein. Er begreift hierunter so Verschiedenes wie etwa 'Epos' und 'Befehl', wobei selbst 'Befehl' nur eine weite Gattungsvorstellung sei, eine wahre wäre demgegenüber z. B. 'militärischer Befehl'[89]. Grundlage der Unterscheidung ist also nicht der Abstraktionsgrad der Begriffsbildung ('Epos' ist offensichtlich allgemeiner als 'Befehl', weil in einem Epos Befehle vorkommen können, nicht aber umgekehrt) und auch nicht die Opposition von ahistorisch vs. historisch, sondern die Subsumierbarkeit eines Textes (bzw. einer Äußerung) als Ganzem unter ein wahres Genre als dessen spezifischem Sinntyp. Daß dieser Ansatz letztlich zu einer Auflösung des Gattungsbegriffs überhaupt führt, wird unten zu zeigen sein[90].

Den alten rhetorischen Terminus 'Ton' möchte Sengle (²'69) zur Grundlage einer reformierten literarischen Formenlehre machen. Zwar sollen "neben der aktuellen Töne-Poetik die gültigen Einsichten der Formenpoetik"[91] nicht vergessen werden, doch werden dabei unter 'Form' nur äußerliche Charakterisierungsmerkmale wie Strophenbau, Reimschema (so ist von der Form des Sonetts, nicht von dessen Ton die Rede[92]) oder das Redekriterium verstanden, während die Töne "als eine Art innerer Form erscheinen mögen"[93]. Gemeint sind damit die "Genera des Sprachstils"[94], das Stilebenenarsenal (nicht nur die drei Hauptstilarten), das sich in den Rhetorikhandbüchern bis hinein ins 19. Jh. findet. Die verschiedenen Töne, die Sengle aus der Biedermeier-Rhetorik, die er explizit als Anknüpfungspunkt für eine moderne Töne-Poetik empfiehlt[95], anführt, sind jedoch von derartig heterogener Art, subsumieren so grundsätzlich Verschiedenes[96], daß sie nicht zur Grundlage einer systematischen "Formenlehre" gemacht werden können[97].

2.4 Entwurf einer systematischen Terminologie

Bei der bisherigen Diskussion der terminologischen Auffächerung des Gattungsbegriffs mußten bereits, wie zu erwarten stand, zentrale inhaltliche Fragen mit angesprochen werden, weil darauf einzugehen war, "wofür" die sprachlichen Bezeichnungen stehen. Die Begriffsbildung konnte und sollte dabei natürlich noch nicht auf ihre erkenntnistheoretische und methodologische Haltbarkeit hin überprüft werden, sondern sie wurde zum einen nach dem Grad ihrer Systematik befragt, d. h. ob die verwendeten Termini eindeutig definiert und damit präzis voneinander unterschieden sind, zum anderen nach deren Art, d. h. ob es sich um eine logische Begriffshierarchie (Gattung / Art usw.), um eine Differenzierung verschiedener Begriffsarten (typologische vs. historische Begriffe) oder um beides handelte. Indem hierbei jedoch die Frage nach der Referenz, das Problem also, auf welche Phänomene sich die jeweiligen Begriffe beziehen, einbezogen werden mußte, konnte die Begriffsbildung auch bereits rudimentär in ihrer Objektadäquatheit charakterisiert werden, und zwar unter dem Aspekt, inwieweit zwischen Erscheinungen differenziert wird, die offensichtlich nicht der gleichen Ebene zuzuordnen sind. Dieses "offensichtlich" bedarf natürlich einer theoretischen Fundierung, die wir in den folgenden Kapiteln zu geben versuchen.

Auch unsere terminologischen Differenzierungen nehmen selbstverständlich sachliche Unterscheidungen vor, die im Nachhinein zu begründen sind, sie dienen jedoch zum einen dazu, bestimmte Termini explizit als "normierte Prädikatoren" einzuführen, um eine eindeutige Verständigung zu ermöglichen, und zum anderen sollen kurz bereits die verschiedenen Arten der Begriffsbildung zur Sprache kommen. Wir unterscheiden zwischen 'Sprechsituation', 'Schreibweise', 'Typus', 'Gattung', 'Untergattung' einerseits und 'Sammelbegriffen' andererseits.

Den Begriff der Sprechsituation beziehen wir aus der Linguistik[98] und meinen damit jene durch bestimmte Faktoren charakterisierte Relation zwischen einem Sprecher und einem Hörer, in der sich ein Sprechakt vollzieht[99]. Die allgemeinen Strukturen möglicher

Sprechsituationen sind Gegenstand der Pragmatik, die also Bedingungen für die Regularität von Sprechakten — und nicht mehr nur von kommunikationssituationsunabhängig betrachteten Sätzen — formuliert[100]. Da, wie Wunderlich feststellt, die Relation von Sprecher und Hörer nicht auf einen "irgendwie gearteten kognitiven Gehalt der Äußerung" reduziert werden kann, sondern "den eigentlichen irreduziblen Effekt der sprachlichen Kommunikation" darstellt[101], sind als Träger der generischen Strukturen nicht einfach die Sprache als Regelsystem semantischer und syntaktischer Strukturen, sondern bestimmte Sprechsituationen anzusetzen.

Die Begriffe 'Schreibweise', 'Typ', 'Gattung' und 'Untergattung' bezeichnen verschiedene generische Konzepte, die im Rahmen des Piagetschen Strukturbegriffs in einen systematischen Zusammenhang zu integrieren sind. Mit 'Schreibweise' sind ahistorische Konstanten wie das Narrative, das Dramatische, das Satirische usw. gemeint, mit 'Gattung' historisch konkrete Realisationen dieser allgemeinen Schreibweisen wie z. B. Verssatire, Roman, Novelle, Epos usw., während 'Untergattungen' die pathetische Verssatire, der pikareske Roman u. ä. sind. Den Typusbegriff schließlich verwenden wir wie Lämmert oder Stanzel zur Bezeichnung verschiedener, grundsätzlich möglicher, d. h. überzeitlicher Ausprägungen bestimmter Schreibweisen[102]. Indem nun Piaget zwischen den Gesetzen der Struktur, den Relationen zwischen den sie konstituierenden Elementen, und der in ihrem Rahmen möglichen Transformationen dieser Elemente unterscheidet[103], lassen sich die Schreibweisen als Relationen von Elementen beschreiben, die über bestimmte Transformationen einerseits die überzeitlichen Typen und andererseits die konkreten historischen Gattungen ergeben. Unter den historisch möglichen Transformationen können sich dann wiederum bestimmte Arten herauskristallisieren, die die Untergattungen ergeben. Um Mißverständnissen vorzubeugen, sei bereits an dieser Stelle betont, daß Gattungen bzw. Untergattungen natürlich nicht nur Transformationen einer Grundstruktur zu sein brauchen, sondern aus der Überlagerung mehrerer solcher Strukturen und deren Transformationen hervorgehen können (z. B. die sog. komischen Epen wie *La Pucelle* oder *Don Juan*).

Gegenüber diesen über ein dynamisches Strukturkonzept bestimmten Termini sind die Sammelbegriffe 'Epik', 'Lyrik', aber auch 'Zweckformen' u. ä. Klassen im logischen Sinn, unter die konkrete Texte aufgrund bestimmter, im wesentlichen sehr allgemeiner Eigenschaften subsumierbar sind. Genauso wie man 'Kopf', 'Apfel', 'Platz', 'Tisch' u. ä. mit dem Prädikator 'rund' belegen und somit eine Klasse von Gegenständen bilden kann, der die Eigenschaft 'rund' zukommt, kann man Texte aufgrund ihrer Länge, des Vorhandenseins oder Fehlens eines Erzählers, der Fiktionalität oder Nichtfiktionalität, der Tatsache, ob sie in Vers oder Prosa geschrieben sind, usw., einer bestimmten Textklasse zuordnen. Wie das Beispiel der Klassenbildung mit dem Prädikator 'rund' darlegen sollte, braucht eine solche Klassifizierung keineswegs aufgrund von für die dergestalt klassifizierten Objekte wesentlicher Eigenschaften zu erfolgen, und dieselben Objekte können, je nach der Eigenschaft, die man wählt, verschiedenen Klassen zugeordnet werden. So kann man z. B. die Zahl 18 sowohl unter die Klasse von Zahlen subsumieren, die durch 2 teilbar sind wie unter jene, die durch 3, wie unter jene, die durch 2 und 3 teilbar sind. Jede dieser Klassen ist anders definiert und kann doch jeweils dieselbe Zahl als Element enthalten. Daß man den Klassencharakter der Sammelbegriffe weitgehend nicht erkannte, sondern versuchte, alles, was z. B. als 'Lyrik' bezeichnet wurde, auf ein für diese Texte spezifisches, sie wesenhaft charakterisierendes Strukturprinzip zurückzuführen — ein Unterfangen, das eben wegen der offensichtlichen Heterogenität der solchermaßen bezeichneten Texte gar nicht gelingen konnte —, dürfte entscheidend zu den Aporien traditioneller Gattungsforschung beigetragen haben[104].

Die Sammelbegriffe sind also nichts weiter als grobe Klassifizierungen von Texten aufgrund verschiedener Kriterien[105], sie enthalten kaum Aussagen über die Spezifizität des solchermaßen Klassifizierten[106] und sollten im wesentlichen nur der Sprachökonomie dienen[107]. So ist es z. B. kürzer von der 'Lyrik' des 18. Jh.s zu sprechen als von der 'nichtepischen und nichtdramatischen Versdichtung'. Ein nicht zu bagatellisierendes Problem bei diesem abkürzenden Sprachgebrauch ist natürlich, daß mit Begriffen wie 'Lyrik', 'Epik' usw. im geschichtlichen Prozeß jeweils andere Gruppenbildungen gemeint waren. So meint *poésie lyrique* noch im Frankreich des 18. Jh.s keineswegs Sonett, Epigramm oder gar Verssatire und Fabel, sondern in der Regel nur die Ode[108]. Man muß also explizit machen, ob man, wenn man von der 'Lyrik' des 18. Jh.s spricht, den historischen Begriff oder den modernen literaturwissenschaftlichen Terminus verwendet.

Nach diesem Versuch einer terminologischen Differenzierung geht es im folgenden darum, die erkenntnistheoretische und methodologische Problematik der Gattungskonzepte darzulegen und die hier vorgenommene Unterscheidung systematisch zu begründen.

3 DIE SEINSWEISE DER "GATTUNGEN"

Hinter dem Gebrauch bestimmter sprachlicher Prädikatoren verstecken sich also, wie wir sahen, bereits jeweils bestimmte Auffassungen von den 'Gegenständen an sich', von dem, was 'Gattungen', 'Naturformen', 'Schreibweisen', usw. nun 'eigentlich' sind. Im folgenden wird zu zeigen sein, inwieweit implizite oder explizite ontologische, erkenntnistheoretische und methodologische Voraussetzungen den Aufbau der verschiedenen Gattungstheorien bedingen. Eine nominalistische Position führt zur Negierung der Möglichkeit einer Gattungstheorie überhaupt, weil der Gattungsbegriff als solcher abgelehnt wird, bei einem realistischen Verständnis sind die verschiedensten Bestimmungen möglich, von der Charakterisierung als anthropologischer Konstanten bis zur absoluten Historisierung des Formbegriffs. Unsere These ist, daß sich eine adäquate Gattungstheorie nur im Rahmen einer konstruktivistischen Erkenntnistheorie formulieren läßt, die als Synthese nominalistischer und realistischer Konzeptionen zu begreifen ist. Zunächst ist jedoch kurz die gegenwärtige Diskussion um das Universalienproblem darzustellen.[1]

3.1 Das Universalienproblem

Unter Universalien versteht man in der Logik Allgemeinbegriffe wie 'Pferd', 'Mensch', 'Tisch' usw. im Gegensatz zu Individualbegriffen wie 'Verfasser der Divina Commedia', 'Bayerische Staatsbibliothek' usw.[2] Literaturwissenschaftliche Begriffe wie 'Ode', 'Sonett' usw. sind also ebenfalls Allgemeinbegriffe oder, wie Stegmüller sagt, generelle Prädikatausdrücke.[3] Allgemeinbegriffe werfen die Frage nach ihrem ontologischen Status auf, weil sie keine konkreten Individuen sind wie etwa 'dieser Tisch', auf den man mit einer "Zeigehandlung" hinweisen kann, sondern einer Klasse von Gegenständen zugesprochen werden können, die eben dadurch zu einer Klasse werden, daß man ihnen jeweils den gleichen Prädikator zuordnet. Die Frage ist dabei, ob diese Universalien neben den konkreten Individuen existieren oder nicht. Bejaht man dies, so kann man weiter fragen, ob sie "nur in unserem Geiste Bestand (haben) oder auch in der von unserem Denken unabhängigen Wirklichkeit? Und wenn sie in der Wirklichkeit existieren, kommen sie dann nur in und an den konkreten Einzeldingen zur Erscheinung oder haben sie eine von diesen getrennte Existenz?"[4]

Stegmüller umreißt dergestalt die wichtigsten seit der Antike eingenommenen Positionen in dieser Frage; bevor wir diese jedoch eingehender erläutern, ist einem möglichen Mißverständnis vorzubeugen. In neueren linguistischen Arbeiten ist ebenfalls von 'Universalien' die Rede, die aber etwas anderes meinen. Chomsky z. B. definiert folgendermaßen: "Die Erforschung der linguistischen Universalien ist die Erforschung der Eigenschaften, die jede generative Grammatik einer natürlichen Sprache besitzen muß."[5] Chomsky unterscheidet dann noch weiter zwischen substantiellen und formalen Universalien, was uns hier nicht zu beschäftigen braucht; entscheidend ist nur, daß Universalien für Chomsky nicht einfach Allgemeinbegriffe sind, die sich in den verschiedenen Sprachen ja nicht zu decken brauchen, und deshalb eine jeweils verschiedene Gliederung von 'Welt' vornehmen können, sondern identische Eigenschaften der Grammatiken verschiedener natürlicher Sprachen, also Strukturisomorphien. Eigenschaften, die einer Mehrzahl von Objekten zugesprochen werden können, gehören, wie wir unten sehen werden, ebenfalls zum Bereich nicht konkreter Entitäten wie Zahlen, Relationen oder Klassen und können deshalb als Universalien bezeichnet werden, doch erfährt dieser Begriff in der neueren Linguistik die erwähnte objektspezifische Einengung.

Im philosophischen Universalienstreit werden traditionell drei Positionen unterschieden, eine platonistische bzw. realistische, eine nominalistische und eine konzeptualistische. Für einen Nominalisten gibt es "keine Allgemeinbegriffe, sondern bloß allgemein verwendete Wortzeichen, welche das Verstehen von Allgemeinbegriffen vortäuschen, während wir in Wahrheit nur über Einzelvorstellungen verfügen"[6]; der Realist gesteht demgegenüber "die Annahme eines objektiven allgemeinen Seins neben den individuellen Dingen, unabhängig vom subjektiven begrifflichen Denken" zu.[7] Eine Mittelposition nimmt der Konzeptualismus ein, der zwar das Bestehen von Allgemeinbegriffen behauptet, diesen aber kein seinsmäßiges Korrelat in der Wirklichkeit zuordnet.[8] Bezeichnet man letztere Position auch als 'universalia in mente' bzw. 'universalia post res', so werden innerhalb des Universalienrealismus nochmals zwei Tendenzen unterschieden, einmal die Auffassung der 'universalia ante res', wonach neben "der realen raum-zeitlichen Welt ... als eine zweite Seinssphäre die des idealen Seins existiert", zum anderen jene der 'universalia in rebus': danach bestehen zwar Ideen, "aber ihre Seinsweise ist keine vom Realen unabhängige, vielmehr sind sie in die konkret-realen Tatsachen und Vorgänge hineinverflochten, kommen 'in' ihnen zum Ausdruck"[9]. In seiner Abhandlung zum Universalienproblem liefert Stegmüller im Anschluß an Quine eine formallogische Definition der beiden Grundpositionen des Nominalismus und Platonismus, die nicht nur ihrer Eindeutigkeit wegen kurz skizziert werden muß, sondern auch deshalb, weil sich bestimmte Probleme aufgrund dieser Formalisierung neu fassen lassen.

Wie Stegmüller ausführt, ist es irreführend, beim Universalienproblem von der Verwendung genereller Prädikatausdrücke auszugehen, denn diese werden von Nominalisten wie Realisten verwendet, nur ist deren Interpretation eine andere. Für den Realisten ist es kennzeichnend, daß er derartige Ausdrücke grundsätzlich als Namen auffaßt, womit er seine eigene Grundthese bereits vorweggenommen hat, "denn angesichts eines Namens können wir mit Recht fragen, *wofür* das Wort ein Name sei und *was* es benennt, und müssen dann unvermeidlich die Antwort erhalten, daß es kein konkreter, sondern nur ein abstrakter, idealer Gegenstand sein könne, der durch die Prädikate 'rot' oder 'Mensch' benannt wird."[10] Demgegenüber faßt der Nominalist Prädikate prinzipiell nicht als Namen auf, sondern als "synkategorematische Ausdrücke (Synsemantika), die innerhalb eines Kontextes einen Sinn ergeben, ohne etwas zu benennen."[11] Dies heißt in der Sprache der formalen Logik, daß ein Nominalist "ein Prädikat wie 'Mensch' als sog. offenen Satz, d. h. als den Ausdruck 'x ist ein Mensch' mit der freien Variablen 'x'"[12] konstruiert. Ein solcher offener Satz hat für den Nominalisten zunächst überhaupt keine Funktion und damit keine 'Bedeutung', sondern erhält diese erst, wenn man die Variable 'x' etwa durch ein konkretes Individuum ersetzt ('Sokrates ist ein Mensch') oder aber sie durch die Quantoren bindet[13], etwa von der Art: (Ex) (x ist ein Mensch), was zu lesen ist: es gibt ein x und von diesem x gilt, es ist ein Mensch, oder kürzer: es gibt Menschen. 'x' ist in diesem Fall nicht mehr eine freie, sondern eine gebundene

Variable. Entscheidend für das Platonismus- / Nominalismusproblem ist nun, welchen Wertbereich man dieser gebundenen Variablen zuordnet, d. h. durch welche Prädikate man diese ersetzen kann, um eine Aussage zu erhalten: "Sofern lediglich solche Variable verwendet werden, zu deren Wertbereich ausschließlich konkrete Objekte gehören, also sog. Individuenvariable, haben wir es mit einer nominalistischen Position zu tun. Finden jedoch auch solche Variable in die Sprache Eingang, zu deren Werten abstrakte Objekte gehören wie z. B. im Falle von Klassen-, Eigenschafts-, Relations-, Zahl-, Funktions-, Propositionsvariablen, dann ist damit bereits der Standpunkt des Benützers dieser Sprache als platonistisch gekennzeichnet."[14] Oder, wie Quine das Existenzkriterium formuliert hat: "to be is to be the value of a bound variable"[15]. In einem nominalistischen wie in einem platonistischen System dürfen also vorkommen: 1. Individuenvariable x, y, ..., zu deren Wertbereich k o n k r e t e Objekte gehören; 2. generelle Prädikatausdrücke 'p', 'q'; 3. alle anderen logischen Konstanten ('und', 'nicht', 'oder', usw.); 4. Quantoren zur Bildung genereller Aussagen über die Individuen des Bereichs. Nur in einem platonistischen System dürfen dazu noch solche Variable samt den entsprechenden Quantoren vorkommen, zu deren Werten a b s t r a k t e Gegenstände gehören (Klassen, Eigenschaften, Zahlen, usw.)[16]. Die Zugehörigkeit eines Systems zu Platonismus oder Nominalismus hängt also davon ab, ob neben dem, was als Individuenbereich gewählt wurde, noch Klassen von solchen Individuen zugelassen werden oder nicht, "technisch gesprochen: ob ein einheitlicher Variablentypus verwendet wird, nämlich die Individuenvariablen, oder ob man mit mindestens zwei Typen von Variablen operiert: Individuen- und Klassenvariablen, vielleicht sogar mit noch mehr Typen, wenn man nämlich Klassen von Klassen, Klassen von Klassen von Klassen usw. zuzulassen gewillt ist."[17]

Die Sachlage kompliziert sich jedoch dadurch, daß man ein System, in dem die Aussage 'Glückseligkeit wird erstrebt' verwendet wird, nicht ohne weiteres als nominalistisch bezeichnen kann, weil in einem nominalistischen System solche Sprechweisen zur Abkürzung durchaus zugelassen sind, solange sie nur in andere Aussagen übersetzt werden können, in denen nur die nominalistisch zugelassenen Ausdrücke vorkommen. Ob eine nominalistische oder platonistische Position in obigem Satz vorliegt, ist erst zu entscheiden, wenn zu klären ist, ob der Sprecher darunter versteht: (Ex) (x wird erstrebt)[18] für x = Glückseligkeit, oder ob er seine Aussage als Abkürzung für (x) (x ist ein Mensch ∧ x strebt danach, glückselig zu sein)[19] gebraucht. Im ersten Fall ist die gebundene Variable x ein abstrakter Begriff ('Glückseligkeit'), der damit als existierend angesehen wird, im zweiten ist die gebundene Variable ein konkretes Individuum.[20] Hieraus ergibt sich, daß jede Gattungstheorie, die formuliert: 'Es gibt Gattungen − formal (Ex) (x ist eine Gattung) −, eindeutig eine realistische Position impliziert, weil sie eine Klassenvariable enthält und nicht in eine synonyme nominalistische Aussage umformuliert werden kann, wobei dieses 'es gibt' natürlich die verschiedensten konkreten Füllungen erfahren kann.

Diese formallogische Bestimmung des Unterschieds von Nominalismus und Platonismus sollte, wie gesagt, nicht bzw. nicht nur wegen ihrer inhärenten begrifflichen Schärfe skizziert werden, sondern sie bildet das Fundament, auf dem zum einen bestimmte gattungstheoretische Aussagen erst präzis situiert werden können und das zum anderen die Diskussion von zwei weiteren Problemen erlaubt, die ebenfalls in unmittelbarem Bezug zu bestimmten literaturwissenschaftlichen Gattungstheorien stehen. Es ist dies einmal der Zusammenhang von idealem Sein und Allgemeinerkenntnis und zum anderen die Differenzierung der platonischen[21] Position der *universalia ante res* von der aristotelischen der *universalia in rebus*. Noch die nominalistische Haltung eines Croce in der Frage der "Gattungen", hierauf ist zurückzukommen, ist dadurch charakterisiert, daß er die Annahme idealer Wesenheiten und die Möglichkeit der Allgemeinerkenntnis gleichsetzt. Diese Gleichsetzung ist in der platonischen Philosophie gegeben, indem für Platon nur die Existenz von Ideen das Feststellen von Ähnlichkeiten und Gleichheiten zwischen konkreten Dingen erklärlich macht, d. h. die Annahme idealer Wesenheiten wird zu einer *conditio sine qua non* der Allgemeinerkenntnis. Eine nominalistische Position, wie sie oben definiert wurde, schließt jedoch Allgemeinerkenntnis keineswegs aus, da sie ja sowohl von generellen Prädikatausdrücken wie von generellen Aussagen Gebrauch machen kann: "Wurde hingegen das ideale Sein einmal mit dem allgemeinen gleichgesetzt, so konnte der gegenteilige Standpunkt, der die idealen Objekte leugnet, solange nicht aufkommen, als er diese Identifizierung nicht bestritt; denn der Wissenschaft geht es ja auch nach der heutigen Auffassung vorwiegend um Allgemeinerkenntnisse, nach antiker Auffassung sogar ausschließlich um Allgemeinerkenntnisse."[22] Daraus ergibt sich, daß ein moderner Nominalismus überhaupt nur dann diskutabel sein kann, wenn er mit den allgemeinen Ideen nicht auch die Allgemeinerkenntnis leugnet[23], und eben hier liegt, wie wir sehen werden, die Problematik der nominalistischen Ablehnung der Gattungspoetik.

Als zwei Spielformen des Platonismus skizzierten wir oben kurz den traditionellen Unterschied zwischen den beiden Auffassungen von *universalia ante res* und *universalia in rebus,* der für die gesamte mittelalterliche Metaphysik von entscheidender Bedeutung war. Wie Stegmüller ausführt, ergeben sich zwar, wenn man das "gesamte metaphysische Weltbild heranzieht, in welches das Universalienproblem stets eingebettet war", große Unterschiede, doch "besteht in logischer Hinsicht hier überhaupt kein Unterschied"[24]. Für ihn ist es ein "Scheinproblem, welches hauptsächlich wieder einem verdinglichenden, konkretisierenden Denken entsprang. Das einzig sinnvolle Problem, das wir hier stellen können, ist die schlichte Frage, ob es ideale, abstrakte Gegenstände gibt oder nicht. Zu fragen, ob das abstrakte Objekt unabhängig von den Einzeldingen sei oder nur in ihnen zu Erscheinung komme, ist hingegen sinnlos. Nur etwas, das selbst konkret ist, kann irgendwo sein oder an einem selbst konkreten Objekt zur Erscheinung kommen."[25] Dies leuchtet logisch unmittelbar ein, und die Analyse der Implikate der verschiedenen Gattungstheorien wird zeigen, daß die Opposition von *universalia ante res* vs. *universalia in rebus* für unseren Gegenstand in der Tat kaum von Bedeutung ist. Viel entscheidender ist demgegenüber die erkenntnistheoretische Frage, deren jeweils verschiedene Beantwortung grundsätzliche methodologische Konsequenzen nach sich zieht, nämlich, ob es sich bei den "Gattungen" um apriorisch-überzeitliche oder nur um historische Gegebenheiten handelt: eine Frage, die von Jauß, wie wir unten zeigen werden, fälschlicherweise mit dem Unterschied der beiden realistischen ontologischen Positionen identifiziert wird. Diese sagen jedoch über die Historizität der Begriffsbildung nichts aus, sondern bestimmen nur das angenommene Verhältnis der Allgemeinbegriffe zu den konkreten Individuen. So wird sich beispielsweise ergeben, daß auf der Basis einer *universalia-in-rebus*-Ontologie sowohl ein apriorisches wie ein historisches Gattungsverständnis möglich ist. Die Annahme, daß die Universalien nur 'in' den konkreten Individuen existieren bzw. 'an' ihnen zur Erscheinung kommen, impliziert nicht, daß sie sich im historischen Prozeß verändern. Als sich wandelnd können nur die individuellen Erscheinungen, nicht das angesetzte Allgemeine verstanden werden.

Als dritte grundlegende ontologische Position wurde oben der Konzeptualismus erwähnt, der zum ersten Mal bei Boëthius greifbar ist[26] und dann vor allem von Locke systematisch zu begründen versucht wird, und zwar in Form einer "psychologischen Theorie der Allgemeinbegriffe"[27]. Für den Konzeptualisten sind die Begriffe Abstraktionen unseres Geistes, wobei es in der Philosophiegeschichte jedoch nicht gelang, diesen Abstraktionsprozeß so zu fassen, daß er nicht *implicite* die *universalia-in-rebus*-These voraussetzte, wie dies im allgemeinen im Mittelalter der Fall war[28], oder aber die Allgemeinbegriffe in einem nicht weiter explizierten "allgemeinen Sein im Geiste"[29] ansiedelte. Diesem "Zusammenbruch des psychologischen Konzeptualismus" stellt Stegmüller einen "konstruktiven Konzeptualismus" gegenüber, der durch die Forderung charakterisiert ist, "daß die definierenden Bedingungen für Klassen bestimmten Konstruktionsprinzipien genügen müssen"[30]. Dieser konstruktivistische Konzeptualismus ist dann zwar insofern ein Platonismus, als er eben mit Individuen- und Klassenvariablen arbeitet, vom eigentlichen Universalienrealismus aber unterscheidet er sich dadurch, daß eine Klasse 'a' nicht aus der Gesamtheit der existenten Klassen mit Hilfe einer definierenden Bedingung *ausgewählt* wird, sondern daß diese Klasse durch Definition *geschaffen* wird, wobei die Bedingung von allen Elementen der Klasse und nur von diesen erfüllt wird.[31]

Bisher haben wir nur versucht, für bestimmte ontologische Positionen eine präzise Definition auf formallogischer Basis zu geben. Die Frage nach der 'Richtigkeit', d. h. nach der erkenntnistheoretischen Haltbarkeit der einen oder anderen Position wurde überhaupt nicht gestellt, sie ist im Rahmen der Logik auch nicht zu beantworten, denn diese ist "l'étude des conditions *formelles* de vérité", es geht ihr allein um die "validité déductive, et non pas de fait ou d'expérience"[32], während die Frage, wie wir zu unseren Begriffen kommen, eine Faktenfrage ist, die in den Bereich der allgemeinen Erkenntnistheorie als "étude de la constitution des connaissances valables"[33] gehört (auch wenn dies reine Logiker meist nicht wahrhaben wollen). Dies beweist auch folgende Feststellung Stegmüllers: "Bereits die historische Betrachtung hat uns gelehrt, daß die Apriori-Argumente beider Seiten meist auf sehr schwachen Füßen stehen. In der Tat dürfte auch eine Apriori-Argumentation, die auf eine *logische Widerlegung* des gegenteiligen Standpunktes hinausläuft, überhaupt ausgeschlossen sein. Nominalistische wie platonistische Systeme können widerspruchsfrei sein."[34] Ein Nominalist leugnet eben *a priori* (deswegen spricht Stegmüller von Apriori-Argumentation), daß es Universalien gibt, während sie der strenge Platonist *a priori* annimmt. Beide Positionen führen zu Schwierigkeiten, was sich stringent natürlich nur in formalen Systemen nachweisen läßt. In bezug auf die Mathematik kann Stegmüller zeigen, daß der konstruktivistische Konzeptualismus mit seiner Klassenhierarchie am leistungsfähigsten ist. Einen allgemeinen und im Rahmen der genetischen Epistemologie auch empirisch begründeten Konstruktivismus entwickelt Piaget. Bevor wir jedoch auf seine Theorie und unseren Versuch, auch die Gattungstheorie konstruktivistisch zu fundieren, eingehen, seien jene Gattungstheorien vorgestellt, die nominalistische, realistische oder traditionell konzeptualistische Positionen implizieren oder explizit verfechten.[35]

3.2 Nominalistische Positionen

Tatsächlich nominalistische Positionen sind in der literaturwissenschaftlichen Gattungstheorie eindeutig in der Minderzahl. Meist wird nicht die Existenz von wie auch immer konstituierten Textgruppen in Abrede gestellt, sondern nur die Möglichkeit, ahistorische "Universalien" im linguistischen Sinne, also Strukturisomorphien verschiedener Texte verschiedener Epochen, vielleicht sogar verschiedener Kulturkreise, aufzustellen.

Sieht man von vereinzelter Kritik an den Gattungsbegriffen, vor allem an deren Normativität ab, die sich bereits in der italienischen Renaissance-Poetik nachweisen läßt[36], so ist Croces Position der erste systematisch vertretene Nominalismus, dem zugleich eine beachtliche Breitenwirkung zukam. Auch wenn Wellek ('67) Croces Einfluß insgesamt zweifellos überschätzt[37], so bleibt doch bestehen daß Gundolf und Vossler genauso von Croce beeinflußt wurden wie etwa Spingarn und Hack im englischen Sprachraum, während in Italien selbst Fubini noch 1948 bzw. 1956 eine Apologie auf Croces Gattungskonzeption schrieb[38]. Nicht zu Unrecht konnte Croce deshalb seine überaus polemische Kurzinformation über den

Gattungskongreß von Lyon folgendermaßen einleiten: "I 'generi letterarii' si sono riuniti a congresso a Lione sulla fine del maggio scorso: la qual cosa non avrebbero osato fare in Italia, perché qui accadde loro, una quarantina di anni fa, un infortunio da cui non si sono più rialzati."[39] Und wer sich in Italien zu Lebzeiten Croces darauf einließ, von der Existenz von "Gattungen" zu sprechen, mußte sich, wie Anceschi, als "giovanotto, che non possiede alcuna preparazione in materia" betiteln lassen[40]. Wurde Croce von Irving Babbitt wohl nicht zu Unrecht als "neo-Hegelian confusionist"[41] bezeichnet, so schwenkte die italienische Literaturkritik weitgehend auf sein Individualitätsdogma ein[42]. Während sich in Italien seit den sechziger Jahren jedoch eine zunehmende Befreiung von Crocesdhem Denken vollzieht[43], ist in einigen neuesten französischen Publikationen geradezu eine Rückkehr zu 'gattungsfeindlichen' Positionen zu erkennen, die sich im wesentlichen der gleichen Argumente bedienen wie schon Croce, offensichtlich jedoch ohne sich dieses Bezugs bewußt zu sein. Die gemeinsamen Grundlagen dieser verschiedenen nominalistischen Positionen gilt es im folgenden zu bestimmen.

3.2.1 Croces ästhetische und logische Grundannahmen als Apriori-Argumente gegen "Gattungen"

Es ist hier nicht der Ort, Croces ästhetisches System *in toto* zu charakterisieren, das seinerseits, um voll verstehbar zu sein, wiederum in sein philosophisches Gesamtgebäude integriert werden müßte.[44] Uns kann es nur um die Herausarbeitung einiger Grundtatsachen gehen, die für seine Gattungstheorie von unmittelbarem Belang sind.

Croce will die gesamte menschliche Tätigkeit auf vier Kategorien reduzieren, von denen zwei theoretischer und zwei praktischer Natur seien. Die beiden ersteren sind a) die ästhetische und b) die logische, die beiden anderen — die ökonomische und die moralische — sind für unseren Zusammenhang nicht weiter von Interesse.[45] Die Unterscheidung der Ästhetik von der Logik erfolgt nun mittels der Begriffe *intuizione* und *espressione* einerseits und *concetto* andererseits. Der schöpferische Impuls der Künstler wird von Croce mit der Intuition gleichgesetzt, die für ihn schlechthin die primäre geistige Tätigkeit des Menschen darstellt und völlig unabhängig vom rationalen oder logischen Erkennen wirkt. Durch *attività* wird die Intuition zum Ausdruck, zur *espressione*, wobei "Intuition und Ausdruck praktisch zusammenfallen", weil alle Eindrücke ja nur dann zu ästhetischer Bedeutung gelangen, "wenn sie zum Ausdruck verdichtet, also in einem Kunstwerk sichtbar gemacht werden."[46] Wie Zacharias zusammenfassend feststellt, läuft Croces Ästhetik "auf die Lehre vom intuitiven oder expressiven Erkennen hinaus"[47]. In diesem Kontext wird nunmehr die Gattungspoetik zum "maggior trionfo dell'errore intellettualistico"[48], denn wenn wir z. B. die Begriffe *vita domestica, cavalleria, idillio* oder *crudeltà* denken, meint Croce, wird das "fatto estetico individuale, dal quale abbiamo preso le mosse" verlassen und aus "uomini estetici" werden wir zu "uomini logici"[49]. Dagegen sei prinzipiell zwar nichts einzuwenden, weil nur dergestalt wissenschaftliche Erkenntnis möglich sei, nicht aber mehr ä s t h e - t i s c h e : "L'errore comincia quando dal c o n c e t t o si vuol dedurre l'espressione, e nel fatto s o s t i t u e n t e trovar le leggi del fatto s o s t i t u i t o ; quando il secondo gradino è concepito come lo stesso del primo, e, stando sul secondo, si asserisce di star sul primo."[50] D. h. Gattungen haben keinerlei Realität auf der Produktionsebene, sie haben keinen Anteil an der *intuizione-espressione* als der ästhetischen Tätigkeit, sondern gehören in einen ganz anderen Bereich. Daß ihnen dann auch dort, da nicht universalen Charakters, eine Erkenntnisfunktion abgesprochen wird, ergibt sich aus der Differenzierung zweier verschiedener Begriffstypen. Croce unterscheidet zwischen den reinen Begriffen, den *concetti puri*, und den sog. *pseudo-concetti*. Reine Begriffe sind ausgezeichnet durch den Charakter der *espressività*, der *universalità* und der *concretezza*[51]. Für unseren Zusammenhang ist vor allem die zweite Bestimmung von Interesse. Während Begriff und einzelne Erscheinung den Charakter der Expressivität gemeinsam haben[52], ist der eigentliche Wesenszug des Begriffs "quello dell'universalità, ossia della trascendenza rispetto alle singole rappresentazioni, onde nessuna o nessun numero di queste è mai in grado di adeguare il concetto."[53] Für die Gattungspoetik wird dann die hieraus abgeleitete Folgerung entscheidend: "Tra l'individuale e l'universale non è ammissibile nulla d'intermedio o di misto: o il singolo o il tutto, in cui quel singolo rientra con tutti i singoli. Un concetto che venga provato non universale, è per ciò stesso confutato come concetto; e a questo modo procedono nel fatto le nostre confutazioni filosofiche."[54] Da es nach Croce also nur das universale Konzept einerseits und die Einzelerscheinung andererseits gibt, können "Gattungen" *per definitionem* nicht mehr 'existieren', was auch immer man hierunter versteht, da sie eben aus dem universalen Bereich des Ästhetischen einen Unterbereich ausgrenzen. Die einzige Kategorie, die Croce zuläßt, ist jene der *bellezza*[55], alles andere ist kein *concetto puro,* sondern es handelt sich um *pseudo-concetti,* wobei die "Gattungen" unter die *pseudo-concetti empirici* zu rechnen sind, weil ihnen die *universalità* fehle, während jene, denen die *concretezza* fehle (Dreieck, freier Fall)[56], *pseudo-concetti astratti* genannt werden[57]. Croce ist also, was sein gesamtes Begriffssystem betrifft, sowohl Realist wie Nominalist. Realist ist er deswegen, weil er die Existenz von bestimmten Allgemeinbegriffen anerkennt, und zwar als *universalia in rebus*[58], nominalistisch ist er in bezug auf die *pseudo-concetti* und damit in bezug auf die Gattungsproblematik. Diese haben also weder ein Korrelat in der Wirklichkeit noch eine Funktion als Abstraktionen im Erkenntnisprozeß, sondern haben nur, wie noch zu zeigen sein wird, mnemotechnische Bedeutung[59]. Bei Croces Gattungstheorie handelt es sich also nicht, wie Jauß impliziert[60], um eine konzeptualistische Position (*universalia post res*), in deren Rahmen ja gerade die menschliche Erkenntnisfähigkeit, das Bilden von Allgemeinbegriffen, aus einer *a posteriori*-Abstraktion zu erklären versucht wird[61], sondern eindeutig um einen Nominalismus, der auch nachträgliche Gruppierungen konkreter Texte nach "Gattungen" als unsinnig verwirft, weil diese uns nicht dabei helfen, das Einmalige jedes Kunstwerks als Ergebnis einer *intuizione-espressione* zu begreifen, wobei wir wieder beim Ausgangspunkt wären, der Bestimmung des Ästhetischen. Mit dieser Argumentation verwickelt sich Croce jedoch in einen unauflösbaren Widerspruch, denn das Einzelne kann als Einzelnes eben gerade nicht über ein universales Konzept beschrieben werden. Um ein Einzelnes von einem anderen Einzelnen, sei dies nun ein Werk oder die Gesamtheit der Werke eines Autors, abheben zu können, braucht Croce bei der praktischen Analyse notwendigerweise *pseudo-concetti,* so etwa, wenn er die Spezifizität des Ariostschen Werks, die diesem eigene *bellezza,* mit dem Begriff der "poesia dell'armonia"[61a] zu fassen versucht. Wenn aber Pseudokonzepte generell nicht zu vermeiden sind, dann können auch "Gattungen" nicht mehr mit der Argumentation abgelehnt werden, daß sie nicht universaler Natur seien.

Die philosophischen Implikationen von Croces Kategorienlehre wie von seiner Begriffstheorie brauchen uns hier nicht weiter zu interessieren; es handelt sich dabei um die prinzipiellen Probleme jeder apriorischen Fundamentalontologie[62]. Wichtig für unseren Zusammenhang ist nur, daß sich aus den beiden hier skizzierten Anschauungen Croces, seiner Konzeption des Ästhetischen und seiner Begriffstheorie, seine Position hinsichtlich der "Gattungen" als notwendige Konsequenz ergibt. Aus dieser Systemgebundenheit der Gattungstheorie läßt sich auch die Konsistenz der Croceschen Position begreifen, die, bis auf Nuancen im einzelnen, von 1894 bis 1949 die gleiche blieb[63]. Hätte er den "Gattungen" nämlich eine wie auch immer geartete 'Realität' zuerkannt, hätte sein gesamtes ästhetisches und logisches System grundlegend revidiert werden müssen.

Solch grundsätzlich orientierte Fundierungsversuche einer nominalistischen Position finden sich bei den anderen Gegnern der Gattungspoetik nicht. Die jeweilige Argumentation verläuft jedoch in weitgehend ähnlichen Bahnen, und zwar nicht nur dann, wenn ein direkter Bezug auf Croce gegeben ist, sondern auch, wenn, wie bei Meschonnic, der dem Textbegriff von *Tel Quel*[64] verpflichtet ist, die methodischen Prämissen aus anderer Quelle stammen. Dies wird sich aus der Diskussion einiger wichtiger Implikate und Konsequenzen der nominalistischen Position ergeben.

3.2.2 Normatives Gattungsverständnis

Nominalistische Gattungskonzeptionen sind dadurch gekennzeichnet, daß sie mit dem Begriff der "Gattung" prinzipiell die Vorstellung von Normativität verbinden. So betont Croce, daß die Doktrin der literarischen "Gattungen" eine Entartung der "precettistica letteraria e poetica" sei: "Lo snaturamento consiste nell'irrigidire i richiami storici, contenuti nelle registrazioni e definizioni dei vocabolarî e negli schemi delle grammatiche, delle retoriche e delle istituzioni poetiche e letterarie, in definizioni e categorie filosofiche, le regole senza forza di legge, in cui la precettistica si formola, in comandi e leggi assolute."[65] Gattungspoetik wird hier, wie auch sonst bei Croce[66], ausschließlich als eine rigide Präzeptistik begriffen, die Regeln und Gesetze aufstellt, nach denen sich die poetische Praxis zu richten habe. Croce übernimmt also gänzlich das eindeu-

tig normative Gattungsverständnis, wie es sich in der poetisch-
rhetorischen Tradition konstituierte, um dann, aufgrund eines
neuen Dichtungs- bzw. Kunstverständnisses, das gerade allgemeine
Dichtungsregeln ausschließt, auch das Gattungskonzept als solches
zu eliminieren. Mit der gleichen Argumentation hatte Roetteken
schon 1896 die "Gattungen" abgelehnt[67], und Spingarn, der sich
expressis verbis wiederholt als 'Gefolgsmann' Croces bezeichnet[68],
faßt die Konzeption des 'Meisters' knapp zusammen: "We have
done with the genres, or literary kinds. Their history is inseparably
bound up with that of the classical rules."[69] Zwar bemühen sich
Viëtor[70], Petersen[71] u. a. um eine deskriptive Fassung des Gattungs-
konzepts, doch Fubini läßt sich hiervon nicht überzeugen: "...
non tutti riconoscono che esse (sc. die Regeln) s o n o l a l o g i c a
c o n s e g u e n z a della teoria dei generi e che non è lecito, come
taluno propone, tener ferma, con qualche correzione, quella teoria
e negare poi ai generi un valore normativo."[72] Die normative Tendenz könne nur überwunden werden, "quando risolutamente si
nega l'"esistenza' dei generi"[73]. Das einzige Kriterium des Urteilens
ist, wie erwähnt, für Croce und seine Schule die *bellezza,* die als
universale ahistorische Gültigkeit besitzt: "Infatti con quella parti-
zione si introduce per così dire, la molteplicità dell'empiria nel
concetto di poesia o di bellezza, che non può non essere uno, e si
conferisce d'altra parte un carattere di assolutezza ... a note par-
ticulari desunte dall'osservazione di un gruppo di opere"[74]. Dieses
Zitat belegt, wie Fubini ganz und gar noch in den fünfziger Jahren
die Begriffsontologie Croces übernimmt, aus der sich ja mit Notwendigkeit die Annahme eines ahistorischen Schönheitsbegriffs ergab, weil die *bellezza* als Merkmal des Ästhetischen auf alle Kunstwerke zutreffen und eben deswegen universal und immer gleich sein
muß[75]. Im *crocianesimo* wird also nicht etwa auf Wertungen verzichtet, ganz im Gegenteil; nur die Grundlage des Wertungssystems
hat sich gegenüber der poetisch-rhetorischen Tradition verändert.
Anstelle der "Gattungen" fungiert nun der universal gesetzte Schön-
heitsbegriff als sich selbst ewig gleiche Idee, wobei das Erkennen
dieses Allgemein-Schönen, wie jedes Universalbegriffs, durch einen
Rekurs auf die — modifizierte — Kantische Synthesis a priori zu
erklären versucht wird[76]. Trotz der bereits in der *Estetica* vertretenen Auffassung, daß sich die vom Künstler verarbeiteten
Eindrücke mit der Zeit verändern, "sei's daß das Kunstdenkmal
verstümmelt wird, sei's, daß die Anschauungen und das bestim-

mende Milieu, unter dem der Künstler gestanden hat, sich ändern"[77], wird ein ewiges und immer gleiches Schöne postuliert, das der Kritiker erkennen kann, wenn er nur über genügend Geschmack verfügt. Geschmack wird dabei nicht etwa als subjektives, sondern als objektives Kriterium verstanden[78], was *in praxi* darauf hinausläuft, daß Croce sein romantisches Dichtungsverständnis absolut setzt[79].

3.2.3. Einzelwerk vs. "Gattung" oder die Möglichkeit der Allgemeinerkenntnis

Wir haben oben die doppelte Argumentation Croces gegen die "Gattungen" angeführt. Als einzig real wurde das einzelne Werk bzw. die universale Idee des Schönen angesehen, während den "Gattungen" nur der Status von Begriffsfiktionen zuerkannt wurde. Hieraus ergibt sich unmittelbar die Frage nach der Möglichkeit von Allgemeinerkenntnis im ästhetischen Bereich. Zunächst sind jedoch noch die Aussagen anderer gattungspoetischer Nominalisten zum Verhältnis von Einzelwerk und "Gattung" zu skizzieren.

Spingarn schließt sich auch in dieser Frage unmittelbar an Croce an. Für ihn sind die "Gattungen" "abstractions without reality in the world of art". Dichter schrieben keine Epen oder Pastoralen oder lyrische Gedichte, "however much they may be deceived by these false abstractions, they express themselves and this expression is their only form". Deswegen gäbe es nicht nur drei oder zehn oder hundert literarische "Gattungen": "there are as many kinds as their are individual poets"[80]. Auch für Hack sind die "Gattungen" unzulässige Abstraktionen aus der konkreten Textrealität, unzulässig deshalb, weil nur die "essential attributes common to all the species" angeführt würden, die jedoch nie den konkreten Text erfassen und erklären könnten.[81] Diese Argumentation ist insgesamt naiver als diejenige Croces, weil es selbstverständlich ist, daß ein Allgemeinbegriff ein konkretes Einzelnes in seiner spezifischen Individualität gar nicht erfassen kann, womit nichts gegen die Allgemeinbegriffe gesagt ist, da ihre Funktion dergestalt überhaupt nicht getroffen wird — Allgemeinbegriffe sind eben deswegen allgemein, weil sie mehr als einen Gegenstand bezeichnen —, in der Grundkonzeption ist er jedoch Croceaner:

" ... each particular tragedy is an expression of the creative power of some particular man, and is part of the author's life."[82] Hack verfällt mit diesen Prämissen in die bei einer Ausdrucks- bzw. Produktionsästhetik immer gegebene Gefahr des Biographismus, indem er den Streit um die Gattungseinordnung der *Ars Poetica* von Horaz, auf den er seine ganze Argumentation aufbaut, dahingehend zu lösen versucht, daß er deren scheinbare bzw. anscheinende Inkohärenz auf Horazens "personal and racial dislike of thinking a subject through"[83] zurückführt, wobei dieses 'Wissen' über den Charakter von Horaz seinerseits erst aus den Aussagen der *Ars Poetica* gewonnen wird: ein gängiger Zirkel biographistischer Kritik. Wie bei Hack wird auch bei Gundolf anstelle der "Gattungen" die biographische Eigenart des dichterischen Individuums zum einzig organisierenden Prinzip der Werke, jedoch mit einem entscheidenden Unterschied. Für die antike Literatur nämlich leugnet Gundolf keineswegs die produktionsästhetische Funktion der "Gattungen", deren Bedeutung er mit der religiöser Riten vergleicht, insofern sie für den antiken Menschen etwas unfraglich Vorgegebenes seien[84]: "Mit der Renaissance aber wird die Ausbildung des großen Menschen und sein Ausdruck der Sinn der Kunst, also die Ausprägung eines immer neuen Gehalts ohne bewußte Rücksicht auf göttliches Gesetz"[85]. Aus "Formen" werden die "Gattungen" mit der Renaissance zu "Formeln"[86]; doch ergibt sich damit für Gundolf natürlich die Schwierigkeit, das Insistieren auf dem Gattungshaften gerade der Renaissance-Poetik[87] zu erklären. Er löst dieses Problem durch einen nicht weiter hinterfragten Rekurs auf die Genieästhetik der Goethezeit, indem er die Schulpoesie und damit die rhetorisch-poetische Tradition abwertet und behauptet, daß sich "die lebendige moderne Poesie, Dante und Petrarca, Ariost und Tasso, Rabelais, Cervantes und Shakespeare", dort, "wo sie ihrem ursprünglichen Impuls folgte, zunächst nicht um Gattungen gekümmert" habe[88], was historisch einfach falsch ist. Freilich gehorchen die Werke dieser Autoren kaum dem Prinzip der Gattungsreinheit, noch sind sie überhaupt oder ausschließlich von antiken Gattungsvorstellungen aus zu verstehen; betrachtet man sie jedoch auf dem Hintergrund mittelalterlich-heimischer Traditionen, dann ergeben sich deutliche Gattungszusammenhänge[89].

Wie für Gundolf, der natürlich nicht nur von Croce beeinflußt ist, sondern etwa auch vom Erlebnisbegriff Diltheys[90], bildet der

Individualismus Croces auch den theoretischen Hintergrund für die Herausbildung der romanistischen Stilistik, die ebenfalls weitgehend das Einzelwerk bzw. den Einzeldichter ins Zentrum ihrer Betrachtung stellte und als deren hervorragendster und zugleich typischster Vertreter Leo Spitzer gelten kann[91], die sich in ihren konkreten Interpretationsverfahren aber grundsätzlich von Croce unterscheidet[91a]. Bei allen Divergenzen waren sich Croce und Spitzer in ihrer Reaktion gegen die positivistische Faktenansammlung und in dem Versuch einig, das Ästhetische als überzeitliches Phänomen zu begreifen, das sich auf jeweils individuelle Art im einzelnen Kunstwerk konkretisiert. Als weitere individualistische Strömung kann der angelsächsische *new criticism* gelten, der allenfalls mittelbar, über Spingarn[92], Gedankengut von Croce übernommen, in seinem Einzelwerkdogmatismus aber ebenfalls die Beschäftigung mit Gattungsstrukturen weitgehend verhindert hat.[93] Demgegenüber war der deutsche Immanentismus gar nicht so immanent, wie immer gern behauptet wird, da etwa durch G. Müller u. a. die 'morphologische' Literaturbetrachtung der zwanziger und beginnenden dreißiger Jahre weiterwirkte[94], die zwar wesentlich ahistorisch-typologisch ausgerichtet war, aber eben transindividuelle Formen zu erfassen versuchte. Von gleicher Erkenntnisintention wie die morphologische Schule, wenn auch verschiedener Methode, sind die Arbeiten der französischen Strukturalisten, die primär nach den grundsätzlichen Möglichkeiten der Vertextung und nicht nach der Spezifizität des Einzeltextes fragen[95], eine Position, die in jüngster Zeit von einer sich neu konstituierenden individualistisch-immanentistischen Richtung heftig attackiert wird.

Zu einer Art Wortführer dieser Richtung, zu der auch Jean-Claude Chevalier zu zählen ist[96], wurde H. Meschonnic durch einen ungewöhnlich polemischen Artikel in *Langue française 3* und durch sein Buch *Pour la poétique,* aus dem der Artikel einen Auszug darstellt. Sieht man von dem Verweis auf bestimmte linguistische Theorien, die in der Regel jedoch grundlegend falsch rezipiert werden, und der daran gekoppelten Verwendung bestimmter 'Reizwörter' (Kode, Kompetenz, Performanz, usw.) ab, so handelt es sich um eine vulgarisierte Neuauflage Crocescher Ansichten. Meschonnic leugnet zunächst einmal jegliche Art von objektiver Erkenntnismöglichkeit, alles sei nur abhängig von der *a priori* gewählten Ideologie[97], womit er sich selbst den Boden seiner Polemik gegen den Strukturalismus entzieht, denn wenn

Objektivität unmöglich ist, ist seine Position genauso subjektiv wie jede andere und damit genauso irrelevant. Trotzdem werden andere Arbeiten abqualifiziert[98], was aber eben nur dann möglich ist, wenn man zumindest eine relative 'Wahrheit' im Sinne Poppers oder Piagets annimmt, d. h. eine Erkenntnis, die zu einer bestimmten Zeit nicht falsifiziert bzw. falsifizierbar ist[99]. Als Grundlage seiner Poetik postuliert Meschonnic die seit langem falsifizierte Position, wonach man einem Text nur gerecht würde, wenn man ihn "comme un vécu"[100] begreife. Wenn ein Text aber etwas 'Gelebtes' ist, dann ist er *a priori* etwas Individuelles und hat nichts mit anderen Texten gemein. Infolgedessen sei der Versuch, allgemeine Modelle zu konstruieren, die über eine Vielzahl von Texten etwas aussagen sollen, ein unsinniger Szientismus. Dabei wird den Strukturalisten permanent unterschoben, sie wollten die konkreten Texte auf ihre abstrakten Modelle reduzieren[101], was einfach eine Verdrehung der Tatsachen ist: ihnen geht es eben um die M ö g l i c h k e i t z. B. narrativer Vertextung[102], doch ist keiner von ihnen so naiv, zu behaupten, daß damit die Spezifizität etwa eines Balzac-Textes erfaßt sei. Meschonnic kann nicht zwischen der *langue-* und der *parole-* Ebene unterscheiden und verkennt dadurch grundsätzlich die kritischen Intentionen der Strukturalisten. Die Poetik als "science" lehnt er ferner mit dem Argument ab, daß diese notwendig auf die alte Rhetorik hinausliefe[103], d. h. wie Croce, Fubini usw. setzt auch er deskriptive und normative Gattungspoetik gleich[104] und fordert als Alternative die "étude immanente"[105] der Texte. Jeder Text als "système générateur de formes profondes" verlange "la démarche immanente, pour pénétrer un acte poétique constitué, pour parler brièvement en termes pris à Chomsky, en performance et en compétence. C'est la compétence en tant que système qui crée la forme."[106] Wie aus späteren Ausführungen hervorgeht, betrachtet Meschonnic jedes Einzelwerk als System mit jeweils eigenem Kode[107], es gibt also so viele Systeme und Kompetenzen wie Texte, was beide Begriffe *ad absurdum* führt und ein völliges Mißverständnis von Chomsky zeigt, denn die Unterscheidung von Kompetenz und Performanz beruht ja gerade darauf, daß die infiniten Performanzakte bestimmten finiten Regeln gehorchen, die die Kompetenz darstellen, daß Sprechen und Verstehen eben nur deswegen möglich ist, weil Sprecher und Hörer über ein ihnen gemeinsames System verfügen, auf dessen Basis erst bestimmte Einzelaussagen 'generiert' werden können[108].

Andererseits, und das macht das Durcheinander vollkommen, weil es die Argumentation Meschonnics auch in sich widersprüchlich macht, beruhe das einzelne Werk doch auf einem überindividuellen Kode, denn es lebe vom Konflikt "entre la nécessité intérieure du *message* individuel (qui est créativité) et le *code* (genre, langage poétique d'une époque, etc.), commun à une société, ou à un groupe, code qui est l'ensemble des valeurs usées, existantes — 'lieux communs'."[109] In dieser Stelle wird also anerkannt, daß das Werk zwar seinen eigenen *message* habe, gleichzeitig aber auch auf einem allgemeinen Kode beruhe. In dem gleichen Sinn wie hier *message* verwendet wird, wurde auf derselben Seite oben *code* gebraucht; die Argumentation, daß jedes Werk seinen eigenen *code* habe, wurde also nur dadurch möglich, daß die grundsätzlich verschiedenen Begriffe *code* und *message,* deren Unterschied im wesentlichen der gleiche ist wie der zwischen *langue* und *parole* bzw. Kompetenz und Performanz[110], synonym und damit falsch gebraucht wurden. Was Meschonnic zunächst als individuellen Kode bezeichnet hat, ist *message*[111]; da er sich jedoch der Anerkenntnis eines allgemeinen Kode ebenfalls nicht entziehen kann, bleibt ihm, um sein System zu retten, nur die Möglichkeit, die Bedeutung dieses Kode für das einzelne Werk zu leugnen: "Quelle poésie peut-il y avoir hors de 'l'œuvre des poètes individuels'? Et surtout quelles structures? On ne retiendra que des conventions. Il n'y a pas l e langage poétique, mais celui d'Eluard, qui n'est pas celui de Desnos, qui n'est pas celui de Breton."[112] Freilich ist die poetische Sprache eines Desnos anders als die eines Breton, gerade dadurch, daß Meschonnic deren Sprachverwendung aber als 'poetisch' von anderen Sprachverwendungen absetzt, hat er bereits ein Allgemeines vorausgesetzt: d i e poetische Sprache. In diesem Zusammenhang kommt er dann nochmals auf die Absicht Todorovs und anderer Strukturalisten zurück, "les virtualités du discours littéraire"[113] zu untersuchen, und meint: "mais l'œuvre, et toute la littérature n'est qu'actualisation. Où est le virtuel? L'œuvre est l'antiécriture, l'antigenre. Chaque œuvre modifie en les actualisant l'écriture et le genre, ils n'existent qu'en elle."[114] Es ist verblüffend, wie Meschonnic immer wieder gegen Positionen anrennt, die die vermeintlichen Opponenten gar nicht vertreten und dabei seine eigenen Anschauungen zusätzlich *ad absurdum* führt. Keiner der Strukturalisten bestreitet, soweit zu dieser Frage Stellung genommen wird, daß die Gattungsstrukturen nur im einzelnen Werk aktualisiert werden können, eben deswegen sind sie ja 'Virtualitäten'; genausowenig wird bestritten, daß jedes neue Werk eine Gattungsvorstellung modifizieren kann — allerdings nicht muß —, was zumindest seit der Rezeption des russischen Formalismus ein Gemeinplatz ist[115], und sie sind keineswegs so einfältig, wie Meschonnic behauptet, "de donner à l'écriture la même réalité qu'à l'œuvre"[116]. Naiv ist Meschonnic, der die Notwendigkeit der Gattungskonzepte in dem Augenblick zugibt, wo er sie negieren will, denn Aktualisierung bedeutet Aktualisierung von etwas, und das Verständnis eines Werks als *antigenre* setzt eine Vorstellung des *genre* voraus, sonst könnte es eben überhaupt nicht als *anti-genre* begriffen werden. Wenn man zugibt, daß die einzelnen Werke "Gattungen" aktualisieren, auch wenn sie sie modifizieren, dann kann man die Gattungsforschung nicht mehr als objektinadäquaten Szientismus abtun, der das 'Eigentliche' verfehlt, sondern sie wird zur Vorbedingung des Erfassens des Individuellen. Diese Argumentation Meschonnics war in derselben Widersprüchlichkeit bereits von Croce vorgebracht worden: "Ogni opera d'arte vera ha violato un genere stabilito"[117]. Wenn es aber überhaupt keine "Gattungen" geben kann, wie Croce betont, dann kann ein Werk diese natürlich auch nicht verletzen. In der Croce-Nachfolge taucht dieser Gedanke dann sowohl bei Hack[118] wie bei Gundolf[119] und Spingarn[120] auf, ohne daß die innere Widersprüchlichkeit dieser Argumentation erkannt würde.

Diese Aporien führen zum zentralen Problem jeder nominalistischen Gattungskonzeption. Wie wir bereits oben andeuteten, liegt solange keine brauchbare nominalistische Theorie vor, als der Nominalist glaubt, den Wert der Allgemeinerkenntnis herabsetzen oder diese überhaupt negieren zu müssen: "Erst wenn der Nominalist imstande ist, seine Leugnung der Existenz von Universalien in widerspruchsfreier Weise mit einer Anerkennung der Gleichwertigkeit von Einzel- und Allgemeinerkenntnis zu verknüpfen, kann von einem philosophisch haltbaren Standpunkt gesprochen werden."[121] Eben diese Herabsetzung oder Leugnung der Möglichkeit, über eine Mehrzahl von Texten gültige Aussagen zu machen, liegt allen jenen ästhetischen Theorien zugrunde, die die Gattungskonzepte ablehnen. Dabei läßt sich zeigen, daß sich in der Tat von einem wesentlich individualistischen Literaturbegriff ausgehend eine Literaturw i s s e n s c h a f t nicht konzipieren läßt, denn von Croce bis Meschonnic wird die literarische Kritik, bei den einmal angenommenen Prämissen, notwendig auf ein intuitives Nachempfinden reduziert. So kommt Croce, wie wir sahen, ohne den Geschmacksbegriff nicht nur nicht aus, sondern er wird zur zentralen Kategorie seiner Kritik, weil der gute Geschmack Voraussetzung für die richtige Reproduktion der Intuition des Künstlers durch den Kritiker ist. Der Kritiker bedarf der gleichen intuitiven Fähigkeiten wie der Künstler, wobei der einzige Unterschied darin liegt, daß der Künstler eben über schöpferische, der Kritiker über reproduktive Intuition verfügen muß. Daneben wird zwar die Notwendigkeit einer eher positivistisch an Fakten orientierten Kritik anerkannt, mit dem ästhetischen Urteil und damit mit dem für Croce eigentlichen Zweck einer Literaturkritik hat diese jedoch nichts zu tun. Ähnlich äußert sich Hack: der Kritiker müsse zum einen "scientist" sein, d. h. er müsse sich die ermittelbaren Fakten verschaffen, und zum anderen "poet": "Before he can explain Euripides to us, before he can write the history of Euripides, he must employ to its uttermost his own creative power, his own poetic faculty... To criticize is to recreate, t o l i v e o v e r a g a i n t h a t p o r t i o n o f a g r e a t m a n ' s l i f e w h i c h f o u n d e x p r e s s i o n in a tragedy, a lyric or in a P h a i d o."[122] Deutlicher als anderswo ergibt sich aus dieser Stelle das wechselseitige Bedingungsverhältnis zwischen individualistischer Ausdrucksästhetik und literarischer Kritik als intuitiver Reproduktion, denn wenn ein Werk ganz individueller Ausdruck ist, kann der Kritiker dessen Individualität eben nur verstehen, wenn es ihm gelingt, diese 'nachzuleben' und damit neu zu schaffen, da er ja keinerlei Allgemeinbegriffe hat, die einen rationalen Zugang erlauben. So bleibt denn auch Meschonnic noch immer nichts anderes übrig als gegen die "rationalisation" der Literaturtheorie mit einem Zitat von Desnos zu protestieren: "Expliquer quoi? Il n'y a pas à expliquer en poésie, il y a à subir."[123]

3.2.4 Gattungsbegriffe als Sprachkonventionen

Wie wir eingangs ausführten, kann sich ein Nominalist durchaus sprachlicher Ausdrücke bedienen, die eigentlich platonistischer Natur sind, wenn diese nur abkürzendem Sprachgebrauch dienen und jederzeit in mit dem Nominalismus vertretbare Ausdrücke übersetzt werden können. Nominalistische Gattungstheoretiker versuchen denn auch in der Regel — Meschonnic allerdings nicht, weil er gar nicht merkt, wie seine Argumentation beständig die Notwendigkeit der Gattungsbegriffe impliziert —, den p r a k t i s c h e n Gebrauch der Gattungsnamen mit deren theoretischer Ablehnung zu versöhnen.

Bereits in einem Aufsatz von 1894, also noch bevor Croce sein ästhetisches und logisches System erstellt, führt er aus, daß er nichts dagegen habe, daß man Geschichten der Lyrik, des Dramas usw. schreibe, man müsse sich nur bewußt sein, daß diese Begriffe nichts seien als "denominazioni e aggruppamenti alla buona, tanto per intendersi e senza valore scientifico"[124]. Fast mit denselben Worten begründet er dann in der *Estetica* die Verwendung der Gattungsnamen und fügt hinzu, daß dergestalt nur "vocaboli e frasi" gebraucht, aber keine "leggi e definizioni" aufgestellt würden: "L'errore si fa quando al vocabolo si dà peso di distinzione scientifica"[125]. Er vergleicht sodann die Gattungseinteilung mit dem Aufstellen von Büchern in einer Bibliothek: Irgendeine Art von Ordnungsschema brauche man, man greife dann zum Inhalt oder zum Format oder zum Zusammenstellen nach Serien. Genauso beliebig wie diese Gruppierung seien die Bezeichnungen für die literarischen "Gattungen"[126]. Diese früheste und dogmatischste Position wird von anderen Croceanern übernommen. So hat Spingarn nichts gegen die Verwendung von Wörtern wie 'tragisch' als ein "convenient label for somewhat similar poems", abzulehnen sei nur, "Gattungen" als "laws" zu begreifen und "creative artists" danach zu beurteilen[127]. Entsprechend sind auch für Gundolf die Gattungsbegriffe in der Moderne "nur noch begriffliche Einteilungsprinzipien mit denen die Gelehrten der Stoffülle Herr zu werden versuchen"[128]. Da Croce nicht nur die traditionellen Gattungsbezeichnungen, sondern auch rhetorische Begriffe wie 'Ellipse' usw. als Namen auffaßt[129], denen keine Realität entspricht, sind für Hack als treuen Gefolgsmann neben den "Gattungen" auch etwa *plot* und *character* "names that we give f o r t h e s a k e o f c o n v e n i e n c e to different aspects of a reality which is one and indivisible. The convenience which we attain by the use of such names is purely e m p i r i c a l and is not at all s c i e n t i f i c "[130]. Die auf Croce deutenden Wortsignale sind unüberhörbar und verweisen auf die skizzierte Unterscheidung von reinen Begriffen und Pseudokonzepten ganz in dem Sinne, wie Croce sie verstand[131].

3.2.5 Croces Entwurf einer "Modernen Poetik"

Diese Unterscheidung ist Grundlage für Croces Entwurf einer 'Modernen Poetik' aus dem Jahre 1922, wo er der Ästhetik als "scienza rigorosa e filosofica" die Poetik als "semplice scienza empirica o disciplina"[132] gegenüberstellt. Croce geht hierbei über frühere Aussagen hinaus, indem er sich nicht mehr mit der Feststellung der 'philosophischen' Nichtigkeit und der rein praktischen Funktion der Gattungsbegriffe begnügt[133], sondern eine Neufundierung der Poetik versucht: "... nei tempi in cui le menti sono rischiarate dall' E s t e t i c a i d e a l i s t i c a, dal concetto della s i n t e s i a p r i o r i e s t e t i c a, della c r e a t i v i t à dell'arte, della sua s p o n t a n e i t à e a u t o n o m i a, e la critica non si attiene a modelli fissi di bellezza e ricerca l ' i n d i v i d u a l i t à nelle singole opere d'arte come altrettanti fulgurazioni e momenti della storia dello spirito umano, quei concetti empirici, quei generi letterari, di diversa e remota provenienza, debbono essere per gran parte rifatti sui nuovi presupposti."[134] Wir haben diese Stelle *in extenso* zitiert, weil sie zum einen nochmals die Grundpositionen von Croces Kunst- und Literaturauffassung programmatisch zusammenfaßt und zum anderen erkennen läßt, wie durchaus historisches Denken mit ahistorischen Setzungen verbunden ist, wobei die letzteren die Oberhand behalten, denn gerade die Einsicht in die Geschichtlichkeit der traditionellen Gattungsbegriffe[135] hätte zumindest zu der Frage nach deren Einfluß auf die Produktion und Rezeption von Dichtung z u e i n e r b e s t i m m t e n Z e i t führen müssen, was aber durch die Absolutsetzung der individualistischen Ausdrucksästhetik für alle Epochen nicht möglich war. Einer Poetik auf idealistischer Basis werden nur mehr zwei Aufgaben zuerkannt, erstens festzustellen, "se un' opera è poesia", und zweitens, "quale poesia essa è". Demzufolge gibt es auch nur mehr zwei Grundprinzipien der Gattungseinteilung, "il primo dei quali sarebbe da nominare di *valutazione*, e il secondo di *qualificazione*."[136] Unter der ersten Kategorie vereinigt Croce "Gattungen" wie *poesia classica* und *poesia romantica o sentimentale, poesia ad effetto, poesia intellettualistica, poesia sociologica, poesia disarmonica, poesia frammentaria, poesia futuristica* usw.[137], unter der zweiten *poesia tragica, poesia sconsolata, poesia serena, poesia allegra, poesia eroica, poesia realistica, poesia piccola, poesia grandiosa e solenne* usw.[138] Auch diese "Gattungen" seien, da nicht universal, d. h. alle dichterischen Texte abdeckend, natürlich nur "empirische" Konzepte, Nomenklatur des kritischen Diskurses, im Gegensatz zu den traditionellen Gattungsbezeichnungen aber adäquatere, da sie sich eben aus der idealistischen Konzeption von Dichtung ergäben, die, wie wir sahen, als überzeitlich gültig gesetzt wird. Dabei dient die erste Klassifizierung letztlich jedoch zu nichts weiter, als aus dem Bereich der eigentlichen Dichtung die verschiedenen Arten des nicht im gleichen Grade Dichterischen auszugliedern (*poesia intellettualistica* usw. wird von Croce in abwertendem Sinne gebraucht), die zweite führt entweder zu einem intersubjektiv nicht fundierbaren Psychologismus (*poesia serena* usw.) oder zu einer rein terminologischen Umbenennung rhetorischer Stilkategorien (poesia grandiosa = Dichtung im hohen Stil), die allein natürlich keine "Gattungen" konstituieren können, denn hoher Stil z. B. ist im klassizistischen Epos genauso gegeben wie in der klassizistischen Tragödie.[139] Nicht umsonst ist Croce auf diese seine 'Moderne Poetik' später nicht mehr zurückgekommen[140], denn seine ästhetischen Grundpositionen hatten jeder Systematik, auch einer 'empirischen', den Boden entzogen: auf Intuitionismus und Individualismus läßt sich keine auf Allgemeinerkenntnis zielende Wissenschaft begründen, und zwar auch dann nicht, wenn man das Schöne als *universale* setzt, denn dergestalt bleibt eben nur festzustellen, ob etwas schön ist oder nicht, und diese Feststellung ist meist irrelevant, da intersubjektiv kaum begründbar. Croces praktische Kritik ist hierfür das beste Zeugnis.[140a]

3.2.6 Kulturgeschichte vs. Literaturgeschichte und die Überwindung des Nominalismus bei Fubini

Da bei Croce das Ästhetische absolut autonom, d. h. unabhängig von jeglicher gesellschaftlich-historischer Bedingtheit gesehen wird, ergibt sich für ihn die Möglichkeit, die aus dem ästhetischen Bereich herausmanövrierten Gattungsbegriffe in der Kulturgeschichte wieder zuzulassen: "... col reciso rifiuto del loro uso nella storia della poesia, non si rifiuta la considerazione di essi nella storia culturale e sociale e morale, in quanto le loro regole, esteticamente arbitrarie e insussistenti, rappresentavano bisogni di altra natura"¹⁴¹. Als Beispiel für diese kulturelle Bedeutung der "Gattungen" erwähnt Croce u. a. die Restituierung der antiken Gattungstheorie in der Renaissance "con la quale si volle metter fine alla elementarità e rozzezza medievali"¹⁴². Dies heißt also, daß das, was die Geschichtlichkeit der Kunst ausmacht, aus deren eigentlichem Bereich eliminiert und auf andere Ebenen, die für das Künstlerische irrelevant sind, verschoben wird¹⁴³. Das künstlerische Schaffen ist für Croce immer ein Erzeugen *ex nihilo,* der einzelne Künstler hat weder einen Vorläufer noch einen Nachfolger, wenn dieser ebenfalls Künstler sein will und nicht Epigone¹⁴⁴, d. h. für Croce kann es keine literarische Reihe und keine Evolution geben, weil ja all das, was geschichtlich bedingt ist, aus der Geschichte der Dichtung eliminiert wird. Trotz seines verbalen Insistierens auf der Geschichtlichkeit von Dichtung vertritt Croce tatsächlich also eine eindeutig ungeschichtliche Dichtungsauffassung¹⁴⁵. Literaturgeschichtsschreibung muß sich dergestalt auf ein Aneinanderreihen von einzelnen Essays zu einzelnen Dichtern oder Werken reduzieren. Diese Konsequenz hat Croce durchaus erkannt, und so postuliert er denn auch, daß man bereits dann, wenn diese Essays ein oder mehrere Jahrhunderte der Literatur umspannen, von einer "Geschichte" der betreffenden Literatur sprechen könne¹⁴⁶. Dies heißt aber, daß eine Galerie isolierter Einzelportraits, die *per definitionem* nichts gemeinsam haben dürfen, weil dies Ausdruck von Epigonalität wäre, und die sich also nur aufgrund der Annalistik der Werkdaten aneinander reihen¹⁴⁷, als 'Geschichte' ausgegeben werden.¹⁴⁸ Eben diese Aporien versucht Fubini, offensichtlich ohne sich dessen voll bewußt zu sein, zu überwinden. Sein Beitrag zur Gattungstheorie ist über weite Strecken, selbst was den historischen Abriß betrifft, nichts als ein Exzerpt aus der *Estetica* und anderen Texten Croces, und er übernimmt auf diese Weise, wie wir sahen, sämtliche Grundvorstellungen, ob es sich nun um die ästhetische Synthesis *a priori,* um die Unterscheidung von "reinen" und "empirischen" Begriffen, um die Normativität der Gattungskonzepte oder um die Einheit und Unteilbarkeit der Dichtung handelt. Wie schon Bianca ('61), allerdings etwas überspitzt, festgestellt hat, vollzieht sich bei Fubini jedoch eine Veränderung dahingehend, daß "si ammette esplicitamente e senza nessun equivoco che l'opera d'arte si inserisce (e proprio in quanto arte e non soltanto nei suoi elementi extraestetici) in un processo che è la storia stessa dell'arte, o diciamo meglio, delle espressioni estetiche"[149]. Freilich stellt Fubini weiterhin die Kreativität und als deren Resultat die Individualität des Einzelwerks in den Vordergrund, auf denen allein der ästhetische Wert eines Textes beruhe, doch werden in stärkerem Maße die verarbeiteten 'Materialien', die Bindung an Traditionszusammenhänge, berücksichtigt. Indem die "Gattungen" nunmehr als "tradizioni stilistiche"[150] definiert werden, sind sie nicht mehr nur kulturelle Phänomene, die nichts mit der Dichtung zu tun haben, sondern sie sind eben "mezzi" der Poesie, wenn auch nicht Bedingungen für deren *bellezza*[151]. Ohne daß Fubini dies gewahr zu werden scheint, erhalten die "Gattungen" dadurch eine Realität auf der Produktionsebene, die ihnen Croce nie zugestanden hätte[152], auch wenn er sich immer wieder bemüht, seine stärker historische Position mit der Croces in Einklang zu halten. So schränkt er etwa ein, daß die Geschichte einer "Gattung", verstanden als "tradizione stilistica", immer den Eindruck erwecken würde, "che la realtà sia come compressa e deformata: né può essere altrimenti, se la continuità storica è della storia tutta e non di un genere o di uno stile"[153], trotzdem dürfe man natürlich "tradizioni stilistiche" untersuchen, solange man nur nicht meine, "di dare con la storia di un genere la storia delle opere d'arte, le quali stanno, sappiamo, sempre al di fuori e al di sopra degli schemi di un genere"[154]. So würde der *Orlando Furioso* eben nicht nur durch seine "individualità artistica" die Gattung des Ritterromans transzendieren, sondern auch durch seine Bezüge auf die gesamte klassische und humanistische Tradition, auf seine "precedenti culturali"[155]. Damit konstituiert sich bei Fubini jedoch implizit die Vorstellung einer literarischen Reihe, eines fortgesetzten, wenn auch beständig variierten Traditionszusammenhangs, auf den das Einzelwerk trotz seiner Individualität bezogen bleibt, was geradezu eine Umkehrung der oben skizzierten Position Croces darstellt und Fubini in die Nähe von Vorstellungen der russischen Formalisten rückt. Indem er weiterhin zugibt, daß Texte "elementi in comune"[156] haben, die er dann als stilistische Traditionen bzw. "Gattungen" bezeichnet, sind diese eben keine reinen Sprachfiktionen mehr, denen nichts in der Realität entspricht, wie Croce die *pseudo-concetti empirici* auffaßt und als die auch Fubini die Gattungsbegriffe verstanden wissen möchte, sondern sie sind Abbildungen einer Objektrealität, und dies ist auf jeden Fall keine nominalistische Position mehr. Daran ändert auch nichts, daß Fubini auf der beständigen Veränderung der Gattungskonzepte im kritischen Diskurs insistiert, also auf dem Wandel der sprachlichen Abbildung der Objektrealität im Gegensatz zu der "immutevole e determinata categoria della bellezza"[157], sondern diese Position impliziert im Ansatz bereits ein konstruktivistisches Denken.[158] Auf der Grundlage einer stärker historischen Orientierung gelangt Fubini also zu einer impliziten Aufgabe des Croceschen Gattungsnominalismus, obwohl er selbst der Meinung zu sein scheint, gänzlich im Rahmen der Grundpositionen des *praeceptor Italiae* zu argumentieren. An einer Detailfrage läßt sich dieser Unterschied ganz eindeutig fixieren. Nach einer Ablehnung der Dreiteilung der Dichtung in Epik, Lyrik und Dramatik, da es sich hierbei nur um eine Gliederung aufgrund der rein äußerlichen Aufführungsbedingungen handle[159], meint Croce, daß, da sich schon "quella gloriosa tripartizione" in der Praxis so nutzlos und sogar schädlich erweise, "si può pensare quale utilità ritengono le altre anche più superficiali o più storicamente contingenti, come l'ode o l'egloga o la tragedia borghese."[160] Demgegenüber glaubt Fubini, daß Arbeiten zu literarischen "Gattungen", immer verstanden als Stiltraditionen, "tanto maggior valore ... hanno quanto più aderenti essi rimangono alla realtà storica che sono chiamati ad ordinare e che costituisce il loro effettivo contenuto"[161]. So sei z. B. ein Studium des historischen italienischen Romans des 19. Jh.s durchaus sinnvoll[162]: "Ma di quale utilità potrà essere lo studio del genere *romanzo* e sia pure limitato al romanzo italiano?"[163] Fubini betrachtet als sinnvoll also gerade die Untersuchung jener historisch eng umgrenzten Formen, die für Croce eben deswegen noch irrelevanter sind als die Sammelbegriffe. In dieser Einzeldivergenz konkretisiert sich für uns der wesentliche Unterschied zwischen Fubini und Croce. Da für Croce alles, was historisch und damit wandelbar ist, nicht zur Dichtung und damit zur Dichtungsgeschichte gehört[164], eliminiert er trotz seiner gegenteiligen Behauptungen die Geschichte aus der Geschichte, während Fubini die Geschichtlichkeit des Poetischen akzeptiert und damit den "Gattungen" einen anderen Stellenwert einräumt, den von sprachlichen Mitteln, durch die sich reale Zusammenhänge zwischen Werken konstituieren, und nicht nur den von kulturellen Zwängen im Sinne Croces. Wogegen sich Fubini letztlich nur wendet, ist die Annahme diachronisch-ahistorischer Gattungskonzepte. Dabei ergibt sich jedoch unweigerlich die Problematik, daß, wenn man zugibt, daß das Herausstellen der Gemeinsamkeiten des (italienischen) Romans des 19. Jh.s oder des 20. Jh.s sinnvoll ist, nicht aber *des* (italienischen) Romans schlechthin, es nicht mehr möglich ist zu begründen, warum man bei der Untersuchung des Romans eines Jh.s nicht z. B. auch das, was man gängig als 'Dramen' bezeichnet, heranzieht, da man diese ja nicht mehr ausscheiden könnte, wenn man nicht zumindest *implicite* annähme, daß es Unterschiede auch zwischen dem, was man 'Roman', und dem, was man 'Drama' nennt, gibt. Auf dieses Problem jeder rein synchron-historisch ausgerichteten Gattungsforschung, die beständig Begriffe verwenden muß, die sie nicht verwenden darf, weil sie für sie nichts bedeuten, wird noch mehrfach zurückzukommen sein.[165]

3.3 Realistische und konzeptualistische Positionen

Konnten für die verschiedenen nominalistischen Positionen eine Reihe gemeinsamer Grundpostulate nachgewiesen werden, die die jeweilige Argumentation gegen die Gattungsbegriffe weitgehend gleichartig verlaufen ließ, so ist die konkrete Füllung der Aussage, daß die "Gattungen" 'existieren', ob als objektive Gegebenheiten (Realismus) oder nur als Abstraktionen in unserem Geiste (Konzeptualismus), in vielfältiger Weise vorgenommen worden. Dabei ist es keineswegs so, daß die gleichen ontologischen Implikate auch zu gleichen oder ähnlichen methodologischen Folgerungen führen — so kann, wie gesagt, eine *universalia-in-rebus*-Konzeption sowohl ein ahistorisch-typologisches wie ein historisches Gattungsverständnis ergeben.[166] Allerdings wird zu zeigen sein, daß bestimmte ontologische Grundpositionen *eher* als andere zu bestimmten Aussagen über die spezifische Seinsweise des Objekts, die "Gattungen", führen. Die Sachlage wird zudem dadurch kompliziert, daß die Äußerungen zum Wesen der "Gattungen" teilweise solchermaßen vage und widersprüchlich bleiben, nicht zuletzt deshalb, weil sich verschiedene Gattungstheoretiker über die Implikationen der verwendeten Begrifflichkeit kaum im klaren sind[167], daß eine präzise Fixierung der jeweiligen ontologischen und erkenntnistheoretischen Positionen nicht immer möglich ist. Im folgenden wird es also darum gehen, die verschiedenen Auffassungen von der Art der Existenz der "Gattungen" zu skizzieren und diese dann, soweit dies möglich ist, nach den jeweiligen ontologischen und erkenntnistheoretischen Fundamenten zu befragen, um eine möglichst systematische Charakterisierung zu liefern. Kriterium für die Einreihung in diesen Abschnitt ist dabei, ob die jeweiligen Verfasser implizit oder explizit Aussagen wie die folgenden als wahr akzeptieren: "Die literarischen Gattungen existieren"[168], oder, etwas ausführlicher: "les genres littéraires ne sont pas de simples étiquettes commodes, mais correspondent à des réalités essentielles de l'art littéraire."[169] Konzeptualistische Positionen behandeln wir deswegen zusammen mit im engeren Sinne realistischen, weil sich auch am Beispiel der Gattungstheorie die allgemeine Feststellung Stegmüllers beweisen läßt, daß die *universalia-post-res*-Position die Annahme von *universalia in rebus* impliziere, und weil nicht selten gleiche bzw. ähnliche Aussagen über die spezifische Art und Weise der Existenz von "Gattungen" auf konzeptualistischer wie auf realistischer Basis gemacht werden. Dies gilt insbesondere von dem immer wieder angesprochenen Problem einer universalen oder nur historischen Bestimmbarkeit der "Gattungen", auf das auch im folgenden ausführlich einzugehen ist.

3.3.1 Das normative Gattungsverständnis der poetisch-rhetorischen Tradition

Bei Wellek / Warren und anderen wird der normativen Poetik der poetisch-rhetorischen Tradition bis hin zum ausgehenden 18. Jh. eine deskriptive Form entgegengesetzt, die in der Regel die moderne Gattungstheorie, allerdings keineswegs ausschließlich, charakterisiere[170]. Aristoteles selbst ließe sich dabei noch nicht als normativ interpretieren, wie z. B. Landmann ausführt, denn er habe seine Poetik von den existenten Werken abgelöst. Erst mit dem Hellenismus könne man die Normativität der Poetik ansetzen, indem sie sich seit jener Zeit als an ideal begriffenen Mustern orientierte, aus denen allgemeingültige Regeln abgeleitet wurden, denen jedes neue Werk gehorchen mußte[171]. Dieses Aufstellen allgemeiner, überzeitlich gültiger Regeln für die Tragödie etwa impliziert, daß eine apriorische Idee der Tragödie angenommen wird, ein Idealtypus, den die einzelnen historischen Konkretisationen anstreben müssen, um gute Tragödien zu sein, d. h. es besteht ein

Bedingungsverhältnis zwischen normativen Gattungskonzepten und dem apriorischen Verständnis der Allgemeinbegriffe. Allgemeingültige Gesetze für das spezifische So-Sein einer einzelnen Tragödie sind nur dann aufzustellen, wenn vorher eine Idee der Tragödie angenommen wird, wobei gleichgültig ist, ob diese ontologisch als *universale ante res* oder *in rebus* verstanden wird, universal ist sie allemal[172]. Als logische Folgerung hieraus ergibt sich das Verbot der Gattungsmischung, denn ein Werk kann nicht zugleich die Idee der Tragödie und die Idee der Komödie verwirklichen. Erst die Unterscheidung von "Naturformen" der Dichtung und historischen Gattungen, wie sie sich etwa bei Goethe findet, ermöglicht es, apriorische Gattungskonzepte mit dem Prinzip der Gattungsmischung zu vereinbaren, was dann im 20. Jh. vielfach unternommen wird, obwohl sich auch anhand der neueren wissenschaftlichen Diskussion noch zeigen läßt, wie ein apriorisches Verständnis häufig zu normativen Gattungsvorstellungen führt.[173]

3.3.2 Konkretisierend-verdinglichendes Gattungsverständnis

Wie seit der Mitte der fünfziger Jahre in zunehmendem Maße Methoden der exakten Wissenschaften, vor allem der Mathematik und der formalen Logik, auch in die herkömmlichen Geisteswissenschaften eindringen und deren Methodologie weitgehend beeinflussen, übte um die Jahrhundertwende Darwins biologische Evolutionstheorie stärksten Einfluß über ihren eigenen Bereich hinaus aus. Wie für Darwin die biologische Spezies rückt für die literaturwissenschaftlichen Evolutionisten der Begriff der "Gattung" ins Zentrum ihrer Überlegungen, wobei vor allem Brunetière und Symonds die biologische Analogie am direktesten zu applizieren suchten. An dieser Stelle interessieren zunächst nicht die Gedanken zur Gattungs e n t w i c k l u n g [174], sondern die diesen zugrunde liegenden Auffassungen vom Wesen der "Gattungen"[175]. Im programmatischen Vorwort zum ersten Band seiner *Evolution des genres littéraires,* der auch der einzige blieb und die *Evolution de la critique littéraire* enthält[176], betont Brunetière, daß er die Frage nach der realen Existenz der "Gattungen" klären möchte, daß er aber bereits *a priori* nicht sehe, "comment on la (sc. deren Existenz) nierait, — car enfin une *Ode,* qu'à la rigueur on peut confondre avec une *Chanson,* n'est pas une *Comédie de caractères,* par exemple"[177]. Die "Gattungen" hätten eine gewisse Permanenz und Stabilität. Diese "fixation" gebe ihnen "une existence, non plus seulement t h é o r i q u e , mais h i s t o r i - q u e — je veux dire, comprise entre une date et une autre date, — une existence i n d i v i d u e l l e , une existence comparable à la vôtre ou à la mienne, avec un commencement, un milieu et une fin"[178]. Für Brunetière sind die "Gattungen" also nicht nur abstrakte, ideale Wesenheiten wie etwa der Begriff der Menge für den Mathematiker, sondern sie werden zu k o n k r e t e n Individuen reifiziert, was sich nicht zuletzt in Brunetières Metaphorik kundtut, mit der er den Entwicklungsprozeß beschreibt: "comme toutes les choses de ce monde, ils (sc. les genres) ne n a i s s e n t que pour m o u r i r . Ils s'usent à mesure même qu'ils e n f a n - t e n t leurs chefs-d'œuvre"[179], oder: "Un Genre naît, grandit, atteint sa perfection, décline, et enfin meurt"[180]. Symonds bedient sich des gleichen biologistisch fundierten geschichtsphilosophischen Modells und spricht von "those phases of incipient and embryonic energy, of maturely perfected type, of gradual disintegration and of pronounced decadence"[181]. Damit scheinen zwar weder Brunetière noch Symonds eine im engeren Sinne platonische Position zu vertreten, da für Platon die Ideen ja ewig präformierte Wesenheiten sind, während die "Gattungen" bei den beiden Evolutionisten 'geboren werden' und 'sterben', sie das Ideenkonzept also zu historisieren scheinen, nehmen aber auf jeden Fall wie Platon neben den konkreten Dingen der raum-zeitlichen Welt, den einzelnen Texten, ideale Gegenstände an und gestehen diesen die gleiche Realität zu wie den konkreten Individuen, d. h. der Unterschied zwischen konkreten und idealen Gegenständen wird aufgehoben, indem die "Gattungen" auch zu konkreten Individuen werden. Dies ist natürlich eine unzulässige Begriffsverdinglichung, denn "ideale Objekte bilden einen anderen Gegenstandstypus als die konkreten Dinge. Die Idee der Röte ist selbst nicht rot, extensional gesprochen: die Klasse der roten Dinge ist kein rotes Ding, genausowenig wie die Klasse der Menschen ein Mensch ist."[182] Es ist unmittelbar einzusehen, daß auch die Idee der Tragödie selbst nicht tragisch ist — metaphorischen Sprachgebrauch natürlich ausgenommen —, bzw. daß die Klasse der Texte, die man als 'Tragödien' bezeichnet, selbst nicht wieder eine Tragödie ist, daß also der einzelne Text, die einzelne Tragödie, als konkretes Individuum von dem grundsätzlich anderen Gegenstandstypus, d e r Tragödie als Klasse aller Tragödien, zu unterscheiden ist, und daß damit keinerlei Vorstellungen aus dem Individuenbereich (Geborenwerden usw.) apriorisch auf den Klassenbereich übertragen werden können.

Überraschend ist, daß Coseriu noch 1971 die "Gattungen" als "jeweils historisch gegebene Individuen" betrachtet und ihnen die gleiche Realität zuerkennt wie den historischen Sprachen[183]. Selbst wenn man Sprache metaphorisierend als Individuum bezeichnen will, was keiner Sprachtheorie weiterhelfen dürfte, sind die "Gattungen" hierzu nicht analog. Der Unterschied ist ein logisch einfacher, insofern etwa der Prädikator 'französische Sprache' eben einen Individualbegriff darstellt, unter den genau e i n Gegenstand fällt, während d e r Roman ein Allgemeinbegriff ist, zu dessen Umfang mehr als ein Gegenstand gehört. Coseriu nimmt also dieselbe Identifizierung von Individual- und Klassenbegriff vor wie die Evolutionisten.

Bei genauerem Hinsehen läßt sich schließlich zeigen, daß das Gattungskonzept von Brunetière und auch von Symonds keineswegs ein historisches, sondern deutlich ein normativ-aprioristisches ist. Es hängt offensichtlich nämlich vom Vorverständnis des jeweiligen Betrachters ab, ob er an dieser oder jener Stelle des historischen Prozesses den Höhepunkt ansetzt oder nicht. Um nur ein Beispiel aus Brunetière anzuführen: Er möchte in einem Aufsatz beweisen, daß sich mit Malherbe die Transformation der "Gattung" der *poésie lyrique* in jene der *éloquence* vollzieht. Dabei wird die lyrische Dichtung bestimmt als "la poésie personnelle ou individuelle ..., l'expression du Moi du poète"[184], was, auf die Renaissance-Lyrik bezogen, natürlich eine falsche Übertragung der romantischen Dichtungskonzeption ist, während demgegenüber Malherbes Dichtung durch ihre Allgemeinheit und Überpersönlichkeit charakterisiert sei. Damit sei die Transformation der *poésie lyrique* in die *éloquence* vollzogen. Für Brunetière stellt dies nun einen realen historischen Prozeß dar, während es offensichtlich ist, daß die "Transformation" nur deswegen so zu bestimmen war, weil Brunetière normativ-apriorisch eine Idee des Lyrischen setzt, der die — falsch verstandene — Renaissance-Lyrik eher entspricht als die klassizistische, und daß erst auf der Grundlage dieser Setzung ein historischer Prozeß konstruiert werden konnte[185]. Indem Brunetière ferner die "Gattungen" über den

Begriff des Gesetzes weiter zu bestimmen sucht, macht er deren normatives und aprioristisches Verständnis eindeutig: "Tout genre a ses lois, déterminées par sa n a t u r e même"[186]. So überrascht es denn auch nicht, daß er die klassizistischen Kunstregeln rehabilitieren möchte, die für ihn "les lois ... telles qu'on tâche à les induire de la n a t u r e et de l'histoire de ce genre"[187] sind. Diese Regeln seien nur dahingehend falsch verstanden worden, daß man meinte, durch ihre Berücksichtigung würden automatisch Meisterwerke entstehen; ferner räumt Brunetière ein, daß die "Gesetze" nicht starr, sondern nur "des règles protectrices de l'art"[188], und daß sie nicht sehr zahlreich sind. Er hält jedoch daran fest, daß sie eine den Wandlungen des Geschmacks und der Mode entzogene Gültigkeit besitzen.[189] Indem er dergestalt von der *Natur* einer "Gattung", von den ihr inhärenten Gesetzen spricht, verficht er ausdrücklich eine apriorische Gattungsidee, die die jeweilige Darstellung des historischen Prozesses konditioniert. Um auf unser obiges Beispiel zurückzukommen: Wenn man Lyrik mit subjektiver Ich-Aussprache gleichsetzt, dann ist die Lyrik der beiden klassizistischen Jahrhunderte Frankreichs eben nicht mehr Lyrik, sondern Eloquenz, und es ergibt sich die oben skizzierte Transformation. Trotz der scheinbaren Historisierung der Gattungsbegriffe impliziert Brunetière apriorische Ideen, die als überzeitliche Normen die Sicht der konkreten historischen Realisationen bestimmen.

Croces gesamtes Dichtungsverständnis ist als Reaktion auf einen naturwissenschaftlichen Positivismus, der zugleich der alten Regelpoetik verpflichtet bleibt und zu dessen militantesten Verfechtern zweifelsohne Brunetière gehörte, zu verstehen[190], eine Reaktion, die sich in Frankreich nie in demselben Maß vollzogen hat. Zwar wird die Evolutionstheorie und der hieraus erwachsene Gattungsbegriff auch in Frankreich kritischer Prüfung unterzogen[191] und wird auch hier von Autoren wie Henri Lemaître ein impressionistisches Literaturkonzept verfochten[192], doch wirken Brunetières Vorstellungen, sofern überhaupt gattungstheoretische Fragen diskutiert werden, bis in die fünfziger und sechziger Jahre nach. So meint Pommier ('45): "Les idées que Brunetière a introduites dans la circulation sont maintenant d'un usage commun"[193], und Guyard bedient sich noch explizit der biologistischen Analogie: "les genres naissent, grandissent, et meurent, parfois sans raison apparente"[194]. Selbst in der umsichtigen Arbeit von Pichois /

Rousseau ('67) lassen sich noch Nachklänge feststellen. Die beiden Autoren machen die wichtige Unterscheidung von *genre réel*, *genre virtuel* und *genre utile*, wobei der erste Begriff die historischen Gattungen meint (Ode, Ballade), die evolutionistisch als "organismes vivants" aufgefaßt werden, während das *genre virtuel* (bukolische Dichtung, Pastorale, Tagebuch) weniger durch eine bestimmte Struktur oder Form, sondern durch "sa fonction, son intuition, sa matière et son style" bestimmt sei, und das *genre utile* (Theater, Roman, Eloquenz) schließlich nur "un classement grossier" darstelle.[195] Die Unterscheidung verschiedener Ebenen ist begrüßenswert, die Zuordnung bestimmter "Gattungen" zu ihnen überrascht, und das *genre réel* scheint uns in seiner Definition zu sehr an äußere Kompositionsprinzipien gekoppelt zu sein.

3.3.3 Anthropologische Konzeptionen

Ebenfalls apriorisch, wenn auch nicht im selben Maße konkretisierend-verdinglichend, sind eine Reihe von Konzeptionen, die die Gattungsbegriffe als fundamentale anthropologische Kategorien begreifen oder sie mit solchen in Verbindung bringen. Diese Strömungen sind in Zusammenhang mit der generellen metaphysisch-spekulativen und psychologistischen Reaktion, die sich zu Beginn dieses Jh.s in Deutschland gegen den Positivismus vollzog, zu sehen. Ermatinger hat bereits darauf verwiesen, daß diese methodische Wende nicht von den Literaturhistorikern selbst vollzogen wurde, sondern von Philosophen wie Rickert oder Dilthey[196]. Um dem sich um 1930 abzeichnenden Zurück zu positivistischer Einzelforschung entgegenzuwirken, konzipierte Ermatinger den von ihm edierten Band einer *Philosophie der Literaturwissenschaft*, in dem er explizit "die Preisgabe des beschreibenden Standpunkts der positivistischen Methode und die Besinnung auf den metaphysischen Charakter der Geisteswissenschaft"[197] fordert. In seinem 1921 zum ersten Mal erschienenen *Dichterischen Kunstwerk* hatte er sich andererseits bereits gegen die psychologistische Literaturbetrachtung ausgesprochen, die er durch eine "ideell-wertende" ersetzen möchte, insofern das künstlerische Werk nicht aus einer psychologischen Haltung, sondern aus einem "Ideenerlebnis" hervorgeht[198], doch bleibt seine Konzeption absolut psychologistisch, weil er über den seit Dilthey kanonisierten Erlebnisbegriff nicht hinauskommt[199].

Auf dem Hintergrund dieser methodologischen Situation der Literaturwissenschaft, zum einen einer stark metaphysisch-spekulativen Ausrichtung, die sich immer wieder auf Konzepte des deutschen Idealismus beruft, und zum anderen eines Psychologismus, der in Dilthey seinen einflußreichsten Verfechter hat[200] und in Zusammenhang mit der ersten "Blüte" der Psychologie zu Beginn dieses Jh.s steht, ist ein Großteil der Gattungstheorien des ersten Drittels dieses Jahrhunderts zu sehen, aber auch wesentlich später finden sich noch Äußerungen, die eindeutig auf diese Grundlagen zurückweisen.

3.3.3.1 Weltanschauungstypen, psychische Haltungen und Goethes "Naturformen"

Es sind vor allem zwei Konzeptionen in der Gattungspoetik, die deutlich auf Dilthey verweisen, gleichzeitig aber eine nicht mit dem Denken Diltheys konforme Fortführung erfahren: die Versuche, "Gattungen" über Weltanschauungstypen zu beschreiben, oder sie auf psychologische Haltungen zurückzuführen. Dilthey hatte die verschiedenen metaphysischen Systeme auf drei "Grundtypen der Metaphysik" reduziert, die sich hinsichtlich ihres Verhältnisses zur Erfahrungswelt unterscheiden. Dies ist zum einen der naturalistische oder materialistische Typus, für den der Begriff der Kausalität zentral ist und der für "Wert und Zweck kein(en) Raum" hat, ferner der objektive Idealismus, der die Welt unter dem Gesichtspunkt des Wertes sieht, und schließlich der Idealismus der Freiheit, der die "Souveränität des Geistes" gegenüber der Realität proklamiert[201] und in der "freien, verantwortlichen Spontaneität die letzte Ursache sieht"[201a]. Obwohl sich Dilthey explizit dagegen ausgesprochen hatte, diese Weltanschauungstypen auf die Literatur und ihre "Gattungen" zu übertragen, weil für den Dichter "die Wirkung der verschiedenen Seiten des Lebens zu stark, seine Sensibilität für dessen Nuancen ... zu groß (ist), als daß ein abgegrenzter Typus der Weltanschauung ihm jederzeit für das, was aus dem Leben zu ihm spricht, genügen könnte"[202], führt sie Unger dann auch in die Literaturwissenschaft, die er auf eine Problemgeschichte reduziert, ein[203], und von Wundt ('30),

Spoerri ('29) und Beriger ('38) werden sie schließlich zur Charakterisierung der Sammelbegriffe bzw. einzelner historischer Gattungen verwendet. Bei diesen Ansätzen, auf die im Zusammenhang mit den Differenzierungskriterien zurückzukommen ist[204], wird die ontologische und erkenntnistheoretische Fundierbarkeit der Gattungsbegriffe überhaupt nicht zum Problem, sondern die Existenz von "Gattungen" wird als gegeben angenommen, und es wird nur versucht, diese mit den verschiedenen Weltanschauungstypen zu korrelieren.[204a]

Das gleiche gilt von den meisten psychologischen Gattungstheorien. Auch hier ist zunächst der prinzipielle Unterschied zu Dilthey festzuhalten, der zwar davon ausging, daß die "von Aristoteles geschaffene Poetik ... tot" sei[205], und einen Versuch zu ihrer psychologischen Grundlegung unternahm, sich dabei aber vorrangig der "Analyse des dichterischen Vermögens, des hervorbringenden Subjektes" zuwandte[206] und ausdrücklich betonte, daß bei der gegebenen Wissenschaftslage eine psychologische Fundierung der Gattungskonzepte unmöglich erscheine. Allerdings wollte er dies für die Zukunft nicht grundsätzlich ausschließen[207]. Bei seinen Ausführungen zur poetischen Technik begreift er die Sammelbegriffe (Epik, Lyrik, Dramatik) als bereits bei den Naturvölkern nachweisbare apriorische Gegebenheiten, verzichtet jedoch auf die Angabe von Differenzierungskriterien und beschränkt sich auf das Anführen bestimmter Kategorien, nach denen verschiedene Werke beschrieben werden können (Handlung, Charaktere, Redefiguren u. ä.), wobei er selbst die Tropen aus der "natürlichen Bewegung der Seele" ableiten möchte[208]. Entscheidend für Diltheys Dichtungslehre ist, daß er zwischen allgemeinen ästhetischen Gesetzen, die sich aus der Natur des Menschen ergeben, und der historischen poetischen Technik unterscheidet, die nicht aus diesen allgemeinen ästhetischen Gesetzen ableitbar, sondern Produkt der jeweiligen Zeitumstände ist[209]. Die psychologistische Poetik folgt Dilthey in der apriorischen Setzung der drei Sammelbegriffe, versucht diese nun aber gerade auf psychologische Kategorien zurückzuführen und stellt einen *notwendigen* Zusammenhang zwischen den als Allgemeingesetze verstandenen Sammelbegriffen und bestimmten historischen Ausprägungen her.

Bedeutendster Exponent dieser Richtung ist Hartl ('24), der sich die Frage "nach den Ursachen dieser merkwürdigen Dreigliedrigkeit" stellt und hierauf eine Antwort finden will, indem er "der Tatsache ihrer Existenz psychologische Notwendigkeit" verleiht[210]. Dies heißt jedoch nichts anderes, als daß die Existenz der als "Naturformen" angesehenen Sammelbegriffe überhaupt nicht in Zweifel gezogen wird, sondern daß, ausgehend von ihrer Existenz, ihre Existenz "bewiesen" wird. Ähnlich zirkulär argumentiert Beriger: "Man kann nicht anders als einen organischen Zusammenhang zwischen innerer und äußerer Form annehmen, einen Zusammenhang etwa in dem Sinn, daß es eine epische oder dramatische dichterische Veranlagung, einen epischen oder dramatischen Stoff, eine epische oder dramatische Idee gebe, denen eben nur eine entsprechende epische oder dramatische Form angemessen ist, so häufig auch immer wieder diese Bedingungen sich kreuzen und die Grenzen überschritten werden."[211] Für Beriger sind die Gattungskonzepte demnach "nicht Kerkermauern, sondern Schranken der N a t u r selbst"[212], und Hartl möchte zeigen, "daß diese Dreigliedrigkeit der Dichtung, die die poetische Theorie seit Jahrtausenden zu verzeichnen sich genötigt fühlt[213], durchaus nichts Willkürliches, von poetischen Schulmeistern der lebendigen Dichtung Aufgezwungenes ist, sondern daß sie tief in der menschlichen Natur ihre letzte Wurzel besitzt, aus der sie mit unbeirrbarer, naturgesetzlicher Notwendigkeit erwächst"[214]. Auch wenn Beriger diese Position etwas abschwächt, indem er betont, daß "Gattungen"[215] "nicht starre Gesetze, sondern 'Naturformen', also fest und fließend zugleich" seien, die sich je nach den "geistesgeschichtlichen, nationalen und weltanschaulichen Voraussetzungen in verschiedenen Arten und Gestaltungen" konkretisieren, so bleibt er doch dabei, daß "gewisse Grundanforderungen der Gattung ... für alle Arten und durch alle Zeiten dieselben" bleiben[216]. Begreift man die "Gattungen" jedoch erst einmal als "Schranken der Natur selbst", dann gelangt man zwangsweise zu einer normativen Setzung der Eigenschaften, von denen man glaubt, daß sie die "Gattung" ausmachen. Konsequenterweise wird somit der "Grad der Annäherung an den Formtypus ein Wertkriterium" und ein Drama ist dergestalt "um so vollkommener, je mehr es Drama ist, eine epische Dichtung, je mehr sie epischen, eine lyrische, je mehr sie lyrischen Charakter hat. Es ist eine Unvollkommenheit der Erzählungen C. F. Meyers, daß ihr Stil sich dem Dramatischen nähert, nicht ein Vorzug."[217] Dies heißt aber, daß jene Theorien, die die Gattungskonzepte in der "menschlichen Natur" begründen und mit bestimmten psychologischen

Kriterien zu beschreiben versuchen, genauso zu normativen Verabsolutierungen gelangen wie die Regelpoetik, und zwar eben deshalb, weil sie sie gleichermaßen als etwas ewig Vorgegebenes, als ideale Formtypen begreifen.

Ebenfalls auf Dilthey verweist die Unterscheidung Hirts zwischen "Erlebnisformen" und "technischen Formen". Unter ersteren versteht der Autor sehr Verschiedenes, angefangen vom Naiven und Sentimentalischen über die epische, lyrische und dramatische Haltung bis hin zu Tragödie, Komödie, Epos, Roman und Lied, während er mit letzteren "die drei poetischen Gattungen: Lyrik, Epik, Dramatik" meint[218]. Im Gegensatz zu Dilthey wird nun jedoch ein eindeutiger und notwendiger Zusammenhang zwischen den Erlebnisformen und den technischen Formen hergestellt: "... gerade weil die drei poetischen Gattungen nicht nur Techniken sind, sondern ihr Wesen als drei grundverschiedene seelische Haltungen haben, kann jede nur einen organisch bestimmten Komplex von Erlebnisformen, Stoffen darstellen."[219] Dabei verfällt Hirt in dieselbe zirkuläre Argumentation wie etwa Beriger, indem eine epische, lyrische und dramatische Haltung als apriorische Erlebnisform gesetzt wird, woraus dann natürlich notwendig die drei "Gattungen" folgen. Als äußere Formen werden sie jedoch nicht nur durch den Rekurs auf die seelischen Haltungen motiviert, sondern auch "durch die Tatsache, daß es drei einzig mögliche Situationen des Dichters zum Allgeschehen gibt, deren jede sich in einer der drei poetischen "Gattungen" darstellt; diese sind dadurch als die drei einzig möglichen und also notwendigen anerkannt". Diese drei Situationen sind: "Der Dichter dem Allgeschehen gegenüber: Epik. – Der Dichter im Allgeschehen drin, als Teil, eine Welle: Lyrik. – Der Dichter im Allgeschehen drin, aber sich in mehreren Wellen darstellend: Drama."[220] Sieht man einmal von der verunklärend-metaphysischen Begrifflichkeit und der Identifizierung des Sprechers bzw. Erzählers mit dem Autor ab, so verbirgt sich hinter dieser Formulierung, wie aus späteren Ausführungen Hirts deutlich wird[221], der Versuch, die drei Sammelbegriffe über das Redekriterium zu bestimmen, ein Ansatz, der trotz seiner Fixiertheit auf die Dreizahl den psychologistischen Reduktionismus durch einen stärkeren Bezug auf die spezifische Konstitution des Objekts als eines sprachlichen Textes überwindet.

Daß die drei Sammelbegriffe bzw. Schreibweisen[222] in der germanistischen Gattungstheorie bis zu Staiger und darüber hinaus so unhinterfragt als gegeben angenommen wurden, hängt mit Goethes Lehre von den "Naturformen" und der generellen Abhängigkeit der germanistischen Literaturtheorie von der Ästhetik der Goethezeit zusammen. In den "Noten und Abhandlungen" zum *West-östlichen Divan* unterscheidet Goethe zwischen "Dichtarten" (Allegorie, Ballade, Elegie, Epopöe, usw.), die unter bestimmten historischen Gegebenheiten sich ausprägende Formen sind, und den "Naturformen der Dichtung", die universale Formprinzipien darstellen: "Es gibt nur drei echte Naturformen der Poesie: die klar erzählende, die enthusiastisch aufgeregte und die persönlich handelnde: Epos, Lyrik und Drama. Diese drei Dichtweisen können zusammen oder abgesondert wirken."[223] Explizit berufen sich die beiden wohl einflußreichsten deutschen Gattungstheoretiker der Vorkriegszeit, Viëtor und Petsch, auf diese Konzepte, wobei Viëtor den Begriff der "Naturform" nur kurz erläutert, da es ihm wesentlich um die historischen Dichtungsarten geht[224], während Petsch sich vor allem der Bestimmung der ahistorischen Konstanten widmet.[225] In ihrer grundsätzlichen Auffassung der "Naturformen" stimmen sie jedoch völlig überein. Für Viëtor sind sie "menschliche Grundhaltungen zur Wirklichkeit", "letzte Reaktionen, schöpferische Antworten, die der elementaren Organisation des Menschen entsprechen"[226], und das gleiche formuliert Petsch, für den sie "als Ausdrucksweisen bestimmten Grundeinstellungen des dichterischen Menschen" entsprechen[227]. Obwohl sich Viëtor gegen die zu psychologistische Deutung Hartls wendet, akzeptiert er doch dessen Zuordnung der Trias zu den drei Kantischen Seelenvermögen[228] und bleibt damit psychologischen Konzeptionen verpflichtet. Das gleiche gilt von Berger ('43), der zwar meint, daß die psychologische Deutung an der "objektiven, mit der Wirklichkeit der Kunst notwendig gegebenen Tatsächlichkeit der Gattung" vorbeigeht[229], und der Epik, Lyrik und Dramatik unter dem "Gesetz der Sprache" sehen möchte, der aber zu deren Charakterisierung dann doch wiederum auf die Seelenvermögen zurückgreift: "Gefühl, Anschauung und Idee werden in Lyrik, Epik und Dramatik sprachlich gestaltet, nicht mit Hilfe der Sprache, sondern in ihr und aus ihr."[230] Noch metaphysisch-spekulativer formuliert Schwarz: "Ewige Schöpfungskräfte, die das menschliche Dasein durchwirken und seine Form gesetzhaft prägen, finden in diesen Formgestalten ihren Niederschlag."[231]

Außerhalb des deutschen Sprachraums kommt es nur selten zu solch verbaler Akrobatik, die völlig den Bezug zur Textrealität verliert, psychologische Konzepte finden sich jedoch auch hier. So konzipiert Hankiss ('40) eine "poétique émotionnelle", nach der jede Gattung[232] "par une nuance d'émotion ou une attitude psychique" charakterisiert sei[233], setzt sich jedoch von einer "poétique émotionnaliste banale" ab, indem er die Gattungen nicht auf einige wenige allgemeinste menschliche Verhaltensweisen reduziert und letztlich mit diesen gleichsetzt, sondern nach den verschiedenen Stimmungen fragt, die in den einzelnen Gattungen a u s g e d r ü c k t werden, wobei er gleichzeitig einräumt, daß diese nicht zu einer vollen Charakterisierung ausreichen.[234] Hankiss leitet die Gattungen also nicht aus einer allgemeinen Menschennatur deduktiv ab, was auch unmöglich wäre, da es ihm ja eben um die h i s t o r i s c h e n Gattungen zu tun ist, sondern versucht, sie induktiv über die dargestellten bzw. im Leser erweckten Emotionen zu beschreiben. Dabei gelingt es ihm allerdings nicht, Produktions- und Rezeptionsebene in einen eindeutigen Zusammenhang zu bringen. Die Emotionen, nach denen Gattungen gruppiert werden, sollen einerseits diejenigen des "heutigen" Lesers sein, andererseits entstehen Gattungen aber aufgrund bestimmter Emotionen auf der Produktionsebene, die nicht mit denen des späteren Lesers übereinzustimmen brauchen.[235] Diesen Widerspruch gelingt es nicht aufzulösen. Im Gegensatz zu den deutschen Gattungstheorien, die grundsätzlich produktionspsychologisch vorgehen, ist sein Ansatz also auch rezeptionspsychologisch orientiert, ohne daß diese Position allerdings wirklich klar artikuliert und durchgehalten würde.

Eindeutig auf die Produktionsebene ist demgegenüber wiederum der Ansatz von Bonnet ('51) bezogen, der die "Gattungen" (Roman und Lyrik) aus verschiedenen "plaisirs de la création" erklären möchte.[236]

Die skizzierten psychologistischen Gattungstheorien sind heute bestenfalls noch von wissenschaftsgeschichtlichem Interesse. Für die neuere Diskussion haben sie nicht nur wegen ihres spekulativen Charakters keinerlei Bedeutung mehr, sondern ihr Grundmangel ist darin zu sehen, daß, entgegen dem historischen Befund, die Trias von Lyrik, Epik und Dramatik als apriorisch gegeben angesetzt wird, um dann auf bestimmte psychologische Kategorien, die ihrerseits nur metaphysische Spekulationen über die "Natur" des Menschen darstellen, reduziert zu werden, und daß dergestalt die primäre Aufgabe der Gattungsforschung, die Struktur spezifischer Äußerungstypen a l s Äußerungstypen, die kommunikative Funktion haben, zu ermitteln, übersprungen wird. Denn selbst wenn man die Metaphysik der Seelenvermögen akzeptieren könnte, bliebe ja noch zu fragen, was z. B. ein Drama als Ausdruck der "Idee", der denkerischen Konstituente des Menschen, zum D r a m a mache: die "Idee" findet ihren Ausdruck auch anderswo, im wissenschaftlichen Disput ebenso wie im philosophischen Traktat. Indem die "Gattungen" als sprachliche Äußerungen auf einen ganz anderen Seinsbereich, psychologische Reaktionen, zurückgeführt und dann von hier aus definiert werden, wird eine objektspezifische und damit eine für sie und nur sie zutreffende Bestimmung unmöglich. Erst wenn diese geleistet ist, kann versucht werden, eine Relationierung von bestimmten überzeitlichen generischen Strukturen und bestimmten anthropologischen Konstanten vorzunehmen, wobei sich eine intersubjektiv akzeptable Formulierung des 'Allgemein-Menschlichen' zweifelsohne als noch schwieriger erweisen dürfte als das Erstellen generischer "Universalien".

3.3.3.2 Gattungsbegriffe als Kategorien einer Fundamentalontologie

Zu den zumindest im deutschen Sprachraum einflußreichsten Reflexionen über das Gattungsproblem gehört die Poetik Staigers, die nicht etwa einen Neuanfang darstellt, sondern Grundgedanken der Gattungstheorie der zwanziger Jahre fortführt, diese aber durch einen Rekurs auf die Existenzialphilosophie Heideggers, in die ihrerseits bestimmte phänomenologische Denkansätze Eingang gefunden haben, nicht mehr psychologistisch, sondern fundamentalontologisch zu fundieren sucht.

Wie wir oben sahen[237], unterscheidet Staiger als erster grundsätzlich zwischen den Sammelbegriffen 'Epik', 'Lyrik', 'Dramatik' und den Grundbegriffen bzw. Grundhaltungen des 'Epischen', 'Lyrischen' und 'Dramatischen'. Zwar meinte bereits Goethe und nach ihm Viëtor mit Epos bzw. Epik usw. eigentlich das Epische, was deutlich aus den oben angeführten Bestimmungen hervorgeht und was sich auch daraus ergibt, daß die "Naturformen" als in konkreten Werken häufig gemeinsam auftretend erkannt wurden, doch war damit gerade das Problem, daß man einerseits konkrete Werke aufgrund bestimmter Merkmale einer bestimmten Klasse

(z. B. der Epik), aufgrund anderer Merkmale aber einer anderen (z. B. der Dramatik) zuordnen kann, und daß man andererseits Epik, Lyrik und Dramatik als grundsätzlich verschiedene Seinsweisen von Dichtung faßte, nicht gelöst. Dies leistet Staiger, indem er den rein klassifikatorischen Charakter der Sammelbegriffe als "Fächer" für konkrete Texte erkennt und hiervon die Grundbegriffe als "Namen einfacher Qualitäten"[238] unterscheidet, die sich in konkreten Texten überlagern und gegenseitig beeinflussen können.

Ziel der Staigerschen Poetik ist es nunmehr, diese "einfachen Qualitäten" zu bestimmen. Er geht dabei davon aus, daß das Epische, Lyrische und Dramatische nirgends vollkommen realisiert sind, und daß man infolgedessen bei deren Bestimmung nicht von bestimmten Werkmustern bzw. Musterwerken oder Musterautoren ausgehen kann.[239] Er schlägt demgegenüber folgenden Ansatz vor, der bereits seine grundlegenden ontologischen und erkenntnistheoretischen Prämissen offenbart: "Ich habe vielmehr vom Lyrischen, Epischen und Dramatischen eine Idee. Diese Idee ist mir irgendeinmal an einem Beispiel aufgegangen." Dabei muß es sich keineswegs um eine Dichtung handeln, auch von einer Landschaft könne man sagen, sie sei "episch".[240] Hieraus folgert Staiger weiter: "Solche Bedeutungen (lyrisch, episch, dramatisch etc.) stehen fest. Es ist, wie Husserl gezeigt hat, widersinnig zu sagen, sie können schwanken. Schwanken kann der Gehalt der Dichtungen, die ich nach der Idee bemesse; das einzelne mag mehr oder minder lyrisch, episch, dramatisch sein... Doch eine Idee von 'lyrisch', die ich einmal gefaßt habe, ist so unverrückbar wie die Idee des Dreiecks oder wie die Idee 'rot', objektiv, meinem Belieben entrückt."[241] Demzufolge glaubt Staiger, daß sich die Aufgabe der Differenzierung der Grundhaltungen nur in "unbeirrbarer Ideation" erfüllen ließe, "das heißt so, daß an Dichtungen lyrische, epische und dramatische Züge im Hinblick auf *a priori* erfaßte Ideen abgelesen" werden.[242] Staiger konzipiert die Grundhaltungen also als im reinsten Sinne platonische Ideen, als ewig präformierte, ideale Wesenheiten, die vor jeder Realisation existieren, weil sie nur als solche durch eine apriorische Ideation zu ermitteln sind. Diesen Ansatz glaubt er sprachphilosophisch fundieren zu können, indem er ein Argument Husserls gegen den Psychologismus aufnimmt[243], nämlich, daß die jeweils private Idee von 'rot' dem entsprechen müsse, "was man gemeinhein 'rot' nennt", da man sonst ein falsches Wort gebrauche. Dasselbe gelte von 'lyrisch', bei dem man nicht an ein Epigramm, wohl aber an ein Lied denke.[244] Gegen diese Argumentation ist zum einen einzuwenden, daß es zwar richtig ist, daß innerhalb einer Sprachgemeinschaft zu einer bestimmten Zeit ein Prädikator wie 'rot' weitgehend identische Verwendungsweisen hat, hieraus aber keine präexistente, überall gültige Idee des Roten abgeleitet werden kann, denn es ist eine in der Linguistik längst bekannte Tatsache, daß das Wortfeld der Farben in den einzelnen Sprachen grundsätzlich verschieden aufgegliedert ist[245], ja, daß überhaupt die Gliederung der Welt entscheidend von der jeweiligen Sprache abhängt[246]. Staigers Argumentation ist jedoch nicht nur von ihren sprachphilosophisch-linguistischen Grundlagen her, von der viel zu naiv gesehenen Relation von Sprache und Wirklichkeit, unhaltbar, sie ist es zum anderen auch aufgrund der historischen Fakten. Man braucht nur die Bedeutung von 'lyrisch' im Sinne Staigers mit der des Französischen *lyrique* etwa im 18. Jh. zu vergleichen: Staiger meint, bei 'lyrisch' denke man automatisch an ein Lied; ein Franzose des 18. Jh.s hat unter *poésie lyrique* die feierliche Ode und bestenfalls noch die Elegie verstanden, auf jeden Fall nicht das romantisch-deutsche Lied.[247] Dieser Problematik ist sich Staiger allerdings durchaus bewußt, indem er ausdrücklich betont, daß sein Ansatz derjenige eines Deutschsprachigen sei und damit zumindest implizit einräumt, daß alles, was er sagt, nur für das deutsche Sprachgebiet von Bedeutung sein könnte[248]. Aber zum einen reicht auch diese Einschränkung nicht aus, zum anderen läuft Staigers anthropologisches Verständnis der drei Grundhaltungen dem gerade entgegen, denn 'lyrisch' kann in seiner Bedeutung nicht zugleich auf den deutschen Sprachraum beschränkt und allgemeine Kategorie des Menschlichen sein. Die Einschränkung auf das deutsche Sprachgebiet reicht deswegen nicht aus, weil auch innerhalb einer Sprache die Bezeichnungen abstrakter Qualitäten wie 'lyrisch' weit stärker historischen Wandlungen unterworfen sind als diejenigen konkreter Gegenstände, d. h. das Verständnis von Wörtern, auf das sich Staiger so ohne weiteres verläßt, ist eben bereits ein historisches, und ein Deutscher des vorgoetheschen Zeitalters hätte als Inbegriff des Lyrischen genausowenig das Lied erwähnt, wie ein Franzose oder Italiener derselben Epoche. Erstaunlich ist, daß Staiger an anderer Stelle sein Ausgehen von sprachlichen Gegebenheiten selbst *ad absurdum* führt. Wie schon viele vor ihm, versucht er, die drei Grundhaltungen mit den drei Zeitstufen zu korrelieren[249], doch würden die Bezeichnungen Vergangenheit, Gegenwart und Zukunft für eine Bestimmung des inneren Zeitbewußtseins bei weitem nicht ausreichen, "da sie offenbar schon ein eingebürgertes Vorurteil über die Zeit enthalten. Gegen das Vorurteil, das in der Sprache verankert ist, müssen Erkenntnisse mühsam durchgesetzt werden"[250]: eine Aussage, die Staigers gesamten Ansatz zunichte macht, denn selbst wenn man davon ausgeht, daß es in der Sprache 'falsche' und 'richtige' Bezeichnungen gibt, ist apriorisch nicht mehr zu behaupten, daß eine bestimmte Bezeichnung notwendig die 'richtige' Idee impliziert. Der Sprachgebrauch, auf dessen Grundlage Staiger z. B. seine Idee des Lyrischen fundieren möchte, ist dabei sogar nachweislich ein 'falscher', da er das Sprachverständnis eines an goethezeitlichen Texten geschulten Lesers zur Idee des Lyrischen insgesamt hypostasiert.

Die zweite Diskrepanz, die wir oben angesprochen haben, ist die trotz der zugestandenen Sprachabhängigkeit postulierte anthropologische Bedeutung der Grundbegriffe, da Staiger seine Poetik nicht nur als der literaturwissenschaftlichen Einzelforschung dienend begreift; sie möchte "auch selbständige Geltung in Anspruch nehmen, insofern nämlich, als die Frage nach dem Wesen der Gattungsbegriffe aus eigenem Antrieb auf die Frage nach dem Wesen des Menschen führt. So wird aus der Fundamentalpoetik ein Beitrag der Literaturwissenschaft an die philosophische Anthropologie"[251]. Dies geschieht dergestalt, daß 'lyrisch', 'episch' und 'dramatisch' zunächst in Parallelität gesetzt werden zu Silbe, Wort und Satz und dann auf Cassirers Sprachmetaphysik zurückgegriffen wird, wonach es drei Phasen der Sprache gibt: "die Sprache in der Phase des sinnlichen Ausdrucks, die Sprache in der Phase des anschaulichen Ausdrucks, die Sprache als Ausdruck des begrifflichen Denkens"[252]. Daraus folgert Staiger, daß die Grundbegriffe "fundamentale Möglichkeiten des menschlichen Daseins überhaupt" seien, "weil die Bereiche des Emotionalen, des Bildlichen und des Logischen das Wesen des Menschen konstituieren"[253], die ihre allerletzte Begründung in der "dreidimensionalen Zeit"[254] erfahren, und über die Heideggersche Gleichsetzung von Sein und Zeit zu letzten Seinsbestimmungen werden: "Der lyrische, der epische und der dramatische (sc. Dichter) also befassen sich mit demselben Seienden, mit dem Strom des Vergänglichen, der grundlos strömt. Doch jeder faßt es anders auf. Die drei verschiedenen Auffassungen gründen in der 'ursprünglichen Zeit'. Diese aber ist das Sein des Menschen und ist das Sein des Seienden, das der Mensch, als zeitigendes Wesen, 'sein läßt'."[255] Unweigerlich drängt sich hier Stegmüllers Diktum von der "Seinspest" auf[256], deren Sprachakrobatik rational nicht mehr nachvollziehbar ist. Doch wie auch immer man zur Wissenschaftlichkeit einer solchen Sprache stehen mag, feststellbar bleibt, daß Staiger, ausgehend vom Sprachbewußtsein eines Deutschen — und hier mußte einschränkend gesagt werden: eines goethezeitlichen Sprachbewußtseins —, die drei Grundhaltungen als anthropologische Konstanten im "Sein des Seienden" fundiert. Dabei weiß er natürlich und spricht dies explizit aus, daß ein Italiener den Begriff der *poesia lirica* auf den *Canzoniere* Petrarcas bezieht; daß wir im Deutschen diesem Text andererseits nicht den Prädikator 'lyrisch' zusprechen würden, ist faktisch falsch; Staiger gibt weiter zu, daß, obwohl er seine Grundbegriffe als anthropologische Konstanten begreift, es ganze Bereiche von Dichtung gebe, wie etwa die Werke von Horaz, die überhaupt nicht hineinpassen, ja, daß es selbst bei Mörike und Goethe solche Texte gebe. Diese Dichtung sucht Staiger nun durch die Kategorie des Artistischen zu bestimmen und meint: "Solche Züge zu erfassen, ist die Fundamentalpoetik kein geeignetes Instrument. Denn da sie die Dichtung in der reinen Zeit als dem Sein des Menschen verankert, genügt sie unmittelbar nur Werken, die aus dem Grunde dieses originalen Seins erschaffen sind."[257] Diese Argumentation stellt einen offensichtlichen *circulus vitiosus* dar, denn man kann nicht zunächst ein Verständnis von 'lyrisch' verabsolutieren, dieses dann im "Sein des Seienden" begründen, um daraus zu folgern, daß, weil andere Verständnisse von 'lyrisch' nicht im Sein des Seienden fundierbar sind, diese nichts mit dem 'Lyrischen' gemein hätten.

Auch wenn Staigers Buch heute wegen seiner Metaphysik nahezu unlesbar geworden ist[258], so hat er nicht nur durch die Scheidung von Sammelbegriffen und "Grundhaltungen", sondern ungewollt auch *ex negativo* einen wichtigen Beitrag zur Diskussion um die "Gattungen" geleistet: Wegen der Widersprüche, in die sich der Autor verwickelt — aufgrund seiner Ansätze verwickeln mußte —, kann eine Gattungstheorie, die die Trias der Grundhaltungen in der skizzierten Art und Weise als ewig präexistente, im Sein des Menschen begründete Ideen annimmt, als falsifiziert gelten. Jeder neue Versuch, hinter der Vielfalt des Geschichtlichen ein Konstantes aufzudecken, hätte folglich einen anderen Weg ein-

schlagen müssen, doch blieb die germanistische Gattungstheorie bis in die Mitte der sechziger Jahre spürbar Staigerschen Vorstellungen verpflichtet.
Zwar hatte Böckmann bereits 1949 in seiner Würdigung von R. Petsch auf die Notwendigkeit einer stärker geschichtlichen Ausrichtung der Analyse der literarischen Formensprache hingewiesen[259] und hatte H. Kuhn in seinem Aufsatz von 1956 ein historische Bedingtheit und überzeitliche Invarianz vermittelndes Modell erstellt, doch blieben Staigers Ideen zunächst, nicht zuletzt wegen deren Übernahme in das *Sprachliche Kunstwerk,* bestimmender. Gegen Boeckh, der gleichzeitig mit Kuhn darauf hinwies, daß man mit der magischen Dreizahl der historischen Formenvielfalt nicht gerecht werden könne, entgegnet J. Müller, die drei "Grundgattungen" seien "ebenso anthropologisch-psychologischen wie gesellschaftlich-geschichtlichen Charakters ... Weil sich in der Dreizahl der Dichtungsgattungen objektive Lebensgesetze in geschichtlichen Modifikationen offenbaren, sind wir in der literaturtheoretischen Grundlegung weiter an sie gebunden"[260]. Explizit zur Ontologie der Gattungsbegriffe äußert sich auch Landmann ('63), dessen Widersprüchlichkeit nachweislich aus der terminologischen Nichtscheidung von Grundhaltungen bzw. Schreibweisen und historischen Gattungen resultiert. Er geht davon aus, daß die "Gattung" auf der Produktionsebene die Werke determiniere und folgert daraus: "Wenn aber der Gattung die Kraft einwohnt, das Werk zu determinieren, wie könnte dann nur das Werk real und sie selbst ein bloßer Schatten sein? Auch die Gattung weist offenbar zwar kein selbständiges, metaphysisches, aber dennoch ein objektives, geistiges, von ihren Erfüllungen trennbares Sein auf. Wer ein Werk liest, der erkennt sie zwar vielleicht erst aus ihm, wer aber ein Werk schafft, für den geht sie dem zu Schaffenden vorher."[261] Wie auch immer die Einschränkung ("zwar kein selbständiges, metaphysisches ... Sein") zu verstehen sein mag, so räumt Landmann der "Gattung" auf jeden Fall ein eigenes Sein vor ihren Erfüllungen ein, d. h. er begreift sie als *universale ante res,* lehnt aber wenige Abschnitte später eben diese Bestimmung ab: "Die Gattung lebt nur in individuellen Abwandlungen, die untereinander gleichberechtigt sind und die wir nicht an einem übergeordneten Muster messen dürfen. Jede geschichtliche Novelle ist also zwar sie selbst nur in Relation auf das allgemeine Bezugssystem ihrer Gattung, aber dennoch besitzen wir die Gattung

ihrerseits nur in ihren geschichtlichen Ausfaltungen."[262] In dem zuletzt zitierten Abschnitt vertritt Landmann eindeutig die *universalia-in-rebus*-Position, die er, offensichtlich ohne sich des Widerspruchs bewußt zu werden, dann erneut aufgibt, als er Staigers Ansatz mit positiver Stellungnahme referiert. Die Widersprüchlichkeit von Landmanns Konzeption hat ihre Wurzel letztlich darin, daß er versucht, den "Gattungen" ausdrucksdeterminierende Funktion und transepochale Kohärenz zuzugestehen, gleichzeitig möchte er aber deren Historizität betonen, um nicht wiederum eine normative Gattungspoetik zu inaugurieren, doch ist dieses Problem widerspruchsfrei nur dann lösbar, wenn man verschiedene Abstraktionsebenen und Typen der Begriffsbildung unterscheidet.

Ganz auf der Position Staigers und der deutschen Staigernachfolge fußt auch der italienische Hermeneutiker Betti, dessen Überlegungen davon ausgehen, daß die "Qualifikationen 'lyrisch', 'episch' oder 'dramatisch' beim lebendigen Sprachgebrauch die jeweils unterschiedliche Erzeugung und innere Gestaltgesetzlichkeit gewisser grundsätzlicher Möglichkeiten menschlichen Daseins und weltanschaulicher Vorstellungen"[263] meinen. Dieselbe Auffassung findet ihren Niederschlag auch im *Fischer-Lexikon Literatur,* wo "Gattungen" als "Fixierungen bestimmter (sprachlicher oder noch genereller: menschlicher) Haltungen und Verhaltensweisen" definiert werden.[264] Die neueste größere Arbeit, die gänzlich Staigerschen Vorstellungen verpflichtet bleibt, ist diejenige Ruttkowskis, der sich der seit geraumer Zeit gegen Staiger vorgebrachten Kritik einfach dergestalt zu erwehren sucht, daß er feststellt, daß "für alle, die nicht an die 'Grundhaltungen' des Dichters glauben ..., dieses Buch nicht geschrieben"[265] sei. Diese Vorwarnung ist nötig, denn außer dem Hinweis etwa auf die Unterschiedlichkeit der "dramatischen" Prosa Kleists von der "epischen" Stifters, die unmittelbar auffalle[266], gibt er im Gegensatz zu Staiger keinerlei Begründung für die Notwendigkeit der Annahme anthropologischer Grundhaltungen. Diese werden gesetzt, das einzige, worüber der Autor glaubt, diskutieren zu müssen, ist die Zahl dieser Grundhaltungen, und da möchte er die Staigersche Trias durch eine vierte Grundhaltung ergänzen: hieraus erklärt sich der Sinn des nicht unanspruchsvollen Titels. Diese vierte Grundhaltung ist das Artistische, eben jener Bereich, den Staiger bereits so nannte und den er bewußt aus seiner Systematik ausließ, da er sich aufgrund der gewählten Prämissen nicht anthropologisch fundieren ließ. Ruttkowski fußt also einerseits auf Staiger, gleichzeitig will er jedoch durch die Einführung einer vierten Grundhaltung über diesen hinausgehen, um so den objektiven Gegebenheiten mehr zu entsprechen, doch ist dies eben im Rahmen des Staigerschen Systems nicht möglich, weil sich nur d r e i Grundhaltungen in der dreidimensionalen Zeit fundieren lassen. Wie auch immer man zu Staigers Ontologie stehen mag, sie ist wenigstens in diesem Punkt schlüssig, während sich Ruttkowski gar nicht überlegt, wie er die vierte Grundhaltung in einer Anthropologie unterbringen kann, ja, warum es vier und nicht etwa zehn Grundhaltungen geben soll[267], denn Staiger hat ja explizit lyrisch, episch und dramatisch nicht nur einfach als "Grundhaltungen", sondern als die ontologisch einzig möglichen zu erklären versucht. Die abschließenden Bemerkungen Ruttkowskis sind demzufolge nichts weiter als ein uneingelöstes Postulat: "Meine Beobachtungen mögen im einzelnen durch gründlichere Untersuchungen korrigiert und (sicherlich) vervollkommnet werden. — Wenn sie aber nicht in der Wurzel falsch sind, berechtigen sie schon jetzt zu der Aussage, daß es tatsächlich für die literarischen Gattungen etwas wie ein a priori gibt. Wir haben es in den Sprech- oder Grundhaltungen zu erblicken."[268] Hierzu ist nur zu sagen, daß, wer das Ergebnis bereits als Voraussetzung vorgibt, freilich damit rechnen kann, daß es sich als solches am Ende auch wiederum einstellt.

3.3.4 Archetypische Kritik

Die von Frye entwickelten Vorstellungen zur Gattungspoetik sind mit den anthroplogischen Konzeptionen insofern verwandt, als es auch ihm primär um Invarianten in der (abendländischen) Literatur zu tun ist, er unterscheidet sich wesentlich jedoch darin, daß er seine Fundierungskategorien nicht aus Psychologie und Fundamentalontologie, sondern aus der Mythologie bezieht. Die in Amerika überaus einflußreiche *Anatomy of Criticism* versucht in vier Essays eine Systematik der Literaturwissenschaft zu liefern, wobei allerdings in jedem der Abschnitte grundsätzlich verschiedene Begriffsbildungen verwendet werden, die sich beständig überschneiden und in kein auch nur annähernd kohärentes Bezugssystem integriert werden können. Dies hatte bereits David Daiches in seiner Rezension hervorgehoben[269], und Todorov ('70) weist Frye im Detail nach, daß er insgesamt sechs verschiedene, logisch sich ausschließende Arten der Klassifizierung von Texten vorschlägt, aus denen sich Gruppierungen ergeben, die als "Gattungen" angesehen werden können[270]. Dies resultiert wohl aus der Tatsache, daß die Essays zunächst einzeln erschienen sind, doch hätte dann nicht der Anspruch einer kohärenten Theorie erhoben werden dürfen[271]. Unter den zahlreichen vorgenommenen Klassifizierungen spielt für Frye die archetypische Kritik "eine zentrale Rolle", weswegen er ihr auch einen "hervorragenden Platz zugewiesen" hat[272]. Könnte man aufgrund des Inhaltsverzeichnisses der Meinung sein, nur der vierte Essay ("Rhetorische Kritik: Theorie der Gattungen") behandle das uns interessierende Problem, so finden sich Fryes wichtigste Äußerungen zu diesem Komplex überraschenderweise im Zusammenhang mit dem Begriff des Archetypus im zweiten und dritten Kapitel.[273]

Frye geht von den Überlegungen aus, daß ein Gedicht jeweils Element einer Klasse ähnlicher Formen sei, daß sich auf diese "Analogien der Form"[274] das Studium der "Gattungen" gründe und daß dieses von der Untersuchung durchgängiger Konventionen ausgehen müsse[275]. Dabei wendet er sich mit Recht gegen das romantische Vorurteil, Literatur sei *ex nihilo* produzierbar und ohne ein Vorhandensein von für Autor und Leser gemeinsamen Konventionen rezipierbar.[276] Diese Konventionen sind für Frye allerdings nichts sich historisch Wandelndes, sondern erhalten den Status von Archetypen. Wie letztlich jeder Begriff bei Frye ist auch dieser mehrdeutig, eindeutig ist jedoch sein überzeitliches Verständnis: Zum einen ist damit ein in der abendländischen Literatur immer wiederkehrendes Bild bzw. Symbol gemeint[277], zum anderen geht es der archetypischen Kritik auch um allgemeine Strukturen, nämlich um das, was Frye *mythoi* nennt[278]. Beides, die *mythoi* wie die archetypischen Symbole, betrachtet er als "Strukturprinzipien der abendländischen Literatur"[279]. Dabei werden "drei Reiche" von archetypischen Symbolen unterschieden.[280] Das erste ist "der nicht umgesetzte Mythus, der im allgemeinen von Göttern und Dämonen" handelt; hiervon zu unterscheiden sei eine "romantisch genannte Tendenz", die das Verfahren bezeichnet, "nicht offen zutage tretende mythische Schemata in einer Welt anzudeuten, die der menschlichen Erfahrung näher liegt", und schließlich fände man im "Realismus ... die Tendenz, mehr Gewicht auf Inhalt und getreue Wiedergabe zu legen als auf die Form der Geschichte"[281]. Der Autor geht nun dergestalt vor, daß er zunächst die "Struktur der Bildersprache" dieser drei "Welten" darlegt, wobei er sich als mythologischer Hauptquelle unserer Kultur vor allem auf die Bibel stützt[282], die er, neben der klassischen Mythologie, als eine "Grammatik literarischer Archetypen"[283] betrachtet, um schließlich zu den *mythoi* überzugehen, "die sich ergeben, wenn diese Strukturen sich in Bewegung befinden"[284], wobei mit "diese Strukturen" die verschiedenen archetypischen Symbole gemeint sind. Allein aus der Formulierung des letzten Satzes ergibt sich, daß die vermeintlichen 'Strukturen' Realität des Objekts, nicht wissenschaftliches Konstrukt sind, denn nur etwas, was als *realiter* existierend gedacht wird, kann sich in Bewegung befinden — hierauf ist nochmals zurückzukommen. Zunächst ist zu klären, wie sich aus der Bewegung der archetypischen Symbole die *mythoi* konstituieren können. Frye greift dabei auf die traditionelle Kosmologie zurück mit der Vorstellung eines Himmels oben, einer Hölle unten und eines ringförmig geordneten Kosmos in der Mitte. Dieses Aufbauschema glaubt er sodann auf seinen "Grundsatz" übertragen zu können, wonach es "zwei prinzipielle Bewegungen in der erzählenden[285] Darstellung gibt: eine kreisförmige innerhalb der natürlichen Ordnung und eine dialektische von dieser Ordnung hinauf in das Reich der Apokalypse"[286]. Die obere Hälfte dieses Kreises läßt der Verfasser bestehen aus "der Welt der Romanze und der Analogie der Unschuld; die untere Hälfte ist die Welt des 'Realismus' und der Analogie der Erfahrung"[287]. Da Frye nun all dies nicht etwa statisch, sondern, wie gesagt, in ständiger Bewegung sieht[288], folgert er, es gebe "vier Haupttypen der mythischen Bewegung: innerhalb der Romanze, innerhalb der Erfahrung, aufwärts und abwärts. Die Abwärtsbewegung ist die tragische, wobei das Glücksrad von Unschuld zu Verschuldung ..., von der Verschuldung zur Katastrophe fällt. Die Aufwärtsbewegung ist die komische, nämlich von bedrohlichen Verwirrungen zu einem glücklichen Ende."[289] Dergestalt habe er, so glaubt Frye, die Frage beantwortet, ob es "erzählerische" Kategorien der Literatur gebe, "die weiter oder logisch früher sind als die gewöhnlichen Gattungen", und zwar gebe es nach obigem eben deren vier: "die romantische, die tragische, die komische und die ironische oder satirische"[290]. Er spricht im folgenden dann zwar immer von "Komödie", "Tragödie" usw., macht aber klar, daß damit das 'Komische', 'Tragische' usw., die Schreibweisen also und nicht die Gattungen, gemeint sind, indem er "Komödie" eben nicht nur auf ein Bühnenstück, sondern auch auf die Romane Jane Austens anwenden möchte.[291] Diese vier "erzählerischen praegenerischen Elemente der Literatur" nennt er "mythoi oder generische Handlungen (generic plots)"[292].

Diese absurd anmutende Ableitung der vier — wir können sagen — Schreibweisen wird keineswegs nur als Analogie betrachtet, sondern es handle sich um die Struktur der Literatur, wie sie r e a l i t e r gegeben sei. Diese Auffassung hängt damit zusammen, daß Frye mythische Vorstellungen in der Nachfolge von Frazer, Jung und Bachelard als r e a l e Organisationsformen der imaginativen Erfahrung betrachtet[293], und da Dichtung Ausdruck imaginativer Erfahrung ist — hier kommt bei Frye ein romantisches Literaturkonzept zum Tragen —, wird der Mythos zum "Strukturprinzip der Dichtung"[294]. Indem Frye weiter annimmt, daß auch die Kosmologie mythischen Ursprungs ist, ist somit auch diese ein "Strukturprinzip der Dichtung"[295], und auf solcher Grundlage ergeben sich dann als logische Konsequenz die "vier Haupttypen der mythischen Bewegung" als reale Organisationsprinzipien. Wie Frye mythische Vorstellungen bzw. eigentlich bereits Deutungen mythischer Vorstellungen als Realität setzt und bestimmte literarische Phänomene hierauf reduziert, ließe sich im Detail allenthalben belegen[296]; uns ging es nur darum zu zeigen, daß Frye, trotz seines Ausgehens vom Begriff der Konventionen, die vier *generic plots* als präformierte Wesenheiten, die einen ihnen eigenen Zyklus in irgendeinem idealen Raum konstituieren, begreift. Ähnlich wie in der triadischen Gattungspoetik, notwendigerweise allerdings mit anderer Korrelation, wird versucht, der Vierzahl ihre besondere Dignität dadurch zu verleihen, daß sich für Frye zyklische Symbole meist in vier Hauptphasen gliedern: "Dabei sind die vier Jahreszeiten der Typus für die vier Tageszeiten ..., für vier Abschnitte des Wasserkreislaufs ..., vier Lebenszeitalter ... und dergleichen."[297] Aufgrund dieses Zusammenhangs werden schließlich auch die vier *mythoi* den vier Jahreszeiten zugeordnet, wobei die völlige Beliebigkeit dieser Zuordnung nicht zuletzt aus deren Variabilität in Fryes verschiedenen Arbeiten ersichtlich ist[298]. Welche Zuordnung im einzelnen auch immer vorgenommen wird, allein dadurch, daß die "generischen Handlungen" mit den Jahreszeiten korreliert werden ("Der Mythos des

Frühlings: die Komödie" usw.), wird ihnen eine apriorisch-reale Existenz zugeschrieben.

3.3.5 Expressiv-produktionsästhetische Konzeptionen

Weit näher an der Realität des Objekts, den Texten — und damit den durch sie manifestierten "Gattungen" — als sprachlichen Prozessen, bleiben Bestimmungen, die die Existenz der "Gattungen" über deren expressive Funktion, d. h. deren Rolle beim Erzeugen von Literatur bzw. allgemeiner: von Texten, zu begründen versuchen. Diese Ansätze sehen zwar noch weitgehend von dem Faktum ab, daß ein Expressionsprozeß jeweils in Relation zu einem Rezeptionsprozeß steht, d. h. sie betrachten am Kommunikationsvorgang, als welcher jede sprachliche Äußerung zu begreifen ist, nur die Enkodierung und lassen die Dekodierung durch den Leser / Hörer außer acht, doch reduzieren sie dergestalt sprachliche Vorgänge nicht mehr unmittelbar auf Außersprachliches, wie dies bei den bisher besprochenen Konzeptionen weitgehend der Fall war. Selbstverständlich wurden auch im Rahmen bisher besprochener Theorien bestimmte produktionsästhetische Folgerungen aus der jeweiligen Bestimmung der "Gattungen" abgeleitet, doch wurden sie primär eben nicht als sprachliche Gebilde, sondern als etwas viel Allgemeineres aufgefaßt.

3.3.5.1 Gestalttheorie

Neben den "Naturformen" hat ein weiteres Goethesches Konzept vor allem die germanistische Gattungstheorie beeinflußt: der Gestaltbegriff[299], der seit der Jahrhundertwende in die verschiedensten Wissenschaftsbereiche eindringt und z. B. in der Gestaltpsychologie zu einer Art Prästrukturalismus geführt hat[300]. Während des Nazismus wird er von manchen Autoren, selbst Mathematikern, stark ideologisiert und zum Zentralbegriff der "deutschen Wissenschaft" erhoben[301].

Ideologiefreien Eingang in Literaturwissenschaft und Gattungstheorie hat dieses Konzept schon wesentlich früher in der *Morfolojija skazki* (1928) des russischen Ethnologen Propp gefunden, der sich explizit auf Goethes *Morphologie* beruft[302]. Propp geht von dem Grundgedanken Goethes aus, daß das Tier- bzw. Pflanzenreich auf einen Urtyp zurückgeführt werden könnte, aus dem sich über verschiedene Abwandlungen die einzelnen konkreten Formen ergeben[303]. Diesen Gedanken überträgt er auf das Märchen und erstellt eine Grundstruktur für alle Märchen, verzichtet dabei jedoch auf Aussagen zu deren ontologischem Status. Es ist hier nicht der Ort, auf Propps Verfahren im einzelnen einzugehen[304], festgehalten sei nur, daß sein Ansatz bereits als authentisch strukturalistisch zu betrachten ist, insofern er erkennt, daß sich eine Gattungsbeschreibung nicht auf die Elemente selbst beziehen kann, die als solche auch in den verschiedensten anderen Diskurstypen vorkommen können, sondern die spezifische Relation zwischen diesen Elementen ermitteln muß[305]. Trotz der generellen Differenzierung von genetischem und strukturalem Aspekt kommt es dabei letztlich allerdings doch wiederum zu einer Vermischung, und zwar insofern, als der Autor die Grundstruktur, die er erstellt, später als historischen Urtyp des Märchens nachweisen möchte, der irgendwann einmal real existiert hat und von dem alle späteren Ausformungen Transformationen darstellen[306]. Damit wird das abstrakte Modell aber zu einem konkret verwirklichten Archetypus reifiziert, was eine Propps Ausführungen unnötig belastende spekulative und seinem ursprünglichen Ansatz widersprechende Annahme darstellt, denn ihm ging es zunächst ja überhaupt nicht um genetische Fragen — die im Fall des Märchens wohl auch besonders schwer zu lösen sein dürften —, sondern um die allgemeinsten Bauprinzipien von Texten verschiedener, von einander nicht abhängiger Kulturen, die es erlauben, alle diese Texte als Märchen zu bezeichnen: "ce problème essentiel qui reste toujours posé, celui de la similitude des contes du monde entier"[307]. Dieses Phänomen bedarf zu seiner Erklärung nicht der unhaltbaren Hypothese eines den verschiedenen Ausprägungen gemeinsamen 'Urmärchens', sondern kann auf die Existenz universaler Handlungsschemata zurückgeführt werden, wie dies in neueren, Propp fortführenden Arbeiten ausdrücklich geschieht[308].

Unabhängig von Propp stellt zwei Jahre später Jolles der Literaturwissenschaft neben der ästhetischen und historischen eine "morphologische Aufgabe"[309], die explizit von Goethes Definition des Gestaltbegriffs ausgeht: "Der Deutsche hat für den Komplex des Daseins eines wirklichen Wesens das Wort Gestalt. Er abstrahiert bei diesem Ausdruck von dem Beweglichen, er nimmt an, daß ein Zusammengehöriges festgestellt, abgeschlossen und in seinem Charakter fixiert sei."[310] Hierauf aufbauend meint Jolles, man könne auch in der Literatur bei "Ausschaltung alles dessen, was zeitlich bedingt oder individuell ist ... die Gestalt feststellen, abschließen und in ihrem fixierten Charakter erkennen"[311]. Dabei unterscheidet er zwei Fragestellungen: zum einen könnten wir die einzelne Dichtung danach befragen, "inwieweit sich eine Gestalt hier bündig verwirklicht hat", der Gesamtheit aller Dichtung gegenüber sei zu fragen, "inwieweit die Summe aller erkannten und unterschiedenen Gestalten ein einheitliches, grundsätzlich angeordnetes und gegliedertes Ganzes — ein System — bildet"[312]. Der morphologischen Poetik, wie sie hier konzipiert wird, geht es also einmal um die grundsätzlichen, überzeitlichen Gestaltmöglichkeiten des literarischen Diskurses und zum anderen darum, daß diese Virtualitäten nicht einfach isoliert nebeneinander bestehen, sondern in einem systematischen Bezug zueinander stehen. Auch von Jolles werden damit zwei Grundgedanken der strukturalen Literaturwissenschaft vorweggenommen, es bleibt jedoch ein wesentlicher Unterschied, und dieser beruht auf der verschiedenen Ontologie: Die Gestalten sind, im Gegensatz zu den Strukturen, wie sie in neueren Arbeiten definiert werden[313], vom Erkenntnissubjekt unabhängige Realität des Objekts[314], absolute, ideale Wesenheiten, die sich im historisch-konkreten Werk zwar mit Kontingentem verbinden, aber erst dessen eigentliches Wesen ausmachen. Die grundsätzlich essentialistisch-platonistische Auffasung, die sich mit dem Gestaltbegriff verbindet, geht etwa auch aus Stecks Vorwort zu seiner Abhandlung *Mathematik als Begriff und Gestalt* hervor, in welchem er meint, und hier sieht man, wie sich selbst die Mathematik ideologisch aufladen läßt, daß mit dem Gestaltbegriff endlich die "bisherige Botmäßigkeit und Beugung" der deutschen Wissenschaft "unter die Herrschaft des englischen Empirismus und unter die des westlichen Nominalismus ... gebrochen" sei[315], was *ex negativo* das essentialistisch-platonistische Verständnis des Gestaltbegriffs impliziert.

Wie Jolles bezieht sich auch G. Müller ('44) explizit auf Goethes Morphologie in der Absicht, sie zur Grundlage einer systematischen Literaturwissenschaft zu machen[316]. Dabei verwendet er den Gestaltbegriff jedoch etwas anders als sein Vorgänger. Für ihn sind einmal die einzelnen Dichtungen Gestalten, insofern sie nicht "eine Summe von einzelnen Zügen und Beständen, sondern ein in sich ausgewogenes Ganzes" sind, "in dem alle Teile in Wechselwirkung stehen, ja nur durch Wechselwirkung das sind, was sie sind"[317]; zum anderen kennt er bestimmte Gestalttypen, die literarischen "Gattungen". Diese müssen eine Einzelgestalt als ganze erfassen, nicht nur einzelne Elemente, denn "ein Drama ist als Ganzes ein Drama, nicht wegen einzelner Merkmale, die es mit anderen Dramen gemeinsam hat"[318]. Entscheidend ist, und auch hieran kann der Strukturalismus wieder anschließen, daß der Gestaltbegriff die Vorstellung der Totalität impliziert, die mehr ist als nur eine Summe der sie konstituierenden Elemente, im Unterschied zum späteren strukturalistischen Verständnis eines solchen Ganzen bleiben die Gestalttheoretiker jedoch wesentlich dem Organismusdenken verpflichtet, das dem Phänomen von "Strukturüberlagerungen" wie etwa beim epischen Theater, das nun eben nicht so ohne weiteres als Ganzes ein Drama ist, nicht gerecht werden kann. Dieses Organismusdenken hängt wiederum damit zusammen, daß die Gestalt nicht als durch die Interaktion von Erkenntnissubjekt und zu erkennendem Objekt konstruiert gesehen wird, sondern als Realität des Objekts selbst, die man durch "Anschauung" gewinnt[319].

Wie für Jolles die Gestalten, sind für Müller die Gestalttypen überzeitliche Konstanten, immer mögliche Gestaltungsweisen, deren ontologischen Status er noch dahingehend weiter bestimmt, daß sie für ihn "keine abstrakte Wirklichkeit außerhalb des Gedichts (bezeichnen), sondern die Art der Bildungskraft, die jeweils Elemente des Lebens 'heranrafft' und in ein wirkliches, einmaliges, in sich lebendiges Wesen zusammenwirkt"[320]. Ähnlich, aber ausführlicher, hatte er sich zur Ontologie der "Gattungen" bereits in einem 15 Jahre früher erschienenen Aufsatz geäußert, der insgesamt wichtiger ist als sein späteres, viel spekulativeres Buch. Ausdrücklich betont er hier, daß die Rede von den "Gattungen eine Wirklichkeit meint und nicht nur ein Sammelname für Einzelwerke ist", wobei er weiter präzisiert, daß die "Gattungen" "zwar in der geschichtlichen Ebene 'an' einzelnen Werken" erscheinen, aber nicht in ihnen aufgehen, sondern sie "transzendieren"; damit sei die Kernfrage des geschichtlichen Verstehens berührt, nämlich "das Realwerden von Zeitlosem in der historischen Zeit"[321]. Aus diesem Zitat ergibt sich zunächst eindeutig, daß "Gattungen" bereits in diesem frühen Aufsatz als überzeitlich begriffen werden, es wird jedoch verneint, daß es sich um "Ideen" handle[322]. Demgegenüber steht für Müller fest, daß sie "zur dichterischen Struktur Beziehung haben"[323], und er versucht, das angesprochene Problem dergestalt zu lösen, daß er zwischen "Gattung" und "Gattungshaftigkeit" unterscheidet, wobei ein und dieselbe "Gattung" aus mehreren "gattungshaften Strukturen" bestehen kann[324]. Auf dieser Basis kommt er zu der abschließenden Hypothese, "daß die Gattungen einen Umkreis formaler Möglichkeiten bezeichnen. Das würde heißen, daß sie als solche niemals in die Realität eingehen, daß sie nur 'in potentia' sind zu einem nicht scharf begrenzten Bereich von Formverwirklichungen."[325] Wenn sie jedoch nicht in die Realität eingehen, aber dennoch existieren, dann sind sie nur in einem idealen Sein neben der raum-zeitlichen Wirklichkeit anzusiedeln, und das heißt, sie sind, trotz der gegenteiligen Versicherung, eindeutig platonische Ideen, *universalia ante res*. Auf die skizzierte Weise überspringt Müller das eigentliche Problem seines Ansatzes, die Frage nämlich, warum man noch von e i n e r Gattung sprechen kann und soll, wenn sie durch grundsätzlich verschiedene Gattungshaftigkeiten realisiert wird. Müller sucht also zwar nach einem Modell, das ahistorische Invarianten und historische Variablen aufeinander beziehbar macht, doch gelingt ihm dies nur durch den spekulativen Rekurs auf ein 'platonisches Empyreum'.[326]

Gerade diese Unterscheidung verschiedener Gattungshaftigkeiten bewahrt G. Müller andererseits davor, wie Ermatinger, der sich ebenfalls auf Goethes Gestalt- und Typusbegriff beruft[327], eine bestimmte historische Ausprägung der "Gattung" als d e n Typus normativ zu setzen und danach die nicht dem Typus entsprechenden Werke abzuqualifizieren.[328] So ist für ihn der Typus des Dramatischen etwa charakterisiert durch die Spannung weltanschaulicher Gegensätze, und aufgrund dieses Kriteriums verfügte Goethe nur über eine "mangelnde dramatische Begabung", während Kleist in seinen thematischen Vorwürfen "besonders glücklich" sei[329].

Einen möglichen Ausweg aus dem Dilemma der Annahme verschiedener Gattungshaftigkeiten innerhalb einer "Gattung" oder aber der apriorisch-normativen Setzung einer bestimmten historischen Ausprägung als absolutem Gestalttypus weist Lämmert ('55) auf, der auf späteren Arbeiten G. Müllers zur Erzähltheorie aufbaut und dessen Ansatz insofern eine Fortführung morphologischer Arbeiten darstellt, als für ihn das Erstellen von Typen, verstanden als ahistorische Konstanten, "die eigentliche Aufgabe einer Dichtungswissenschaft" ist, der das Verhältnis von Einzelwerk und "Gattung" aber nicht gleichsetzt mit dem von Einzelgestalt und Typus, wie dies Ermatinger und Müller tun, sondern die "Gattungen" als "historische Leitbegriffe" nimmt, die sich beständig wandeln[330], und damit dem Problem normativer Festlegung konkreter Gattungen entgeht, indem diese durch verschiedene allgemeine Typen aufgebaut werden können.[331]

3.3.5.2. "Gattungen" als ästhetische Wirklichkeiten, Ausdrucksformen, Strukturen

Wir haben oben bereits erwähnt[332], daß sich Viëtors Überlegungen nicht nur auf die "Naturformen" beziehen, sondern vorrangig auf die historischen Gattungen, deren Wahl durch den Dichter mit der Wahl des Materials durch den bildenden Künstler verglichen wird: "Wie bei diesem durch das Material, ist in der Poesie der schöpferische Impuls durch die Gattung, für die er sich entschieden hat, an eine Gesetzlichkeit gebunden, die dieser immanent ist und nicht nach Willkür beachtet oder übergangen werden kann."[333]

Obwohl Viëtor diese Aussage dahingehend einschränkt, daß "die überkommene und unabhängig vom objektiven Interesse existierende Gesetzlichkeit der poetischen Gattung nicht starr und despotisch in den Forderungen an den Nutzer"[334] sei, begreift er doch auch die historischen Gattungskonzepte als dem Einzelwerk vorgegeben und dessen Realisation konditionierend. In dem späteren Aufsatz von 1931 wird dieses Verständnis nochmals abgeschwächt, indem er sich explizit gegen die Auffassung der Gattung als Gesetz wendet und sie demgegenüber als "Struktur" begreift, "die überall zugrunde liegt, aber in keiner Norm erstarrt und nirgends mit einem einzelnen Dichtwerk zusammenfällt. In der Zeit entfaltet sie sich in immer neuen Einzelverwirklichungen, ohne je am Ziel zu sein"[335]. Diese Charakterisierung ist jener G. Müllers sehr ähnlich und scheint ein Verständnis als *universalia ante res* zu implizieren, doch finden sich ebenso Stellen, die auf eine konzeptualistische bzw. *universalia-in-rebus*-Position deuten[336]. Wie dem auch sei, entscheidend für Viëtors Ansatz ist, daß er neben den anthropologisch verstandenen "Naturformen" die historischen Gattungsbegriffe zum Objekt poetologischer Reflexion macht und diese als "ästhetische Wirklichkeiten"³³⁷, als künstlerische Ausdrucksmuster begreift, und das heißt: sie nicht mehr einfach in psychologische Prozesse auflöst, sondern in ihrer produktionsästhetischen Funktion herausstellt.

Konzeptionen wie diejenigen Viëtors werden bis in die jüngste Zeit häufig vertreten, wobei sich solche Bestimmungen ebenfalls meist auf die historischen Gattungen beziehen, mitunter aber auch auf Sammelbegriffe wie die Lyrik, ohne daß hierbei immer klar würde, was unter dieses Konzept subsumiert wird. So waren z. B. bereits für Ortega die literarischen Gattungen "funciones poéticas, direcciones en que gravita la generación estética", die er im Gegensatz zur alten Regelpoetik begreifen möchte als "ciertos temas radicales, irreductibles entre sí". Die Lyrik sei beispielsweise nicht einfach eine konventionelle Sprachform, in die man ein schon in der Sprache des Dramas oder des Romans Gesagtes übersetzen könne, sondern zugleich "una cierta cosa a decir y la manera única de decirlo plenamente"³³⁸. In entsprechender Weise betrachtet Burke die poetischen Formen als "symbolic structures designed to equip us for confronting given historical or personal situations"³³⁹. Die expressiv-produktionsästhetische Bedeutung der "Gattungen" wird auch in der französischen Kritik wiederholt hervorgehoben, so von Kohler[340], Pommier[341] und insbesondere von Bray, der das Handwerkliche an der Kunst in den Vordergrund stellt und betont, daß sich der Schriftsteller jeweils darauf einstelle, in einer bestimmten Gattung zu schreiben: "S'il ne se d i s p o s e pas à proprement parler, il y est disposé". Gattungen seien demzufolge keine Einbildungen der Kritik, sondern "des formes naturelles de l'esprit créateur"³⁴². Zur gleichen Auffassung bekennen sich auch noch Pichois / Rousseau[343], Landmann[344] und Böckmann, wobei letzterer seinen generellen methodischen Prinzipien entsprechend stärker als andere Autoren die wechselseitige Beeinflussung von Gattungsstruktur und individuellen bzw. epochalen Stilformen betont.³⁴⁵ Der von Viëtor explizit herausgestellte Unterschied zwischen anthropologischen Grundhaltungen und ausdrucksästhetisch begriffenen historischen Gattungen bestimmt schließlich auch die Ausführungen Seidlers[346].

Der von Viëtor ebenfalls bereits verwendete Begriff der Struktur, der das gattungshaft-spezifische Aufeinanderbezogensein der Elemente meint, findet sich bei Flemming wieder, für den Gattungen und Arten "keine nachträglichen Klassifikationen, sondern wesenhafte Strukturen" sind, die von den Autoren selbst zu Recht im Untertitel ihrer Werke angegeben würden[347]. Flemming bezieht sich dabei ausdrücklich auf den Strukturbegriff im Diltheyschen Verständnis als einen "ganzheitlichen Sinn- und Bedeutungszusammenhang", der kein "starres Schema" oder eine "verwaschene Abstraktionsvorstellung" meine, sondern "ein dynamisches Prinzip ... von großer Prägekraft"[348]. Wie der Begriff der Gestalt wird also auch jener der Struktur als reale Gegebenheit (w e s e n h a f t e Struktur, Prägekraft) des Objekts und nicht als aufgrund von Objektphänomenen erstelltes wissenschaftliches Konstrukt begriffen. Das gleiche gilt von Moisés[349] und Guillén, der seinerseits die Auffassung der Gattungen als "modelli strutturali"[350] explizit auf den aristotelischen Formbegriff, verstanden als "la presenza di una 'causa' in un oggetto creato dall'uomo"[351], gründet und als "un invito alla forma"[352] definiert. Möchte Moisés im Rahmen seiner Einführung nur Grundsätzliches und weitgehend Akzeptiertes vermitteln, so ist Guilléns Ziel höher gesteckt; dennoch bringen seine Ausführungen kaum Neues, haben aber das Verdienst, im Zusammenhang mit anderen, etwa strukturalistisch inspirierten Arbeiten, die italienische Kritik aus dem Croceschen Abseits wiederum an die internationale Diskussion heranzuführen und mit deren Ansätzen vertraut zu machen.

3.3.5.3 Typen, Schichten, Entelechien

Am Beispiel der mittelhochdeutschen Dichtung entwarf H. Kuhn bereits 1956 eine soziologisch fundierte Gattungstheorie, die zwar den produktionsästhetischen Aspekt noch in den Vordergrund stellte, dabei aber bereits rezeptionsästhetische Analyseverfahren konzipierte. Obwohl diese Arbeit eine Reihe von Einsichten enthält, die erst in den neuesten Veröffentlichungen — mit und ohne Bezug auf Kuhn — wieder auftauchen, blieb sie außerhalb der germanistischen Mediävistik weitgehend unberücksichtigt. Lange vor Sengle, Hermand und Jauß verweist Kuhn darauf, daß das idealistische Dreierschema der historischen Vielfalt von Texten nicht gerecht werden kann. Darüber hinaus wendet er sich zunächst — diese Position wird abschließend wieder eingeschränkt — gegen jegliche Art ahistorischer Systematik, weil diese "eine Immanenz der Bedingungen" vortäusche, "die die Zusammenhänge und die Entwicklungen verfälscht, selbst in den Epochen, aus deren Beispielen sie sich nährt"[352a]. Aber auch die historischen Gattungsnamen würden einer Gattungsforschung nicht weiterhelfen, sie meinten zu Verschiedenes, was an der Bedeutung von *liet* näher expliziert wird[352b]. "Weder allgemeine Gattungsbegriffe noch historische Gattungsnamen helfen also weiter. Es bleibt nur die Möglichkeit, so lange geduldig und genau das Überlieferte zu schauen, darauf zu hören, bis es seine geschichtlich wirkliche Ordnung, sein 'natürliches System', seine geschichtliche Entfaltung preisgibt."[352c] Dieses natürliche System versucht Kuhn durch die Unterscheidung dreier verschiedener Schichten in den Griff zu bekommen, weil "dem vielfältigen Phänomen deutscher Literatur im Mittelalter gegenüber kein System, das sich auf eine Ebene projizieren ließe", zu erstellen sei.[352d] Diese für die Gattungstheorie generell entscheidende Einsicht konkretisiert sich in der Differenzierung des Typen-, Schichten- und Entelechieproblems. Das Typenproblem führe in den gleichen Umkreis wie die Frage nach den historischen Gattungsnamen, erweitere sie aber "zur Frage nach den Typen, Werkstattschematen und -schablonen, Werkvorstellungen und Werkgebrauchsweisen"; auf dieser Ebene würden sich keine durchgehenden Typen oder Gattungen ergeben, alles bleibe zunächst "nur für seinen Ort gültig", doch habe es "den Wert der historischen Tatsache".[352e] Beim Schichtenproblem geht es Kuhn darum, die sog. 'hohe' Literatur aus einer falschen Isolierung zu lösen und zu zeigen, daß für das Hochmittelalter mindestens drei Schichten anzusetzen sind, die nebeneinander herlaufen, aber auch ineinander wirken, und zwar a) eine vor- und unterliterarische Schicht mündlicher Literatur, b) eine 'lateinisch'-literarische auch in den Volkssprachen und c) eine bewußt volkssprachlich-literarische.[352f] Mit dem Entelechieproblem kommt Kuhn dann doch wieder zu einer Systematik der nach Gebrauch und Herkunft heterogenen Typen zurück: "Aus ihnen (sc. den ständischen und nationalen Bedürfnissen), aus dem wachsenden ständischen und nationalen Bewußtsein ergibt sich jedoch auch eine Gattungsentelechie, ein Hineinwachsen der Literatur in bestimmte, diesem Geschichtsprozeß am meisten dienende Haupt-Typen, die uns am Schluß doch wieder so etwas wie mittelalterliche 'Naturformen' der Literatur bedeuten dürfen."[352g] Als solche Haupttypen betrachtet Kuhn höfischen Roman, Heldenepos und Lyrik.[352h] Hierauf braucht in unserem Zusammenhang nicht weiter eingegangen zu werden, wesentlich ist jedoch, daß Kuhn für die mittelhochdeutsche Dichtung zu einer neuen Art der Gattungssystematik gelangt, die durch die Differenzierung verschiedener Schichten die Anerkenntnis der Historizität der Formensprache mit der Einsicht in das Vorhandensein zumindest relativ konstanter Strukturprinzipien verbindet.

In dem Maße wie von den Gattungstheoretikern die alleinige Konzentration auf den Autor als Textproduzenten aufgegeben und der komplementäre Vorgang der Textrezeption durch den Hörer bzw. Leser mit in die Überlegungen einbezogen wird — was bei Kuhn etwa durch Begriffe wie "Werkvorstellungen", "Werkgebrauchsweisen" u. ä. bereits vollzogen ist —, entsteht ein kommunikatives Gattungsverständnis, das zur Neuformulierung klassischer Fragestellungen führt und diese an Überlegungen anderer Kommunikationswissenschaften, vor allem natürlich an solche der Linguistik, anschließbar macht.

3.3.6 Kommunikativ-semiotische Gattungskonzeptionen

3.3.6.1 Ansätze und Vorstufen: "Gattungen" als Traditionen, Konventionen, Institutionen

Findet sich eine explizit kommunikativ-zeichentheoretische Fundierung der Gattungskonzepte erst in linguistisch beeinflußten Arbeiten der letzten Jahre, so lassen sich die wesentlichen Grundvorstellungen hierzu schon bedeutend früher nachweisen. Überraschend ist, daß sich dieser Ansatz im Kern bereits bei Mantz ('17) findet: "here lies one of the reasons for the existence and for the use of types: the conscious conforming by the artist, on beginning, to a convention which will render his work more readily understood by others, and which, if adhered to, doubtless restricting the free play of his personality, is on the other hand likely to save the whole from futility by putting it into a certain consonance with general experience. ... the sum total of his personality in the final impression is more potential with others than it would have been if he had not sought to render himself readable, that is, c o m p r e h e n s i b l e."[352i] Auch wenn Mantz seine Aussage über die kommunikative Funktion literarischer "Gattungen" apologetisch färbt, diese sozusagen als ein notwendiges Übel versteht, dem sich das Ausdrucksstreben eines Individuums unterwerfen muß, um rezipierbar zu sein, so ist doch im Grundsätzlichen ein Gattungsverständnis vorweggenommen, wie es dann bei Stempel oder Jauß systematisch fundiert wird.[353] Wie die modernen Theoretiker verweist Mantz zur Begründung seiner Konzeption ebenfalls bereits auf das Funktionieren der Sprache: er sieht die literarischen "Gattungen" parallel zu den morphologischen und syntaktischen Konventionen, erkennt gleichzeitig aber auch einen grundlegenden Unterschied: er glaubt nämlich, daß die literarischen "Gattungen" weniger arbiträr seien als sprachliche Zeichen. Bei der positiven Füllung dieser Aussage schlägt jedoch wiederum der allgemeine Psychologismus der Zeit durch: Ihre letzte Begründung erfahren die "Gattungen" als eine "real psychological necessity, the single possibility in a given date of society"[354].

Eine Reihe anderer Autoren, die ebenfalls die Realität der "Gattungen" mit deren Existenz auf der Produktions- und Rezeptionsebene begründen, transzendieren im Gegensatz zu Mantz ihre weitgehend expressive und / oder psychologistische Konzeption nur geringfügig. So meint z. B. Petersen, daß dort, wo die Dichter selbst nach "ordnenden Grundsätzen innerhalb ihrer Kunst gesucht haben" und wo diese Grundsätze "auf das Schaffen formprägend eingewirkt haben", diese auch bei der Rezeption berücksichtigt werden müssen: "Wenn ein Werk im Zeichen fester Gattungsbegriffe geformt worden ist, so muß es auch in diesem Zeichen verstanden werden."[355] Hier wird offenkundig impliziert, daß es Werke gibt, die keinerlei Normen oder Konventionen verwenden, eine Anschauung, die Gattungskonzepte nur als historisch mögliche, nicht aber prinzipiell notwendige Bestandteile der Kommunikation begreift. Ähnliches gilt von van Tieghem. Auf der Produktionsebene sind "Gattungen" für ihn "des moules que l'invention a essayés, que l'expérience a perfectionnés ..., que la tradition a adoptés, que la mémoire a associés à certains sujets et à certains ordres de pensées ou de sentiments."[356] Daneben wird die Notwendigkeit der Gattungsunterscheidung auch vom Publikum her begründet[357], dessen Funktion jedoch rein psychologistisch interpretiert wird, indem van Tieghem das Herausbilden bestimmter "Gattungen" aus der Existenz bestimmter psychischer Prädispositionen bei den Rezipienten erklärt: "On aime à écouter de belles histoires, plus belles et plus nobles que la vulgaire réalité, et c'est l'épopée, plus tard le roman idéaliste"[358]. Genauso argumentiert Kohler, der meint, der Autor biete dem Publikum Werke in einer bestimmten Gattung an, weil dieses eben bestimmte "Gewohnheiten" habe. Ferner erkläre sich die Existenz literarischer Gattungen daraus, daß es den Künstlern leichter falle, nach einem "ordre établi" zu arbeiten, als gleichzeitig die Bedingungen des Werks, seinen Stoff und die Einzelheiten der Ausführung zu erfinden.[359] In dieselbe Richtung weisen ferner die Ausführungen von Pearson, der die literarischen Formen insgesamt als "institutional imperatives" betrachtet, "which both coerce and are in turn coerced by the writer"[360]. Der Form unterworfen sei der Autor zum einen durch deren traditionelle Assoziationen und zum anderen "by the force with which it repels or attracts public approval"[361]. Auch hier wird also der Formbegriff — und darin eingeschlossen die "Gattung" — noch eher als ein Geschmacksphänomen denn eine kommunikative Notwendigkeit begriffen, gemeinsam war jedoch allen bisherigen Äußerungen die Feststellung, daß Gattungsvorstellungen Art und Weise der Produktion und Rezeption von Literatur beeinflussen, daß sie also Bestandteil des Kommunikationsprozesses sind. H. Levins noch heute wichtiger Aufsatz über Literatur als Institution, der sich gegen Soziologismus und Psychologismus und deren jeweiliges kurzschlüssiges In-Beziehung-Setzen von Literatur und 'Leben' wendet, geht zwar nicht explizit auf das Problem der "Gattungen" ein, insistiert aber auf der Rolle von Konventionen im Verständigungsprozeß zwischen Autor und Leser und der Notwendigkeit, vergessene Konventionen für eine adäquate Rezeption neu verfügbar zu machen.[362] Auf Pearson und Levin aufbauend kommen dann Wellek / Warren, in deutlicher Absetzung von Croces Nominalismus[363], zu einer Konzeption der "Gattung" als einer "'Institution' — im gleichen Sinn, wie die Kirche, die Universität oder der Staat Institutionen sind"[364]. Die "Gattungen" würden nicht wie ein konkretes Kirchengebäude oder eine konkrete Bibliothek existieren, sondern eben wie die Institution d e r Kirche bzw. d e r Universität, d. h. Wellek / Warren setzen ihr Gattungsverständnis deutlich von bestimmten verdinglichenden Vorstellungen ab, die die "Gattungen" als konkrete Wesenheiten betrachten; andererseits ist diese Bestimmung aber auch nicht mehr als eine Metapher, die zwar bestimmte semantische Merkmale enthält (Institution impliziert Traditionen und Konventionen, den Charakter einer gewissen Beständigkeit, einer intersubjektiven Verbindlichkeit u. ä.), das

Gemeinte aber nicht genau festlegt. Dies wird an anderer Stelle etwas expliziter versucht, indem Wellek / Warren davon ausgehen, daß sich unser Vergnügen an einem literarischen Werk aus dem Empfinden der Neuheit und dem des Wiedererkennens zusammensetzt: "Eine vollständig vertraute und sich wiederholende Anordnung ist langweilig; eine völlig neue Form wäre u n v e r s t ä n d l i c h , ja unvorstellbar." Die "Gattung" stelle sozusagen "eine Summe der vorhandenen ästhetischen Mittel dar, die dem Dichter zur Verfügung stehen und dem Leser bereits v e r s t ä n d l i c h sind"[365]. Damit ist wie bei Mantz eine explizit kommunikativ-semiotische Bestimmung des Wesens der "Gattungen" erreicht, sie werden zu Bedingungen des Verstehens, die der Autor berücksichtigen muß, damit Kommunikation überhaupt zustande kommt. Indem gleichzeitig auf die Veränderbarkeit dieser Normen hingewiesen wird, ist bei Wellek / Warren auch die Historizität des Formbegriffs, die in jüngster Zeit im Anschluß an Gedanken der Russischen Formalisten[366] vor allem von Jauß betont wird[367], erkannt[368].

Unmittelbar auf Wellek / Warren beziehen sich die Äußerungen von Moisés, der neben seinem ausdrucksästhetischen Verständnis die "Gattungen" auch als Institutionen begreift und auf ihren kommunikativen Charakter verweist, indem er sie als ein "ponte de ligação entre o artista e o público" versteht, ohne die "o artista permaneceria incomunicável, mas ainda do que é"[369]. Wie schon vor ihm Levin möchte schließlich auch Anceschi alles, was an der Literatur transindividuellen Charakter hat — Themen, Motive, Stilrichtungen, Schulen, Gattungen u. ä. — unter dem Begriff der "istituzioni letterarie" fassen, kommt dabei aber über Allgemeinheiten nicht wesentlich hinaus, wobei die Grundkonzeption als solche auf der anderen Seite im Rahmen der italienischen Literaturkritik als systematische Gegenposition zu Croces Individualitätsdogmatismus durchaus ihre regionale Bedeutung hat.[370]

3.3.6.2. "Gattung" und Hermeneutik

Auch in hermeneutischen Arbeiten wird die kommunikative Funktion der "Gattungen" in den Vordergrund gerückt. Bereits Schleiermacher betonte die grundlegende Bedeutung der Gattungsvorstellungen beim Erschließen des Sinns von Texten[371], und der italienische Rechtsphilosoph und Hermeneutiker Betti gelangt — neben seiner auf Staiger aufbauenden anthropologischen Konzeption[372] — über eine Auseinandersetzung mit dem "atomistischen Individualismus" Croces[373] zu einer Wiedereinsetzung des Wertes der "Gattungen" als Vorbedingungen der Kommunikation.[374] Zur zentralen Kategorie seiner Interpretationslehre wird ein — allerdings modifizierter — Gattungsbegriff dann in Hirschs *Prinzipien der Interpretation*, ein Werk, das in Deutschland bislang weitgehend unberücksichtigt blieb — ganz im Gegensatz zur amerikanischen Rezeption, wo durch Hirschs Kritik an durch *new criticism* und Mythenkritik verbreiteten literaturtheoretischen Grundanschauungen sofort eine lebhafte Diskussion einsetzte[375] —, was um so verwunderlicher ist, als sich Hirsch grundsätzlich mit der Hermeneutik Gadamers und damit mit einer der Grundlagen der von Jauß u. a. inaugurierten wirkungsgeschichtlichen Methode auseinandersetzt.[376]

Auf die Problematik der Grundthese von Hirsch, daß die richtige Interpretation eines Textes das Erschließen des vom Autor gewollten Sinnes ist, was heißt, daß der Sinn eines Textes durch den Autor ein für allemal festgelegt ist, kann hier nicht im vollen Umfang eingegangen werden.[377] Zu diskutieren ist nur, welche Rolle in diesem Zusammenhang dem Gattungsbegriff zukommt und wie dieser bestimmt wird. Neben knappen Verweisen auf die Saussuresche Unterscheidung von *langue* und *parole* und Wittgensteins Begriff der Sprachspiele[378], die für die weiteren Überlegungen jedoch unwesentlich sind, fußt Hirsch vor allem auf der Vorstellung Husserls, daß ein individueller Sinn nur dadurch verstehbar ist, daß er zu einem bestimmten Sinntyp gehört[379]. Mit dem Begriff "Genre" bezeichnet Hirsch dabei "jeden Typ, der den ganzen Sinn einer Äußerung umfaßt"[380]. Diese Definition wird später auf die "wahren Genres" eingeschränkt. Hirsch unterscheidet nämlich, wie wir oben bereits andeuteten[381], zwischen "einer Typenvorstellung, die ein Werk wahrhaft subsumiert, und einer Typenvorstellung, die faktisch nichts als ein vorläufiges Schema" ist[382]. Zur zentralen hermeneutischen Kategorie wird der Begriff des Genres nun dadurch, daß der Verfasser über ihn den Zirkel von Ganzem und Einzelnem neu und präziser fassen zu können glaubt: "Der Interpret muß über die Art des Sinns, mit der er es zu tun hat, Vermutungen anstellen, da er ohne diese Vermutungen seine vorübergehenden Begegnungen mit dem Detail auf keine Weise begründen und vereinheitlichen kann"[383]. Dies ist die heuristische Funktion, die jedes Gattungskonzept, auch das weite, erfüllt; das wahre Genre wird darüber hinaus definiert als "jener Sinn des Ganzen, durch den ein Interpret jeden der Teile des Ganzen in dessen Determiniertheit korrekt verstehen kann"[384] Dieses wahre Genre hat "konstitutive Funktion", insofern es nicht nur immer näher an den spezifischen Sinntyp, den ein spezifischer Text verwirklicht, heranführt, sondern eben dieser Sinntyp ist[385]. Damit ein solcher Sinntyp aber überhaupt erfaßbar ist, muß der Rezipient über bestimmte Sinnerwartungen, über ein Vorverständnis der möglichen Sinntypen verfügen[386], d. h. Sprecher wie Rezipient / Interpret[387] müssen "die besonderen Normen eines bestimmten Genres beherrschen"[388], woraus weiterhin folgt, daß "jeder kommunizierbare Sinntyp (jedes wahre Genre) als ein System von Konventionen definiert werden kann"[389]. Zu sagen, was für Hirsch wahre Genres sind, ist nicht leicht, weil er kaum Beispiele gibt. Daß es sich um sehr enge Sinntypen handelt, geht aus einem der wenigen Beispiele hervor, wonach 'militärischer Befehl' bzw. 'ziviler Befehl' eine wahre Gattung sei, während 'Befehl' "bestenfalls eine teilweise und vorläufige Klassifikation, wenn auch eine notwendige" darstelle[390]. Was weite Genres sind, ist demgegenüber eindeutig: es sind dies die traditionellen historischen Gattungen wie Epos, Ode, Sonett usw.[391], wobei Hirsch allgemein formuliert, je weiter und abstrakter Gattungskonzepte seien, um so weniger wären sie für die Interpretation von Nutzen[392]. Damit ergibt sich jedoch eine grundsätzliche Schwierigkeit, die von Hirsch nirgends reflektiert wurde und die letztlich mit seiner Nichtscheidung von Rezipient und Interpret zusammenhängt. Seine Konzeption des wahren Genres ist im Prinzip eine semiotische, indem er es als ein dem Sprecher und Interpreten gemeinsames System von Normen und Konventionen bestimmt, aufgrund derer Kommunikation überhaupt erst möglich ist. Diese Normen muß aber auch der normale Rezipient i n t u i t i v verstehen, da er sonst überhaupt keinen Text erfassen könnte, da ja jeder Text auf einem bestimmten Sinntyp beruht. Was der 'normale' Rezipient kennt, sind im allgemeinen jedoch die Konventionen der weiten Gattungen wie Epos, Sonett usw. Byrons *Don Juan* als Epos zu erfassen, bedeutet nach Hirsch aber nur das Anlegen eines vorläufigen Schemas, da dieser Begriff das Werk ja nicht wahrhaft subsumiert[393]. Auffällig ist nun, daß Hirsch nirgends sagt, was das wahre Genre des *Don*

Juan sei. Offensichtlich ließe sich dies erst aufgrund einer ausführlichen Interpretation ermitteln — wie sollte sonst auch festgestellt werden, daß ein Sinntyp dieses Werk wahrhaft subsumiere —, was jedoch heißt, daß das wahre Genre nicht Konvention, nicht vorgegeben, nicht Regel oder Sprachspiel im Wittgensteinschen Sinn ist, sondern Konstrukt des Interpreten, der versucht, möglichst viele Einzelgegebenheiten in einen Entwurf des Ganzen, des 'Sinntyps', zu integrieren.[394] Das wahre Genre, wie es Hirsch versteht, muß notwendig zumindest sehr weitgehend individueller Natur sein, weil nur dann ein Einzelwerk als Ganzes hierunter subsumiert werden kann.

Obwohl Hirsch ferner zugibt, daß man neue wahre Gattungskonzepte erst auf der Grundlage von weiten erlernen und verstehen könne[395], was impliziert, daß die allgemeineren und grundlegenderen Konventionen nicht die wahren, sondern die weiten Gattungen sind, gelangt er zu einer ontologischen Differenzierung, die reale Existenz nur den wahren Gattungen als engen Typenvorstellungen zugesteht. Dies ergibt sich daraus, daß nur ihnen konstitutive Bedeutung zuerkannt wird, während die weiten Typenvorstellungen ja ausschließlich heuristische Funktion haben. Unter dem wahren Genre versteht Hirsch letztlich "ein geistiges Objekt oder, wenn man will, eine Idee"[396]. Damit handelt es sich auf jeden Fall um eine realistische Position, weil neben den konkreten Individuen, den einzelnen Texten, auch abstrakte Typen als gegeben angesehen werden. Was mit dem Begriff 'Idee' genau gemeint ist, definiert Hirsch nicht näher, aus seinen sonstigen Äußerungen ist jedoch zu erschließen, daß er die engen Sinntypen nicht apriorisch verstehen möchte, da sie Konventionen darstellen sollen und somit auf Übereinkunft beruhen und veränderbar sind. Andererseits liegt der einmal geschaffene Sinntyp, da er den Willen des Autors im Augenblick der Produktion ausdrückt, unverrückbar fest: dies ergibt sich aus der gegen die Geschichtlichkeit bzw. Veränderlichkeit des Verstehens gerichteten Grundthese des Verfassers. Das heißt aber, daß er zwar nicht zu einem absoluten Apriori von Typen gelangt, wohl aber zu einer immer größer werdenden Zahl von festliegenden, unveränderbaren, da in bestimmten Texten verwirklichten, Sinntypen. Die wahren Genres können demnach nicht als sich verändernde historische Formen verstanden werden: "Die Konzeption eines Genres ist sowohl für das Sprechen als auch für das Interpretieren von konstitutivem Charakter, was der

Grund dafür ist, daß der Begriff des Genres seinen (sic! muß heißen: k e i n e n) willkürlichen und variablen Charakter besitzt."[397] Der einmal konstituierte Sinntyp wird damit zumindest für den Interpreten zu einer vorgegebenen, unabhängig vom Interpretationsprozeß existierenden, idealen Wesenheit, die nur wiedererkannt zu werden braucht. Erneut ergibt sich dergestalt, daß für Hirsch die wahren Genres eigentlich gar keine transindividuellen, den Kommunikationsprozeß zwischen Produzent und Rezipient steuernden Organisationsformen darstellen, die durch ihre Kontinuität bei allem Wandel einen historischen Zusammenhang herstellen, sondern isolierte Autorintentionen, deren Fixiertheit aus der Realisation in einem spezifischen Sprechakt, einem einzelnen Text, resultiert. Nicht umsonst formuliert Hirsch: "Jedes richtige Interpretieren gründet sich auf das W i e d e r e r k e n n e n dessen, was ein Autor meint"[398], und dies vollzieht sich, wie wir sahen, über den jeweils gemeinten Sinntyp. Diese Aussage ist nun nicht nur deswegen unhaltbar, weil es Hirsch selbst nicht gelingt, die Autorintention anders zu fassen als mittels der Textintention, da er textexterne Äußerungen des Produzenten nicht als Autorintention auffaßt[399], sondern vor allem deshalb, weil die These vom einfachen Wiedererkennen mit neueren Ergebnissen der Erkenntnistheorie nicht vereinbar ist[400].

Die oben gegebene Deutung der wahren Genres läßt sich durch die Ausführungen Hirschs zu den weiten Gattungskonzepten weiter belegen. Diesen wird keine Realität zugestanden, und zwar eben aufgrund des Arguments, daß sie keinen Text zur Gänze zu subsumieren vermögen: "Auf der Ebene der Geschichte gibt es keine wirkliche Wesenheit wie ein Genre, wenn wir unter diesem Wort die Vorstellung von einem Sinntyp haben, der auf adäquate Weise alle individuellen Fälle definieren und unter sich subsumieren kann, die die gleichen generischen Namen tragen, wie z. B. Ode, Sonett, Befehl, Gebet oder Epos."[401] Die Realität dieser weiteren Gattungskonzepte bestünde nur in der Funktion, die sie in der Geschichte erfüllten: "*Don Juan* ist ein Epos und zwar nur deshalb, weil dieses Wort sowohl für uns als auch für Byron einige der Konventionen repräsentiert, unter welchen er diese Dichtung verfaßte. Auf keinen Fall definiert oder subsumiert dieser Terminus sein Gedicht."[402] Hirsch verficht in bezug auf die historischen Gattungskonzepte also eine weitgehend nominalistische Position, die der Croces und mehr noch der Fubinis sehr ähnlich ist[403]. Denkt man diese Argumentation schlüssig zu Ende, dann können allerdings auch die wahren Genres nur "Wörter" sein, denn beide Gattungskonzeptionen wurden zunächst ja über den Begriff der Konvention zu bestimmen versucht. Konventionen gehören, linguistisch gesprochen, in den Bereich der *langue* bzw. der 'Norm' künstlerischer Texte, ein einzelner Text ist immer nur *parole*, da er Elemente der *langue* / Norm in individuell-spezifischer syntagmatischer Relation konkretisiert: Damit kann jedoch ein Sinntyp, der *per definitionem* eben mehr als ein Individuum subsumiert, dieses nie ganz decken, denn sonst würde er eben nur dieses erfassen und wäre kein T y p u s mehr. Wenn Hirsch, wie wir sahen, 'Befehl' als weites, 'militärischer Befehl' aber als wahres Genre anspricht, dann ist einzuwenden, daß auch dieser Typ keine konkrete Aussage als Ganzes faßt, denn zwischen einem militärischen Befehl, den etwa ein General seinem Adjutanten, und dem, den ein Feldwebel einer in Reih und Glied angetretenen Gruppe von Soldaten erteilt, wird in der Regel ein grundsätzlicher Unterschied bestehen, so daß auch das wahre Genre 'militärischer Befehl' den jeweiligen Wortsinn nicht als Ganzes faßt. Andererseits ist das Entscheidende gerade, daß es sich z. B. um einen Befehl und nicht etwa um eine Frage oder Ansprache handelt. Dies heißt aber, daß kein essentieller, auf die Opposition von heuristisch vs. konstitutiv zu fundierender Unterschied zwischen den weiten und den wahren Genres existiert, sondern nur ein gradueller, daß sich einerseits das wahre Genre, der Sinn t y p , wenn er tatsächlich einen konkreten Text als ganzen fassen soll, in einen individuellen S i n n auflöst, und daß andererseits die Konventionen der weiten Genres absolut konstitutiven, d. h. Produktion und Rezeption eines Textes beeinflussenden Charakter haben. Hirschs interessanter Ansatz, eine Interpretationslehre auf das Funktionieren der Sprache zu gründen, wäre zweifelsohne adäquater zu formulieren gewesen, wenn er, statt vor allem auf die Sprachphilosophie Husserls und auf Grundanschauungen der klassischen Hermeneutik zu rekurrieren, die Ergebnisse der neueren Sprachwissenschaft stärker berücksichtigt hätte.

3.3.6.3 Struktural-linguistische, informationstheoretische und rezeptionsästhetische Fundierung der Gattungskonzepte

3.3.6.3.1 "Gattungen" als evolutionierende Bezugssysteme

Wie wir bereits beiläufig feststellten, beziehen sich seit der Mitte der fünfziger Jahre westliche Literaturwissenschaftler in zunehmendem Maße auf Überlegungen der Russischen Formalisten, wobei auch deren Gattungsbegriff zu neuer Bedeutung gelangte. Zwar wurde von keinem der Formalisten eine systematische Gattungstheorie entwickelt, doch läßt sich ihr Verständnis dieses Konzepts, neben den wenigen expliziten Äußerungen, aus Arbeiten zu bestimmten Themen oder aus allgemeinen methodischen Vorstellungen erschließen. Wie Striedter im Zusammenhang mit den Überlegungen Šklovskijs in verschiedenen Aufsätzen aus dessen *Theorie der Prosa* feststellt, ist für die Formalisten die Gattung, verstanden als historisches Textkorpus, nicht einfach ein fester Kanon, dessen Regeln realisiert oder nicht realisiert werden: "Es ist ein beständig sich veränderndes, evolutionierendes Bezugssystem, in dem die tiefgreifenden 'Verstöße' gegen die gerade geltenden Vorbilder oder Regeln mindestens ebenso genreprägend sind wie die Bekräftigungen."[404] Dementsprechend wenden sich Tynjanov und Tomaševskij ausdrücklich gegen eine statische bzw. logisch-klassifikatorische Auffassung der Gattung[405] und bestimmen sie gleichfalls als eine sich beständig verändernde Korrelation von Elementen, als sich wandelndes System, das nur historisch zu definieren ist[406]. Solchermaßen verstanden existieren die Gattungen im jeweiligen historischen Augenblick sowohl für den Produzenten wie den Rezipienten[407]. Dies zeigt Tynjanov etwa am Beispiel des Fragments: "Dieses Empfinden des Genres hängt nicht von der Willkür des Rezipierenden ab, sondern von der Vorherrschaft oder überhaupt vom Vorhandensein eines bestimmten Genres: im 18. Jh. ist das Bruchstück ein Fragment, zur Zeit Puškins ein Poem", und er verweist weiter darauf, daß die "Funktion aller Stilmittel und Verfahren sich in Abhängigkeit von der Definition des Genres befinden"[408]. Die letzte Aussage wäre vielleicht klarer, wenn Tynjanov statt von 'Definition', was eine exakte wissenschaftliche Bestimmung impliziert, von 'Vorverständnis' der Gattung gesprochen hätte, eindeutig ergibt sich jedoch, daß für die Formalisten die Gattungen als sich wandelnde Konzepte existieren und als Subreihe der literarischen Reihe insgesamt verstanden werden[409], d. h. im jeweiligen historischen System wird zum Verständnis des einzelnen, konkreten Textes eine bestimmte Anzahl von Allgemeinbegriffen vorausgesetzt, wobei es für die grundsätzliche ontologische Position gleichgültig ist, ob es sich um Klassen von Elementen oder um Relationen von Elementen handelt: beides sind abstrakte Wesenheiten, deren Annahme auf eine realistische Position verweist.[410]

3.3.6.3.2 "Gattungen" als funktionelle Varianten des Sprachsystems

Nicht nur impliziert, sondern unmittelbar thematisiert wird die ontologische Problematik der Gattungsbegriffe in einem Aufsatz der polnischen Genologin Skwarczyńska. Sie glaubt, daß die Inkonsequenzen und Widersprüche in der Gattungsforschung dadurch zu lösen seien, daß man, wie erwähnt[411], drei Gegenstandsbereiche unterscheidet, nämlich die "objets génologiques", die "concepts génologiques" und die "noms génologiques". Den verschiedenen genologischen Objekten (*genre, espèce* und *sous-genre*) wird dabei "une objectivité spécifique, donc une existence indépendante de notre connaissance"[412] zugestanden, was noch dahingehend präzisiert wird, daß sie natürlich nur "dans le matériel littéraire concret" vorhanden seien, aus dem sie erst die Gattungsk o n z e p t e befreien würden[413]. Dies heißt aber, daß Skwarczyńska die alte Streitfrage zwischen Nominalisten und Realisten einfach durch die Setzung einer *universalia-in-rebus*-Position lösen zu können glaubt, indem sie apriorisch behauptet, daß es Objekte gibt, auf die sich die Allgemeinbegriffe beziehen, während ein Nominalist eben gerade diese Behauptung bestreitet und nur konkrete Individuen, in unserem Fall also die phonisch oder graphisch manifestierten einzelnen Texte, als reale Objekte anerkennt. Skwarczyńskas Argument, daß schon allein die Tatsache, daß man immer wieder neue Gattungen im literarischen Material einiger Jahrhunderte entdecke, die Richtigkeit ihrer These beweise[414], läßt sich u. a. dadurch widerlegen, daß man auch 'falsche' Objekte erkannt hat. Von diesen als real existierend angesehenen Objekten trennt die Verfasserin die Gattungs k o n z e p t e die als "produits de notre connaisance ... reflètent ces objets génologiques"[415]. Da die "Gattungen" als "genologische Objekte" jedoch nicht in der gleichen Weise vorgegeben sind wie etwa ein bestimmter Text, sondern erst durch Zusammenschau verschiedener Texte, und das heißt: durch das Bilden von genologischen Konzepten, entstehen, ist die Differenzierung in der vorgenommenen Art hinfällig. Die Seinsweise der "genologischen Objekte" wird dann über den Begriff der Struktur, verstanden als spezifische Relation von Elementen, weiter präzisiert[416], und aus der Tatsache, daß sie immer nur in konkreten Texten verwirklicht werden können, wird der Umkehrschluß gezogen, daß es kein literarisches Werk ohne "squelette générique"[417] gebe. Wird nun in bezug auf die Gattungskonzepte der Unterschied zwischen "Gattung" und "Untergattung" nur als der einer logischen Unter- bzw. Überordnung begriffen, so sei dies im Bereich der Objekte selbst ganz anders: Die "Gattungen" werden, mit Bezug auf Goethe, als Naturformen bestimmt, deren historische Entstehung man nicht greifen könne und die so alt wie die Sprache selbst seien, wohingegen den Arten und Untergattungen nur historisches Sein zugestanden wird.[418] Daß die einzelnen Werke, die die gleichen "genologischen Objekte" manifestieren, keineswegs identisch sind, führt Skwarczyńska auf zwei Grundeigenschaften dieser Objekte zurück, "leur élasticité et leur virtualité de réitération"[419].

So offensichtlich es ist, daß die Autorin die eigentliche Problematik nicht löst, sondern überspringt, indem sie apriorisch die Existenz von Allgemeinbegriffen setzt, so richtig ist andererseits, wie wir bereits oben sagten[420], ihre Unterscheidung zwischen der Objekt- und der Beschreibungsebene (= Gattungskonzepte und Gattungsnamen), die bisher meist übersehen wurde; nur wird die Objektebene nicht bereits durch die genologischen Objekte konstituiert, sondern durch einzelne Texte verschiedener Strukturation, die sich aufgrund eben dieser Tatsache zu "Gattungen" gruppieren l a s s e n. Bei Skwarczyńska ist letztlich der Strukturbegriff, mit dem die "Gattungen" beschrieben werden, noch genauso reifiziert wie bei Viëtor, Frye oder Flemming. Nach Stender-Petersen ('48), dessen Artikel jedoch bis in die jüngste Zeit nahezu völlig unberücksichtigt blieb[421], ist Skwarczyńska andererseits eine der ersten, die "Gattungen" nicht nur ganz allgemein als Elemente der literarischen Kommunikation bestimmt, sondern einen unmittelbaren Bezug zum Sprachsystem herstellt. Die Gattungsstrukturen sind für sie "en relation directe avec la structure du communiqué linguistique"[422], und zwar seien sie hiervon "des variantes fonctionnelles"[423]. Diese Äußerung bleibt freilich vage und gibt nicht an, wie die verschiedenen "genologischen Objekte" in ein kohärentes Textmodell zu integrieren seien, doch wird zumindest eine Perspektive formuliert, die in den folgenden Jahren in zunehmendem Maße die Diskussion bestimmen sollte.

3.3.6.3.3 "Gattungen" als parasitäre Strukturen bzw. konnotative Zeichen

Der zur Kopenhagener Glossematikerschule um Hjelmslev zählende Stender-Petersen war der erste, der in seinem 1948 erschienenen Aufsatz eine, wenn auch nur skizzenhafte struktural-linguistische Fundierung der Gattungskonzepte versuchte.[424] Er geht dabei vom glossematischen Zeichenmodell aus, in dem, über Saussure hinausgehend, nicht nur zwischen Inhalts- und Ausdrucksebene, sondern auf beiden Ebenen nochmals zwischen Form und Substanz unterschieden wird. Von den beiden Begriffen, die Stender-Petersen als für das literarische Kunstwerk bestimmend ansieht, *instrumentalisation* und *émotionalisation*, wird ersterer auf der Ausdrucksebene angesiedelt und bezeichnet die sich über die sprachliche Struktur legenden Zusatzstrukturierungen wie Reim, Assonanz usw., während letzterer auf der Inhaltsebene situiert wird[425]: So wie eine sprachliche Aussage ihre Motivation in einer auszudrückenden Inhaltssubstanz habe, fände sich auch die Motivation des literarischen Textes in der artistischen Inhaltssubstanz. Jeder literarische Text ist nun nach Stender-Petersen mit seinem gesamten Wortmaterial von einem "système de nature thématique d'un caractère foncièrement différent du système linguistique"[426] bestimmt. Identisch sei dieses thematische System mit dem, was man normalerweise "motif" nenne: "Ce motif prend forme dans l'œuvre d'art et n'existe en dehors d'elle que comme une substance amorphe"[427]. Dabei stellen die literarischen "Gattungen" für den Verfasser bestimmte Motiv t y p e n dar, und mittels spezifischer Differenzierungskriterien[428] kommt er zu "quatre genres fondamentaux existants", der lyrischen, epischen, dramatischen und narrativen Dichtung[429]. Die "Gattungen" sind für Stender-

Petersen also Formen des Inhalts des literarischen Zeichens. Da aber die Ausdrucksebene des literarischen Zeichens bereits durch die Sprache in ihrer Doppelheit von Inhalts- und Ausdrucksebene konstituiert wird, werden die "Gattungen" als konnotative Phänomene bestimmt, die, da ihnen differenzierte Existenz nur im jeweils konkreten Werk zugestanden wird, ontologisch *universalia in rebus* sind.

Grundgedanken der Glossematik finden Aufnahme in der französischen Semiologenschule um Roland Barthes, der die Konnotation ganz allgemein als "un système de sens seconds, parasite, si l'on peut dire, de la langue proprement dite" beschreibt, in welchem erneut die Unterscheidung von *langue-, parole-* und *idiolecte*-Ebene möglich sei[430]. Mit *idiolecte* bezeichnet Barthes das gleiche wie Coseriu mit *norma,* d. h. eine intermediäre Einheit zwischen *parole* und *langue,* "une parole déjà institutionnalisée, mais non encore radicalement formalisable, comme l'est la langue"[431]. Diese, konnotative Phänomene generell betreffende Äußerung Barthes' ist auf das Problem der "Gattungen" übertragbar und bildet die Grundlage für die *récit-*Theorien der französischen Strukturalisten, die als Versuche gesehen werden, "de maîtriser l'infini des paroles, en parvenant à décrire la 'langue' dont elles sont issues et à partir de laquelle on peut les engendrer"[432]. Implizit liegt diese Konzeption den Arbeiten von Greimas, Bremond, Todorov u. a. zugrunde, wobei allerdings, soweit wir sehen, nur letzterer die Problematik der Gattungsforschung eingehender thematisiert. Den Begriff der "Gattung" versucht Todorov zunächst über jenen der Regel zu bestimmen: "Examiner des œuvres littéraires dans la perspective d'un genre ... c'est découvrir une règle qui fonctionne à travers plusieurs textes"[433]. Diese Regel wird dann weiter als 'Struktur' verstanden, d. h. der Gattungsbegriff wird über den der Struktur definiert, die "Gattungen" werden zu literarischen Strukturen.[434] Entscheidend ist dabei allerdings nicht die Verwendung dieses Terminus, sondern dessen ontologische Füllung. Wie R. Bastide ausführt, ließe sich das vielfältige Verständnis des Strukturbegriffs auf zwei grundsätzliche Bedeutungen reduzieren: entweder meine man damit eine Realität des Objekts oder aber ein theoretisches Konstrukt.[435] Viëtor, Flemming, Moisés, Skwarczyńska, Frye u. a., die "Gattungen" als 'Strukturen' fassen gehören dabei zur ersten Gruppe, während Todorov, der sich explizit gegen die Reifizierung der Strukturen bei Frye wendet,

'Struktur' im Anschluß an Lévi-Strauss als konstruiertes Modell versteht[436]. Die Relation zwischen abstrakter "Gattung" und konkretem Text wird dabei folgendermaßen bestimmt: "On devrait dire qu'une œuvre manifeste tel genre, non qu'il existe dans cette œuvre."[437] Todorov unterscheidet dergestalt zwar deutlich zwischen Objekt- und Beschreibungsebene, da er die "Gattung" jedoch nur als aus einer Theorie deduzierte, unabhängig von den Objekten (den einzelnen Texten) erstellte Struktur begreift, steht er vor der Schwierigkeit, daß "aucune observation des œuvres ne peut en rigueur confirmer ni infirmer une théorie des genres"[438]. Er meint nämlich, daß man jemandem, der die aufgestellten Kategorien dadurch falsifizieren will, daß er nachweist, daß irgendein Werk in keine der Kategorien hineinpaßt, entgegnen könne, daß die Werke nicht mit den Kategorien koinzidieren müssen, da diese ja nur "une existence construite" hätten, und daß ein Werk mehrere Kategorien manifestieren könne. Er glaubt ferner, daß es sich hierbei um einen "impasse méthodologique exemplaire" handle, aus dem es letztlich keinen Ausweg gebe.[439] Trotz der zugegebenermaßen schwierigen Frage der Falsifizierbarkeit in den Geisteswissenschaften ganz allgemein entsteht das spezifische Dilemma von Todorov jedoch nur aufgrund seiner absolut konzeptualistischen Position, die die Strukturen nur als Konstrukte des Erkenntnissubjekts begreift und dabei übersieht, daß eine Konstruktion im luftleeren Raum nicht nur unsinnig, sondern unmöglich ist, da es sich immer nur um ein Konstruieren auf ein Objekt hin handeln kann, und daß dergestalt die Objektadäquatheit als Falsifizierungskriterium fungieren kann und muß.[440] Im konkreten Fall der Gattungstheorie darf man dabei natürlich nicht von der naiven Position ausgehen, daß jedes konkrete Werk als Ganzes mit einer der aufgestellten Strukturen abdeckbar sei, sondern die Möglichkeit der Strukturüberlagerungen mit wechselnder Dominantenbildung ist selbstverständlich in die Überlegungen einzubeziehen.[441] Völlig richtig ist andererseits die Bemerkung Todorovs, daß man sich bei der Theorienbildung des jeweils angesetzten Abstraktionsgrades bewußt sein müsse[442], und er unterscheidet deswegen zwischen historischen und theoretischen Gattungen, wobei letztere nochmals in elementare und komplexe unterteilt werden[443], verzichtet aber auf eine Zuordnung zu der Dreiheit von *langue, idiolecte* und *parole*.

In Hempfer ('72) wurden "Gattungen" ebenfalls generell als

konnotative Phänomene begriffen, wobei zwischen den Schreibweisen (narrativ, dramatisch, satirisch, usw.) als relativen oder absoluten Invarianten des literarischen *langue*-Systems und den historischen Gattungen (Roman, Novelle, Verssatire, usw.) als Konstituenten einer variablen Norm unterschieden wurde.[444] Dieses Modell erlaubt zwar, verschiedene Objektphänomene in einen systematischen Zusammenhang zu integrieren, ist jedoch noch zu undifferenziert: zum einen muß eine weiter aufgegliederte Hierarchisierung vorgenommen werden, und zum anderen ist durch Einbeziehung neuerer pragmalinguistischer Überlegungen der Zusammenhang von Sprachsystem und generischen Strukturen adäquater zu fassen als nur aufgrund des glossematischen Zeichenmodells.[445]

3.3.6.3.4. "Gattungen" als Konstituenten der sprachlichen Norm

In einigen sich auf linguistische Kategorien beziehenden oder durchgängig linguistisch fundierten Arbeiten werden die "Gattungen" nicht als parasitäre Strukturen begriffen, auf die als solche die Anwendung der Begriffe *langue,* 'Norm' und *parole* möglich ist, sondern sie werden innerhalb der verschiedenen Abstraktionsebenen der Sprache selbst jener der Norm zugerechnet. Andeutungsweise findet sich dieser Gedanke bereits bei Hirsch, der feststellt, daß sein Begriff des wahren Genres als einer Typenvorstellung, die bestimmte Äußerungen als ein sinnvolles Ganzes bestimmt, weder der *langue-* noch der *parole*-Ebene zuzuordnen sei, sondern eine Mittelstellung einnähme, was genau der Definition von 'Norm' bzw. *idiolecte* bei Coseriu bzw. Barthes entspricht.[446]

Stempel ('70 / '71) unterscheidet zwei Aspekte des Gattungsproblems: "la constitution du genre et son fonctionnement"[447]. Dabei geht er von der in der Linguistik mittlerweile allgemein akzeptierten Feststellung aus, daß jeder sprachliche Kommunikationsakt auf eine "norme générique et conventionnelle" zurückführbar sei, zu deren Elementen in der gesprochenen Sprache "l'indice social et l'indice de la situation en tant qu'unité de comportement" gehöre.[448] Damit gebe es jedoch keine Aussage und keinen Text, den man nicht aufgrund seines generischen Charakters klassifizieren könne.[449] Die Klassifikation und damit die Konstitution einer "Gattung" hänge nun jedoch vom jeweils gewählten Klassifizierungskriterium ab. Mit Bezug auf Greimas meint Stempel, daß man z. B. die narrativen Texte eines Autors, mehrerer Autoren einer Generation oder aber Werke aus verschiedenen Epochen zusammenfassen könne, woraus ein jeweils verschiedenes Abstraktionsniveau resultiere. Stempel behauptet weiter, daß keine Klassifizierungsebene hierbei *a priori* privilegiert sei, auch nicht die relativ ausgeprägten historischen Gattungen, die im Prinzip nichts anderes seien als "le résultat d'un compromis pragmatique situant le niveau de la description à une distance égale du trop général et du trop particulier"[450]. Deshalb möchte Stempel nicht mehr von Textgattungen, sondern von Textklassen sprechen, "qui s'établissent à l'intérieur d'une hiérarchie" und die, da nur auf dem gewählten Klassifikationskriterium beruhend, keinerlei präskriptive Konnotationen mehr enthalten würden wie die traditionellen Gattungsbezeichnungen. Aus diesem Ansatz folgt ferner, daß sich die Analyse natürlich auf verschiedenen Ebenen gleichzeitig vollziehen kann, "de sorte que l'aspect générique d'un texte sera toujours plus ou moins composite"[451].

Die bisherigen Ausführungen Stempels scheinen deutlich eine konzeptualistische Position zu implizieren, dem widerspricht jedoch zum einen, daß er dem Text selbst jeweils generischen Charakter zuspricht, und dem widersprechen insbesondere seine vom Rezipienten ausgehenden Bemerkungen zum Funktionieren der "Gattungen". Wie Mantz, Hirsch u. a. geht Stempel davon aus, daß ein Text nur auf dem Hintergrund der "Gattung", zu der er gehört, wirklich verstanden werden kann. Neben der Isotopie[452] des Textes selbst, die syntagmatischer Natur sei, gebe es die paradigmatische Isotopie der "Gattung", "qui oriente l'attente du public en se manifestant par des signaux inhérents au texte"[453]. Die "Gattung" würde nicht nur einfach, wie dies das *langue*-System tue, die Kommunikation gewährleisten, sondern sie würde das qualitative Textverständnis sichern, d. h. das Erfassen der spezifischen Intentionen — als Beispiel nennt Stempel, daß man in der Burleske über den Tod eines Unschuldigen lache, während man ihn in der Tragödie beklage: "Il s'ensuit, pour le statut du genre, que celui-ci intègre les facteurs déterminants qui dans la communication quotidienne sont d'ordre plutôt accidentel. Le genre donc, si l'on veut, tient à la fois du système et de la parole, statut qui correspond à ce que Coseriu a appelé 'norme'."[454] Stempel siedelt die Gattungsvorstellungen also, wenn wir ihn recht verstehen, in der allgemein sprachlichen, nicht in einer wie auch immer zu bestimmenden parasitären Norm an, was das Problem mit sich bringt, daß diese dergestalt mit grundsätzlich verschiedenen Phänomenen wie schichtenspezifischen Kodes, Stilformen u. ä. auf eine Ebene gestellt werden. Ein weiteres Problem ergibt sich daraus, daß Stempel mit Bezug auf Jauß durchaus erkennt, daß das Verständnis von Gattungsimplikationen natürlich vom Erwartungshorizont des jeweiligen Rezipienten abhängt, daß das Gattungsproblem also auch seine historische Seite hat.[455] Eben die historischen Gattungskonzepte wurden zunächst aber als genauso beliebige Klassifizierungen angesprochen wie alle anderen auch. Diese Bestimmung stellte in der Diskussion bereits Weinrich in Frage, indem er zu bedenken gab, ob nicht bestimmte Abstraktionsebenen privilegiert seien[456], und dieser Einwand ergibt sich letztlich notwendig aus Stempels eigener Argumentation. Denn wenn für das Erfassen der intendierten "Gattung" und damit des Textsinns eine "instruction préalable du public" notwendig ist[457], dann haben die historischen Gattungen als bewußte und gewußte Normen eines historischen Kommunikationsprozesses einen anderen Status als beliebig vorzunehmende Klassifikationen. Freilich kann der Textwissenschaftler *a posteriori* aufgrund bestimmter Kriterien bestimmte Klassen von Texten bilden, nur können diese Textklassen nicht bzw. nicht in derselben Art und Weise wie die historischen Gattungskonzepte die Rezeption konditionieren, weil sie eben *a posteriori*-Konstrukte, nicht aber Bestandteile eines jeweils historischen Kommunikationssystems sind, d. h. die Art und Weise, wie Stempel das Funktionieren der "Gattung", ihre kommunikative Bedeutung, beschreibt, paßt nicht zu seinem rein klassifikatorischen Verständnis ihrer Konstitution. Eine K l a s s e von Texten kann man z. B. dadurch erhalten, daß diese die Eigenschaft haben, von Goethe zu sein, und diese Klassifizierung ist durchaus sinnvoll, wenn man etwa die autorspezifische Symbolik ermitteln möchte, nur erhält man dergestalt keine "Gattung", weil Werke grundsätzlich verschiedener Konstitution hierunter subsumiert werden. Selbstverständlich sind in einer Gattungstheorie verschiedene Abstraktionsniveaus zu unterscheiden, doch müssen diese, will man mit der kommunikativen Funktion der "Gattungen" ernst machen, vom historisch Gegebenen ausgehen.[457a]

3.3.6.3.5 "Gattungen" und Grundkonzepte der generativen Grammatik

Der erste Fundierungsversuch der Gattungstheorie auf Grundkonzeptionen der generativen Grammatik stammt von Sacks ('68). Er geht von der Überlegung Chomskys aus, daß jeder Sprecher einer Sprachgemeinschaft jeden grammatischen Satz, auch einen solchen, den er noch nie gehört hat, verstehen kann und daß es deshalb eine Art Regelsystem geben müsse, das für Sprecher und Hörer verbindlich ist und das es erlaubt, aus einer endlichen Anzahl von Elementen eine unendliche Anzahl von Sätzen zu formen, die verstanden werden. Diesen Grundgedanken überträgt Sacks auf die Gattungstheorie, insofern man nur auf dieser Grundlage verstehen könne, warum ein Leser auch einen solchen Text als Komödie verstehe, der eine bisher unbekannte Verbindung von komischen Elementen realisiere. Sacks' Hauptthese ist folgende: "traditional generic distinctions employed by some critics in discussions of literature are forms of intuitive knowledge actually used by readers to comprehend and writers to create literary works"[458]. Sacks erkennt das grundsätzliche Problem jeder Gattungsbestimmung, die meint, mit einem Aufzählen von Elementen auskommen zu können. Zwar sei es wahrscheinlich, daß sich zu einer bestimmten Zeit und in einer bestimmten Kultur bestimmte konventionelle Techniken der Komik herausbilden, doch sei es unwahrscheinlich zu glauben, daß es potentiell nicht eine unendliche Anzahl von einmaligen Komödien und eine ebenso unendliche Anzahl von Techniken gebe, die als komisch interpretiert werden können. "But if this is the case no finite inventory of combinations of techniques and situations can fully account for our ability to recognize and read new comedies."[459] Diese Schwierigkeit sei zu überwinden, wenn man annimmt, daß "a finite — perhaps even a limited — number of formal aesthetic ends are known in advance by any reader capable of reading a comedy as comedy, or, indeed, by any writer capable of writing one"[460]. Sacks möchte nun keineswegs behaupten, daß generische Unterscheidungen notwendig "innate possessions" seien, da sie durch Erfahrung gelernt werden können: "But there is at least a strong probability that more abstract knowledge underlying such distinctions are, on the contrary, innate dispositions of the human psyche."⁴⁶¹ Analog zur linguistischen Kompetenz formuliert Sacks also eine literarische Kompetenz, deren allgemeinste, noch prägenerische Regeln er ebenfalls, wie Chomsky in der Linguistik, als eingeborene Ideen betrachtet. Die "Gattungen" bzw. die allgemeineren Kategorien, auf die jene zurückführbar sind, erhalten damit den Status von apriorischen, ewig präexistenten Ideen, was eine unnötig schwere Hypothese ist. Das Prinzip der eingeborenen Ideen ist von den verschiedensten Seiten angegriffen worden und kann als falsifiziert bzw. zumindest als unnötig gelten.⁴⁶² Sieht man von dieser Hypothese ab, die Sacks gar nicht braucht, weil er ja einräumt, daß die generischen Unterscheidungen nur durch Erfahrung gelernt werden können, was Chomsky in bezug auf die Sprache explizit ausschließt, dann verweist sein Ansatz wie bestimmte, im Anschluß an Saussures Grammatikmodell um die Begriffe *langue, idiolecte* und *parole* entwickelte Konzeptionen auf die Intention, innerhalb der Literatur die unendliche Zahl konkreter Realisationen auf ein begrenztes System von Regeln zu beziehen, da Kommunikation nur unter dieser Voraussetzung möglich ist.

Im Gegensatz zu Stempel ('71) und ('70 / '71) wird in Stempel ('72) ebenfalls ein generativer Ansatz zur Analyse von "Gattungen" entworfen: "Die grundsätzliche Generizität von Rede anerkennen bedeutet, sie bei der Beschreibung unter generative Voraussetzungen zu stellen."⁴⁶²ᵃ Explizit will Stempel nunmehr auch für die 'Rede' die Dichotomie von Kompetenz und Performanz einführen und in der Gattungsfrage zwischen zwei Aspekten der Generizität, einem universalen und einem historischen", unterscheiden, wobei er ausdrücklich betont, daß dieser Ansatz letztlich nicht neu ist, sondern bereits der Unterscheidung von "Naturformen" und historischen Gattungen zugrunde lag.⁴⁶²ᵇ Entscheidend für seine Konzeption ist, daß er den einzelnen Text nicht mehr als "Manifestation einer T e x t sorte, sondern als Manifestationsort verschiedener Text- bzw. Kommunikations k o m p o n e n t e n sorten" begreift⁴⁶²ᶜ und z. B. zwischen der universalen Dichotomie 'direkte Rede vs. narrative Rede' einerseits und deren Realisation durch verschiedene, historisch bedingte, zweckgerichtete Kodes (z. B. stilistische und sozialsprachliche Kodes) unterscheidet. Dergestalt gelangt er zu einer Definition von Textsorten als "historisch fixierte, konventionalisierte Konstellationen von Komponentensorten, die über die jeweilige Textsorte hinausreichen und somit verschiedene und verschieden weitreichende Anschlußmöglichkeiten im Rahmen eines historischen Inventars von Textsorten aufweisen"[462d]. Diese Konzeption geht insofern entscheidend über frühere Vorschläge Stempels hinaus, als er "Gattungen" bzw. Textsorten nicht einfach mehr als beliebige Klassifizierungsgrößen begreift, sondern grundsätzlich verschiedene Konstitutionskomponenten von Texten unterscheidet und somit das Gattungskonzept nicht mehr nur in gleichgeordnete Einzelelemente, sondern in hierarchisch verschiedene Schichten auffächert.

3.3.6.3.6 "Gattungen" als "Programme"

Die informationstheoretische Fundierung der Gattungsbegriffe, die Trzynadlowski ('61) vornimmt, beruht im Grundsätzlichen auf ähnlichen Prämissen wie die bisher skizzierten linguistischen Ansätze. Er geht von der Scheidung der Begriffe 'Information' und 'Instruktion' aus, wobei ersterer die Stimuli meint, die wir durch unsere Sinnesorgane von der Außenwelt erhalten, während letzterer auf die möglichen Verbindungen dieser Sinnesdaten zielt: "Information is a system of ciphers, and instructions are keys resulting from and adapted to such ciphers."[463] Weiter unten wird *instruction* dann explizit mit *code* gleichgesetzt[464], und hinter der Opposition Information vs. Instruktion verbirgt sich jene von Nachricht (*message*) vs. Kode[465], die ihrerseits im allgemeinen weitgehend jener von *parole* vs. *langue* entspricht[466]. Im Hauptteil seiner Abhandlung stellt Trzynadlowski eine Typologie von Informationen auf, die uns hier nicht weiter zu beschäftigen braucht, und zeigt, wie im Rahmen eines Textes Daten, die zunächst nur Informationen waren, in der Textprogression *a posteriori* zu Instruktionen für das Verständnis neuer Informationen werden können.[467] Neben 'Information' und 'Instruktion' führt er dann zusätzlich noch den Begriff des 'Programms' ein[468], über den die literarischen "Gattungen", meist als historische Textgruppen verstanden, bestimmt werden. Dies macht deutlich, daß er mit dem Verhältnis von *code* (=Instruktion) und *message* (=Information) letztlich doch etwas anderes meint als die bisher skizzierten Gattungstheorien mit der Gegenüberstellung von *langue* und *parole*: die Instruktionen sind nämlich nur der textinterne, individuelle Kode, der die individuellen Einzelinformationen aufeinander beziehbar macht, während die "Gattung" als "Programm" transindividuellen Charakter hat: "Whereas individual and synthetized (sic!) instructions within a literary work are a l i t e r a l c o d e f o r t h e i n f o r m a t i o n c o n t a i n e d i n t h e w o r k , the programme, outlined by the directives and criteria of the given literary genre, is the central directional information with considerable interpretative values." Die solchermaßen verstandene "Gattung" sei "a m o r e u n i v e r s a l l a w o f a higher order", und es sei dieses Programm, "which shapes properly both informations and instructions"[469]. Damit scheint Trzynadlowski ein Modell entwickelt zu haben, die individuelle Information eines Textes von seiner individuellen Struktur, seinem spezifischen Kode, zu differenzieren, und beide zusammen andererseits von einem transindividuellen Organisationsprinzip, der Gattung als textextern vorgegebenem Programm, abzuheben. In Wirklichkeit mißlingt jedoch, wie wir glauben, gerade die Definition der 'Instruktion', des individuellen Kode als selbständiger Ebene. Von 'Information' kann Trzynadlowski die 'Instruktion' nur deswegen abheben, weil er erstere unzulässigerweise zunächst nur kontextunabhängig definiert und immer dann, wenn eine Information eine andere beleuchtet, von 'Instruktion' spricht, während die zweite Funktion der 'Instruktion', nämlich sekundäre semantische Strukturen zu erzeugen, in Wirklichkeit bereits die Leistung bestimmter "Gattungen" darstellt[470]. Damit löst sich der individuelle Kode einerseits in die spezifische *message* auf und andererseits in den transindividuellen Kode der "Gattung". Wie schon bei Meschonnic ergibt sich somit erneut, daß es nicht sinnvoll sein dürfte, einen individuellen Kode zu postulieren, der von einem Einzeltext aufgebaut wird und das Verständnis von dessen *message* garantiert, weil ein individueller Kode eben entweder nicht von der *message* unterschieden werden kann oder aber nicht mehr individueller Natur ist.

3.3.6.3.7 "Gattungen" als historische Familien / Gruppen von Texten

Soweit wir sehen, wird der Begriff der Familie zur Bestimmung der "Gattungen" zum ersten Mal bei Pichois / Rousseau ('67) verwendet, die diese Analogie herstellen, weil es sich bei einer "Gattung" — gemeint sind die historischen Gattungskonzepte — um eine "série infinie d'œuvres particulières, ni absolument identiques ni totalement différentes"[471] handle; bei Jauß[472] wird diese Bestimmung dann zum zentralen Ansatzpunkt seiner Gattungstheorie, die im wesentlichen auf drei Konzeptionen beruht. Im Anschluß an die Ausführungen Stempels gibt Jauß eine kommunikative Begründung für die Notwendigkeit der Annahme von "Gattungen", insofern "kein literarisches Werk vorstellbar (sei), das geradezu in ein informatorisches Vakuum hineingestellt und nicht auf eine spezifische Situation des Verstehens angewiesen wäre"[473]. Ein Werk gehört demnach dadurch einer "Gattung" an, daß "für jedes Werk ein vorkonstituierter Erwartungshorizont vorhanden sein muß..., um das Verständnis des Lesers (Publikums) zu orientieren und eine qualifizierende Aufnahme zu ermöglichen"[474]. Da sich dieser Erwartungshorizont durch das Hinzukommen neuer Werke beständig verändert, sei den literarischen "Gattungen" "keine andere Allgemeinheit zuzuschreiben als die, die sich im Wandel ihrer historischen Erscheinung manifestiert"[475]. Demzufolge will Jauß im Gegensatz zu Stempel die "Gattungen" nicht mehr als Klassen im logischen Sinn, sondern als "Gruppen oder historische Familien" verstehen: "Sie können als solche nicht abgeleitet oder definiert, sondern nur historisch bestimmt, abgegrenzt und beschrieben werden."[476] Mit dieser Historisierung des Formbegriffs, der zweiten Grundkonzeption von Jauß, schließt er an das Gattungsverständnis der Russischen Formalisten an, die sich ja ebenfalls bereits gegen eine statische Definition gewandt und Gattungen im historischen Verstand als evolutionierendes Bezugssystem begriffen haben.[477] Über die Formalisten hinausgehend versucht Jauß eine explizite ontologische Fixierung der Gattungskonzepte, "die das Allgemeine der literarischen Gattungen nicht mehr normativ (*ante rem*) oder klassifikatorisch (*post rem*), sondern historisch (*in re*) ansetzt"[478]. Einzuwenden ist, daß die Opposition *universalia ante res* vs. *universalia in rebus* nicht notwendig identisch ist mit jener zwischen ahistorisch-normativ und historisch-deskriptiv. Sie bezeichnet, wie wir eingangs ausführten, nur den ontologischen Status der Allgemeinbegriffe im Verhältnis zu den konkreten Individuen, die Frage also, ob jene eine getrennte Existenz von den Individuen haben oder nur in diesen zur Erscheinung kommen. Wie wir zeigen konnten, ist es freilich richtig, daß ein normativ-ahistorisches Gattungsverständnis eine im engeren Sinne platonische Ontologie implizieren kann, doch wurden "Gattungen" auch dann, wenn sie als nur in konkreten Texten existierend angesehen wurden, wie bei Jolles, G. Müller, Skwarczyńska u. a., durchaus als ahistorische Konstanten begriffen. Die Bestimmung der "Gattungen" als *universalia in rebus* impliziert also nicht notwendig eine Historisierung des Formbegriffs, sondern besagt nur etwas über die gedachte Beziehung zwischen Allgemeinbegriffen und konkreten Individuen. Ferner ist auch die Koppelung von ahistorisch-normativ einerseits und historisch-deskriptiv andererseits keineswegs eine notwendige, sondern nur eine mögliche. Wiederum ist aufgrund der Geschichte der Gattungsforschung zuzugeben, daß ahistorische Konzeptionen eher zu einem normativen Verständnis tendieren, doch ist die Erstellung von Invarianten auch durchaus im Rahmen einer deskriptiven Theorie möglich, wenn diese verschiedene Abstraktionsebenen unterscheidet.[479]

Im Gegensatz zu Jauß ('70) wird in Jauß ('73) die Frage nach solchen Invarianten, die dabei offensichtlich nicht normativ verstanden werden, gestellt. Jauß meint, daß es "in der Vielfalt der Kunst- und Gebrauchsgattungen einer Literatur ... eine begrenzte Zahl von wiederkehrenden Funktionen und damit etwas wie ein System literarischer Kommunikation" geben müsse, "innerhalb dessen Gattungen als partielle Systeme oder Abwandlungen eines Grundmusters beschreibbar sind"[480]. Als ersten Schritt in dieser Richtung unternimmt es Jauß, für die *chanson de geste,* den Artusroman und die Novelle ein "partielles System von Gattungsfunktionen" zu erstellen, indem er das Grundmuster, das diesen drei Gattungen gemeinsam ist, über vier Modalitäten beschreibt, die durch Subkategorisierung weiter differenziert und von den drei Gattungen in jeweils verschiedener Weise besetzt werden.[481] Dabei sind die vier Grundmodalitäten so allgemein gehalten, daß sie für jeden Text gelten können, während die Untergliederungen[482] zumindest teilweise für narrative Texte spezifisch sind. Jauß sucht also durchaus nach einem die historischen Gattungen transzendierenden und sie allererst fundierenden Allgemeinen, gibt diesem im Rahmen seines Gattungsmodells aber noch keinen präzisen Status. So wird etwa das Satirische oder das Groteske genauso als Gattung bzw. als "gattungshafte Struktur"[483] bezeichnet wie die Predigt, das Tierepos oder der Versschwank. Zwar wird ein Unterschied zwischen selbständiger oder konstitutiver und unselbständiger oder begleitender Funktion einer "Gattung" gemacht, doch ist dies ein historisch sich wandelnder, während die Unterscheidung von

Schreibart und Gattung prinzipieller Natur ist, da es sich um grundsätzlich verschiedene Abstraktionsebenen handelt, die wesentlich verschiedene Phänomene beschreiben sollen. Jauß trennt dergestalt nicht zwischen Funktion und Struktur, die aber auseinanderzuhalten sind, da, wie G. Klaus ausführt, Funktion und Struktur eines Systems einander nicht eindeutig zugeordnet sind: ein und dieselbe Funktion kann durch verschiedenartige Strukturen realisiert werden und die gleiche Struktur kann verschiedene Funktionen haben[484]. Das Satirische und die Verssatire sind für uns also etwas kategorial Verschiedenes, während Jauß nur funktional-historisch differenziert, indem er als Gattungen im eingangs erwähnten Sinn solche Funktionen begreift, die Texte selbständig konstituieren.[485] Dergestalt hat das Satirische in Form der Verssatire in dem einen literarischen System jedoch konstitutive Funktion, während es in einem anderen nur begleitender Natur ist, was den grundsätzlichen Unterschied von Schreibarten und Gattungen, wobei erstere immer der Konkretisierung in letzteren bedürfen, verwischt.[486] Aufgrund dieser rein funktionalen Differenzierung scheint es Jauß zu entgehen, daß er mit dem Satirischen oder dem Grotesken letztlich Begriffe verwendet, die zum Bereich jener Strukturen gehören, die er über die vier subkategorisierten Grundmodalitäten zu beschreiben sucht, insofern er ja drei n a r r a t i v e Gattungen auf der Basis gemeinsamer, nur jeweils verschieden realisierter Elemente charakterisiert und somit einen Ansatz zur Beschreibung d e s Narrativen unternimmt, ohne daß dies explizit gemacht würde.

Festzuhalten bleibt, daß selbst ein wesentlich historisch ausgerichteter Literaturwissenschaftler wie Jauß neben einem primär historischen Gattungsverständnis die Suche nach allgemeineren Bedingungen literarischer Kommunikation bejaht: "Die synchrone Bestimmung literarischer Gattungen kann heute der Frage nach ihren 'Universalien' nicht mehr ausweichen."[487] Wichtiger für seine Gesamtkonzeption ist jedoch die historische Variation, geht es ihm in seiner auf der Hermeneutik Gadamers aufbauenden rezeptionsästhetischen Methode doch gerade darum, den jeweils historischen Erwartungshorizont, das System von Regeln, das die Rezeption von Literatur zu einem bestimmten Zeitpunkt konditioniert, zu erstellen, um dergestalt an den jeweils konkreten Text die Fragen richten zu können, auf die er eine Antwort war, und damit die ihrerseits historische Position des Interpreten zu objektivieren.[488]

Die historischen Gattungen als wesentliche Konstituenten dieses Erwartungshorizonts werden solchermaßen zu zentralen heuristischen Kategorien für den Interpreten[489], womit sich neben den kommunikationstheoretischen Überlegungen der Linguistik und der Historisierung des Formbegriffs durch die Russischen Formalisten das auf den Auslegungsprozeß bezogene Gattungsverständnis der Hermeneutik als drittes Fundierungsprinzip der Jaußschen Theorie erweist. Jauß überwindet dergestalt sowohl die Aporien von Hirsch, der "Gattungen" zwar kommunikativ begreifen möchte, seine die Interpretation steuernden wahren Genres aber als so enge Sinntypen faßt, daß sie nicht mehr vorgegebene, gewußte Konventionen des literarischen Kommunikationssystems sein können, als auch jene vom Stempel ('70/'71), dem es nicht gelang, die angesetzte klassifikatorische Konstitution von "Gattungen" mit ihrer kommunikativen Funktion zu verbinden. Unbefriedigend bleibt die mangelnde Differenzierung verschiedener Abstraktionsebenen und damit jene von überzeitlichen Konstanten und historischen Variablen.

3.3.6.3.8 Konzeptualistische Positionen

Obwohl der Konzeptualismus (*universalia post res* bzw. *in mente*), wie erwähnt[490], entweder in seiner naiven Form als Abstraktionstheorie die *universalia-in-rebus*-Position voraussetzt oder aber, modernen wissenschaftstheoretischen Ansprüchen gehorchend, sich nur als Konstruktivismus formulieren läßt, sei hier eine kleinere Gruppe in unterschiedlichem Maße konzeptualistischer Gattungstheorien ausgesondert, die nicht oder nicht im selben Maße wie die bisher besprochenen die anthropologische, expressive oder kommunikative 'Realität' der "Gattungen" diskutieren, sondern wesentlich den wissenschaftlichen Abstraktionsprozeß thematisieren, d. h. deren Interesse weniger der Frage gilt, welchem Gegenstandstypus die "Gattungen" zuzurechnen sind (Weltanschauungstypen, ästhetischen Wirklichkeiten, Kommunikationskonventionen usw.), sondern vielmehr jener der begrifflichen Bestimmbarkeit der "Gattungen". Daß hierbei jeweils eine bestimmte Auffassung von den 'Gegenständen an sich' impliziert wird, steht zu erwarten.

3.3.6.3.8.1 "Gattungen" als nachträgliche Klassifikationen

Die *Chicago Critics,* deren bekannteste Vertreter Crane und Olson sind, zu deren Kreis aber auch eine Reihe anderer bedeutender amerikanischer Literaturwissenschaftler gehören wie der Romanist Weinberg, traten 1952 mit dem Sammelwerk *Critics and Criticism. Ancient and Modern* an die Öffentlichkeit, das vierzehn bereits erschienene und sechs neue Aufsätze enthält und als entscheidendes Manifest dieser Gruppe anzusehen ist. Gerade als sich der *new criticism* voll konsolidiert hatte, trat damit eine Forschungsrichtung auf den Plan, die sich gegenüber der weitgehend romantischem Individualitätsdenken verpflichteten Einzeltextinterpretation der *new critics* auf die Kontinuität der poetisch-rhetorischen Tradition des Abendlandes seit Aristoteles berief.[491] Gemeinsamer Bezugspunkt der *Chicago Critics* ist vor allem die aristotelische Poetik, die zwar keineswegs als fertiges System, wohl aber als günstiger Ausgangspunkt für ein neues Systemkonstrukt begriffen wurde, das selbstverständlich über Aristoteles hinausgehen sollte.[492] Die durchgängig auf hohem theoretischen Niveau argumentierende Gruppe erkannte dabei durchaus die Hypotetizität der jeweils verwendeten Prämissen und betonte, daß sich deren Annahme nur aufgrund der besonderen Eignung für einen spezifischen Gegenstand begründen lasse.[493] Da die eigentliche Funktion eines Dichters darin zu sehen sei — dies ist eine der grundlegenden Prämissen —, daß er das Sprachmaterial zu Ganzheiten verschiedener Art — zu "wholes of various kinds"[494] — verarbeite, sei das aristotelische System als Ausgangspunkt besonders geeignet, weil es eben diese verschiedenen Ganzheiten ins Zentrum seiner Überlegungen rücke.[495] Das jeweilige poetische Objekt könnten wir nicht adäquat in den Griff bekommen, wenn wir uns nicht vorher überlegten, "what the specific constitution and power of the whole the writer has achieved or aimed at really is"[496], d. h. Zentrum der Überlegungen der *Aristotelian critics,* wie sie auch genannt werden, ist das Gattungskonzept[497]. Der an ihren eigentlichen Intentionen rein immanentistisch vorbeiargumentierende Wimsatt[498] macht ihnen deshalb nicht nur ihre "intentional fallacy" zum Vorwurf, sondern vor allem die "fallacy of the neo-classic species", die aus *Critics and Criticism,* auf das sich Wimsatt bezieht, nicht abzuleiten ist, obwohl zugegeben werden muß, daß einzelne Vertreter in späteren Arbeiten zu einem gewissen normativen Dogmatismus neigen. In dem Sammelband von 1952 betonen sowohl Crane wie Olson den *aposteriori*-Charakter der Gattungsbegriffe. Die aristotelischen Konzepte seien zwar in der Folgezeit apriorisch-normativ verwendet worden, doch sei dies "a use of Aristotle which clearly runs counter to the aposteriori and predominantly 'differential' spirit of his approach"[499]. Demzufolge wird jede Gattungsforschung grundsätzlich als aposteriorische Theorie gesehen: "the poetics of a given species must always develop after the species has come into actual being, the definition being formed by induction"[500]. Dieses Zitat vermag an einem literaturwissenschaftlichen Beispiel Stegmüllers These zu belegen, wie eine konzeptualistische Abstraktionstheorie, die die Allgemeinbegriffe als *a posteriori* erstellt begreift, gleichzeitig deren Existenz in den analysierten Objekten voraussetzt ("a *given* species"). Die "Gattungen" sind für die *Chicago Critics* auf der Objekt- und damit auch auf der Produktionsebene also Organisationsprinzipien, die das jeweilige So-Sein eines *poetic whole* bestimmen, die auf der Beschreibungsebene aber nicht apriorisch-normativ zu prognostizieren, sondern nur nachträglich zu beschreiben sind. Als solche erfüllen sie eine heuristische Funktion, indem sie dazu dienen, an den konkreten Text die jeweils relevanten Fragen zu stellen.[501] Daraus folgt, daß natürlich auch die Zahl der möglichen "Gattungen" nicht festliegt[502], eine Aussage Cranes, die bei Olson dahingehend nuanciert wird, daß die "Gattungen" allerdings auch nicht ihre Basis verlassen: so sei die Unterscheidung zwischen narrativer und dramatischer Dichtung nicht dadurch überholt, daß auf diese Weise keine relevante Differenzierung von Homer und Henry James vorzunehmen sei, sondern diese sei erst möglich auf der Basis einer grundsätzlichen Unterscheidung von erzählender und darstellend-impersonierender Gestaltung[503]. Diese Äußerung verweist auch auf die Grundintention der *Chicago Critics,* nämlich aus der historischen Vielfalt allgemeinste Strukturprinzipien von Dichtung — mimetisch vs. didaktisch, tragisch vs. komisch u. ä. — zu ermitteln. Im Gegensatz zu den anthropologisch fundierten Gattungstheorien bleibt dabei jedoch der Bezug auf das zu analysierende Objekt ein weit engerer, insofern unmittelbar beobachtbare Merkmale dieses Objekts Ausgangspunkt der Definitionen sind.[504]

In fast analoger Weise zu Crane und Olson äußert sich Vivas

('68), der "Gattungen" als Textklassen auffaßt, die induktiv anhand eines bestimmten Korpus gewonnen werden, nur für dieses Korpus gelten und demzufolge im Wittgensteinschen Sinne als "offene Konzepte" zu bezeichnen seien.[505] Ebenfalls analog zu den *Chicago Critics* bilden diese Konzepte für Vivas "principles of organization" der untersuchten Texte ab, die es geben müsse, weil kein Künstler, so talentiert er auch immer sein möge, Objekte schaffen könne, "each of which is in a class by itself", und selbst wenn er dies könnte, so wären seine Texte unverständlich.[506]

Eine gleichfalls kommunikative wie konzeptualistische Fundierung der Gattungsbegriffe findet sich bei Schwartz ('71), der, von der Bestimmung der "Gattungen" als Institutionen durch Wellek / Warren ausgehend, diese als Bedingungen der Produktion wie der Rezeption von Literatur begreift: die "Gattungen" haben einerseits formativen Einfluß auf die Produktion von Werken wie sie andererseits deren Rezeption durch bestimmte Erwartungen, durch eine "intersubjective idea" der jeweiligen "Gattung", konditionieren[507]. Ihr ontologischer Status sei derselbe wie der anderer Konventionen, d. h. sie seien "ideas in human minds within cultural groups"[508]. Doch auch dieses scheinbar konzeptualistische Verständnis impliziert wiederum eine *universalia-in-rebus*-Position, was bereits daraus hervorgeht, daß den "Gattungen" ja konstitutive Funktion zuerkannt wurde, und was sich noch deutlicher aus der Formulierung des Verhältnisses von Einzelwerk und "Gattung" ergibt, insofern der konkrete Text "simultaneously 'contains' the genre and actualizes departures from it"[509]. Die Gattungsbegriffe sind demnach für Schwartz keine apriorischen Konzepte, sondern Normen "inferred from specific actual works", die uns erst die Individualität des Einzelwerks erkennen lassen.[510] Mit dieser Feststellung gibt er sich jedoch noch nicht zufrieden, sondern stellt die Frage, ob die Gattungsformen notwendig oder zufällig seien. Als Ergebnis eines historischen Entwicklungsprozesses müßten sie eigentlich zufällig und nicht notwendig sein. Anderseits, wenn man eine menschliche Natur annehme, könnten deren Ausprägungen nicht völlig undeterminiert sein: "They (sc. die Gattungen) are produced by men for men who possess that nature"[511]. Aufgrund dieser Überlegung kommt er schließlich dazu, "Gattungen" als "ideal patterns or classes of human feeling" zu begreifen.[512] Dies soll jedoch nicht heißen, daß die bisher bekannten "Gattungen" die einzig möglichen seien, sondern nur, daß sie prinzipiell in

Art und Zahl durch die Möglichkeiten des menschlichen 'Empfindens' beschränkt seien. Es ist eine durchaus akzeptable Hypothese, anzunehmen, daß die Konstruktion von Zeichensystemen in irgendeiner Weise durch die menschliche 'Natur' beschränkt ist, doch kann man "Gattungen" nicht gleichzeitig als — historisch gebundene — Konventionen und als allgemeinste Muster menschlichen Empfindens begreifen. Eine Vermittlung dieser Positionen ist nur möglich, wenn man verschiedene Abstraktionsebenen unterscheidet.

3.3.6.3.8.2. "Gattungen" als regulative Hypothesen

Der sich sehr anspruchsvoll gebende Aufsatz von San Juan ('68) leidet darunter, daß dem Gattungsproblem mit Begriffen aus der Logik beizukommen versucht wird, ohne daß der Verfasser mit der Bedeutung dieser Begriffe genügend vertraut zu sein scheint. Dies beginnt bereits damit, daß er einerseits den literaturwissenschaftlichen Gattungsbegriff nicht mit dem Klassenbegriff der "sciences" verwechselt wissen möchte, denn ersterer sei nicht eigentlich "a logical concept whose structure follows necessarily from the nature of certain initial definitions"[513] — was eine seltsame Auffassung von der Natur des logischen Klassenbegriffs zeigt, der zunächst ja nichts weiter als die Extension eines Allgemeinbegriffs meint, d. h. diejenigen Individuen, auf die ein Prädikat zutrifft[514] —, andererseits die literarischen Gattungsbegriffe aber "as a means of defining an object *per genus et differentiam*" versteht[515], womit gerade das Prinzip logisch-naturwissenschaftlicher Klassifikationssysteme charakterisiert ist[516]. In einer ersten Annäherung bezeichnet San Juan "Gattungen" dann als "a hypothesis that performs the function of a regulative, not a constitutive principle"; sie sind für ihn "an instrument of understanding", während ein "organizing principle" konstitutive Funktion habe und eine Realität des Objekts sei, "the final cause of any work, which dictates the mode of arraying all the parts"[517]. San Juan wiederholt dergestalt mittels der gleichen Kategorien (heuristisch vs. konstitutiv), nur in anderer Terminologie, die von Hirsch getroffene Unterscheidung zwischen weiten und wahren Genres[518] und glaubt, indem er, ganz im logischen Sinn, "Gattung" schließlich als Klasse definiert, die durch eine Aussagefunktion bestimmt ist[519], die "questionable assumption" zu umgehen, "that there are such things as classes ('names', universals) corresponding to empirically verifiable entities"[520]. Dies ist jedoch gar nicht das ontologische Problem: daß Klassen, Relationen, Zahlen usw. nicht Konkreta sind wie 'dieser Tisch' versteht sich von selbst; der Streit zwischen Nominalisten und Realisten geht ja prinzipiell darum, ob neben dem Individuenbereich noch Klassen von solchen Individuen und andere abstrakte Entitäten zugelassen werden sollen oder nicht[521], und eben dies tut San Juan. Er vertritt also keineswegs, wie er meint, eine nominalistische Position, sondern eine realistische. Indem den "Gattungen" als Klassen kein Korrelat in der Wirklichkeit zugeordnet wird, ließe sich im engeren Sinn von einer traditionell konzeptualistischen Auffassung sprechen.

Mittels einiger weiterer Termini der Logik, deren Verwendung jedoch ähnlich zweifelhaft erscheint wie das bisher Dargestellte, skizziert San Juan eine klassenlogische Fundierung der Gattungstheorie, die, ganz abgesehen von der Fragwürdigkeit der Darlegungen, so sehr Skizze bleibt, daß ihr nichts Definitives entnommen werden kann.

3.3.6.3.8.3. Phänomenologischer Apriorismus

Leibfried ('70) geht von der Prämisse aus, daß eine Grundlegung der Literaturwissenschaft nur auf der Erkenntnistheorie Husserls möglich sei und daß sich der desolate Zustand der bisherigen Forschung daraus erkläre, daß die phänomenologische Botschaft — mit der Ausnahme Ingardens und hier nur verfälscht[522] — nicht gehört worden sei. Dies ist nur sehr bedingt richtig, denn zum einen hatte M. Geiger bereits in den zwanziger Jahren als Reaktion gegen den herrschenden Psychologismus eine phänomenologische Ästhetik zu begründen versucht, die sich auch literaturwissenschaftlichen Fragen zuwandte und auf die sich z. B. Lazarowicz ('63) beruft[523], und zum anderen ist Leibfried auch Hirschs *Validity in Interpretation* ('67) entgangen, die, wie gesagt, weitgehend auf Husserl aufbaut und demzufolge bestimmte Grundvorstellungen Leibfrieds vorwegnimmt[524]. Viel entscheidender als die adäquate Beurteilung der bisherigen Husserl-Rezeption in der Literaturwissenschaft ist jedoch die Frage, ob sich eine Literaturtheorie im letzten Drittel dieses Jahrhunderts uneingeschränkt auf eine Erkenntnistheorie berufen kann, die vor mehr als fünfzig

Jahren entwickelt worden ist. Schließlich hat sich gerade die erkenntnistheoretische Grundlagenforschung in den letzten Jahrzehnten entscheidend entwickelt, und im Rahmen dieser Entwicklung wurden Husserls Grundkonzeptionen von den verschiedensten Positionen her, vom logischen Positivismus[525] genauso wie vom Konstruktivismus Piagets[526], als unhaltbar erwiesen. Sehr pointiert formuliert Stegmüller, daß in der modernen Erkenntnislehre und Wissenschaftstheorie "außerhalb des ziemlich engen Kreises von Phänomenologen keine Rede mehr von der Epoché Husserls", der Reduktion der Erscheinungen auf das Wesen des Dings an sich, sei und daß dessen phänomenologische Methode als "ein zweifacher Weg in die Mystik oder zumindest in eine neue Art von spekulativer Metaphysik angesehen" würde.[527] Von einer sich überaus anspruchsvoll gebenden Arbeit wie der Leibfrieds[528] hätte man erwarten dürfen, daß sie zumindest diskutiert, warum sie die Falsifizierungen nicht akzeptiert. Auf diese Fundierungsproblematik kann hier nicht weiter eingegangen werden, uns interessiert im folgenden nur die aus diesen Grundlagen abgezogene Gattungstheorie.

Leibfried geht von der Feststellung Husserls aus, daß "keine individuelle Anschauung möglich ist ohne die freie Möglichkeit des Vollzugs einer Ideation und in ihr der Blickrichtung auf die entsprechenden, sich im individuell Sichtigen exemplifizierenden Wesen"[529], und folgert daraus, daß zunächst einmal Individuen und, in irgendeiner Form, Allgemeinbegriffe, Wesen "vorhanden" seien[530]. Solche Wesen seien bestimmte Texttypen bzw. Subtypen im Gegensatz zu dem einzelnen Text (= Individuum). Ausdrücklich stellt er fest, daß er nicht meine, "daß es neben den Individuen Subtypen gibt, die in gleicher Weise wie diese existent wären. 'Real' vorhanden sind nur Individua. Subtypen (und alle höheren Kategorisierungen) entstehen durch ganz bestimmte Akte des Bewußtseins, die vom Erleben des Individuellen verschieden sind."[531] Dabei handelt es sich um die "Anmutung der Ähnlichkeit", oder weniger metaphysisch formuliert: man stellt an verschiedenen Texten übereinstimmende Merkmale fest.[532] Konzeptualistisch ist Leibfrieds Position demnach insofern, als die Allgemeinbegriffe nicht unabhängig vom Bewußtsein existieren, sondern von diesem erzeugt werden. Man könne demzufolge "keine Aussagen über das Lyrische oder das Tragische als eines konkreten Gegenstandes machen. Man kann nur bestimmte abstrakte Momente, die zumindest in der Form der Konjunktion (also des 'und') verbunden sind, dem Lyrischen zusprechen. Das Lyrische selbst ist kein konkretes Etwas, sondern eine Menge, eine bestimmte geordnete Menge von abstrakten Gleichheiten. Diese abstrakten Gleichheiten sind ideale Einheiten, die immer wieder antreffbar sind und die durch eine bestimmte Operation, einen bestimmten Bewußtseinsakt gewonnen werden."[533] Leibfried versucht sich im Anschluß an Husserl dergestalt von der platonischen Begriffsverdinglichung abzusetzen, kommt andererseits aber nicht über die Annahme apriorischer Wesenheiten hinaus. Dies ergibt sich aus seiner Feststellung, daß ein konkreter lyrischer Text z. B. über die Momentkomplexion m_1l, m_5l, m_7l[534] verfügt, ein anderer über m_2l, m_3l, m_4l, daß diese Texte also in keinem einzigen Moment übereinzustimmen brauchen und doch lyrische Texte sind, eben weil sie Elemente aus der Menge aller möglichen Elemente des Lyrischen auswählen. Dieses Modell würde zwar über die Schwierigkeit hinweghelfen, daß zwei Texte, die intuitiv als ein und derselben "Gattung" zugehörig empfunden werden, über kein gemeinsames Merkmal verfügen, gleichzeitig führt es jedoch zur Annahme einer präexistenten Idee, zwar nicht im streng platonischen Sinne als von den konkreten Realisationen unabhängiger Wesenheit, wohl aber in dem Verstande einer unserem Bewußtsein eingeborenen Idee. Denn wenn ein konkreter Text immer nur eine Teilmenge der Menge der Elemente des Lyrischen verwirklicht, muß jeder Rezipient / Interpret über die Kenntnis dieser Gesamtmenge, der Idee als solcher, verfügen, um bestimmte Elementkomplexionen als Teilmenge dieser Menge aufzufassen. Wenn Leibfried einräumt, daß die Zahl dieser Elemente bzw. Eigenschaften "offen" sei, daß sie jederzeit durch "neu gesehene Momente ergänzt werden" könne[535], dann wird dergestalt nicht der präexistente Charakter der Idee, das ewig Lyrische, negiert, sondern zugestanden wird nur, daß dieses noch nicht genügend 'ideiert' ist. Der Konzeptualismus, den Leibfried nach Husserl vertritt, ist also kein konstruktivistischer, sondern ein apriorischer, indem eine Welt von Wesen angenommen wird, die immer schon ist, die nur aus dem Grunde noch nicht voll erkannt wurde, weil keine ideale, von allen Bedingtheiten des Erkenntnissubjekts und allen Zufälligkeiten des zu erkennenden Objekts absehende 'Wesensschau' realisiert wurde.[536] Wie die Erstellung ahistorischer Invarianten, bei der dann allerdings nicht mehr von den Elementen als solchen, sondern der Relation zwischen diesen Elementen auszugehen ist, ohne die spekulative Annahme von ewig präformierten Wesenheiten erkenntnistheoretisch fundiert werden kann, soll im folgenden skizziert werden.

3.4. Die konstruktivistische Synthese

Stegmüller verweist in seiner Abhandlung zum Universalienproblem, wie wir eingangs sahen, mehrfach darauf, daß der Streit zwischen Nominalismus und Realismus um die Allgemeinbegriffe nicht durch apriorische Argumente zu entscheiden sei; jede Position habe etwas für sich, und jede führe zu Problemen.[536a] Daß Stegmüller nur die jeweiligen Aporien der beiden Systeme, etwa die Unmöglichkeit eines nominalistischen Aufbaus der Mathematik einerseits, die Antinomien der Mengenlehre bei einem streng realistischen Aufbau andererseits, aufzeigen und ein rein pragmatisches Verfahren vorschlagen kann, nämlich so lange mit realistischen Begriffen zu arbeiten als sich diese einer Übersetzung in eine nominalistisch aufgebaute Sprache entziehen, resultiert aus einer der zentralen Schwächen des logischen Positivismus, dem auch Stegmüller zuzurechnen ist, und zwar derjenigen, daß alle Analysen synchron bzw. statisch durchgeführt werden und daß die andere "dimension fondamentale de l'étude épistémologique, c'est-à-dire la diachronie ou la construction historique et génétique" ausgespart bleibt.[537] Piagets genetische Epistemologie stellt demgegenüber den Versuch dar, "à comprendre les processus de la connaissance scientifique en fonction de son développement ou de sa formation même"[538]. Konstitutiv für jeden Erkenntnisprozeß sind nach Piaget grundsätzlich drei Faktoren: das Erkenntnissubjekt, das zu erkennende Objekt und Strukturen oder Formen[539], und zwar gelte dies, wie experimentell nachgewiesen werden konnte, schon auf der Ebene der Wahrnehmung, die nie reines 'Aufzeichnen' von Sinnesdaten sei, wie die logischen Positivisten meinen, sondern bereits bestimmte kognitive Mechanismen voraussetze.[540] Auch Piaget betont nun, daß die Frage, welche Realität diese 'Strukturen' besitzen, nicht apriorisch zu beantworten sei, gibt sich dann aber nicht mit einer pragmatischen Lösung zufrieden, sondern versucht, dieses Problem über die Beobachtung des Konstitutionsprozesses von Erkenntnissen einer Lösung zuzuführen. Dabei unterscheidet er zwischen einer Soziogenese von Erkenntnissen, womit deren historischer Entwicklungsprozeß in den einzelnen Wissenschaften gemeint ist, und einer Psychogenese elementarer operationaler Begriffe und Strukturen beim einzelnen Individuum von der Geburt bis ins Stadium des Erwachsenseins. Damit kann man auf zweifache Weise Aufschluß über den Erkenntnisprozeß erlangen, einmal durch die sog. historisch-kritische Methode "remontant d'un corps de doctrines actuel à l'étude de sa formation" und der genetischen im engeren Sinn, "qui cherche à atteindre les conditions psychologiques de formation des connaissances élémentaires"[541], ein erkenntnistheoretisches Verfahren, das aus Piagets Arbeiten zur Intelligenzpsychologie erwuchs[542]. Diese sind um so wesentlicher als hier der experimentelle Nachweis gelungen ist, daß die logischen Strukturen nicht als präexistente, angeborene Ideen vorgegeben sind, sondern sich beim Kind in einem Zeitraum von zehn bis zwölf Jahren allmählich herausbilden, wobei die Genese jeweils neuer, komplizierterer Strukturen das Vorhandensein von einfacheren voraussetzt, so daß der Entwicklungsprozeß der Intelligenz beim Kind als eine K o n s t r u k t i o n immer komplexer werdender Strukturen zu beschreiben ist. Da es sich auch beim wissenschaftlichen Erkenntnisprozeß um die einem bestimmten Erkenntnisziel dienende Applikation logischer Strukturen handelt, die auf den elementaren der *pensée naturelle* fußen[543] und damit den gleichen Gesetzmäßigkeiten unterworfen sind, lag es nahe zu fragen, ob sich der zunächst psychogenetisch begründete Konstruktivismus auch soziogenetisch durch eine Reflexion der Wissenschaftsgeschichte belegen läßt. Dieser Nachweis ist Piaget z. B. anhand der Entwicklung von Logik und Mathematik gelungen.[544] Um hierbei sogleich möglichen Mißverständnissen vorzubeugen: Der Begriff des Konstruktivismus impliziert zum einen keine absolut lineare Entwicklung. Wie das Kind im Alter von sieben bis acht Jahren die Transitivität von Relationen nicht akzeptiert, während es sie im Alter von elf bis zwölf Jahren als evident annimmt, so ist z. B. auch die Entwicklung der Logik als ein Prozeß zu verstehen, der nie vollendet ist und der "ne consiste pas seulement en addition de connaissances nouvelles s'ajoutant linéairement aux précédentes mais en reconstructions dues à des exigences non données dès le départ et surgissant en cours de route"⁵⁴⁵. Zum anderen handelt es sich in den empirischen Wissenschaften (zu denen auch Linguistik und Literaturwissenschaft gehören), die ja eine Realität außerhalb des Erkenntnissubjekts zu erreichen suchen, im Gegensatz zur "construction dirigée" rein formaler Systeme (Logik und Mathematik) nur um "constructions semi-dirigées", die diese Wirklichkeit "par une suite indéfinie d'approximations croissantes" zu erreichen suchen.⁵⁴⁶

Aus naheliegenden Gründen kann Piagets Erkenntnistheorie hier nicht weiter expliziert werden⁵⁴⁷, festgehalten sei nur, daß durch die Ergebnisse aus den verschiedensten Wissenschaftsbereichen zur Zeit der dialektische Konstruktivismus als das adäquateste erkenntnistheoretische Modell gelten muß.⁵⁴⁸ Danach sind die Strukturen also aus der Interaktion von Erkenntnissubjekt und zu erkennendem Objekt resultierende Gebilde, die einen Prozeß konstituieren, in dem eine einmal erstellte Struktur Ausgangspunkt für die Genese neuer Strukturen ist, die ihrerseits das Objekt adäquater beschreiben und selbst wieder Basis für weitere Genesen darstellen.⁵⁴⁹ Obwohl ein Objekt also immer nur "par rapport à ses interprétations successives" existiere, sei an dessen Existenz nicht zu zweifeln, sondern es sei zu begreifen als Grenzwert (im mathematischen Sinn) der verschiedenen Annäherungen, die sich nicht kontingent vollziehen, sondern eine spezifische Gerichtetheit aufweisen, "non prévisible à l'origine mais susceptible de reconstitution après coup", wobei die Existenz dieses Objekts "la seule explication possible de ces approximations dirigées" darstelle.⁵⁵⁰ Freilich könnte man nun wiederum sagen, daß das Subjekt letztlich nichts anderes unternimmt, als die virtuell seit ewigen Zeiten existierenden Strukturen allmählich zu erfassen, doch stellt sich hierbei sofort die Frage, wo denn dieses Virtuelle anzusiedeln sei. Es auf Essenzen gründen, stellt nur eine *petitio principii* dar: "le chercher dans le monde physique est irrecevable. Le situer dans la vie organique est déjà plus fécond, mais à la condition de se rappeler que l'algèbre générale n'est pas 'contenue' dans le comportement des bactéries ou des virus. Ce qui reste alors est la construction elle-même et l'on ne voit pas pourquoi il serait déraisonnable de penser que la nature dernière du réel est d'être en construction permanente au lieu de consister en une accumulation de structures toutes faites."⁵⁵¹

Dieses erkenntnistheoretische Modell möchten wir auf die Gattungstheorie applizieren. Interessant ist dabei, daß sich *a posteriori* bereits in manchen früheren Arbeiten rudimentär konstruktivistische Überlegungen nachweisen lassen. Dies gilt von einigen Bemerkungen der *Chicago Critics,* so wenn Olson z. B. formuliert, daß sich beständig neue "Gattungen" bilden bzw. bilden lassen, daß sie jedoch jeweils nur neue Synthesen auf der Basis vorhandener Strukturen darstellen[552], wenn Hirsch ausführt, daß es eine "Tendenz des Geistes" sei, "alte Typen zur Grundlage für neue zu machen"[553], oder wenn Fubini feststellt, daß "tutti i critici foggiano e rifoggiano i generi per adattarli all'opera studiata"[554], auch wenn er diese Feststellung als ein Argument für seinen Nominalismus betrachtet. Hier muß jedoch eine wesentliche Unterscheidung gemacht werden, die von den erwähnten Autoren nicht bzw. nicht explizit genug gemacht wird. Zu differenzieren ist nämlich, wie wir bereits im Zusammenhang mit der Terminologie sagten, zwischen der tatsächlichen historischen Entwicklung der "Gattungen" und der wissenschaftlichen Analyse dieser Entwicklung. Das skizzierte konstruktivistische Modell bezieht sich nämlich nur auf den wissenschaftlichen Erkenntnisprozeß, nicht auf die historische Entwicklung etwa einer Sprache oder eines literarischen Systems, die jeweils "par une suite partiellement aléatoire de déséquilibres et de rééquilibrations" charakterisiert sind.[555] Wir unterscheiden also zwischen den "Gattungen" als aufgrund spezifischer Textkonstituenten beobachtbaren Phänomenen des historischen literarischen bzw. allgemein sprachlichen Kommunikationssystems und deren wissenschaftlicher Beschreibung. Auf der Ebene der historischen Entwicklung lassen sich die "Gattungen" nun nicht im gleichen Sinn wie etwa die Geburt Napoleons als 'Faktum' begreifen, sondern es handelt sich, wie in den verschiedensten semiotisch orientierten Gattungstheorien betont wird, um Normen der Kommunikation, die mehr oder weniger interiorisiert sein können. Da diese Normen aber an konkreten Texten ablesbar sind, werden sie für den Analysator zu 'Fakten' und lassen sich demzufolge allgemein als *faits normatifs* verstehen, ein Begriff, den Piaget aus der Soziologie zur Bezeichnung analoger Phänomene in die Psychologie eingeführt hat[556]. Diesen *faits normatifs* wird dann in der wissenschaftlichen Analyse eine bestimmte Beschreibung zugeordnet, die als solche immer ein aus der Interaktion von Erkenntnissubjekt und zu erkennendem Objekt erwachsenes Konstrukt darstellt. Insgesamt läßt sich der Erkenntnisprozeß schließlich beschreiben als ein Bemühen "de parvenir à une objectivité de plus en plus poussée par un double mouvement d'adéquation à l'objet et de décentration du sujet individuel dans la direction du sujet épistémique", wobei sich dieses "sujet épistémique" von ersterem unterscheidet durch "ce qu'il y a de commun à tous les sujets d'un même niveau de développement, indépendamment des différences individuelles"[557]. Das jeweils Gemeinsame ist natürlich ein sich historisch Veränderndes, insofern es von den wissenschaftsgeschichtlichen und gesamthistorischen Vorgegebenheiten geprägt ist, so daß in Piagets konstruktivistischem Modell die Geschichtlichkeit des Verstehens durchaus enthalten ist, allerdings ohne daß sich hieraus, wie etwa in der Hermeneutik Gadamers, ein erkenntnistheoretischer Relativismus ergibt.

Die *faits normatifs* selbst sind für uns Bestandteile einer allgemeinen "kommunikativen Kompetenz"[558]. Im Rahmen dieser Kompetenz sind, wie aus den bisherigen Überlegungen bereits hervorgeht und wie im nächsten Kapitel noch eingehend gezeigt werden soll, absolut bzw. relativ (d. h. in bezug auf spezifische sozio-kulturelle Systeme) invariante Strukturen (Sprechsituationen, generische Tiefenstrukturen) von den jeweils historischen Formensprachen zu unterscheiden, d. h. wir differenzieren eine universale von einer jeweils historisch bedingten Kompetenz, wobei letztere mit Brekle als Performanzkompetenz bezeichnet werden könnte[559]. Dabei ist die universale Kompetenz weitgehend internalisiert, während die historische den jeweiligen Sprechern und Hörern weitgehend bewußt ist und infolgedessen immer schon Gegenstand poetologischer Reflexion war. Die Annahme kommunikativer "Universalien" läßt sich dabei nicht nur durch die Aporien der rein historisch orientierten Gattungstheorie oder durch den Verweis auf die linguistische Theorienbildung begründen, sondern sie kann auf experimentelle Ergebnisse fundiert werden. Mittels Applizierung der Piagetschen Methoden gelang der Ethnologin E. Maranda der Nachweis, daß sich einfache narrative Strukturen analog zu den logischen, wenn auch erheblich später, beim Kind ab etwa dem siebten Lebensjahr konstituieren, wobei ebenfalls zunächst nur ganz einfache Strukturen 'beherrscht' werden, die dann mit zunehmendem Alter durch immer komplexere ergänzt werden.[560] So kann ein Kind unter sieben Jahren, wenn man ihm eine Geschichte vorliest, keine narrativen Strukturen wiedergeben, sondern wiederholt nur zusammenhanglose Elemente, während in einem späteren Alter zunehmend komplexere Aufbauprinzipien erkannt und wiederholt werden können. Damit kommt jedoch den einfachsten generischen Strukturen, dem internalisiertesten Bereich der kommunikativen *faits normatifs,* die gleiche 'Realität' zu wie den logischen Strukturen: Sie sind weder angeborene Ideen noch historisch kontingente Entwicklungen, sondern "constructions dirigées", wobei Voraussetzung für die Konstitution komplexerer das Vorhandensein einfacherer Strukturen ist. Aus dieser Tatsache, daß rudimentäre generische Strukturen genauso interiorisiert sind wie die logischen und daß ihre allmähliche Konstruktion in gleicher Weise eine psychogenetische Konstante darstellt, ergibt sich für uns notwendig die Berechtigung zur Annahme generischer Tiefenstrukturen als zumindest weitgehend ahistorischer Invarianten, denn "les structures les plus intériorisées sont les plus indépendantes des décisions 'subjectives' en tant qu'individuelles"[561].

Zumindest bei den historischen Normen, die ja nicht bzw. nicht im selben Maße interiorisiert sind, ist andererseits eine Asymmetrie zwischen Sprecher und Hörerkompetenz anzusetzen, was Wunderlich neuerdings auch für die linguistische Kompetenz festgestellt hat[562]. Die Asymmetrie kann darin bestehen, daß man ein Regelsystem zwar versteht, selbst aber nicht gebrauchen kann, oder daß Sprecher und Hörer über wesentlich verschiedene Regelsysteme verfügen (sowohl diachron durch deren Veränderung wie synchron durch die Herausbildung schichtenspezifischer Systeme und ähnlichem). Hieraus ergeben sich spezifische Probleme bei der Beschreibung von "Gattungen". Im folgenden gilt es nunmehr, ein Modell zu erstellen, das die Annahme generischer Invarianten mit der Variabilität historischer Textkonkretisationen vereinbar macht.

4 GATTUNGSBESTIMMUNG: KORPUSBILDUNG, STRUKTURIERUNGSVERFAHREN, DIFFERENZIERUNGSKRITERIEN

4.1. Das Problem des Anfangs oder Induktion vs. Deduktion

Wir haben zu zeigen versucht, daß die "Gattungen" zwar beobachtbare Phänomene sprachlicher Kommunikation darstellen, daß sie aber nicht in der gleichen Weise vorgegeben sind wie etwa bestimmte historische Ereignisse. Als mehr oder minder interiorisierte Normen, die bei der aktualen Realisierung von Texten konstitutive Funktion haben, sind "Gattungen" für den Analysator immer nur in diesen individuellen Textmanifestationen greifbar. Für den Beobachter stellt sich demzufolge die Frage, welche Verfahren denkbar sind, um das Individuelle möglichst adäquat vom Allgemeinen zu trennen. Als grundlegendste Unterscheidung ist zunächst jene zwischen induktivem und deduktivem Vorgehen zu besprechen.

4.1.1. Induktion vs. Deduktion

Überlegungen für oder gegen eine dieser beiden Methoden finden sich bereits in der germanistischen Gattungstheorie der zwanziger und dreißiger Jahre. So wendet Ermatinger ('30) gegen das rein induktive Vorgehen von Viëtor ('23), der zum Korpus der Oden im wesentlichen all das rechnet, was historisch diese Gattungsbezeichnung erhalten hat, ein, daß man dergestalt nur zu einer Stoffsammlung gelange, aber zu keiner Bestimmung der Gattung, weil zu Heterogenes als zusammengehörig angesehen würde, und schlägt demgegenüber ein kombiniert deduktiv-induktives Verfahren vor.[1] Die "irgendwie ursprünglich gekannte Gattungsbestimmung"[2] sei von vornherein der Gesichtspunkt, nach dem man das jeweilige Material auswähle — auch bei einem scheinbar induktiven Vorgehen —, und es käme demzufolge darauf an, daß man sich zuerst "erkenntnistheoretisch und logisch über den genauer zu bestimmenden Begriff Rechenschaft" gebe, um dann durch die Induktion zur Klarheit zu kommen.[3] Im Anschluß an Rickert (1896) betont Ermatinger ausdrücklich, daß der reine Induktionsbegriff des Positivismus keine Methode, sondern "eine Selbsttäuschung"[4] sei, eine Auffassung, die durch die genetische Epistemologie Piagets als bewiesen gelten kann, und der sich auch aufgeklärte logische Positivisten wie Stegmüller nähern[5]. So läßt sich denn auch bei Gattungstheoretikern, die ihr Vorgehen explizit als induktiv bezeichnen, ohne Schwierigkeiten ein deduktives Element nachweisen. Dies gilt etwa von G. Müller ('44) genauso wie von den *Chicago Critics*. Olson und Crane betonen beide die Induktivität ihrer Methode[6], gehen bei ihren Untersuchungen aber zunächst vom aristotelischen System und hierbei vor allem von der Dichotomie von Mimesis vs. Didaxis aus, deren Konkretisierungen sie dann jeweils induktiv aus den Texten abzulesen versuchen; G. Müller argumentiert, daß man die "Gattungen" als Gestalttypen nicht durch "eilige, ungegenständliche Denkverbindungen" gewinnen, sondern nur von den gestalthaften Gegenständen "langsam ablesen" könne[7], wobei ein deduktives Element eben bereits dadurch impliziert ist, daß "Gattungen" als Gestalten im goetheschen Sinne begriffen werden, was den Analysator nach einem spezifischen Verhältnis von Ganzem zu Einzelnem suchen läßt[8], dessen Richtigkeit mehr oder minder axiomatisch gesetzt wird. Demgegenüber wird in strukturalistischen Arbeiten die Notwendigkeit deduktiven Vorgehens betont, gleichzeitig aber auch verabsolutiert. Barthes ('66) hat sicher recht, wenn er betont, daß es allein aufgrund der unübersehbaren Textfülle auf absolut induktivem Wege unmöglich sei, zu einem Modell des Narrativen zu gelangen, da ja nie wirklich alle Texte analysiert werden können; er fordert deshalb, ein "modèle hypothétique de description" aufzustellen, auf dessen Grundlage erst die verschiedenen historischen Ausprägungen des Narrativen zu analysieren seien[9]. Dieses Modell bezieht Barthes aus der Linguistik, indem er apriorisch setzt, daß ein homologer Bezug zwischen der Satz- und der Textebene bestehe, wie es überhaupt wahrscheinlich sei, daß "une même organisation formelle"[10] alle semiotischen Systeme regle. Dies stellt jedoch eine schwerwiegende Hypothese dar, die nicht ohne weiteres zum Ausgangspunkt einer Theorienbildung in einem einzelnen semiotischen System gemacht werden kann und auch bereits durch neuere Arbeiten widerlegt ist[11]. Ferner kann Barthes durch völligen Verzicht auf induktives Vorgehen keinerlei Kriterien dafür angeben, welche Texte sein Modell erfassen soll. Er setzt einfach, daß so Verschiedenes wie Fabel, Roman, Novelle, *conte,* aber auch Tragödie und Komödie, *comics,* Pantomime u. a. über ein und dasselbe Modell beschreibbar seien[12], eine Hypothese, die der Aufsatz selbst falsifiziert, insofern die dritte von Barthes aufgestellte Ebene, die *narration,* ja nur in im traditionellen Sinne narrativen Texten (Roman, Novelle, u. a.) die oberste integrative Ebene darstellt, während sie in dramatischen Formen nur partiell (z. B. im Botenbericht) eine Rolle spielt und dem Dialogelement, der — wie wir sagen werden — performativen Sprechsituation[13], untergeordnet ist.[14] Wird bei Barthes die Frage nach der Überprüfbarkeit des deduktiven Modells nicht explizit diskutiert, so behauptet Todorov ('70), der ebenfalls auf der Notwendigkeit eines deduktiven Vorgehens insistiert, die prinzipielle Unüberprüfbarkeit von Gattungsmodellen, was sich, wie wir oben sahen[15], aus seinem falschen Theorieverständnis erklärt.

4.1.2 Korpusbildung: Ausgehen vom Gattungsnamen vs. Beliebigkeit der Textgruppenbildung

Reine Induktion wie reine Deduktion scheinen offensichtlich in Aporien zu führen. Dies sei noch näher am Problem des Textkorpus, auf das die jeweiligen Gattungsbestimmungen zutreffen oder aus dem sie abgeleitet werden sollen, erläutert. Ein rein induktives Vorgehen kann letztlich nur alle jene Texte als zu einer "Gattung" gehörig zusammenfassen, die in der Geschichte den gleichen Gattungsnamen erhalten haben. Damit ist eine solche Untersuchung strenggenommen zunächst einmal auf die historischen Gattungen (Elegie, Ode, Sonett, usw.) eingeengt, da ja 'Dramatik' bzw. 'dramatisch' im Untertitel keines Textes steht. Bei diesen historischen Gattungsnamen ist jedoch andererseits zu bedenken, daß sie in den verschiedenen Nationalliteraturen und zu verschiedenen Epochen keineswegs jeweils gleiche Textgruppenbildungen zu bezeichnen brauchen. So erfolgte z. B. durch den Begriff 'Elegie' in der griechischen Dichtung eine andere Textzuordnung als durch dieselbe Bezeichnung etwa im ausgehenden 18. Jh.: War die Elegie zunächst nicht auf einen bestimmten Ton festgelegt, sondern bezeichnete Texte in Distichen, so werden später hierunter Texte mit 'wehmutsvoller Stimmung' verstanden. Da die jeweilige Gruppenbildung also durch die Verwendung grundsätzlich verschiedener Einteilungskriterien zustande gekommen ist, steht nicht zu erwarten, daß diese Gruppen auf der Basis derselben Strukturierungsverfahren und mittels derselben Differenzierungskriterien beschreibbar sind — was natürlich nicht ausschließt, daß sie allgemeine, aber eben nicht mehr elegiespezifische Vertextungsverfahren (z. B. gleiche Sprechsituation) gemeinsam haben. Daraus ist zu folgern, daß, wie es im Ansatz bereits Ermatinger formuliert hat, jeder Strukturierungsversuch einer Gruppe von Texten, die geschichtlich mit demselben Gattungsnamen belegt wurden, zunächst darüber zu reflektieren hat, wie diese Gruppierung überhaupt zustande gekommen ist. Es wäre demzufolge unsinnig, nach d e m Elegischen als Strukturprinzip aller seit der Antike als 'Elegien' bezeichneter Gedichte suchen zu wollen, weil diese Benennung eben zu verschiedenen Zeiten aufgrund verschiedener Kriterien grundsätzlich verschiedenen Texten zugesprochen wurde.[16]

Gegenüber einer traditionell weitgehend induktiven Art der Korpusbildung wird in neueren, vor allem linguistisch orientierten Arbeiten zur Gattungstheorie auf die Beliebigkeit des Korpus verwiesen, das die Grundlage der Strukturierungsverfahren darstellt, obwohl andererseits in der Linguistik generell die grundsätzliche Abhängigkeit der jeweils erstellten Strukturen vom vorher etablierten Korpus betont wird[17]. So formuliert etwa Stempel ('70 / '71) explizit, daß die Korpusbildung als "hypothèse opérationnelle" keiner Rechtfertigung bedürfe.[18] Wenn nun aber, wie es ebenfalls in neueren Arbeiten der Fall ist, die "Gattungen" ganz allgemein als Konstituenten eines literarischen oder allgemein sprachlichen Kommunikationssystems begriffen werden, dann darf die Korpusbildung nicht mehr beliebig sein, weil sie sich an eben diesen kommunikativen Gegebenheiten zu orientieren hat. Todorovs These etwa, daß in jedem Augenblick der Geschichte ein und dasselbe Werk verschiedenen Gattungen angehören könne, je nachdem, welche Eigentümlichkeiten als dominant erachtet würden, daß die Gattungszuordnung also einzig von der jeweiligen Intention des Erkenntnissubjekts abhänge[19], impliziert einen unnötigen erkenntnistheoretischen Skeptizismus. Dieser resultiert zum einen aus dem gestörten Verhältnis der meisten Strukturalisten zur Historie, insofern sie sich weitgehend weigern, den jeweils historischen Verständnishorizont mit in ihre Überlegungen einzubeziehen (und nicht nur die deduktiven Operationen des aposteriorischen Erkenntnissubjekts), und zum anderen aus der Tatsache, daß Todorov zwar von im spezifischen Einzeltext dominierenden Zügen spricht, aber keine grundsätzliche Hierarchisierung der Analyseebenen vornimmt, sondern "Gattungen" einfach als eine Summe gleichgeordneter Einzelelemente begreift, aus denen der Interpret aufgrund seines theoretischen Modells jeweils beliebige Elemente als dominant auswählt[20]. Natürlich soll nicht behauptet werden, daß der Erkenntnisprozeß nicht zu grundsätzlich neuen Textzuordnungen führen kann, ganz im Gegenteil, gemeint ist nur, daß diese nicht beliebig sein dürfen, weil sie dergestalt gerade die kommunikative Funktion der generischen Strukturen außer acht lassen. Eine nicht mehr taxonomisch, d. h. segmentierend und klassifizierend, sondern generativ fundierte Texttheorie, wie sie sich bei Wienold findet, setzt sich denn auch zum Ziel, Hypothesen über die Normal- bzw. Neutralform[21] von Texten bzw. Textsorten dergestalt zu formulieren, daß sie "die den Teilnehmern eines Kommunikationssystems gemeinsame Basis für die Strukturierung von Einheiten dieses Systems" angeben, und eine linguistische Analyse des Romans würde demnach die "Produzenten und Rezipienten gemeinsame Strukturierungskapazität, innerhalb deren 'Verstehen' von Texten stattfindet", beschreiben.[22] Durch diese Rückkoppelung der wissenschaftlichen Strukturierung an die Strukturierungskapazität der Kommunikationsteilnehmer ist deren Beliebigkeit durch den Objektbezug aufgehoben, doch gibt auch Wienold keine Kriterien dafür, wie man Texte, die als aufgrund der gleichen Strukturierungskapazität erzeugt angesehen werden, zusammenfassen kann, ohne vorher diese Kapazität analysiert zu haben.[23]

4.1.3 Ausgehen vom Archetypus

Ein weitgehend induktives Verfahren der Gattungsbestimmung, das gleichzeitig das Korpusproblem umgeht bzw. zu umgehen scheint, ist jenes, den Archetypus einer Gattung als Ausgangspunkt zu wählen. Damit kann natürlich nur die erste historische Realisation gemeint sein, nicht das "Phantom" der Ur-Ode, der Ur-Ballade usw.[24], das seinerseits, wenn überhaupt, ja nur aus den verschiedenen historischen Ausprägungen zu abstrahieren ist. Ein solches Ausgehen von der ersten historischen Realisation einer Gattung schlägt etwa Skwarczyńska ('66) vor[25], doch ergeben sich hierbei zwei grundsätzliche Probleme. Zum einen ist ein spezifischer Text als *parole* immer individuelle Realisation eines Systems, d. h. aber, daß, macht man einen Text bzw. eine Reihe von Texten eines einzelnen Autors zum Archetypus, bestimmten individuell-historischen Phänomenen Systemcharakter zugesprochen wird: spezifische Transformationen werden als Struktur mißdeutet[26]. Zum anderen ist schon die Bestimmung dessen, was überhaupt als Archetypus anzusehen ist, problematisch. Dies läßt sich etwa anhand der Verssatire belegen. Als Begründer der römischen Satire und damit der *satura* als eigenständiger Dichtungsgattung gilt Ennius; doch finden sich bereits im Altertum zahlreiche Zeugnisse, die betonen, daß erst Lucilius der römischen Satire "ihr eigentliches Gesicht gegeben" habe[27], während wirklich stilbildend für die Verssatire in den europäischen Nationalliteraturen deren Ausprägungen bei Horaz und Juvenal wurden, die jedoch so verschieden sind, daß sie nicht unter einen einzigen Archetypus subsumiert werden können. Dies heißt aber, daß für eine Bestimmung der Charakteristika etwa der französischen Verssatire des 18. Jh.s gar kein Archetypus angegeben werden kann, aus dem die Merkmale zu beziehen wären, auf deren Grundlage dann bestimmte Texte dieser Epoche als 'satirisch' zu bezeichnen wären.[28]

4.1.4 Ideation des Typus aus spezifischen, historischen Realisationen

Das Verfahren, konstitutive Elemente einer Gattung aus bestimmten, für diese Gattung als vorbildhaft begriffenen Werken abzuziehen, liegt der gesamten Regelpoetik der rhetorisch-poetischen Tradition zugrunde. In modernen Gattungstheorien wird dieses Verfahren explizit nur mehr vereinzelt verfochten, seine Mängel sind zu offensichtlich, doch gehören zu dessen Verfechtern zweifelsohne noch Ermatinger und Staiger, deren Eintreten für dieses Verfahren sich natürlich aus deren apriorischem Gattungsbegriff erklärt, denn nur bei einem Verständnis als irgendwie vorgegebene, ideale Wesenheiten lassen sich diese nur aus bestimmten — und nicht aus allen — Realisationen 'ideieren'. Wie bereits Viëtor (²'52) gegen Ermatinger unter Bezug auf Goethe festgestellt hat, kann nie ein Einzelnes Muster des Ganzen sein²⁹; demzufolge kann aber auch eine Gattungsbestimmung des Liedes nicht von einigen als besonders 'rein' angesehenen Liedern Goethes ausgehen, um dann hieran die geschichtliche Masse der Lieddichtung zu messen, um das, was dazu paßt, in diese Geschichte einzureihen, und das, was nicht passen will, als gattungsfremd zu verwerfen.³⁰ Die Problematik dieses Verfahrens ergibt sich dabei nicht nur aus der Tatsache, daß rein historisch-individuell Zufälliges in die Gattungsdefinition eingeht³¹, sondern bereits daraus, daß apriorisch kein Kriterium dafür angegeben werden kann, warum bestimmte Texte als besonders 'reine', vorbildliche Repräsentanten einer bestimmten Gattung anzusehen sind. Hierbei handelt es sich weitgehend um mehr oder minder subjektive Werturteile, die, auf nicht weiter reflektierten Vorverständnissen beruhend, ein bestimmtes historisches Normensystem verabsolutieren, um dann hieran die Historie zu messen.³² Als Ausweg aus diesem Dilemma schlägt bereits Viëtor vor, daß man den Gattungstypus "durch Zusammenschau sämtlicher zur Gattung gehöriger Einzelwerke" gewinnen müsse³³, womit wir allerdings wieder auf das Problem des Korpus zurückverwiesen sind, denn wie soll man angeben, welche Werke zu einer Gattung gehören, wenn diese Gattung erst aufgrund der Werke zu definieren ist?

4.1.5 Hermeneutisches Verfahren

Diese Problematik scheint zuerst von G. Müller ('28 / '29) erkannt worden zu sein³⁴, und Viëtor bezieht sie auf das hermeneutische Grundverhältnis von Ganzem zu Einzelnem.³⁵ Diese Frage, wie es möglich sei, einen Text zu einer Gattung zu zählen, wenn es keine vorher festgelegte Gattungsnorm gibt, sondern wenn diese erst aus der Überschau über die Masse der geschichtlichen Einzelwerke aufgestellt werden kann, versucht Viëtor dergestalt zu lösen, daß er als ersten Schritt "ein divinatorisches Erfassen des Gattungshaften an den dichterisch bedeutendsten Repräsentanten der Gattung" fordert, während der zweite, "der schon auf das geschichtliche Ganze der Gattung geht", zu den Anfängen der Gattungsgeschichte zurückführt. Auf diese Weise sei aufzuzeigen, "wie unter diesen Verwandlungen eine aus dem Gehalt erwachsene Formstruktur steckt, auf der die Gattung beruht"³⁶. Diese Überlegungen übernehmen Seidler[37] und Rodway, wobei letzterer Viëtor nicht erwähnt, obwohl er selbst dessen Beispiele verwendet[38]. Das hermeneutische Verfahren ist von den bisher besprochenen zweifelsohne das historisch adäquateste, insofern es durch die Dialektik von Ganzem und Einzelnem, wobei der jeweilige Vorentwurf des Ganzen die Analyse des Einzelnen leitet, die ihrerseits wiederum den Vorentwurf modifiziert, weitgehend die Verabsolutierung bestimmter historischer Realisationen zu der "Gattung" vermeidet. Weiter zu hinterfragen bleibt jedoch das "divinatorische Erfassen des Gattungshaften an den bedeutendsten Repräsentanten der Gattung", weil sich auch hinter dieser Formulierung das Vorurteil verbirgt, daß das Typische einer "Gattung" besonders bei den 'großen' Dichtern ausgeprägt sei, während die Gegner der Gattungsforschung gerade auf Werke wie die *Divina Commedia,* den *Faust* oder die Dramen Shakespeares verweisen, um die Transzendierung des Gattungshaften durch die wirklich 'Großen' zu belegen. Kann man den ersten Einstieg aber nicht mehr solchermaßen genieästhetisch begründen, so steht man erneut vor dem Problem des Anfangs.

4.1.6 Rezeptionsästhetisch-konstruktivistisches Verfahren

Bis zu einem gewissen Grad handelt es sich hierbei allerdings um ein Scheinproblem oder doch zumindest um ein nicht richtig gestelltes, denn dadurch, daß immer schon Gattungsbestimmungen vorgenommen und immer schon Texte zu Gruppen zusammengefaßt wurden, werden wir ja nicht mit einer Menge völlig ununterschiedener Texte konfrontiert.[39] Dies heißt aber, daß jeder neue Strukturierungs- und Gruppierungsversuch neben den Texten selbst über die bisher vorgenommenen Gruppierungen als Bezugspunkt verfügt. Dabei läßt sich die Textbasis selbst, das Korpus, am adäquatesten rezeptionsästhetisch erstellen, während die Strukturierung dieser Textbasis statt von einem "divinatorischen Erfassen des Gattungshaften" auf konstruktivistische Weise von der Reflexion der bisherigen Strukturierungsversuche und deren Objektadäquatheit ausgehen kann. Da auch die möglichen Invarianten — Sprechsituation, Schreibweise, Typus — immer nur in konkreten historischen Realisationen auffindbar sind, ist es sinnvoll, als Ausgangspunkt ein historisch abgrenzbares Textkorpus zu wählen, das von den zeitgenössischen Rezipienten eben durch die Verwendung bestimmter Normen / Konventionen als zusammengehörig empfunden wurde. Dabei kann z. B. auf die Bündelung von Texten in Handschriften[40], auf die Gattungsgruppierungen in den zeitgenössischen Ausgaben[41], auf die Festlegung der Gattung durch den Autor[42], auf textimmanente Traditionsbezüge[43] und natürlich auf die poetologische Reflexion der Zeit[44] rekurriert werden. Auch diese Verfahren der Korpuskonstitution sind natürlich nicht objektiv in dem Sinn, daß sie prinzipiell eindeutige Textzuordnungen erlauben[45], sie haben jedoch sowohl gegenüber der beliebigen Korpusbildung wie gegenüber normativen Setzungen und gegenüber einer rein induktiven, auf dem identischen Gattungsnamen beruhenden transepochalen Gruppenbildung den Vorteil, von konkreten Kommunikationsbedingungen auszugehen, d. h. mit dem semiotischen Gattungsverständnis wirklich ernst zu machen. Ferner vollzieht sich dergestalt eine dialektische Vermittlung von Induktion und Deduktion, indem die Gattungsbestimmung einerseits nicht mehr oder weniger axiomatisch gesetzt, sondern aufgrund empirisch vorgegebener Textgruppenbildungen erstellt wird, die dann aber ihrerseits eine Neuinterpretation dieser 'Gegebenheiten' erlaubt, insofern sie es z. B. ermöglicht, bestimmte Texte aus dem zunächst approximativ konstituierten Korpus auszuschließen, weil sich diese nicht in der gleichen Weise strukturieren lassen wie die Mehrzahl der anderen, oder aber umgekehrt zunächst nicht berücksichtigte Werke einzubeziehen, weil sie dem gleichen Modell gehorchen.

Zu diskutieren ist nunmehr, welche allgemeinen Prinzipien für die Strukturierung des rezeptionsästhetisch erstellten Korpus aufgestellt werden können.

4.2. Strukturierungsverfahren

4.2.1 Subtraktionsverfahren / Klassenbildung

Die traditionellen Verfahren der Gattungsbestimmung lassen sich letztlich alle darauf zurückführen, daß eine Gruppe von Texten, wie auch immer diese konstituiert worden ist, auf die Elemente befragt wird, die alle Texte der Gruppe gemeinsam haben. Selbst in neuesten Untersuchungen wie Todorov ('68)[46], Stempel ('71)[47] oder auch in der Mehrzahl der Beiträge in Gülich / Raible ('72)[48] wird noch dieses Verfahren empfohlen oder angewandt, wodurch der Gattungsbegriff zwar eine "praktikable Klassifizierungsgröße mit veränderlicher Abstraktionsstufe" (je nach dem Umfang des Korpus) wird[49], gleichzeitig aber die Nachteile jeder Klassifikation mit sich bringt, nämlich "un système faiblement structuré" zu sein[50], das bei der Annahme einer geringen Merkmalsmenge wenig über die Eigenschaften des dergestalt klassifizierten Objekts aussagt, bei deren zunehmender Erweiterung aber auf eine abnehmende Zahl von Texten zutrifft. So lassen sich etwa, um ein extremes Beispiel zu wählen, Dachziegel, bestimmte Autos, bestimmte Blumen, bestimmte Kleidungsstücke usw. aufgrund der Eigenschaft, 'rot' zu sein, zur Klasse der roten Objekte zusammenfassen, ohne daß dergestalt eine Aussage über die spezifische Konstitution der jeweiligen Gegenstände gemacht würde.

4.2.2 Erstellen einer 'Dominante' und Relationierung der Elemente

Das Erstellen einer Dominante, d. h. die Hierarchisierung von Elementen bzw. Strukturen, ist nicht ohne weiteres gleichzusetzen mit der in modernen Untersuchungen häufig angesprochenen Wahl des Abstraktionsniveaus. Wenn Todorov ('68) z. B., der "Gattungen" in diesem Beitrag als rein theoretische Konstrukte betrachtet, eine Skala der Abstraktionsgrade aufstellt, die von einem Nullpunkt (jedes Werk stellt eine eigene "Gattung" dar) bis zu einem Maximum (alle Texte gehören zu einer "Gattung") reicht[51], so wird dabei weder die Spezifizität des jeweiligen Abstraktionsniveaus charakterisiert noch eine Relation zwischen verschiedenen Ebenen hergestellt, sondern es werden nur jeweils größer bzw. kleiner werdende Textgruppen nach ihrem kleinsten gemeinsamen Nenner befragt, der bei einem unmittelbar von den Objekten ausgehenden Abstraktionsverfahren, wie gesagt, um so geringer wird, je größer das gewählte Korpus ist. Das Prinzip läßt sich präzis dergestalt formulieren, daß bei dem von Todorov u. a. vorgeschlagenen Abstraktionsverfahren kein holistisches System durch die spezifische Relationierung spezifischer Strukturen konstituiert wird, sondern daß einfach der Durchschnitt einer immer größer werdenden Anzahl von Mengen — Texte verstanden als Mengen von Merkmalen — gebildet wird.⁵²

Anders ist demgegenüber der Begriff der 'Dominate' bei den Russischen Formalisten definiert. Für Tynjanov bedeutet 'System' "keine gleichberechtigte Wechselwirkung aller Elemente ... sondern die exponierte Stellung einer Gruppe von Elementen (die 'Dominante')", was "die Deformation der übrigen Elemente voraussetzt"⁵³. Diesen Begriff übernimmt dann Jauß in seine Gattungstheorie, um dergestalt "die Gattungsmischung, die in der klassischen Theorie das bloß negative Seitenstück zu den 'reinen Gattungen' war, zu einer methodisch produktiven Kategorie"⁵⁴ zu machen. Eine analoge Konzeption findet sich in bezug auf die 'Naturformen' bereits bei Goethe⁵⁵ und erhält demzufolge Eingang in die anthropologisch orientierte Gattungstheorie. So formuliert Staiger wiederholt, daß ein Einzelwerk eine Mischung aus verschiedenen 'Grundhaltungen' sein könne bzw. häufig sei und nur der Vorrang des Lyrischen etwa uns veranlasse, bestimmte Gedichte 'lyrisch' zu nennen.⁵⁶ Einzuräumen ist freilich, daß im Rahmen einer Naturformenpoetik die Vorstellung des Vorherrschens einer bestimmten Haltung wesentlich quantitativ betrachtet wird, während der Begriff der 'Dominante' bei Tynjanov bereits dahingehend präzisiert ist, daß er eine Hierarchie von Elementen ansetzt, wobei die übergeordneten die Funktion der untergeordneten beeinflussen, d. h. daß er die verschiedenen Schichten in spezifischer Relation zueinander sieht. Weitgehend unbeachtet blieb, daß diese Vorstellung auch von den *Chicago Critics* formuliert wurde: "... the poetics of any species must be addressed to the differentiation of its p r i n c i p a l p a r t, since it is this that primarily determines the emotional effect."⁵⁷ Olson geht dabei noch insofern über Tynjanov hinaus, als es ihm nicht nur um die jeweils wechselnde historische Dominante zu tun ist, sondern um die Frage nach dem mehr oder minder transepochalen Grundprinzip einer "Gattung", das bei aller Variabilität der jeweils historischen Elemente ein "poetic whole" von einer bestimmten Art erzeugt.⁵⁸

Verquickt mit dem Problem der Dominante ist das Prinzip, "Gattungen" überhaupt nicht mehr aufgrund gemeinsamer Elemente, sondern aufgrund spezifischer Relationen zwischen diesen Elementen zu bestimmen. Bei den Formalisten wird eine Relation allein zwischen der Ebene der dominierenden und derjenigen der dominierten Elemente gesehen, während die jeweilige Ebene selbst nur als Summe von Elementen bestimmt wird. Jauß ('73), der eine synchrone und eine diachrone Analyse der literarischen "Gattungen" unterscheidet, wobei "nur in diachroner Sicht ... das erst im geschichtlichen Wandel zutage tretende Verhältnis von konstanten und variablen Strukturelementen"[59] feststellbar werde, impliziert zwar, daß in einem bestimmten, synchron betrachteten literarischen System durch die spezifische Interdependenz von Elementen spezifische Textgruppen entstehen, und spricht demzufolge auch von einer Gattungs s t r u k t u r [60], doch beruht für ihn die historische Kontinuität einer "Gattung" nur auf der Wiederholung von Struktur e l e m e n t e n, was eine diachrone Gattungsbestimmung letztlich erneut auf das Feststellen des kleinsten gemeinsamen Nenners reduziert.

Ohne Unterscheidung einer synchronen bzw. diachronen Ebene betonen auch Langer (^{2}'59)[61], Hartmann ('64) und Stempel ('70/'71) die Notwendigkeit, Gattungsbestimmungen nicht auf isolierte Elemente zu gründen, sondern auf die "Komplexion der Textkonstituenten"[62], die sich zur "'solidarité' du genre"[63] zusammenfügen. Stempel bezieht in dieser Arbeit ferner den Begriff der Dominante ein, indem er folgende zusammenfassende Gattungsdefinition gibt: "Le genre, en dernière analyse, sera un système de compatibilités recouvert par une norme qui est, pour ainsi dire, l a c l e f d u g e n r e."[64]

4.2.3 Struktur und Transformation

Unser Ansatz, wie er bereits in Hempfer ('72) skizziert wurde[65], geht ebenfalls von der grundsätzlichen Überlegung aus, daß Gattungsbestimmungen nicht durch Abstraktion isolierter Einzelelemente vorgenommen werden können, sondern daß nach den Relationen zwischen diesen Elementen zu fragen ist. Wesentlich ist für uns ferner die Absicht, sowohl die diachronische Perspektive wie das bisher nur metaphorisch umschriebene Prinzip der 'Dominante' in einen strukturalen Gesamtzusammenhang zu integrieren. Grundlage hierfür ist der von Piaget ('68) entwickelte Strukturbegriff, dessen allgemeine Anwendbarkeit sich daraus ergibt, daß er nicht in bezug auf ein spezifisches Erkenntnisobjekt gewonnen wurde, sondern Resultat der allgemeinen epistemologischen Untersuchungen von Piaget und seiner Schule ist. Eine Struktur definiert Piaget als "un système de transformations, qui comporte des lois en tant que système (par opposition aux propriétés des éléments) et qui se conserve ou s'enrichit par le jeu même de ses transformations, sans que celles-ci aboutissent en dehors de ses frontières ou fasse (sic!) appel à des éléments extérieurs. En un mot, une structure comprend ainsi les trois caractères de totalité, de transformations et d'autoréglage."[66] Entscheidend ist zunächst der Gedanke, daß die Struktur eine Totalität darstellt, die zwar aus Elementen besteht, die jedoch den Gesetzen, denen die Struktur als Ganzes gehorcht, untergeordnet sind, d. h. eine Struktur ist nicht eine assoziative Aneinanderreihung von Einzelelementen, sondern ein System von Relationen, das diese als Ganzes charakterisiert und dem die Eigenschaften der Einzelelemente untergeordnet sind[67]. Die weitergehende Bestimmung der Struktur als "un système de transformations" bedeutet einen wesentlichen Fortschritt gegenüber den meisten anderen Strukturdefinitionen, insofern diese eben nicht mehr nur als "une 'forme' statique quelconque"[68] gesehen wird. Die Transformationen sind dabei nicht die Gesetze der Struktur selbst, sondern die möglichen Operationen, die mit den Einzelelementen aufgrund der Gesetze der Struktur vollziehbar sind.[69] Diese ganz allgemeine Definition des Begriffs der Transformation bedarf, um auf unseren Untersuchungsgegenstand anwendbar zu sein, einer objektspezifischen Füllung. Piaget erwähnt beiläufig, daß bereits in den Anfängen der strukturalen Linguistik, deren Strukturbegriff ein wesentlich statischer sei, "on voit poindre les idées de transformations"[70]. So werde das synchrone System der Sprache bei Saussure keineswegs als "immobile" begriffen, und diese bis zu einem gewissen Grade dynamische Konzeption wirke in der Stilistik Ballys weiter, "qui porte déjà sur des transformations en un sens restreint de variations individuelles"[71]. Eine durchgängig dynamische Strukturkonzeption sieht er dann in Chomskys generativer Transformationsgrammatik verwirklicht[72], wo zwischen einer Basis- und einer Transformationskomponente dergestalt unterschieden wird, daß "eine Hauptfunktion der Transformationsregeln die Überführung einer abstrakten Tiefenstruktur, die den Inhalt eines Satzes ausdrückt, in eine ziemlich konkrete Oberflächenstruktur, die seine Form angibt", ist.[73] Auf die zahlreichen Probleme, die von linguistischer Seite in diesem Zusammenhang diskutiert, und auf die widerstreitenden Meinungen, die hierzu vertreten werden, kann hier nicht eingegangen werden[74]; uns geht es nur um das grundsätzliche Modell.

Überträgt man diese Grundkonzeption in die Gattungsforschung, so läßt sich das immer wieder diskutierte Zentralproblem einer überzeitlichen oder nur historischen Bestimmbarkeit des Gattungshaften in einer Synthese vermitteln, indem zwischen relativ oder absolut konstanten Tiefenstrukturen und den sich wandelnden historischen Transformationen, in denen sich die Tiefenstrukturen konkretisieren, unterschieden wird. Gegenüber dem normalen diachronen Subtraktionsverfahren hat dieses Modell den Vorteil, daß Konstanten und Variable nicht auf einer Ebene angesiedelt werden, sondern daß zwischen einer konkreten, historisch bedingten und historisch zu erklärenden Oberfläche und allgemeinen Relationen, die diese Oberfläche in spezifischer Weise realisiert, differenziert wird, und daß dergestalt Oberflächen- und Tiefenstruktur in ein spezifisches Dependenzverhältnis gebracht werden. Zusammen mit den Sprechsituationen, die den pragmalinguistisch zu bestimmenden Träger der Gattungsstrukturen darstellen, erlaubt dieses Modell, wie wir glauben, eine Lösung der Aporien rein historisch orientierter Gattungstheoretiker, die eine Historisierung des Formbegriffs postulieren, bei ihren Analysen aber ständig gezwungen sind, auf ahistorische Konstanten wie das Narrative, das Dramatische, das Satirische, das Groteske usw. zu rekurrieren, während es gegenüber wesentlich ahistorisch orientierten Ansätzen konkrete Texte nicht nur als rein historisch-zufällige, sondern als im Rahmen der Gesetze einer Struktur m ö g l i c h e Realisationen begreifbar macht. Bevor wir auf einige Probleme, die sich bei der konkreten Analyse aus der Differenzierung der Relationen als solcher und der Transformationen ergeben, eingehen, ist noch auf das dritte Charakteristikum einer Struktur, den *autoréglage* zurückzukommen. Das Prinzip der Selbstregulation verleiht der Struktur insofern eine gewisse Geschlossenheit, als die strukturinhärenten Transformationen nicht über sie hinausführen, "mais n'engendrent que des éléments appartenant toujours à la structure et conservant ses lois"[75]. Dieser Begriff des *autoréglage* bzw. der *autoconservation* ist deswegen für die strukturale Analyse eines vorgegebenen Realitätsausschnitts, wie ihn ein historisches Textkorpus darstellt, von besonderer Bedeutung, weil dieser Ausschnitt ja eine Überlagerung von zwei oder mehr generischen Strukturen darstellen kann, die nur als solche zu erkennen ist, wenn es vorher gelungen ist, den 'Spielraum' einer Struktur, d. h. die in ihrem Rahmen möglichen Transformationen zu bestimmen, womit nicht die Prognostizierung sämtlicher potentieller Transformationen gemeint ist, sondern nur das wesentlich einfachere Phänomen, ob eine bestimmte realisierte Oberflächenkonstitution auf eine bestimmte Tiefenstruktur zurückführbar ist oder nicht. In diesem Zusammenhang läßt sich nun der verschiedenes subsumierende Begriff der 'Dominante' präzisieren. Faßte ihn Tynjanov als Vorherrschen bestimmter Elemente in ein und derselben Gattungsstruktur (z. B. innerhalb des Romans) auf, woraus sich die spezifische "literarische Funktion" eines Werkes ergibt[76], so bezieht ihn Jauß auf die Überlagerung verschiedener gattungshafter Strukturen[77]. Das Problem der Strukturüberlagerung war auch bereits von Skwarczyńska erkannt worden, die in diesem Zusammenhang von der "instrumentation générique"[78] eines Werkes spricht. Es ist also prinzipiell zu unterscheiden zwischen dem, was nach Stempel ('70 / '71) als "Norm" den Schlüssel einer spezifischen Gattung ausmacht und der wechselseitigen Überlagerung verschiedener generischer Strukturen, wovon dann wiederum eine dominieren und die anderen in spezifischer Weise 'deformieren' kann. In unserem Modell sieht dies dergestalt aus, daß die charakterisitische Norm einer Gattung ihre Tiefenstruktur ist, die die konkreten Elementkomplexionen, die jeweiligen Transformationen, auf ein allgemeines Grundmuster beziehbar macht[78a], während wir von Strukturüberlagerung dann sprechen, wenn ein Text bzw. eine Gruppe von Texten eine spezifische Relationierung verschiedener Tiefenstrukturen realisiert.

Ein erster Ansatz zu dem hier konzipierten Modell findet sich bereits bei Jolles (1'30). Zwar arbeitet er, wie wir sahen[79], noch mit einem hypostasierten Formbegriff, unterscheidet dabei aber bereits zwischen der "Einfachen Form" und der "aktuellen bzw. gegenwärtigen Einfachen Form"[80], deren Verhältnis zueinander er in bezug auf die Legende folgendermaßen definiert: "Was wir Legende genannt haben, ist zunächst nichts anderes als die bestimmte Lagerung der Gebärden in einem Felde. Was wir ... die Heiligenvita des heiligen Georg nennen, ist die Verwirklichung der in der Legende gegebenen und enthaltenen Möglichkeit." Und mittels scholastischer Termini präzisiert er dieses Verhältnis dergestalt weiter, daß das, was "in der Legende p o t e n t i a l i t e r vorliegt, in der Vita a c t u a l i t e r gegeben wird"[81]. Daß Jolles mit den reinen Einfachen Formen nicht nur historisch gebundene, sondern überzeitlich-allgemeine Strukturierungsprinzipien meint, geht z. B. daraus hervor, daß er die Einfache Form 'Legende' "im Mittelalter in einer Heiligenvita, in der Antike in einem Teil der Epinikien, in der Neuzeit in einem Sportbericht vergegenwärtigt" findet[82]; das heißt aber, daß er im Ansatz bereits zwischen Grundstruktur und historischen Transformationen unterscheidet, eine Überlegung, die in der nachfolgenden Gattungsforschung keine direkte Weiterführung erfuhr.

Implizit findet sie sich bei Lämmert ('55) wieder, der zwischen historischen Gattungen und ahistorischen Typen unterscheidet und dabei die Frage stellt, wie denn diese allgemeinen Typen auszumachen seien, "wenn alle konkreten Beweisstücke ... historischen Entstehungsbedingungen unterliegen und deshalb historisch besondere Formen aufweisen". Zu lösen versucht er das Problem, indem er nach den allgemeinsten Kriterien sucht, aufgrund derer eine Dichtung überhaupt einer bestimmten "Gattung", in seinem Fall: der Erzählliteratur, zuzurechnen ist: "Es geht also gewissermaßen um den Generalnenner des Erzählerischen."[83] Diesen findet er in Anlehnung an G. Müller ('47) / ('48) bekanntlich in der spezifischen Reorganisation der "realen" Sukzession der dargestellten Ereignisse, die in dem Verhältnis von Erzählzeit zu erzählter Zeit greifbar wird.[84] Damit wird ein Strukturprinzip des Narrativen aufgestellt, das auch neueren Arbeiten *implicite* zugrunde liegt. Dies gilt etwa von Wienold ('69), der gleichermaßen auf den Arbeiten der französischen Semiologen wie auf Grundkonzepten der generativen Grammatik aufbaut. Er ist, so weit wir sehen, einer der ersten, der explizit in bezug auf Texte, und nicht nur auf Sätze, zwischen Oberflächen- und Tiefenstruktur unterscheidet[85]. Bei seinen Analysen geht er von einer "Sememkomplexion" Xa aus, wobei X als Nominalphrase und a als Verbalphrase auf der Textoberfläche erscheinen, Xa selbst fungiert als "Satzsemem der Tiefenstruktur"[86]. Aufgrund der verschiedenen Verknüpfungen der Tiefensatzsememe und der jeweils verschiedenen Besetzung der X- und der a-Stellen (durch verschiedene Personen mit verschiedenen Tätigkeiten) erstellt Wienold ein äußerst kompliziertes Tiefentextrearrangement eines kurzen Textabschnitts. Dieser rearrangierte Tiefentext entspricht im Prinzip, trotz der natürlich weit größeren Detailliertheit, der Rekonstruktion der logisch-temporalen Sukzession der dargestellten Ereignisse bei Lämmert.

Wie Wienold eingangs einschränkend betont, will er mit seinem Modell nicht "die Neutralform oder die hierarchisierte Menge der Neutralformen des Romans" entwickeln, sondern nur Einblicke in die Probleme der linguistischen Analyse des Romans geben[87], doch ist er andererseits durchaus der Meinung, daß mit einer solchen Analyseform, "die natürlich der Spezifizierung und Verfeinerung" bedürfe, die "Generation eines Oberflächentextes aus einem rearrangierten Tiefentext mit Hilfe verschiedener Sorten von Formulierungsverfahren (Verfahren der Verkettung, Verfahren der Anordnung, Verfahren der Zerlegung bzw. Komplexion von Sememen) beschrieben werden" könnte. Eine Gültigkeit dieses Analysemodells wird "grundsätzlich für alle Texte" beansprucht, wobei sich "Textsorten im wesentlichen durch die Sorten der Verkettung in Formulierungsverfahren und die Sorten der Überführung in Oberflächentextorganisation unterscheiden"[88]. Wienolds Modell ist zwar weitgehend formalisiert, hat jedoch den Nachteil, daß es weder für alle Texte gültig — deshalb kann es nicht als generelles Analysemodell für "Gattungen" / Textsorten fungieren — noch praktikabel ist. Bereits zu einer als noch nicht verfeinert genug bezeichneten Analyse von 4¹/₂ Textzeilen bedarf es eines enormen formalen Apparats[89], und das vorgeschlagene Tiefentextrearrangement, das auf der rekonstruierbaren Sukzession der dargestellten Ereignisse beruht, ist eben nur für Texte anwendbar, die auf einer solchen Sukzession beruhen — als Exemplifizierungsbasis seiner Theorie wählte Wienold einen Kriminalroman. Die Tatsache, daß sich Wienolds Analyseprozedur für einen ganzen Roman überhaupt nicht durchführen läßt, legt die Überlegung nahe, prinzipiell zwischen Mikrostrukturen auf Satzebene — hierzu gehört Wienolds Tiefensatzsemem — und transphrastischen Makrostrukturen, die sich nicht unmittelbar aus ersteren ergeben oder ergeben müssen, zu unterscheiden. Diese Folgerung ergibt sich auch aus neueren linguistischen Arbeiten zur Pragmatik[90] und wird in van Dijk ('72) explizit formuliert[91]. Betont wird von van Dijk ferner, daß gerade für literaturwissenschaftliche Arbeiten eine prinzipielle Unterscheidung von Oberflächen- und Tiefenstruktur von Texten notwendig sei. Eine "typologie des textes" müsse dabei von den Tiefenstrukturen ausgehen, die bei aller Komplexität der jeweiligen Oberfläche von sehr einfacher Art sein könnten: So deutet er an, ohne diesen Gedanken weiter auszuführen, daß der Unterschied zwischen narrativen und lyrischen

Texten eventuell durch die Opposition von syntagmatischer vs. paradigmatischer Strukturierung zu beschreiben sei.[92] Ohne einen systematischen Zusammenhang zwischen verschiedenen "Textkomponentensorten" herzustellen, unterscheidet, wie wir sahen[93], auch Stempel ('72) zwischen grundlegenden, weitgehend universalen Textkonstituenten einerseits und historisch-gesellschaftlich spezifischen andererseits.

Wenn sich also in zunehmendem Maße die Einsicht in die prinzipielle Notwendigkeit einer Unterscheidung von Tiefen- und Oberflächenstrukturen in der allgemeinen Texttheorie durchsetzt, so bleibt natürlich die Frage nach der Operationalisierung dieser Unterscheidung in bezug auf die Gattungsforschung. Dabei ergeben sich zwei grundsätzliche Probleme, zum einen, wie die Tiefenstruktur zu ermitteln und zu beschreiben ist, und zum anderen, ob alle historischen Textgruppierungen in gleicher Weise auf Grundstrukturen zurückführbar sind. Wienold rechtfertigt seine aufwendige Analyseprozedur, die von dem Oberflächensyntagma NP⌒VP ausgeht, gerade damit, daß er im Gegensatz zu den französischen Semiologen dergestalt einen exakten Auffindungsmechanismus für die Tiefenstrukturen einführe.[94] Dies ist jedoch weitgehend eine Selbsttäuschung, denn w i e der Tiefentext rearrangiert wird, hängt überhaupt nicht von dieser Segmentierung ab, sondern von allgemeinsten logisch-temporalen Kategorien, insofern die Ereignisse in einem normalen narrativen Text eben in einer logisch-zeitlichen Beziehung zueinander stehen, die es erlaubt, wie Lämmert richtig erkannte, die "reale" Ereignisfolge der dargestellten Wirklichkeit zu rekonstruieren und gleichzeitig deren konkrete Wiedergabe (= Wienolds Oberflächentext) durch die Beachtung von Umstellungen, Raffungen, Vorausdeutungen usw. in den Griff zu bekommen. Diese Kriterien sind zwar weniger formalisiert als Wienolds Tiefensatzsemem, dafür aber praktikabel. Zudem ist zu bemerken, daß Chomsky, dem sicher kein ungerechtfertigter Intuitionismus vorzuwerfen ist, schon bezüglich der Satzebene ausdrücklich betont, daß die "Grammatik selbst ... keine erkennbare Prozedur für die Auffindung der Tiefenstruktur eines gegebenen Satzes" enthält[95]. Daraus ist für die Gattungstheorie zu folgern, daß sie, zumindest solange sie noch keinen höheren Formalisierungsgrad als die generative Grammatik erreicht hat, ebenfalls keine allgemeinen Auffindungsprozeduren für Tiefenstrukturen angeben kann. Einfache linguistische Segmentierungsverfahren auf Satzebene können dies weder für normal- noch für literatursprachliche Texte leisten, wobei in bezug auf letztere noch zu berücksichtigen ist, daß die 'Sprache' der Literatur den natürlichen Sprachen nicht isomorph ist[96].

Rein operationale Verfahren für die Konstruktion generischer Tiefenstrukturen lassen sich andererseits natürlich andeuten. Da Textgruppen, wie sie die historischen Gattungen darstellen, über spezifisch historische Formensprachen realisiert werden, die in bestimmten Gattungen allerdings selbst in relativ homogenen Epochen weitgehend differenziert sein können, gilt es zunächst, die Veränderbarkeit der jeweiligen Formensprache, d. h. den historischen 'Spielraum' der Transformationen zu bestimmen. Dieser ist z. B. durch In-Bezug-Setzen von poetologischer Reflexion und dichterischer Praxis zu erstellen. Für die französische Verssatire des 18. Jh.s ließ sich auf diese Weise ermitteln, daß sie über drei grundsätzlich verschiedene Stilkonventionen — Burleske, 'Witz' und Pathos — realisiert werden kann, die sich auf der Basis der zeitgenössischen Stiltheorie von Syntax und Wort-Semantik über die Figürlichkeit (*elocutio*) bis hin zu Bauformen des Gesamttextes (*dispositio*) relativ präzis fassen ließen.[97] Ein Sich-klar-Werden über die Historizität bestimmter Oberflächenphänomene schafft die Voraussetzung dafür, daß man diese nicht unzulässigerweise zu n o t w e n d i g e n Konstituenten der Gattung macht.[98] Ist einmal das Geschichtliche als solches erkannt, bleibt die Frage, ob und wie ein tiefer liegendes Allgemeines zu erfassen ist. Unter Berücksichtigung der eingangs erwähnten Problematik[99] kann hierbei von der Tatsache ausgegangen werden, daß z. B. so verschiedene Texte wie die Verssatiren Pirons, Voltaires und Gilberts in den zeitgenössischen Ausgaben jeweils unter *Satires* rubriziert wurden, daß man die Juvenalschen Satiren in einen Gattungszusammenhang mit den Horazischen *Sermones,* nicht aber mit dessen *Carmina* brachte, ja daß man die *Contes* Voltaires, die Dramen Ben Jonsons oder Orwells *1984* als 'satirisch' bezeichnet hat. Daß dieses Allgemeine, in unserem Beispiel das Satirische, nicht durch unmittelbare Abstraktion von den Objekten selbst abziehbar ist, wurde bereits oben gesagt. Als mögliches Verfahren, solche Tiefenstrukturen zu erstellen, kann im Augenblick nur das allgemeine Prinzip der "abstraction réfléchissante" angegeben werden, die dadurch gekennzeichnet ist, "d'être tirée non pas des objets, mais des actions que l'on peut exercer sur eux et essentiellement des coordinations les plus générales de ces actions, telles que de réunir, ordonner, mettre en correspondance, etc."[100] Auf dieser Grundlage haben wir in Hempfer ('72) versucht, ein allgemeines Modell des Satirischen zu erstellen, das nicht mehr auf den Elementen als solchen, sondern auf einer spezifischen Zuordnung von Elementen bzw. Mengen von Elementen basiert.[101] Eine Formalisierung der erstellten Struktur wurde noch nicht erreicht, doch scheint dies bei einer zusätzlichen Differenzierung von Sprechsituation und Schreibweise[102] im Rahmen der mathematischen Relationentheorie mittels des Begriffs der Abbildung möglich. In Anbetracht der neueren Entwicklung der generativen Grammatik, die zur Darstellung von sprachlichen Tiefenstrukturen zunehmend auf formallogische bzw. mathematische Verfahren rekurriert[103], und aufgrund der Tatsache, daß die logischen und mathematischen Strukturen auf die elementaren Strukturen der *pensée naturelle* zurückführbar sind[104], läßt sich als Hypothese formulieren, daß diese Bereiche auch für die Gattungsforschung ein Arsenal von möglichen Zuordnungen von Elementen zur Verfügung stellen könnten, das die präzise Formulierung generischer Tiefenstrukturen erlaubt.

Zu diskutieren ist noch die zweite der oben angeschnittenen Fragen, nämlich, ob postuliert werden kann, daß Gattungen prinzipiell auf eine Grundstruktur zurückgeführt werden können: die Sonette auf das Sonetthafte, die Oden auf das Odenhafte usw. Wir haben bereits oben gezeigt, daß Textgruppen mit dem gleichen Gattungsnamen zu verschiedenen Zeiten aufgrund verschiedener Kriterien konstituiert wurden[105]; für solche Texte wie z. B. Elegien ist es demzufolge unsinnig, nach einer gemeinsamen Grundrelation der Elemente zu suchen. Von Gattungen wie Epos, Novelle, Verssatire, Komödie usw. hebt sich ferner eine weitere Gruppe von Gedichttypen grundsätzlich ab, die in französischer Terminologie mitunter auch gar nicht als Gattungen, sondern als *poèmes à forme fixe* bezeichnet werden[106]: Sonett, Rondeau, die mittelalterliche *ballade* usw. Bei solchen durch die metrische Form gebildeten Textgruppen erscheint es unwahrscheinlich, daß die Vielfalt der jeweiligen Füllung beispielsweise des Sonettschemas auf die Schreibweise des Sonetthaften als Tiefenstruktur zurückgeführt werden könnte. Erfolgversprechender dürfte sich ein Ansatz erweisen, der die Sonettliteratur nach den in ihr realisierten verschiedenen Schreibweisen befragt (z. B. dem Argumentativen, dem Deskriptiven, dem Satirischen usw.), wobei sich der Sonettcharakter des jeweiligen Gedichts erst aus der spezifischen metrischen Oberflächenstruktur ergibt. Dies heißt also, daß es uns wahrscheinlicher erscheint, als Hypothese davon auszugehen, daß in Gedichten mit fester Form das Gattungshafte primär nicht Ergebnis der Tiefen-, sondern der Oberflächenstruktur ist. Die Schreibweisen als Tiefenstrukturen würden für die Charakterisierung der festen Formen dann nur insofern interessant werden, als sich zeigen ließe, daß bestimmte feste Formen vorrangig oder ausschließlich auf bestimmten Schreibweisen beruhen.

Schließlich sei noch angemerkt, daß es apriorisch natürlich nicht möglich ist, Art und Zahl der Tiefenstrukturen festzulegen oder anzugeben, welche der bisher bekannten Kategorien als Tiefenstrukturen fungieren können. Als Vehikel des Approximationsprozesses auf die zu erkennenden Objekte hin sind diese in permanenter Konstruktion begriffen und nur in einer bestimmten Erkenntnissituation nach Art und Zahl fixiert. Katalysator für die Neukonstruktion von Tiefenstrukturen sind dabei Probleme, die von den bisherigen Strukturierungen nicht gelöst wurden bzw. sich erst aus ihnen ergeben haben. So deuten etwa die besonderen Schwierigkeiten, die sich, im Gegensatz zur Bestimmung des Dramatischen und Narrativen, bei der Definition des Lyrischen einstellen, darauf hin, daß es wohl verfehlt sein dürfte, dieses in derselben Weise als ahistorische Invariante anzusetzen wie die beiden anderen Schreibweisen. Gelingen konnten diese Versuche nur, solange das Lyrische mehr oder weniger rigoros mit dem Erlebnishaften gleichgesetzt wurde und diejenige Poesie, die diesem Konzept nicht entsprach, als nicht- bzw. minder lyrisch ausgegrenzt wurde.[107] Bei Definitionsversuchen des Lyrischen ist mitzureflektieren, daß dieser Begriff als dritte 'Grundhaltung' / 'Naturform' ja erst Ende des 18. Jh.s aufkam und dabei an ein ganz spezifisches Dichtungsverständnis gebunden war, während die Differenzierung von 'episch' bzw. 'narrativ' und 'dramatisch' auf einer viel universaleren, da rein formalen Kategorie, dem Redekriterium, beruht[108]. Aufgrund dieser Sachlage erschiene es uns also erfolgversprechender, das Konzept d e s Lyrischen als universaler Tiefenstruktur von zu verschiedenen Zeiten aufgrund verschiedener Kriterien als 'lyrisch' bezeichneter oder nachträglich so verstandener Texte aufzugeben und in verschiedene Schreibweisen aufzufächern, wobei dann Elemente, die bestimmte Texte in bestimmten Epochen unter den jeweiligen Lyrikbegriff subsumierbar machen, in der Transformationskomponente eingeführt werden könnten. Selbst in der europäischen Romantik, die das Lyrische am weitgehendsten mit subjektiver Gefühlsaussprache gleichsetzte, läßt sich nur ein Teil der allgemein als 'lyrisch' bezeichneten Texte über das Prinzip der Erlebnisstruktur beschreiben, ein Konzept, das wir in Hempfer ('72) mittels der Deiktika und performativer Darstellungsweisen zu charakterisieren versuchten, um dergestalt den traditionellen Erlebnisbegriff von einer textexternen, biographistischen Kategorie in eine Schreibweise als spezifische Vertextungsstrategie zu überführen.[109] Zu einer adäquaten Charakterisierung der traditionell als 'lyrisch' bezeichneten Dichtung sind unserer Meinung nach eine Reihe weiterer solcher Schreibweisen aufzustellen, wobei sich ergeben dürfte, daß für bestimmte Epochen und Schulen bestimmte Schreibweisen typisch sind, die im Zusammenhang mit spezifischen Transformationen dann die Besonderheit der 'Lyrik' der jeweiligen Epoche ausmachen.[110]

Zusammenfassend läßt sich also sagen, daß keineswegs jede historische Textgruppierung in gleicher Weise auf eine generische Tiefenstruktur zurückzuführen ist, sondern daß bei dem Versuch der Strukturierung die Art und Weise, wie sich dieses Korpus historisch konstituiert hat, zu berücksichtigen ist.

Wenn also die jeweils historischen Textgruppen in sehr verschiedener Weise auf allgemeineren Tiefenstrukturen basieren, ist natürlich auch die jeweilige transformationelle Komponente verschieden zu konstituieren. So liegt es auf der Hand, daß z. B. beim Erstellen eines Modells des Sonetts dem metrischen Schema im Rahmen der Transformationsregeln ein anderer Stellenwert zukommt als dies bei der neuzeitlichen, primär durch ihren 'Ton' charakterisierten Elegie der Fall ist. Ferner steht zu erwarten, daß in einer Reihe von Fällen auch für ein und dieselbe Gattung im Zusammenhang verschiedener Epochen die Transformationsregeln nicht nur in ihrer konkreten Realisation, sondern in ihrer grundsätzlichen Konstitution anders zu entwerfen sind. So sind etwa bestimmte Stilebenen in der Literatur des 18. Jh.s stärker an bestimmte Gattungen gekoppelt als etwa im 19. Jh.: Es konnte z. B. gezeigt werden, daß sich im 18. Jh. die französische Verssatire von der hohen Ode bereits an der stilistischen Oberfläche durch die Verwendung eines spezifischen Wortmaterials unterscheiden läßt[111], während für das 19. Jh. durch die allmähliche Aufgabe des Prinzips der Stiltrennung die verschiedenen Stilnormen nicht mehr in derselben Weise als Transformationsregeln fungieren können. Die vorangegangenen Überlegungen, die sich aus der grundsätzlichen Differenzierung von allgemeinen Gesetzen der Struktur und von in deren Rahmen möglichen Transformationen ergeben haben, leiten bereits zu der Frage über, welche Kriterien im einzelnen zur Differenzierung von "Gattungen" formuliert werden können.

4.3. Differenzierungskriterien

In diesem Zusammenhang lassen sich zwei grundsätzlich verschiedene Ansätze unterscheiden: Textgruppen werden entweder aufgrund spezifisch sprachlich-literarischer Phänomene unterschieden oder aber aufgrund von Kriterien außerhalb des sprachlich-literarischen Systems; *in praxi* werden beide Verfahren häufig in unterschiedlichem Mischungsverhältnis verwendet. In den beiden letzteren Fällen entstehen Probleme der Korrelierung verschiedener Systeme, des Verhältnisses von Struktur und Funktion und ähnliches, die meist nicht nur nicht gelöst, sondern in der Regel überhaupt nicht erkannt werden. Hinzu kommt die bereits wiederholt angesprochene unzureichende Differenzierung verschiedener Abstraktionsebenen, die natürlich auch in bezug auf die Art der Differenzierungskriterien zu Unklarheiten führt.

4.3.1 Pluralität der Differenzierungskriterien und das Problem der Abstraktionsebenen

Die Mehrzahl der Gattungstheoretiker geht davon aus, daß "Gattungen" nicht aufgrund eines einzelnen Kriteriums bestimmt werden können. So lehnen etwa Hankiss ('40) und Stanzel (^{4}'69) Differenzierungen nach dem Thema allein ab, Hankiss mit dem Argument, daß ein und dasselbe Thema in den verschiedensten "Gattungen" behandelt werden kann[112], Stanzel damit, daß inhaltlich-stoffliche Einteilungsprinzipien "historisch bedingt sind und daher nicht jene ahistorische Konstanz aufweisen, die Typen in unserem Sinn eignen muß"[113]. Implizit wird damit natürlich auch gesagt, daß für Differenzierungen historischer Textgruppen inhaltliche Kriterien durchaus geeignet sein können. Gegen ausschließlich formale Differenzierungskriterien wenden sich andererseits z. B. Viëtor und Ehrenpreis. Viëtor gesteht zwar der äußeren prosodischen Form einen Einfluß auf die Ausprägung des Gattungshaften zu, doch handle es sich hierbei nur um "eine Gestaltungsfrage unter anderen", der keineswegs konstitutive Bedeutung zukäme[114]; Ehrenpreis begreift "Gattungen" als "patterns of complete pieces of literature" und erachtet demzufolge ebenfalls "mere stylistic devices, such as the heroic couplet or periodic sentence structure" als zur Gattungsbildung bzw. -bestimmung nicht ausreichende Kriterien[115]. Aus der Tatsache, daß kein Einteilungsprinzip für sich allein genügt, wird mitunter der Schluß gezogen, daß es überhaupt kein Schema geben könne, das alle Möglichkeiten erfaßt und erschöpft: "Darin bestätigt sich sehr deutlich, daß jede Klassifizierung der Realität gegenüber grob und willkürlich ist. Vom Einzelwerk her gesehen, sind alle Schemata ungenügend."[116] Freilich kann das Einzelwerk als solches, da *parole,* nie in seiner Gänze von einem System erfaßt werden, doch darum geht es einer auf Allgemeinerkenntnis gerichteten Systematik ja auch gar nicht. Die nicht vollständige Erfaßbarkeit eines Einzelnen durch ein Allgemeines und die historisch bedingten und sich wandelnden Einteilungsprinzipien berechtigen nicht, wie wir bereits eingangs sagten[117], zu einem Agnostizismus, der die Möglichkeit einer kohärenten T h e o r i e n bildung leugnet. Selbstverständlich sind die Kriterien, die z. B. narrative von dramatischer Dichtung differenzieren sollen, anderer Art als jene, die Sonett und Rondeau voneinander scheiden: ein Umstand, der in der Theorie gerade reflektiert werden und deren Aufbau bestimmen muß. So ist das Metrum, wie wir sagten, als Phänomen der Oberflächenstruktur durchaus geeignet, bestimmte historische Gattungen zu unterscheiden, während dies in bezug auf das Satirische oder Komische nicht gilt. Dies heißt aber, daß die Differenzierungskriterien jeweils eindeutig bestimmten Abstraktionsebenen zugeordnet werden müssen, was eben deswegen bisher häufig nicht geschah, weil diese Ebenen nicht unterschieden wurden. Demzufolge werden heterogenste Kriterien einfach nebeneinandergestellt. Pichois / Rousseau z. B. wollen Gattungsbestimmungen basieren lassen auf der "évolution historique nationale, la tradition culturelle, les besoins fondamentaux de l'esprit humain, le génie propre de l'auteur, les goûts de chaque public"[118]; für Bonnet sind die objektiven Formunterschiede zurückführbar auf bestimmte "plaisirs de la création", wobei das 'Vergnügen' des Romanciers objektiv, da er "un monde objectif" darstelle, das des Lyrikers aber subjektiv sei; ferner werde der Roman durch Handlung gekennzeichnet, die Poesie aber sei statisch, und schließlich gehe es dem Roman um "valeurs sociales", während die Haltung des Lyrikers als "anti-sociale, anarchiste, individualiste" charakterisiert wird[119]. Ehrenpreis, der den Gattungs- auf den Traditionsbegriff gründet, führt als Differenzierungskriterien "plot, subject matter, versification, author's attitude, or any combination of these and other attributes" an[120]. Im Gegensatz zu dem undifferenzierten Nebeneinanderstellen heterogener Kategorien (anthropologische Konstanten, Publikumsgeschmack, Autorpsychologie, Thematik, Darstellungsmittel) beziehen sich die drei von Suerbaum angegebenen Kriterien (Sprachsituation, Konventionen, Themen und Formen)[121] zwar alle auf sprachlich-literarische Elemente, ergeben aber trotzdem kein kohärentes System — was der Autor, allerdings zu unrecht, auch gar nicht erstrebt[122] —, weil auch er weder zwischen verschiedenen Abstraktionsebenen unterscheidet noch zu bemerken scheint, daß er einzelne Begriffe in verschiedener Bedeutung verwendet. So ist z. B. der Begriff der "Sprachsituation" bei der Differenzierung von Narrativem und Dramatischem mit dem aristotelischen Redekriterium identisch[123], während im Zusammenhang der Ballade gesagt wird, alles sei auf die "Sprachsituation der mündlichen Komposition ausgerichtet"[124], was heißt, daß mit "Sprachsituation" einmal die linguistische Sprechsituation und zum anderen eine spezifische Komposition aufgrund einer spezifischen Aufführungsart, der orale Stil also, gemeint ist. Völlig metaphorisiert wird der Begriff der "Sprachsituation", wenn, obwohl zunächst erkannt wurde, daß sich die lyrischen Genera nicht in der gleichen Weise wie Narrativik und Dramatik auf eine einheitliche "Sprachsituation" beziehen lassen, das ihnen Gemeinsame dann aber doch als "sprachliche Ausnahmesituationen" bestimmt wird.[125] Andererseits macht Suerbaum nicht klar, daß er mit dem Begriff der "Sprachsituation" im wesentlichen die drei 'Naturformen' zu differenzieren sucht, also ahistorische Konstanten aufstellt, während die beiden anderen Kriterien (Konventionen, Themen und Formen) auf historisch-konkrete Realisationen bestimmter "Sprachsituationen" zielen. Das Problem des Abstraktionsniveaus wird einfach auf eine quantitative Frage reduziert, indem er von "größeren" und "kleineren Gattungen" spricht.[126] Heterogen bleiben auch die von Jauß ('73) angeführten Klassifizierungskriterien: "Gattungsbildende Kontinuität kann in der Reihung aller Texte einer Gattung wie der Tierfabel oder in den oppositionellen Reihen von Chanson de geste und höfischem Roman, in der Folge der Werke e i n e s Autors wie der Rutebeufs oder in den querdurchlaufenden Erscheinungen eines Epochenstils wie der allegorischen Manier des 13. Jh.s, aber auch in der Geschichte einer Versart wie der des gepaarten Achtsilbers, in der Entfaltung eines 'Tons' wie dem der epischen Hyperbolik oder in einer thematischen Struktur wie der Sagengestalt des mittelalterlichen Alexanders liegen."[127] Dieser Differenzierungsvorschlag, der auf Stempels Auffassung der "Gattungen" als beliebiger Klassifizierungsgrößen fußt[128], läßt diese nur mehr als Klassen, nicht aber als Strukturen beschreiben und steht im Gegensatz zu einer Reihe anderer Aussagen, etwa zu der, daß sich "eine Gattung in ihrer eigentümlichen Struktur ... in einem Ensemble von formalen wie inhaltlichen Merkmalen" konstituiert[129] oder daß "eine Differenzierung nicht nach einseitig formalen oder thematischen Merkmalen vorgenommen werden kann"[130]. Doch eben dies scheinen uns die obigen Aussagen über die "gattungsbildende Kontinuität" zu implizieren. Wie dem auch sei, der Gattungsbegriff wird unbrauchbar, wenn der 'Ton' der epischen Hyperbolik genauso als "gattungsbildend" betrachtet wird wie das Gemeinsame der Werke v e r s c h i e d e n e r Gattung e i n e s Autors (Rutebeufs), was eine Reduzierung des Gattungsbegriffs auf den des Individualstils bedeutet.

Im Gegensatz zu den bisher skizzierten Vorschlägen war die gattungstheoretische Diskussion jedoch auch immer wieder bemüht, eine gewisse Systematik der möglichen Differenzierungskriterien zu erreichen.

4.3.2 Sprachlich-literarische Kriterien

4.3.2.1 Primäre und sekundäre Merkmale: der Umfang

Tynjanov z. B. unterscheidet zwischen typischen und zweitrangigen Merkmalen einer Gattung, wobei deren Kohärenz, das Bleibende im Rahmen des permanent evolutionierenden Systems, als welches die Russischen Formalisten die Gattungen ja begreifen, gerade die nebensächlichen Züge darstellen würden. So wären die Begriffe *rasskaz, provest'* und *roman* "gleichbedeutend mit einer Definition nach der Anzahl der bedruckten Blätter"[131]. Demgegenüber wollte Tynjanov in einem früher erschienenen Aufsatz den Begriff der "Größe" nicht in dieser quantitativen Bedeutung verstanden wissen, sondern als energetisches Konzept.[132] Als zwar "trivial anmutende, aber äußerst wichtige Unterscheidung" bezeichnet dann Lämmert ('55) im Anschluß an Petsch und E. M. Forster die Differenzierung von Kurz- und Langformen, die für ihn nicht mehr nur sekundäre Merkmale sind, sondern "Typuscharakter" besitzen[133], d. h. jeweils spezifische allgemeine Bauformen bedingen.

4.3.2.2 Innere Form / äußere Form / Gehalt

Von G. Müllers Überlegungen ausgehend, wonach die "Gattungen einen Umkreis formaler Möglichkeiten bezeichnen"[134], fächert Viëtor den Begriff der Form in "äußere Formelemente" (Vers- und Strophenformen) und die "innere Form" auf, die er als "eine bestimmte Art von Organisation" bestimmt[135]. Als drittes Kriterium greift er noch auf den Gehalt zurück, und diese drei Elemente "machen zusammen, in ihrer eigentümlichen Einheit, erst 'die' Gattung aus"[136]. So seien beispielsweise Ode, Sonett und Elegie auf der gehaltlichen Ebene gleichermaßen durch das "In-eins von Gefühl und Reflexion"[137] charakterisiert, doch wäre die innere Form des Sonetts gegenüber derjenigen der Ode durch die spezifische Lösung der Spannung zwischen Geist und Gefühl zu fassen, und eben hierauf gründe sich das eigentlich Gattungshafte, "aber derart, daß die für eine Gattung am meisten bezeichnenden Gehalte, wie andererseits ihre charakteristische prosodische Form ... mit dieser besonderen Struktur zusammenhängen"[138]. Dies heißt, daß Viëtor aufgrund eines Formbegriffs, der über die deutsche Klassik auf Shaftesbury zurückgeht und wonach ein reziprokes Bedingungsverhältnis zwischen der inneren und äußeren Form besteht[139], auch bei Gedichten fester Form wie dem Sonett nach einem Sonetthaften als invarianter Tiefenstruktur sucht, was aufgrund der historischen Gegebenheiten als problematisch erscheint.

Im engen Anschluß an Viëtor formulieren auch Wellek / Warren die Notwendigkeit, Gattungsbestimmungen auf äußere ("Metrum, Struktur") und innere Form ("Haltung, Ton, Zweck und grob gesagt, Gegenstand und Publikum") zu gründen[140], und postulieren einen notwendigen Zusammenhang zwischen diesen beiden Formkonzepten, unterscheiden sich von ersterem jedoch durch die stärker aufgefächerten Kriterien und die größere Gewichtung der äußeren Form: "Im allgemeinen sollte unsere Gattungsauffassung eher der formalistischen Seite zuneigen, das heißt, lieber hudibrastische Achtsilber oder das Sonett als den politischen oder den Fabrikarbeiterroman zur Gattung erheben; denn wir haben es mit 'literarischen' Arten zu tun und nicht mit stofflichen Einteilungen"[141]. Hinter Viëtor und Wellek / Warren zurückgehend begnügt sich Ruttkowski mit der Feststellung: "Es sind immer Gehalt- und Gestaltmerkmale zusammen, die den Gattungscharakter bestimmen"[142].

4.3.2.3. Mittel, Gegenstand, Art (Redekriterium) und Wirkung der Darstellung

Bereits in der aristotelischen Poetik werden Differenzierungskriterien für "Gattungen" angegeben: "Heldengesang und Trauerspiel, Lustspiel und Festlied, zumeist auch Flöten- und Zithermusik, sie alle sind nun einmal aufs ganze gesehen Darstellungen, unterscheiden sich jedoch durch dreierlei, durch die Mittel, die Gegenstände und die Art dieser Darstellung."[143] Diese drei Kriterien wurden zusammen mit dem Stillagensystem der Rhetorik[144] zu Grundprinzipien der Gattungseinteilung bis zum ausgehenden 18. Jh. und partiell darüber hinaus. In neuerer Zeit wurden sie vor allem von den *Chicago Critics* aufgenommen: "Since every imitation has some form imposed somehow upon some matter for some end, specification of all these factors results in a definition of a given species of art; e. g. by specifying w h a t is imitated in a tragedy (object of imitation), i n w h a t (means of imitation), h o w (manner of imitation), and to what effect we construct the definition of tragedy."[145] Das Kriterium der Wirkung wurde in dem oben angeführten Aristoteleszitat nicht erwähnt, findet sich jedoch in dessen Definition der Tragödie[146] und wird von hieraus zum wichtigsten Faktor der Gattungsbestimmung für die Neuaristoteliker[147], erscheint aber auch bei Hirsch, der sich außer auf Boeckh (²1886) explizit auf Aristoteles und die *Chicago Critics* beruft[148] und in der Wirkungsabsicht, dem Zweck, die vereinheitlichende Idee des wahren Genres erblickt, die den Willen des Autors leitet[149].

Frye ('64) bezieht sich in e i n e m seiner Einteilungsschemata auf die aristotelische Differenzierung nach dem Gegenstand der Darstellung und unterscheidet auf diese Weise "Mythus" (der Held ist anderen Menschen und der Umgebung anderer Menschen in seiner A r t überlegen), "Romanze" (der Held ist dem G r a d nach anderen Menschen und seiner Umgebung überlegen), "die hoch-mimetische Form" (der Held ist dem Grad nach anderen Menschen, nicht aber seiner natürlichen Umgebung gegenüber, überlegen: Epos und Tragödie), "die niedrig-mimetische Form" (der Held ist anderen Menschen gleich: Komödie und realistische Prosaerzählung) und schließlich die "ironische Dichtart" (der Held ist uns unterlegen)[149a]. Diese Klassifikation ist nicht nur nicht mit der oben besprochenen nach den vier *mythoi* in Einklang zu bringen, sondern sie ist in sich selbst, wie bereits Todorov ('70) gezeigt hat, inkonsequent.[149b] Hatte die Stilistik, wie sie sich vor allem im romanistischen Bereich seit den zwanziger Jahren herausbildete, Fragen des Zusammenhangs zwischen Stil und "Gattung" weitgehend ausgespart[150] oder aber, wie Fubini, den Gattungsbegriff auf den Stilbegriff reduziert[151], so wird in der neueren, linguistisch orientierten Stilforschung dieses Problem wieder stärker beachtet. Sandig ('70), die "Textsorten" als "typische Sprachhandlungen" begreift, will die Stilarten hierzu korrelativ sehen: "Funktionale Stilarten sind als Teil der Sprachhandlungskompetenz auch Anweisungen für das Bilden von Textsorten"[152]. Dies heißt jedoch, daß, wie in der poetisch-rhetorischen Tradition, Stilarten als Differenzierungskriterien für "Gattungen" begriffen werden.[153] Im übrigen hatte etwa bereits Tynjanov auf die Wechselbeziehung zwischen "Gattung" und Stil im Zusammenhang seines Odenaufsatzes verwiesen.[154]

Am häufigsten wird noch immer auf eines der traditionellen Differenzierungskriterien zurückgegriffen, jenes nach der Art der Darstellung, das sog. Redekriterium, das von Sengle etwas vorschnell als "naive(s) Einteilungsprinzip" abgetan wird[155]: "Man kann ... mit den gleichen Mitteln die gleichen Gegenstände das eine Mal berichtend darstellen, und zwar entweder so, daß man immer wieder als ein irgendwie anderer redet, wie Homer, oder so, daß man unverändert derselbe bleibt ('ich' ...), das andere Mal so, daß alle Darsteller handeln und sich betätigen."[156] In etwas anderer Form fand sich dieses Prinzip schon bei Platon.[157] Falsch ist nun die Behauptung, die sich noch bei Sengle findet, das triadische Schema des Idealismus sei bereits bei Platon bzw. Aristoteles vorgeprägt.[158] Wie Behrens ('40) in eindeutiger Weise hat aufzeigen können, und wie sich aus der Lektüre der Platon- bzw. Aristotelesstelle selbst ergibt, handelt es sich zum einen bei Aristoteles letztlich gar nicht um ein triadisches, sondern um ein dyadisches Schema ("das eine Mal — das andere Mal"), und zum anderen sind triadische Schemata ja nicht nur deshalb, weil es sich um triadische Schemata handelt, einander gleichzusetzen. Das triadische Schema des Idealismus ist nicht zu verstehen als der "direkte Rückgriff auf Plato", sondern als ein höchst eigenständiges System. Erstens handelt es sich bei dem auf der Opposition Bericht vs. Darstellung fußenden Redekriterium ja nur um e i n Einteilungsprinzip, das, durch andere ergänzt, weitgehend differenzierte Gattungsbegriffe erzeugte[159]. Zweitens decken sich, mit Ausnahme des Dramatischen bzw. der Dramatik, die antiken Kategorien nicht mit den modernen: Das Redekriterium k a n n zum einen zwar die dramatischen von verschiedenen narrativen Formen differenzieren, von der Lyrik bzw. dem Lyrischen ist jedoch weder bei Platon noch bei Aristoteles die Rede, wohl nicht zuletzt deshalb, weil ein solcher Sammelbegriff für verschiedene Kurzformen in Vers zu jener Zeit überhaupt noch nicht existierte[160], und zum anderen wird Homer, für den Idealismus und schon zuvor Inbegriff des idealtypisch Epischen, bei Platon einer Mischform zugerechnet. Drittens geht es Platon überhaupt nicht um eine Literatursystematik, sondern um die moralische Zulässigkeit verschiedener Ausdrucksformen (Bericht / Erzählung vs. Darstellung), und schließlich fußt die idealistische Dreiteilung gerade nicht auf dem Redekriterium, wie bereits Hartl erkannte, sondern sucht "inhaltliche Merkmale für sich nutzbar zu machen"[161]. Demgegenüber findet sich das Redekriterium gerade in der poetisch-rhetorischen Tradition, und es zeugt von erstaunlich ungeschichtlichem Denken, wenn Sengle Batteux dafür 'tadelt', daß sich bei ihm "das alte Schema in einer besonders törichten Form wiederfindet"[162]. 'Töricht' ist diese Wertung, nicht Batteux' angebliche "Rückständigkeit"[163], für den wie für Aristoteles das Redekriterium nur e i n Einteilungsprinzip darstellt und der im Rahmen dieser Tradition die 'gängige' Position vertritt. Daß sich in den Poetiken der italienischen Renaissance gelegentlich bereits Ansätze zu einer dritten bzw. — neben der Didaktik — vierten Hauptgruppe der Lyrik erkennen lassen, ist für die rhetorisch-poetische Tradition in ihrer Gesamtheit eine sekundäre Erscheinung.[164]

Nach diesem historischen Exkurs, der notwendig erschien, weil die Behauptung nicht auszurotten ist, die goethezeitliche Trias von Lyrik, Epik und Dramatik fände sich bereits in der Antike[165], ist auf die Stellungnahmen neuerer Arbeiten zum Redekriterium als Differenzierungsverfahren zurückzukommen. Außer Sengle lehnen es in neuerer Zeit auch Croce, Hankiss und Wellek ab[166], während Hirt ('23), soweit wir sehen, in diesem Jahrhundert der erste ist, der sein Differenzierungssystem wesentlich auf die Opposition von Bericht vs. Darstellung aufbaut, sich dabei aber nicht auf Plato oder Aristoteles, sondern auf den Briefwechsel Goethe / Schiller "Über epische und dramatische Dichtung" beruft[167]. Im Gegensatz zur poetisch-rhetorischen Tradition, und dies ist charakteristisch für die moderne Diskussion, dient das Redekriterium nunmehr jedoch dazu, die d r e i Sammelbegriffe Epik, Lyrik und Dramatik, voneinander abzugrenzen. Dabei wird der Begriff der Darstellung folgendermaßen näher charakterisiert: "Ineinander von Sein und Werden, absolute Stete und Dichte, einheitliche Perspektive von einem Handelnden aus, Konkretsein, räumliche und zeitliche Gegenwart", während 'Bericht' jeweils die "Negation jeder dieser Positionen" sei und nicht mehr "eine Beziehung, nicht mehr die Sache selbst" erfasse.[168] Aufgrund dieser Auffächerung kommt Hirt dazu, daß Drama und Lyrik durchwegs Darstellung seien, während Lyrik im Gegensatz zu Drama und Epos aber keine Handlung habe, sondern "gleichsam nur ein Wort" sei; Darstellung ist sie deshalb, weil sie als "gegenwärtiger Monolog des Dichters ... das Ineinander von Sein und Werden, die absolute Stete und Dichte, die einheitliche Perspektive" habe und somit "konkret" sei.[169] Demgegenüber ist das Epos "durchgehends Mischung von Bericht und Darstellung"[170]. Ferner rekurriert Hirt auch bereits auf den Begriff der Distanz, wonach in Drama und Lyrik die Darstellung unmittelbar sei, während sie im Roman usw. durch den Erzähler vermittelt werde, ein Gesichtspunkt, der für die Narrativitätsforschung grundlegend ist.[171] Das Verhältnis der Sammelbegriffe zu den historischen Gattungen schließlich faßt Hirt, in ganz anderem Sinn als Viëtor, als das von äußerer zu innerer Form. Epik, Lyrik und Dramatik stellen die äußere Form der literarischen Gattungen dar, während für die Epik die innere Form z. B. 'Roman', 'Epos', 'Novelle', 'Märchen' usw. konstituieren.[172]

Ebenfalls aufgrund des Redekriteriums, wobei jedoch außer zwischen Bericht und Darstellung noch zwischen monologisch und dialogisch unterschieden wird, kommt Petersen ('25) zu folgender Differenzierung: "Epos: monologischer Bericht einer Handlung. Lyrik: monologische Darstellung eines Zustandes. Drama: dialogische Darstellung einer Handlung."[173] Neben dem Redekriterium erscheint hier noch explizit die Opposition Handlung vs. Zustand, die Epik und Dramatik einerseits und Lyrik andererseits unterscheidet, denn in letzterer gebe es "keinerlei äußeren Vorgang, keine Bewegung, kein Geschehen, keine Folge"[174]. Zu bemerken bleibt, daß Petersen betont, daß es sich bei dieser Definition um die "reinen Formen" handle und daß es natürlich eine Reihe von Mischformen gebe[175], was heißt, daß sich hinter Epos, Drama und Lyrik nicht die Sammelbegriffe verbergen, sondern daß er bereits auf das zielt, was Staiger später Grundhaltungen nennt, daß es sich also nicht um Klassenbegriffe, sondern um Idealtypen handelt.

Auf das Redekriterium rekurrieren natürlich auch die *Chicago Critics*[176], ferner Kayser, der von "Darbietungsform" spricht und dergestalt die Sammelbegriffe Epik, Lyrik, Dramatik scheidet[177], Rodway ('70), der diese Differenzierung allerdings als für die praktische Kritik von geringer Wichtigkeit erachtet[178], und auch Frye im Zusammenhang dessen, was er als "rhetorische Kritik" bezeichnet[179]: in typisch Fryescher Manier subsumiert jedoch der Begriff der "eigentlichen Darstellungsweise" (= "radical of presentation") derart Heterogenes wie das Redekriterium im engeren Sinn, dann aber auch die phonische bzw. graphische Manifestation sowie die Aufführungsart, so daß das System nicht nur unbrauchbar, sondern unsinnig wird. Ein Beispiel hierfür: "Ein Roman ist etwas Geschriebenes, aber wenn Conrad einen Erzähler einsetzt, der ihm beim Erzählen seiner Geschichte helfen soll, dann geht die Gattung des geschriebenen Worts in die des gesprochenen Worts über."[180] Frye verwechselt hier narrative Sprechsituation (jemand erzählt) mit der substantiellen Realisation dieser Sprechsituation (schriftlich oder mündlich) und kommt damit zu dem absurden

Schluß, daß er die Romane Conrads, weil sie einen Erzähler haben, mit der oralen Epik des Mittelalters gleichsetzt.[181]

Ohne Hinweis auf irgendwelche "Vorläufer" ist das Redekriterium schließlich auch in L. Müller ('68) als Differenzierungsansatz verwendet. Der Autor unterscheidet seine drei Hauptgruppen danach, ob es sich um "sprachliche Äußerungen eines Einzelnen (monologische Dichtung)", "sprachliche Kundgabe mehrerer Personen im Wechsel (dialogische Dichtung)" oder um "sprachliche Kundgabe einer Mehrzahl von Personen gleichzeitig (pluralistische Dichtung)" handelt[182]. Diese drei Hauptgruppen werden dann, soweit dies möglich ist, mittels der bereits von Kayser aus Junker übernommenen drei Leistungen der Sprache (Kundgabe, Auslösung, Darstellung)[183] subkategorisiert, so daß z. B. monologische Dichtung des Ausdrucks das faßt, was traditionell als Lyrik bezeichnet wird, während zur monologischen Dichtung der Darstellung alles Schildern, Erzählen, Berichten gehört.[184] Mittels der Gegenüberstellung von Sein und Werden wird in dieser letzten Gruppe dann nochmals zwischen den "großen philosophischen und religiösen Dichtungen" (= Sein) und dem "Bereich der Epik im weiteren Sinn" (= Werden) unterschieden.[185] Dadurch, daß L. Müller die Opposition monologisch vs. dialogisch jener von Bericht vs. Darstellung überordnet, verwischt er den bereits in der Antike gesehenen grundsätzlichen Unterschied, der etwa zwischen der Sprechsituation eines Epos einerseits und der eines Dramas andererseits besteht.

4.3.2.4. Redekriterium und Sprechsituation

Insgesamt konnten die skizzierten Ansätze zeigen, daß das Redekriterium allein weder für eine Differenzierung der Sammelbegriffe noch der Grundhaltungen / Schreibweisen noch gar der historischen Gattungen genügt, sondern daß stets weitere Kriterien herangezogen werden mußten. Bezieht man dieses Unterscheidungsmerkmal aber nicht mehr auf bestimmte Textgruppen, wie auch immer diese konstituiert werden, sondern auf Rudimentäreres, die Sprechsituation, so lassen sich auf dieser Basis zwei grundsätzlich verschiedene Typen differenzieren. Die 'normale' Sprechsituation, auf deren Analyse sich auch Wunderlich ('71) beschränkt, ist u. a. wesentlich dadurch charakterisiert, daß Sprecher und Hörer über die gleiche lokale und temporale Deixis verfügen, d. h. , daß zwischen "Sprachproduktion und Sprachwahrnehmung keine Verzögerung auftritt"[186] und daß "Ort und Wahrnehmungsraum" für Sprecher und Hörer identisch sind[187]. Eine solche Sprechsituation kommt demnach nur zustande, wenn Sprecher und Hörer durch eine Sprach- oder andere semiotische Handlung (Gestik, Mimik) miteinander in Kontakt treten, d. h. der Vollzug eines Sprechaktes ist identisch mit der Konstitution der Sprechsituation. Der Sprecher vollzieht dergestalt einen 'Akt', der mehr ist als nur der propositionale Gehalt der Aussage[188], Aussage und Akt konstituieren sich jedoch gleichzeitig, womit die allgemeinste Bestimmung des Performativen erfüllt ist, wie sie Austin ('62) angibt: "There is something which is at the moment of uttering being done by the person uttering."[189] Austin und auch Searle ('71), der Austin weiterführt, beziehen ihr Konzept des Performativen nicht auf die einem Text bzw. Diskurs insgesamt zugrunde liegende Sprechsituation, sondern lediglich auf einzelne Sprechakte innerhalb einer nicht weiter spezifizierten Sprechsituation, die in ihrer expliziten Form Verben mit bestimmten semantischen Merkmalen in der ersten Person Singular Präsens, Indikativ, Aktiv enthalten wie z. B. 'ich erkläre die Versammlung für geschlossen' oder 'ich verspreche hierfür Sorge zu tragen' usw.[190]. Andererseits deutet sich bei Austin bereits eine Ausweitung des Verständnisses des Performativen hin auf das umfassendere Konzept der Sprechsituation an, wenn er z. B. den Unterschied zwischen impliziten und expliziten performativen Sprechakten[191] dergestalt faßt, daß in letzteren die "implicit feature of the speech-situation is made explicit"[192]. Am deutlichsten greifbar wird diese Ausweitung jedoch, wenn Austin nach der anfänglichen kategorialen Scheidung von performativen Akten und von Aussagen (= "statements") letztere doch auch wieder als performativ begreift: "Once we realize that what we have to study is not the sentence but the issuing of an utterance in a speech situation, there can hardly be any longer a possibility of not seeing that stating is performing an act."[193] Daß Austin sich zu dieser Feststellung genötigt sah, die seine Unterscheidung der performativen Akte von Aussagen wieder weitgehend aufhob, resultiert unserer Meinung nach aus der Tatsache, daß er nicht bzw. nicht explizit zwischen den formalen Bedingungen einer Äußerung und deren semantischer Füllung unterscheidet.[194] Aus diesem Grunde trennen wir grundsätzlich die jeweilige Sprechsituation von den verschiedenen Sprechakten, die sich in ihrem Rahmen vollziehen können. Zusätzlich zu den oben angeführten Merkmalen läßt sich die performative Sprechsituation (=Sit_p) bestimmen als eine symmetrische Relation zwischen Sprecher (s) und Hörer (h), weil der Hörer seinerseits zum Sprecher werden kann. Formal ließe sich dies darstellen als: $Sit_p := (s,h)\varepsilon R_A(h,s)\varepsilon R$, d. h. in einer performativen Sprechsituation stehen 's' und 'h' in der Relation des Ansprechens und umgekehrt.[195]

Von der performativen unterscheiden wir als einen zweiten Typ die berichtende Sprechsituation, die wesentlich dadurch gekennzeichnet ist, daß ihre Referenz nicht bzw. nicht nur ein kognitiver Inhalt ist, sondern eine andere Sprech- bzw. Handlungssituation. Hieraus ergeben sich eine Reihe formaler Konsequenzen, die je nach der spezifischen Schreibweise oder Gattung, die im Rahmen einer solchen Sprechsituation verwirklicht wird, verschieden sein können. Zwischen Sprachproduktion und Sprachwahrnehmung kann eine zeitliche Verzögerung auftreten, woraus resultiert, daß das 'heute' des berichtenden Sprechers nicht das 'heute' des Hörers zu sein braucht, daß sich Sprecher und Hörer nicht mehr am selben Ort zu befinden brauchen (Reportage, Rundfunknachricht); ferner ist die Relation von Sprecher und Hörer keine grundsätzlich umkehrbare, sie ist also, mathematisch gesprochen, asymmetrisch[196]; der Hörer / Leser kann als fiktive Figur Element des Textes selbst werden (wie im Roman des 18. Jh.s) oder nur impliziert sein (wie im modernen Roman); die Deixis von berichtendem Sprecher und dargestellten Figuren kann verschieden sein[197], wodurch das Phänomen der sog. Erlebten Rede möglich wird, usw.

Es versteht sich von selbst, daß an dieser Stelle nicht der Aufbau einer Theorie der Sprechsituationen versucht werden sollte; uns ging es einzig darum zu zeigen, daß auf der Basis einer Neuformulierung des Redekriteriums unter Umständen die Differenzierung zweier grundlegend verschiedener Sprechsituationen möglich wird[198], die ihrerseits in spezifischer Relation zu bestimmten generischen Tiefenstrukturen stehen.

Geht man nämlich von den Sprechsituationen, deren systematische Erforschung Aufgabe der Pragmatik wäre, aus, dann ergibt sich, daß bestimmte Schreibweisen einer Sprechsituation notwendig zugeordnet sind, während andere in beiden der hier skizzierten Typen realisiert werden können. Das Narrative und das Dramatische z. B. ergeben sich notwendig aus der berichtenden bzw. performativen Sprechsituation, das Satirische, Komische, Groteske kann in beiden Situationen vorkommen: So gibt es z. B. Verssatiren als Monolog einer *persona*, die einem meist nur implizierten Leser über etwas berichten, aber auch als Dialog zwischen zwei und mehr Personen[199], es gibt satirische Romane und Epen genauso wie satirische Dramen usw. Der in der Forschung geradezu schon topisch gewordene "Proteuscharakter" der Satire läßt sich in unserem Zusammenhang dann nicht mehr nur als etwas Historisch-Zufälliges beschreiben, sondern aus der Tatsache erklären, daß das Satirische, wie etwa auch das Komische oder Groteske, eben nicht an eine bestimmte Sprechsituation gebunden ist, sondern in verschiedenen Sprechsituationen und darüber hinaus in spezifischen generischen Konkretisationen dieser Sprechsituationen (Roman, *conte*, Epos, usw.) realisiert werden kann. Aus diesen Überlegungen ergibt sich ferner, daß in einem allgemeinen generischen Modell das Narrative und das Dramatische durch ihr Gekoppeltsein an eine jeweils spezifische Sprechsituation 'tiefer' anzusiedeln sind als das Satirische oder Komische, d. h. daß das Satirische zwar das Narrative überlagern und entsprechend 'deformieren' kann, nicht aber umgekehrt.[200] Es ist also zwischen primären (selbständigen) und sekundären (abhängigen) Schreibweisen zu unterscheiden, wobei jedoch auch Überlagerungen innerhalb der jeweiligen Ebene möglich sind, wie beispielsweise beim Epischen Theater.[201] Schließlich läßt sich aus den obigen Überlegungen ein Gültigkeitskriterium für die Strukturierung sprechsituationsabhängiger Schreibweisen formulieren: Es ist dasjenige Strukturmodell das adäquatere, das die Spezifizität der jeweiligen Sprechsituation miteinbezieht. Auf die Narrativitätsforschung übertragen würde dies heißen, daß Modelle, die vom Erzähler ausgehen bzw. die *narration* (in Barthes' Terminologie) als integrative Ebene ansetzen, Aktanten- bzw. Handlungsmodellen überlegen sind, weil nur bei ersteren der zentrale Unterschied der Sprechsituation, auf dessen Grundlage sich ja erst die spezifischen Möglichkeiten narrativer Vertextung ergeben, ins Modell integriert ist.[202]

Daß bei der Differenzierung von Sprechsituationen über das Redekriterium nicht nur Oberflächenphänomene getroffen werden, wie Wellek ('67), Rodway ('70) u. a. meinen, sondern grundlegende Bedingungen für die Konstitution bestimmter generischer Tiefenstrukturen, ergibt sich ironischerweise gerade aus Szondis

Versuch der Grundlegung einer rein historischen Poetik. Für Szondi ist eine systematische Poetik, die er, genau wie Croce und andere, automatisch mit einer normativen gleichsetzt[203], nur bei einer ursprünglichen Zweiheit von Inhalt und Form möglich, wobei die vorgegebene Form historisch indifferent und nur der Stoff geschichtlich bedingt sei[204]. Sehe man aber Form und Inhalt dialektisch vermittelt, dann könne es natürlich keine zeitlose Form des Dramas mehr geben, sondern nur mehr beständig wechselnde Bezogenheiten von Form und Inhalt.[205] Um bei seiner Untersuchung nicht irgendwelche historischen Vorverständnisse zu verabsolutieren, wählt er als Ausgangspunkt nur die allgemeinste Bedeutung des Begriffs 'Drama': "Als historischer steht er für eine literaturgeschichtliche Erscheinung, nämlich das Drama, wie es im elisabethanischen England, vor allem aber im Frankreich des 17 Jh.s entstand und in der deutschen Klassik weiterlebte."[206] Doch dann sieht sich Szondi einem Problem gegenüber, das er, ohne dies zu bemerken, nur mehr ungeschichtlich lösen kann: "Da die Entwicklung in der modernen Dramatik vom Drama selber wegführt, ist bei einer Betrachtung ohne Gegenbegriff nicht auszukommen. Als solcher stellt sich 'episch' ein: Er bezeichnet einen gemeinsamen strukturellen Zug von Epos, Erzählung, Roman und anderen Gattungen, nämlich das Vorhandensein dessen, was man das 'Subjekt der epischen Form' oder das 'epische Ich' genannt hat."[207] Hiermit wird eindeutig eine ahistorische Kategorie eingeführt, weil offensichtlich nur auf diese Weise ein episiertes Drama einem im eigentlichen Sinne 'dramatischen' gegenübergestellt werden kann, was nur beweist, daß man eben nicht über Drama oder Roman reden kann, ohne explizit oder implizit eine Grundvorstellung des Epischen oder Dramatischen vorauszusetzen. Auf der Basis des Redekriteriums konstituiert Szondi also implizit eine nicht mehr geschichtlich gebundene Opposition von dramatisch vs. episch[208], um im interpretativen Teil dann die verschiedenen historischen Konkretisationen des Dramatischen vorzuführen, wozu natürlich auch die Überlagerung dramatischer und epischer Strukturierung gehört.

Das Beispiel Szondis sollte nochmals verdeutlichen, daß eine Gattungstheorie, die aufgrund der Oberflächenhistorizität und -individualität von Texten die Unmöglichkeit tiefenstruktureller Invarianten (Sprechsituationen, Schreibweisen) postuliert, beständig genötigt ist, ihre eigenen Postulate zu mißachten.

4.3.2.5. Sprachfunktionen und grammatische Kategorien

Daß die bis in die jüngste Zeit fast ausschließlich auf traditionell als literarisch eingestufte Texte gerichtete Gattungstheorie sich nicht erst neuerdings sprachwissenschaftlicher Methoden und Begriffe zu bedienen sucht, können eine Reihe von Arbeiten aus der ersten Jahrhunderthälfte belegen. Die literaturwissenschaftlichen Ansätze spiegeln dabei natürlich den jeweiligen Stand der sprachwissenschaftlichen bzw. sprachphilosophischen Diskussion wider, d. h. sie sind weitgehend der Sprachmetaphysik jener Zeit verpflichtet, wobei noch eine gewisse Phasenverschiebung einzubeziehen ist. Das Verfahren ist in der Regel von der Art, daß von bestimmten 'Leistungen' bzw. 'Funktionen' der Sprache ausgegangen wird, aus denen die "Gattungen", d. h. die drei Sammelbegriffe bzw. Grundhaltungen, abgeleitet und mittels derer sie differenziert werden. Programmatisch formuliert diese Position bereits Valentin (1898): "Da jede dichterische Schöpfung als Mittel sich der Sprache bedient, so kann keine dichterische Schöpfung sich den der Natur dieses Hilfsmittels zukommenden Eigentümlichkeiten entziehen."[209] Als Funktionen der Sprache nimmt er die Wiedergabe der durch den Gesichtssinn gewonnenen Eindrücke, das Element des Reflektierens und den Ausdruck von gesteigerten Empfindungen an[210] und leitet daraus das Epische, das Reflektierende und das Lyrische ab[211], womit "einerseits alle wesentlichen Bestandteile einer dichterischen Schöpfung" genannt seien, "außer denen es keine weiteren giebt (sic!), andererseits aber auch die Bestandteile, die ausnahmslos in jeder dichterischen Schöpfung vorhanden sein müssen, so daß, wo einer fehlt, von einer dichterischen Schöpfung nicht mehr die Rede sein könnte"[212]. Daß wir einzelne Werke dann bestimmten "Gattungen", etwa der Lyrik zuordnen, resultiere aus dem Überwiegen des lyrischen Zugs, doch sei es gar nicht nötig, daß wir eine dichterische Schöpfung immer eindeutig einer "Gattung" zurechnen können: "Es wird ihrem dichterischen Werte keineswegs Abtrag tun, wenn sie, zumal bei größerem Umfange, bald die eine Seite, bald die andere stärker überwiegen läßt"[213]. Obwohl Valentin keine terminologische Differenzierung vornimmt, kann man sagen, daß er bereits zwischen den rein klassifikatorischen Begriffen 'Lyrik', 'Epik' usw. und den "Qualitäten" 'lyrisch', 'episch' usw. im Staigerschen Sinn unterscheidet, wobei die ersteren nur ordnende Funktion haben[214], während letztere "auf dem Gebiete des Seelenlebens sich vollziehen"[215] und in ihrem spezifischen Zusammenwirken das spezifische Kunstwerk erst hervorbringen. Dem Psychologismus der Zeit folgend, werden die Funktionen der Sprache also auf Phänomene des Seelenlebens zurückgeführt.

Auch Jolles versucht, die dichterischen Formen von einer Sprachmetaphysik her in den Griff zu bekommen. Dabei differenziert er jedoch zwischen den vom Individuum zur Vollendung gebrachten großen Formen und jenen, die sich "sozusagen ohne Zutun eines Dichters in der Sprache selbst ereignen, aus der Sprache selbst erarbeiten"[216]. Die Sprache selbst begreift Jolles als "Arbeit", die er ihrerseits verköpert sieht im Bauer, Handwerker und Priester, deren Tätigkeiten er als Erzeugen, Schaffen und Deuten umreißt. Eben dies seien nun auch die Funktionen der Sprache[217], aus denen sich "unter Herrschaft einer bestimmten Geistesbeschäftigung" bestimmte Sprachgebärden konstituieren, die die Einfachen Formen aufbauen[218]. Die Legende etwa konkretisiert durch die Verwendung bestimmter Sprachgebärden die Geistesbeschäftigung der *imitatio*.[219] Die antiquierte Sprachmetaphysik von Jolles, der Sprache zu einem selbsttätigen Wesen hypostasiert, sollte nicht übersehen lassen, daß es ihm bei der Charakterisierung der einzelnen Einfachen Formen zu zeigen gelingt, wie sich bestimmte Sprachgebärden einem einheitlichen Muster unterordnen, und daß er auf diese Weise transphrastische Organisationsprinzipien in den Griff bekommt, die, im Gegensatz zu gleichzeitigen Bestimmungsversuchen etwa des Lyrischen, relativ konkret bleiben.

Im Gegensatz zu Jolles, der zwar bestimmte Funktionen der Sprache, nicht aber bestimmte Sprachgebärden apriorisch setzt, geht Berger ('43) davon aus, daß "Anschauung, Gefühl, Bedeutung die Elemente der dichterischen Sprache" seien[220] und daß sich hieraus Epik, Lyrik und Dramatik ableiten, wofür die genannten Kategorien gleichzeitig die allgemeinsten Differenzierungskriterien darstellen: "Fragen wir im Epos nach der inneren Anschauung, im lyrischen Gedicht nach der Einheit der Gefühlsmelodie, so ist uns die symbolische Einheit des Dramas, der Schwerpunkt, in der Idee gegeben."[221] Stellt Petersen zwischen der generischen Trias und den grammatischen Begriffen 'Subjekt', 'Prädikat' und 'Objekt' nur eine analogische Beziehung her[222], so betont Staiger, daß es sich um "keine bloße Analogie" handle, wenn er sage, daß 'lyrisch', 'episch', 'dramatisch' im gleichen Verhältnis zueinander stehen wie 'Silbe', 'Wort' und 'Satz'. So dürfe die Silbe als "das eigentlich lyrische Element der Sprache gelten. Sie bedeutet nichts, sie verlautet nur"[223], während im epischen Stil "das einzelne, einen Gegenstand bezeichnende Wort sein hohes Recht" behalte, und die "Funktionalität der Teile, das Wesen des dramatischen Stils ..., im ganzen des Satzes" ausgeprägt sei[224]. Die weitgehend willkürlichen Charakterisierungen grammatikalischer Kategorien, die von den vorher bestimmten Grundbegriffen abgezogen sind, machen den Analogiecharakter offensichtlich. Schließlich werden die Stufenfolgen episch / lyrisch / dramatisch und Silbe / Wort / Satz, wie wir oben sahen[225], mit den von Cassirer beschriebenen Phasen der Sprache in Zusammenhang gebracht, wobei es Staiger offensichtlich entgeht, daß z. B. das Dramatische als Ausdruck der Sprache in der Phase des begrifflichen Denkens nicht mehr vom wissenschaftlichen Diskurs zu differenzieren ist[226]. Daß Kayser die Sammelbegriffe über das Redekriterium differenziert, wurde bereits gesagt. Zur Charakterisierung der Grundhaltungen bedient er sich dann ebenfalls sprachphilosophischer Aussagen über die Leistungen der Sprache, schließt aber nicht an Cassirer, sondern an das Modell von H. Junker an, der nach Kundgabe, Forderung oder Auslösung und Mitteilung oder Darstellung unterscheidet, die nach Richtung (expressiv, impressiv, faktiv), Person (ich, du, er / sie / es), Erlebnissphäre (emotional, intentional, rational) differenziert werden und bestimmte Ausdrucksgruppen zusammenfassen (Stimmung, Gefühl / Befehl, Wunsch, Frage, Zweifel, Streben / Vorstellung, Denken). Diese drei Leistungen der Sprache würden nun nach Kayser die drei Grundhaltungen bereits "mitenthalten, die damit also im Grunde der Sprache selbst, in ihrem dreifachen Leistungsvermögen ihren Ursprung haben"[227]. Wie Valentin, Staiger u. a. formuliert auch Kayser, daß, wie in den Sprachen immer alle drei Leistungen "lebendig-gegenwärtig" seien, auch in der Dichtung die drei Grundhaltungen gemeinsam auftreten.[228] Im Gegensatz zu Staiger gibt sich Kayser mit dieser allgemeinsten Differenzierung jedoch noch nicht zufrieden, sondern unterscheidet innerhalb der einzelnen Hauptgrundhaltungen noch speziellere "Grundhaltungen", die durch spezifische Kombinationen der ersteren zustande kommen. So ist das "lyrische Nennen" eine Kombination aus 'episch' und 'lyrisch', das "lyrische Ansprechen" eine solche aus 'lyrisch' und 'dramatisch' und das "liedhafte Sprechen" "die eigentlichste lyrische Haltung", soz. das Lyrisch-Lyrische: "Diese drei lyrischen Grundhaltungen sind die einzigen, die es gibt und in der Sprache geben kann"[229]. Neben diesen 'Haltungen' innerhalb der einzelnen 'Grundhaltung' werden dann noch "innere Formen" wie 'Entschluß', 'Mahnung', 'Preis', 'Jubel', 'Klage', 'Bitte', 'Gebet' u. a. unterschieden, die jeweils bestimmten Haltungen zugeordnet sind[230], ohne daß Kriterien für deren 'Findung' angegeben würden. Kaysers Schema wird durch diese Auffächerung historisch-konkreter und weniger normativ als das Staigers, doch bleiben auch seine Kriterien einerseits zu intuitiv und andererseits zu weit: sie können, eben weil sie allgemeine Leistungen der Sprache darstellen sollen, ja auch gar nicht spezifische Textgruppen sondern. Mit dem Begriff der Kundgabe z. B. und dessen weiterer Differenzierung (expressiv, ich, emotional) läßt sich eine Sportreportage genauso charakterisieren wie Goethes *Prometheus* oder Keats' *Ode to a Nightingale*.

In dieser Tradition, "Gattungen" über die Leistungen bzw. Funktionen der Sprache zu differenzieren, steht auch noch Jakobson ('60), der durch Auffächerung des Dreiermodells von Bühler[231] zu sechs Sprachfunktionen gelangt (referentiell, emotiv, konativ, metasprachlich, phatisch und poetisch).[232] Eine Linguistik der Literatur kann sich nach Jakobson nicht mit der Beschreibung der poetischen Funktion begnügen, da die Besonderheit der verschiedenen poetischen "Gattungen" "a differently ranked participation of the other verbal functions along with the dominant poetic function" aufweise; so beziehe die epische Dichtung, "focused on the third person", stark die referentielle Funktion ein, während "the lyric, oriented toward the first person, is intimately linked with the emotive function", und Dichtung der zweiten Person sei "imbued with the conative function".[233] Trotz aller methodischer Divergenz, die natürlich in der Art und Weise der Bestimmung dieser Funktionen ihren Niederschlag findet, ist die Ähnlichkeit zu traditionellen Differenzierungsmodellen nicht zu übersehen. Jakobson führt diese Skizze nicht weiter aus — ihm geht es um eine Spezifizierung der poetischen Funktion als solcher —, doch läßt sie bereits erkennen, daß die poetische Funktion den anderen Funktionen nicht wirklich nebengeordnet, wie Jakobson generell postuliert, sondern diesen übergeordnet ist[234], und daß auch dieses Modell durch die Nichtscheidung verschiedener Abstraktionsebenen zu undifferenziert bleibt. Allerdings dürften sich die Jakobsonschen

Funktionen zur Differenzierung spezifischer Transformationen eignen. So ließe sich etwa anhand von Butors *Modification* zeigen, daß hier durch die Verwendung der zweiten anstelle der in Erzählprosa gängigen ersten oder dritten Person eine deutlich konative Sprachfunktion zum Tragen kommt.

4.3.2.6 Zeit und Ort

In einem früheren Aufsatz von 1935 rekurriert Jakobson neben den grammatischen Personen noch auf ein weit traditionelleres Differenzierungskriterium für die Sammelbegriffe bzw. Naturformen: die Zeitstufen. Für die Lyrik sei "das führende Thema stets die erste Person der Gegenwartszeit und für das Epos die dritte Person der Vergangenheit".[235] Dieses Kriterium findet sich bereits im Briefwechsel Schiller / Goethe "Über epische und dramatische Dichtung" von 1797[236] und taucht, mit wechselnder Zuordnung der drei Sammelbegriffe zu den drei Zeitstufen bei Humboldt, Schelling, Jean Paul, Hegel, Vischer u. a. auf[237]. In unserem Jahrhundert wird es neben Jakobson vor allem von Hirt, Kleiner, Schwarz und Staiger aufgegriffen.

Kleiner ('25 / '26) geht nicht vom deutschen Idealismus, sondern von Bergson aus, für den die Zeit die essentiellste Realität ist, woraus die Rechtfertigung abgeleitet wird, eine Gattungsbestimmung nach Zeitstufen vorzunehmen.[238] Dichtung, die nicht wesentlich von der Zeit bestimmt ist, scheidet Kleiner dabei als eigene Gruppe aus und kommt dergestalt zu den folgenden vier Hauptgruppen: (A) Dichtung der räumlichen Beziehungen oder beschreibende Dichtung, (B) Dichtung bestimmter Zeit, wobei die Epik mit der Vergangenheit, die Lyrik mit der Gegenwart und das Drama mit der Zukunft parallelisiert wird, (C) Dichtung aller Zeit oder didaktische Dichtung und (D) zeitlose Dichtung.[239] Neben den Zeitstufen rekurriert Kleiner noch auf ein weiteres Kriterium, das sich ebenfalls bereits im Idealismus findet, die Opposition von subjektiv vs. objektiv, wobei die Lyrik durch den ersten, Drama und Epos durch den zweiten Begriff zu charakterisieren wären.[240] Ähnlich wie Kleiner formuliert Schwarz ('42), daß, da "ein Ablauf von Stimmungen, eine Folge von Ereignissen, die Entwicklung von Schicksalen... ihrem Wesen nach zeitlicher Natur sind", sich auch die künstlerische Formung, die sich auf die Gestaltung dieser zeitgebundenen Phänomene richtet, "mit innerer Notwendigkeit nach den verschiedenen Dimensionen, die das Wesen der Zeit bzw. die Stellung des Menschen in ihr bestimmen", differenziert.[241] Aufgrund dieser Prämisse wird auch hier die Epik der Vergangenheit, die Dramatik der Zukunft und die Lyrik der Gegenwart zugeordnet.[242] Staigers Letztfundierung der Grundbegriffe in der "dreidimensionalen Zeit"[243] ist ein weiterer der zahlreichen Bezüge, die sein Denken mit Grundkonzeptionen der Gattungsreflexion der Goethezeit verbinden.

Neben dem oben skizzierten Ansatz von Hirt ('23), die Sammelbegriffe über das Redekriterium zu differenzieren, führt er als zusätzliche Unterscheidungsmerkmale noch zeitliche und räumliche Bedingungen ein. Er differenziert hierbei zwischen der Handlungszeit, die in Dramatik und Epik "ideal" sein, d. h. sich über mehrere Jahre erstrecken kann, und der Aufführungs- bzw. "Erzähle- / Lesezeit", die im Drama begrenzt, im Epos aber unbegrenzt und ohne Bedeutung sei.[244] Von diesen beiden Zeitebenen seien die Zeitstufen zu unterscheiden, wobei das Drama in Handlung und Aufführung der Gegenwart, die Epik in der Handlung der Vergangenheit, als Zwischenrede des Erzählers der Gegenwart zuzuordnen sei.[245] Wie bei der Zeit wird auch beim Raum zwischen dargestellter Handlung und Aufführung unterschieden, wobei diese Differenzierung allerdings nurmehr für die Dramatik pertinent sei, denn in der Epik gebe es keine räumliche Beschränkung, hier sei der Raum "ideal".[246] Gegenüber Epik und Dramatik habe die Lyrik "weder Raum noch Zeit in ihrer äußeren Form, denn ihr fehlt eine sich in Zeit und Raum erstreckende Handlung".[247]

4.3.2.7 Aussagestruktur und Fiktionalität

Das neben Staiger wohl meistdiskutierte Buch zur Gattungstheorie dürfte *Die Logik der Dichtung* von Käte Hamburger sein, das 1968 in einer weitgehend veränderten zweiten Auflage erschien, auf die sich die folgenden Ausführungen ausschließlich beziehen. Zentraler Ansatz ist die Hypothese, daß die "Sprache, die die Formen der Dichtung hervorbringt, sich f u n k t i o n e l l von der Sprache unseres denkenden und mitteilenden Lebens unterscheidet"²⁴⁸. Das System der "Gattungen" soll dabei gänzlich auf das der "dichtenden Sprache" gegründet werden²⁴⁹, die über den Begriff der Wirklichkeitsaussage charakterisiert wird, der seinerseits "das entscheidende Kriterium für die Zuordnung der Dichtungsgattungen liefert"²⁵⁰, wobei in bester deutscher Tradition als "Gattung" 'Lyrik', 'Epik' und 'Dramatik' begriffen werden²⁵¹. Zur Differenzierung der dichtenden Sprache ist nach Hamburger von dem bisher nicht berücksichtigten "Faktum" auszugehen, "daß erzählende und dramatische Dichtung uns das Erlebnis der Fiktion oder der Nicht-Wirklichkeit vermittelt, während dies bei der lyrischen Dichtung nicht der Fall ist"²⁵². Was aber als Erlebnis vermittelt werde, habe seine Ursache "in den vermittelnden Phänomenen selbst", und zwar sei dies "die logische und damit auch sprachliche Struktur", die den "Gattungen" zugrunde liege.²⁵³ Was hier als "Faktum" postuliert wird, ist empirisch jederzeit zu widerlegen²⁵⁴, doch ist dies für die "Phänomene selbst" irrelevant. Entscheidend ist, ob Hamburgers Begriff der Wirklichkeitsaussage kritischer Überprüfung standhält. Sollte dies nicht der Fall sein, erübrigt sich jede Detaildiskussion, weil dergestalt ihr System als ganzes falsifiziert ist.

Zunächst ist festzuhalten, daß die Autorin mit "Aussagestruktur" etwas grundsätzlich anderes meint als die Sprecher-Hörer-Relation des Kommunikationsmodells und die hierin anzusiedelnden verschiedenen Arten von Sprechsituationen.²⁵⁵ Für sie ist Aussage "die Aussage eines Subjekts über ein Objekt", und die Aussagestruktur ist "eine fixierte ablesbare Subjekt-Objekt-Relation"²⁵⁶. Überraschend ist, daß das Aussageobjekt mit dem Aussageinhalt identifiziert wird²⁵⁷, während das Aussagesubjekt nicht nur den Sprecher als Erzeuger der Aussage meint, sondern zugleich beinhaltet, w i e über Sachverhalte gesprochen werden kann; dies heißt aber, daß das Aussagesubjekt letztlich über den Aussageinhalt, d. h. das Aussageobjekt differenziert wird, obwohl Hamburger behauptet, daß sich die Struktur der Sprache "nicht aus dem Aussageobjekt erkennen" läßt: "ihr Strukturelement ist das Aussagesubjekt".²⁵⁸ Wenn sie dann jedoch zwischen einem historischen, theoretischen und pragmatischen Aussagesubjekt unterscheidet, ist das Unterscheidungsmerkmal bestenfalls beim historischen Aussagesubjekt tatsächlich von diesem und nicht vom Objekt her abgeleitet. Dies geht etwa aus folgenden Formulierungen hervor: "Die Individualität des theoretischen Aussagesubjekts nimmt in dem Grad ab, in dem das Aussageobjekt theoretisch, nämlich unbeeinflußt vom Aussagesubjekt ist"²⁵⁹, was doch nichts anderes heißt als daß, w e n n ein Aussageinhalt ein theoretischer ist, d a n n auch das Aussagesubjekt ein theoretisches ist. Oder: "Das historische und das theoretische Aussagesubjekt haben das gemeinsam, d a ß i h r e A u s s a g e o b j e k t e S a c h v e r h a l t e sind, die im Modus des Berichtes oder der Feststellung erscheinen." Demgegenüber ist das pragmatische Aussagesubjekt durch "Satzmodalitäten charakterisiert, die nicht dem Typus der Feststellung angehören, also nicht Behauptungssätze sind".²⁶⁰

K. Hamburger reduziert also nicht nur die Beschreibung des kommunikativen Aktes in unhaltbarer Weise (es fehlt der Hörer; Sprecher und Aussagefunktionen werden identifiziert; es wird nicht zwischen dem *signifié*, der Bedeutung der sprachlichen Zeichen, und dem *referent*, dem bezeichneten Gegenstand / Sachverhalt, unterschieden, usw.²⁶¹), sondern sie bestimmt auch das Aussagesubjekt, von dem die Struktur der Aussage abhängen soll, über das Aussageobjekt, demgegenüber sie indifferent sei. Damit ist im Prinzip bereits der Ansatz von K. Hamburger falsifiziert, denn der Begriff der Wirklichkeitsaussage, mit dem die "Gattungen" differenziert werden, hängt seinerseits ja an der Subjekt-Objekt-Struktur der Aussage als solcher. Da das Aussageobjekt nach Hamburger nicht die Struktur der Aussage bestimmen kann, kann es eine Aussage natürlich auch nicht als Wirklichkeitsaussage ausweisen: "Aussage ist immer Wirklichkeitsaussage, weil das Aussagesubjekt wirklich ist, weil, mit anderen Worten, Aussage nur durch ein reales, echtes Aussagesubjekt konstituiert wird"²⁶². Dieses Diktum führt zu der absurden Konsequenz, daß auch etwas Nichtwirkliches (Erlogenes, Phantasiertes) wirklich ist, weil nämlich "auch ein 'unwirkliches' Aussageobjekt den Charakter der Aussage als Wirklichkeitsaussage nicht beeinträchtigt"²⁶³. Wenn wirklich auch das ist, was nicht wirklich ist, dann wird entweder der Begriff der Wirklichkeit unsinnig oder aber er bedeutet etwas grundsätzlich anderes, nämlich, daß wirklich ist, was ein reales Aussagesubjekt äußert. Mit diesem Wirklichkeitsbegriff kann man nun aber gerade nicht mehr Wirklichkeit und Fiktion in der Art unterscheiden, wie dies normalerweise geschieht und wie dies auch bei Hamburger zu lesen ist, und zwar über den Begriff des Scheins, der "Illusion von Wirklichkeit"²⁶⁴, weil diese Begriffe nicht auf das Aussagesubjekt, sondern auf den Inhalt der Aussage, das Aussageobjekt zielen: "Fragen wir aber wodurch hier und nur hier der Schein, die Als-

Struktur der Wirklichkeit erzeugt wird, so lautet die Antwort: dadurch, daß der Schein des Lebens erzeugt wird"[265]. Eine eindeutiger auf den Aussageinhalt bezogene Definition des Fiktionsbegriffs ist schwer vorstellbar; damit hat sich K. Hamburger aber selbst widerlegt, weil die Fiktivität einer Aussage eben nicht aus dem Charakter des Aussagesubjekts, wie sie postuliert, sondern aus jenem des Aussageobjekts, in traditioneller Terminologie: des Inhalts, resultiert. Bei der Definition der Lyrik als Wirklichkeitsaussage rekurriert die Autorin dann wiederum ganz auf das Aussagesubjekt: "Wir erleben das lyrische Aussagesubjekt, und nichts als dieses. Wir gehen nicht über sein Erlebnisfeld hinaus, in das es uns bannt. Dies aber besagt, daß wir die lyrische Aussage als Wirklichkeitsaussage erleben, die Aussage eines echten Aussagesubjekts, die auf nichts anderes bezogen werden kann als eben auf dieses selbst."[266] Für Hamburger ist das "lyrische Aussagesubjekt identisch mit dem Dichter", sie muß aber gleichzeitig zugeben, daß die "logische Identität" nicht besage, "daß jede Aussage eines Gedichts, oder auch das ganze Gedicht, mit einem wirklichen Erlebnis des dichtenden Subjekts übereinstimmen muß"[267]. Damit sagt sie aber nichts anderes, als daß eine Wirklichkeitsaussage keine Wirklichkeitsaussage zu sein braucht, weil die 'eigentliche' Wirklichkeit, die Frage, ob etwas sich ereignet hat oder nicht, eben doch wiederum nicht von der Realität des Aussagesubjekts, sondern von jener des Objekts, des faktischen Inhalts der Aussage, abgeleitet wird. Dies heißt ferner, daß Lyrik durchaus Fiktion in dem oben ausschließlich für Epik und Dramatik angegebenen Sinn sein kann, was sich nicht zuletzt explizit aus der Feststellung ergibt, daß das Gedicht und seine Aussage "vom Zweck und Zwang der objektiven Wirklichkeit befreit" seien[268].

Für Hamburger war die Lyrik deswegen Wirklichkeitsaussage, weil das Ausgesagte keiner fiktiven Person zugeordnet werden konnte[269], was demgegenüber in Dramatik und Epik der Fall ist. Da sie nun aber nicht zwischen Autor und Erzähler scheiden möchte, sondern nur ganz allgemein von einer Erzählfunktion spricht[270], die eine fluktuierende sei, weil sie bald Dialogform annehme, bald sich in indirekter oder erlebter Rede vollziehe[271], verwischt sie den grundsätzlichen Unterschied, der zwischen den beiden Sprechsituationen, derjenigen des Erzählers und derjenigen der Personen, besteht, woraus, wie schon in den zwanziger Jahren erkannt wurde, gerade die Spezifizität des Narrativen resultiert, insofern es sich ja nicht einfach um zwar verschiedene, aber hierarchisch-funktional gleichrangige Sprechebenen handelt, sondern diejenige des Erzählers die Instanz ist, die die dargestellte Welt als ganze vermittelt.[272] Auf der Basis dieses Vermittlungscharakters ließe sich unserer Meinung nach das Phänomen der Erlebten Rede anders interpretieren als dies K. Hamburger unternimmt, nicht einfach als Fiktivitätssignal, wobei das Präteritum temporal Gegenwartsfunktion habe — eine Behauptung, deren Nachweis an keiner Stelle gelingt —, sondern als grammatischer Niederschlag der Abhängigkeit der Sprechsituation der Personen von derjenigen des Erzählers, während die *hic-et-nunc*-Deixis zeitlicher und örtlicher Bestimmungen Vehikel dafür wäre, die dargestellte Person unmittelbar als sprechende bzw. denkende erscheinen zu lassen, als Markierung der relativen Eigenständigkeit der zweiten, abhängigen Sprechsituation also.[273] Dies dürfte sich durch einen morphologischen Vergleich zwischen direkter und indirekter Rede deutlich machen lassen, wobei die Erlebte Rede formal bei entsprechender Wahl einer Menge geordneter Paare von Merkmalen unter Umständen als kartesisches Produkt aus direkter und indirekter Rede darzustellen wäre.[274] Die Nichtunterscheidung zwischen den beiden Sprechebenen führt bei Hamburger zu so absurd anmutenden Feststellungen wie: "Und der Dichter, der in bezug auf seinen Wilhelm sagt: 'Der Mensch kann in keine gefährlichere Lage versetzt werden, als daß durch äußere Umstände eine große Veränderung seines Zustandes bewirkt wird', ist als Erzähler keine mehr 'bewertende, fühlende, schauende' Person (K. Friedemann) als der Dramatiker, der seinen Wallenstein sagen läßt: 'Schnell fertig ist die Jugend mit dem Wort, / Das schwer sich handhabt wie des Messers Schneide'."[275] Der Autorin hätte an ihrer eigenen Formulierung auffallen können, daß es einmal der Erzähler (für Hamburger der Autor!) ist, der etwas sagt, während es bei dem Schiller-Beispiel der Dramatiker ist, der etwas sagen l ä ß t. Daß beide Aussagen letztlich vom Autor stammen, versteht sich natürlich von selbst; gerade die Tatsache aber, daß die Aussage im *Wilhelm Meister* nicht von einer der dargestellten Personen selbst gesagt wird, macht die Einführung eines textimmanenten Erzählers und damit einer dominierenden Sprecherebene notwendig.

Zahlreiche weitere Einzelfeststellungen in bezug auf epische Dichtung wären zu diskutieren, doch kommt es hierauf in unserem Zusammenhang nicht an. Erwähnt werden muß jedoch noch die

Bestimmung der Dramatik, die ebenfalls deshalb als fiktionale "Gattung" angesehen wird, weil hier fiktive Personen sprechen. Im Unterschied zur Epik habe die Dramatik jedoch keine fluktuierende Erzählfunktion[276], ihr "sprachlogischer Ort" ergebe sich aus der "strukturellen Tatsache, daß die Gestalten dialogisch gebildet sind"[277]. Indem K. Hamburger jedoch zugeben muß, daß der dramatische Dialog "von anderer struktureller und stilistischer Art ist als der epische"[278], hat sie ihre Behauptung, daß das Dramatische "im logischen Sinn aus der epischen Substanz gleichsam herausgeschält" sei und "eben deshalb in sie hinein" gehöre, selbst falsifiziert[279], denn der dramatische Dialog kann nicht strukturell anders und zugleich aus der Epik herausgeschält sein. Im wesentlichen kommt Hamburger bei der Differenzierung des Dramatischen vom Epischen auf das Redekriterium zurück, kann dieses aber eben deswegen nicht mehr sauber definieren, weil sie bei der Bestimmung des Erzählerischen nicht zwischen der Sprechebene des Erzählers und derjenigen der dargestellten Personen unterschieden hat.[280]

Zusammenfassend läßt sich sagen, daß der Versuch K. Hamburgers, die drei Sammelbegriffe über das Kriterium der Wirklichkeit des Aussagesubjekts zu differenzieren und innerhalb der fiktionalen "Gattung" (Epik, Dramatik) eine weitere Auffächerung durch das Vorhandensein oder Fehlen der Erzählfunktion vorzunehmen, beständig zu logischen Widersprüchen der Art führt, daß etwas beispielsweise als wirklich angenommen werden muß, weil das Aussagesubjekt ein wirkliches ist, obwohl das Ausgesagte nachweislich nicht wirklich sein kann, ein Widerspruch, den man dann dadurch zu beheben versucht, daß man Kunst "vom Zweck und Zwang der objektiven Wirklichkeit" befreit, was nicht mehr und nicht weniger besagt, als daß eine dichterische Aussage, auch dann, wenn es sich um ein lyrisches Gedicht handelt, eben keine Wirklichkeitsaussage ist, womit sich die Theorie selbst falsifiziert, da sie ihre eigenen Prämissen als falsch erweist.

Tarot ('70) übernimmt alle wesentlichen Prämissen K. Hamburgers, insbesondere deren Auffassung von der Subjekt-Objekt-Struktur der Aussage, kritisiert jedoch die ausschließliche Berücksichtigung des aristotelischen Dramas und möchte folgende Differenzierung von Mimesis und Imitatio einführen: "Identifiziert sich der Schauspieler mit der dargestellten Gestalt, dann ist die Darstellung Mimesis; ist der reale Schauspieler der Erzähler (Demonstrator) seiner Figur, dann ist die Vor-Stellung Imitatio."[281] Generell versteht er unter Imitatio eine "imitierte, fingierte Wirklichkeitsaussage", wobei sprachtheoretisch eine Grenze zwischen Mimesis und Imitatio verlaufe, "die zwei fundamentale Möglichkeiten der dichtenden Sprache scheidet. Dies gilt nicht nur für die epischen und dramatischen Präsentationsformen, sondern auch für die Lyrik."[282] In diesem Zusammenhang kritisiert er Hamburgers Konzept der Lyrik als Erlebnisdichtung und meint, daß Ich-Lyrik genauso wie der Ich-Roman sowohl echte wie fingierte Wirklichkeitsaussage[283] sein kann.[284] Mimesis und Imitatio werden dergestalt zu Kategorien, die "die Formen der dichtenden Sprache noch vor jeder Zugehörigkeit zu einer der zahlreichen Gattungen im engeren Sinn bestimmen"[285], wobei Tarot explizit an die Formulierung des Redekriteriums bei Platon anknüpft und seinen Begriff der Imitatio mit der platonischen διήγησις gleichsetzt[286], was jedoch nur sehr bedingt angeht, denn Platon formuliert im Ansatz zwei grundsätzlich verschiedene textkonstitutive Sprechsituationen, während Tarot in der Nachfolge Hamburgers das Verhältnis von dargestellter zu 'tatsächlicher', textexterner Wirklichkeit als Differenzierungskriterium ansetzt und dergestalt den Aporien dieser Theorie verhaftet bleibt.

Neben K. Hamburger und Tarot rekurrierte auch bereits Stender-Petersen auf den Begriff der Fiktionalität als Differenzierungskriterium, definiert ihn aber ganz anders. Die literarische Sprache ist für ihn, wie wir sahen[287], durch Zusatzstrukturierungen gekennzeichnet, wobei er auf der Ausdrucksebene von *instrumentalisation* (Reim, Assonanz u. ä.) und auf der Inhaltsebene von *émotionalisation* spricht. Fiktiv sei die literarische Sprache deshalb, weil sie nicht einer rein intellektuellen Kommunikation diene, sondern von einer "chaîne d'émotions plus ou moins marquées" überlagert sei[288], wobei dann der Grad der jeweiligen Instrumentalisation bzw. Emotionalisation als Differenzierungskriterium für "Gattungen" fungiert: So seien lyrische und epische Dichtung "des exemples d'une fiction maximum (instrumentalisation maximum et émotionalisation maximum)", während dramatische und narrative Texte den Gegenpol als "des exemples d'une fiction minimum" bilden; dazwischen werden Übergangs- und Mischformen angenommen.[289] Da Stender-Petersen erkennt, daß dergestalt die "quatre genres fondamentaux existants" noch nicht ausreichend zu bestimmen sind, führt er zusätzlich das Redekriterium ein und gelangt zu folgendem Schema[290]:

	instr. et émot. max.	instr. et émot. min.
reproduction directe	genre lyrique	genre dramatique
reproduction indirecte	genre épique	genre narratif

Abgesehen von der Unfaßbarkeit des Begriffs der *émotionalisation* zeigt auch dieser Ansatz die Problematik all jener Differenzierungsversuche, die die Opposition Vers vs. Prosa nicht erst als Oberflächenelement einführen (um etwa das Vers- vom Prosadrama zu unterscheiden), sondern viel allgemeinere Strukturierungen auf diese Art zu sondern suchen (lyrisch vs. dramatisch), obwohl unschwer Dramen zu finden sind, die ebenso 'emotionalisiert' und 'instrumentalisiert' sind wie die 'Paradebeispiele' lyrischer Dichtung.[291]

4.3.2.8 Differenzierungskriterien "aus linguistischer Sicht"

Wir haben bisher bereits wiederholt Arbeiten besprochen, die das Problem der "Gattungen" mittels linguistischer Methoden oder doch zumindest mittels linguistischer Grundkonzepte anzugehen versuchen. Darüber hinaus können durch die zunehmende Konstitution von nicht mehr satz-, sondern textbezogenen Grammatikmodellen diese selbst auf ihnen inhärente Möglichkeiten zur Gattungs- bzw. Textsortendifferenzierung befragt werden. Dies haben Gülich / Raible in ihrer Vorlage zum Rhedaer Kolloquium über "Differenzierungskriterien für Textsorten aus der Sicht der Linguistik und einzelner Textwissenschaften" unternommen, konnten innerhalb der analysierten zwölf Modelle elf verschiedener Autoren jedoch nur in dreien explizit formulierte Differenzierungskriterien feststellen[292], wobei sich Harwegs Substitutionsprinzip als nicht haltbar erwies[293], und in drei weiteren waren solche Kriterien implizit enthalten. In unserem Zusammenhang ist es nicht möglich und nötig, auf diese Differenzierungsversuche im einzelnen einzugehen[294], diskutiert seien nur die allgemeinen Prinzipien. Hierbei ist festzustellen, daß, trotz des mitunter weitgehenden Formalisierungsgrades der jeweiligen Textmodelle, in bezug auf die Verfahren der Textsortenspezifizierung die gleichen grundsätzlichen Mängel wie in traditionellen literaturwissenschaftlichen Arbeiten begegnen. Zum einen wird der Begriff der 'Textsorte' in keiner Weise aufgefächert, sondern umfaßt Textgruppenbildungen der verschiedensten Abstraktionsniveaus[295], und zum anderen erfolgt die Bestimmung der jeweiligen 'Textsorten' rein klassifikatorisch, d. h. wie in traditionellen literaturwissenschaftlichen Arbeiten werden sie durch eine mehr oder weniger große Zahl isolierter Merkmale, nicht aber über spezifische Relationen zwischen diesen Merkmalen charakterisiert.

Die gleichen Einwände lassen sich auch — mit Ausnahme der Vorlage Stempels[296] — zu den Beiträgen des Kolloquiums selbst formulieren, sofern diese überhaupt über texttheoretische Grundsatzdiskussionen hinausgingen. So formuliert etwa Wienold explizit ein klassifikatorisches Differenzierungsverfahren: "Für die Bestimmung von Textsorten ist es mithin wahrscheinlich wichtig zu zeigen, inwieweit man nach unterschiedlichem Grad der Teilhabe an bestimmten Merkmalen oder Merkmalskombinationen Textklassen bilden kann."[297] Als ein Differenzierungskriterium für Erzähltexte erwähnt Wienold in diesem Zusammenhang "die Art der Verkettung von Sätzen"[298]. Implizit klassifikatorisch gehen auch Sandig und Weinrich vor. Sandig stellt zur Differenzierung gebrauchssprachlicher Textsorten eine Menge von Merkmalsoppositionen auf, die sich auf die Art der Sprechsituation (± gesprochen, ± monologisch, ± spontan, ± räumlicher Kontakt, ± zeitlicher Kontakt, u. ä.) sowie auf generelle "sprachliche Eigenschaften"[299] (Aufbau, Thema, ± ökonomisch, u. ä.) beziehen. Durch die Vielzahl der verwendeten Merkmalsoppositionen (insgesamt sind es 20) gelingt dergestalt zwar eine Differenzierung beispielsweise von Rundfunknachricht und Interview, weil sie in einer Reihe von Merkmalen divergieren, dadurch aber, daß keine Hierarchisierung und Relationierung der Merkmale durchgeführt wird, bekommt Sandig gerade nicht die spezifische Struktur der Textsorte, den "moteur intime du système"[300], in den Griff. So stimmen etwa mündliches und "verschriftlichtes" Interview genauso in 13 von 20 Merkmalsoppositionen überein wie Gebrauchsanweisung und Zeitungsnachricht oder Telegramm und Zeitungsnachricht, während bei Zeitungsnachricht und Rundfunknachricht, die offensichtlich 'verwandter' sind, nur 14 Merkmalsoppositionen gleich besetzt sind. Ähnlich verfährt Weinrich, der aufgrund bestimmter syntaktischer Merkmale (Affirmation vs. Negation, Verb sg. vs. Verb pl., usw.) zunächst eine "Textpartitur" für die Satz- bzw. Satzteilfolge eines Textes erstellt, auf deren Basis dann eine "Textübergangspartitur" konstituiert wird: "Diese analysiert die Textpartitur in jeder Partiturzeile auf gleiche und ungleiche Übergänge hin."[301] Dabei bewirken gleiche Übergänge die Kohärenz, ungleiche die Information eines Textes, und "extreme Relationen in den Zeilen der Textpartitur wie auch der Textübergangs-Partitur sind textsorten-relevant"[302]. D. h. daß als textsortenspezifisch etwa das Verhältnis der affirmativen zu den negativen Sätzen angesehen wird (auf der Ebene der Textpartitur) oder aber das Verhältnis der gleichen zu den ungleichen Übergängen von einem Satz(teil) zum anderen (Textübergangspartitur). Auf dieser Basis könnten eventuell Grobklassifikationen möglich sein, im Grundsätzlichen gelten jedoch die gleichen Einwände wie auch bei Sandig, deren Modell allerdings insofern noch adäquater erscheint, als sie nicht nur auf grammatische Kategorien der Satzebene rekurriert, sondern Gegebenheiten der Sprechsituation einbezieht. Weinrich möchte die allgemeine kommunikative Kompetenz, in der die generischen Strukturen anzusiedeln sind, unmittelbar auf die satzgrammatische Kompetenz reduzieren, während es Sandig sogar für "ratsam" hält, innerhalb der ersteren noch "zwischen dem Aspekt der 'Textgrammatik' (d. h. der Kompetenz zur Bildung sinnvoller Satzfolgen) einerseits und andererseits dem Aspekt der Kompetenz zur Bildung von Textsorten und deren geregelter Anwendung" zu unterscheiden[303].

Erstaunlich bleibt, daß, obwohl sich die linguistische Theorienbildung in den letzten Jahren bereits weitgehend von den einfachen taxonomischen Verfahren der Segmentierung und Klassifizierung entfernt und hierarchisierte Modelle entwickelt hat, Textsortendifferenzierung noch immer vorwiegend auf klassifikatorischer Basis vorgenommen wird, und dies gerade durch Linguisten. Damit ist jedoch in den neuesten linguistischen Arbeiten die grundsätzliche Problematik der Differenzierung von "Gattungen" genausowenig gelöst wie in den traditionellen literaturwissenschaftlichen Ansätzen. Die Aporien der verschiedenen Verfahren scheinen nur in einem Modell überwindbar, das durch grundsätzlich verschiedene Objektphänomene konstituierte Abstraktionsebenen unterscheidet und diese einander hierarchisch zuordnet. Dabei ist, wie gesagt[303a], unserer Meinung nach zu unterscheiden zwischen Mikrostrukturen als grammatischen Wohlgeformtheitsbedingungen für Texte generell (=linguistische Kompetenz) und Makrostrukturen als Organisationsprinzipien spezifischer Texttypen (=kommunikative Kompetenz). Diese sind weiter aufzufächern in Sprechsituationen sowie in generische Tiefen- und Oberflächenstrukturen, wobei die jeweiligen Verfahren und Kriterien der Differenzierung ebenenspezifisch zu formulieren sind. Zu berücksichtigen ist natürlich ferner, daß die Makrostrukturen Rückwirkungen auf die 'Normalform' des Textes haben bzw. haben können und zu grammatisch aberranten Textbildungen führen können wie beispielsweise bei der Kombination verschiedener deiktischer Systeme im Rahmen der Erlebten Rede ('er kam morgen'). Daß auch für die Beschreibung dieser Makrostrukturen schrittweise präzise Formalismen zu entwickeln sind, versteht sich, nur darf die Möglichkeit der Formalisierung nicht durch eine simplifizierte oder gar verfehlte Problemsicht erkauft werden.

4.3.3. Gattungsdifferenzierung durch Korrelation mit anderen Systemen

Bisher wurden Differenzierungskriterien besprochen, die, trotz einer gewissen Tendenz hin zu Psychologie und Anthropologie, im wesentlichen sprachlich-literarischer Natur waren. Daneben existieren Versuche, "Gattungen" mit anderen Bereichen in Beziehung zu setzen und von dort aus Kategorien für deren Bestimmung zu erstellen. Die Probleme, die sich aus der Korrelation verschiedener Systeme ergeben, bleiben dabei, wie gesagt, meist unerkannt oder werden zumindest nicht diskutiert. Dies hat seinen Grund häufig darin, daß — vor allem in früheren Arbeiten — überhaupt nicht bemerkt wird, daß verschiedene S y s t e m e aufeinander bezogen werden und daß demzufolge auch nicht gesehen wird, daß Kriterien für die Korrelierbarkeit dieser Systeme, für deren postulierte Interdependenz, angegeben werden müssen. Als Konsequenz ergibt sich hieraus, daß in der Regel nicht zwischen zwei wesentlich verschiedenen Ansätzen unterschieden wird, nämlich, ob die Kriterien aus anderen Systemen unmittelbar zur Differenzierung von "Gattungen" verwendet werden oder ob spezifische Ausprägungen spezifischer "Gattungen" auf diese übergeordneten Systeme bezogen und deren Eigenart bzw. deren Wahl durch bestimmte Autoren von hieraus zu erklären versucht werden. In ersterem Fall wird der

Charakter der "Gattungen" als semiotischer Strukturen vollkommen übersprungen, während im letzteren nur Beziehungen zwischen zwei mehr oder minder explizit als verschieden erkannten Bereichen hergestellt werden. Von besonderer Wichtigkeit waren und sind in diesem Zusammenhang besonders zwei Bereiche: einerseits psychische und andererseits allgemein sozio-kulturelle Gegebenheiten.

4.3.3.1 Psychologische Kriterien

Die Literaturtheorie des ersten Drittels dieses Jahrhunderts ist, wie schon mehrfach betont, durch einen ausgeprägten Psychologismus gekennzeichnet, was selbst für Autoren gilt, die sich, wie Ermatinger, betont antipsychologisch geben. Da alle Versuche, von der Psychologie — im weitesten Sinne, d. h. von der Völker- bis zur Individualpsychologie — her zu einer Bestimmung der "Gattungen" zu kommen, nicht nur wegen der ungeklärten Frage der Korrelierbarkeit eines psychologischen mit einem semiotischen System, sondern auch aufgrund der Überholtheit der psychologischen Grundlagen, für eine moderne Gattungstheorie bestenfalls noch von wissenschaftsgeschichtlichem Interesse sind, seien sie hier nur knapp referiert.[304] So wurden beispielsweise Beziehungen hergestellt zwischen bestimmten Menschentypen und den "Gattungen", die jene verwenden: Da Otto Ludwig z. B. Eidetiker sei, d. h. die Fähigkeit habe, Anschauungsbilder ohne das Vorhandensein eines Reizgegenstandes zu bilden, wird daraus die relative Leichtigkeit seines epischen Schaffens "erklärt", während Schiller über eine mimisch-motorische Veranlagung verfügt habe und infolgedessen vor allem Dramatiker sei, was heißt, daß die Epik auf Anschaulichkeit und die Dramatik auf das Motorisch-Mimische reduziert wird.[305] Kretschmer stellt einen Zusammenhang zwischen Körperbau bzw. Charakter und der Gattungswahl her[306], während Dilthey hierfür geopsychische Gründe liefert, indem er z. B. das Naturgefühl der schwäbischen Lyriker mit den sanften Hügeln der schwäbischen Landschaft in Verbindung bringt[307]. Eine systematische Poetik auf psychologischer Grundlage liefert, wie erwähnt, Hartl ('24), der davon ausgeht, daß man, solange man "auf dem Gebiet des objektiven Kunstwerks" bleibe, kaum den gemeinsamen Nenner aller Verschiedenheiten formaler und inhaltlicher Art der zu einer "Gattung" (=Lyrik, Epik, Dramatik) gehörenden Werke finden könne. Dies würde erst die "psychologische Betrachtung" ermöglichen, die eine "umfassende — d. h. alle Gattungseigentümlichkeiten berücksichtigende — Einteilung" liefere.[308] Unter Bezug auf Stöhrs Psychologie wird dann die Lyrik auf die vasomotorische, die Epik auf die imaginative und die Dramatik auf die motorische Erlebnisform zurückgeführt. Für Petersen ('25) handelt es sich hierbei um eine "zu glatte Lösung"[309], wie er überhaupt die Verabsolutierung einer bestimmten Differenzierungsweise ablehnt: "Raum und Zeit, Landschaft und Ideenrichtung, Bluterbteil und geistige Bewegung, Stamm und Weltanschauung, Volksgeist und Zeitgeist sind ... in einer ständigen horizontalvertikalen Kreuzung, Wechselwirkung und gegenseitigen Durchdringung begriffen, so daß bei Erhaltung gewisser angeborener Züge das Bild beinahe von Generation zu Generation wechselt."[310] Dieses Zitat vermag exemplarisch zu belegen, wie die heterogensten Bereiche zur Charakterisierung der "Gattungen" herangezogen werden, ohne daß nur im geringsten der Versuch unternommen wird, die jeweils verschiedene Bezogenheit der zu bestimmenden Objekte auf diese Bereiche zu berücksichtigen. Um nur ein Kategorienpaar herauszugreifen: 'Volksgeist' ist, wenn man dieses Konzept überhaupt gelten lassen will, eine weitgehend ahistorische Kategorie, während 'Zeitgeist' natürlich eine historische ist; damit decken diese beiden Begriffe aber grundsätzlich verschiedene Phänomene eines Textes ab und können nicht einfach nebeneinandergestellt werden.

Ermatingers Ansatz ist demgegenüber etwas systematischer. Er geht davon aus, daß die ganze Welt des Sichtbaren und Unsichtbaren dem Dichter als "Quelle seines Stofferlebnisses" offensteht und daß demzufolge nicht vom Stoff her als solchem, sondern von der spezifischen Erlebnisweise dieses Stoffes die "Gattungen" (Epik, Lyrik, Dramatik) zu sondern seien. Die Grundfrage laute: "Wie tritt die Welt als Stoff in den Bereich seines (sc. des Autors) schaffenden Ichs ein, wie muß sie eintreten, damit Werke entstehen, in denen sich die lyrische, dramatische oder epische Veranlagung rein und stark aussprechen ... kann?"[311] Während in der Lyrik "kein Geschehen ausgesprochen, kein Fortschreiten da (sei), sondern nur ein Zustand"[312], unterscheiden sich hiervon Epik und Dramatik gemeinsam dadurch, "daß ihre Stoffe der Kausalität, den Raum- und Zeitgesetzen der äußeren Wirklichkeit unterworfen" seien, daß ihr Inhalt "kein Zustand, sondern ein Geschehen" sei[313]. Epik und Dramatik werden dann ihrerseits dadurch differenziert, daß im Drama "starke Spannungen"[314] dargestellt werden, die im Epos fehlen, das "schicksals-, nicht willensbestimmt" sei[315]. Diese Differenzierungen der drei Sammelbegriffe sind uns bereits begegnet[316], entscheidend für Ermatingers Ansatz sind jedoch nicht die Kriterien als solche, sondern ihre Rückkoppelung an die Autorpsyche: die Begriffe 'Zustand' und 'Handlung' sind nicht einfach Gegebenheiten des Objekts, spezifischer Textgruppen, sondern aus der Veranlagung des Dichters erwachsene Reaktionen auf Welt. Demzufolge kann auch nicht jeder Dichter jede "Gattung" "mit Leben erfüllen ... Es gibt nach ihrer seelischen Artung geborene Epiker, Dramatiker und Lyriker"[317]. Dies ist ein deutlicher Beleg für die oben gemachte Feststellung, daß psychologistische Gattungstheorien die Frage nach den Differenzierungskriterien mit jener nach den Gründen für die Wahl einer bestimmten "Gattung" durch einen bestimmten Dichter vermengen, was letztlich geradezu ein notwendiges Ergebnis des erwähnten Ansatzes ist, denn, wenn "Gattungen" nicht als prinzipiell verfügbare Kommunikationsformen, deren Wahl von einer Vielzahl von Faktoren abhängt, betrachtet werden, sondern eine Reduktion auf allgemeinste psychische Reaktionsweisen erfahren, dann kann natürlich auch das jeweilige dichterische Individuum nur im Rahmen der es dominierenden Art des "Stofferlebnisses" schöpferisch tätig werden. Dabei erweist sich erneut, daß ein solcher gattungstheoretischer Psychologismus meist einen logischen *circulus vitiosus* darstellt: Es wird davon ausgegangen, daß es die drei "Gattungen" gibt, diese werden zu bestimmen versucht, etwa über die Begriffe 'Zustand', 'Spannung', 'Schicksalhaftigkeit', dann wird behauptet, daß es sich hierbei um grundsätzliche psychische Phänomene handelt ("Stofferlebnisse"), und da man von Anfang an nur drei "Gattungen" angenommen hat, kann es natürlich auch nur drei Stofferlebnisse geben, die ihrerseits nun die Dreizahl der "Gattungen" erklären sollen, obgleich sie erst aus diesen abgezogen wurden.[318]

Neben der inneren, vom Stofferlebnis des Schaffenden bedingten Form, unterscheidet Ermatinger noch die äußere, die zwar von der inneren mitbedingt sei, aber noch durch ein zusätzliches Element beeinflußt werde, "durch die Wirkung oder, was dasselbe sagt, durch das Publikum"[319]. Hier werden nochmals zwei Schichten differenziert, zum einen der konventionelle Formbegriff und zum anderen die Vortragssituation. Wie bei der inneren Form kommt es auch hier zu völlig unsinnigen normativen Festlegungen, z. B. wenn die gültige Form des Erzählens folgendermaßen definiert wird: "ein Einzelner unterhält in einer behaglichen Stunde eine nicht allzu große Gesellschaft durch die Erzählung eines Geschehens, das zur Zeit der Erzählung abgeschlossen ist"[320], und die neueren Entwicklungen damit abgetan werden, daß die "ältere Erzählkunst ... den echteren Stilsinn" besessen habe[321], ja, es ist sogar von "Entartung der epischen Kunst" die Rede[322]. Aus der Verwechslung von empirischem und fiktivem, im Text selbst thematisierten Publikum resultiert schließlich eine Differenzierung von Dramatik und Epik nach der äußeren Form, insofern das Publikum im Theater heterogen sei, während im Roman eine geschlossene Gruppe angesprochen würde[323]. Damit erweisen sich auch die auf die sog. äußere Form bezogenen Differenzierungskriterien als weitgehend unbrauchbar. Ermatingers einst so einflußreiche Arbeit erscheint heute ganz besonders antiquiert.

Ganz in der Tradition des Idealismus und des Psychologismus der zwanziger Jahre steht auch noch Vigée, der eine Definition des Lyrischen, Epischen und Tragischen versucht, wobei das Lyrische als das Grundprinzip alles Poetischen — "la substance mère de toute poésie"[324] — gesetzt und auf die unmittelbare Ich-Aussprache des Dichters zurückgeführt wird. Wenn nun aber das Lyrische Inbegriff alles Poetischen ist, dann müssen auch die anderen Gattungen notwendigerweise vom Erleben des dichtenden Individuums abhängen, was Vigée auch explizit formuliert: "La définition d'un genre dépend en dernier ressort de l'expérience vécue par les poètes au cours de la création."[325] Grundfehler der poetisch-rhetorischen Tradition wie der neueren Gattungstheorie sei es, daß von den "œuvres achevées" ausgegangen würde, anstatt "de se reporter ... dans l'ambiance de la création". Wie im Psychologismus werden dergestalt die "Gattungen" auf die "attitude de l'esprit créateur" reduziert.[326] Einem subjektivistisch-biographistischen Literatur- und Gattungsverständnis ist ferner auch Goudet verpflichtet, der "deux modes de l'intuition créatrice, le lyrique et le dramatique" unterscheiden und voneinander abheben möchte.[327] Als Unterscheidungskriterium dient die "inégale proximité de l'expression exprimée par rapport à l'intuition"[328], was besagt, daß als Differenzierungskriterium der jeweilige 'Abstand' des Dichters zum Dargestellten fungiert. So sei der

Lyriker "un transcripteur presque instantané"³²⁹ seiner Gefühle, während diese in dramatischen Werken durch fiktive Personen mediatisiert seien³³⁰. Goudets Ansatz ist mit dem K. Hamburgers verwandt, die ja auch den Sprecher eines lyrischen Gedichts mit dem realen Autor identifizierte, insgesamt ist er jedoch viel naiver biographistisch, indem Dichtung im Anschluß an Croce prinzipiell als spontanes Aussprechen der Erlebnisse, der Intuition, des Autors begriffen wird.

Nachdem Unger die von Dilthey abgelehnte Übertragung der philosophischen Weltanschauungstypen auf die Dichtung vorgenommen hatte³³¹, dienen auch diese zur Differenzierung von "Gattungen", so etwa bei Wundt ('30), der die drei Typen Diltheys (Naturalismus bzw. Materialismus, objektiver Idealismus, Idealismus der Freiheit) weiter auffächert und die Form als "Gestalt der Weltanschauung" begreift, insofern es letztlich immer "weltanschauliche Beweggründe" seien, "die den Künstler bestimmen, diese oder jene Form zu wählen".³³² Jede Dichtungsgattung trage "in sich eine bestimmte Stellung zur Wirklichkeit, die eine bestimmte Weltanschauung voraussetzt".³³³ Der reinen Form des Epos läge eine naturalistische Weltanschauung zugrunde, insofern es durch die "reine Hingabe an das Objektiv-Wirkliche in seinem äußeren Zusammenhang" gekennzeichnet sei³³⁴, während die Lyrik vom Psychologismus geprägt sei, da ihre Welt die Innerlichkeit sei, und das Drama auf dem Boden des Idealismus erwachse: "Während Naturalismus und Psychologismus nur entweder die äußere oder die innere Welt anerkennen, will der Idealismus beiden ihr Recht zukommen lassen, indem er zwischen beiden vermittelt und sie in ihrer inneren Verbindung aufweist."³³⁵ So sei denn auch der eigentliche Gegenstand des Dramas das innere Verhältnis der Personen zur äußeren Umwelt. Da nun der Idealismus Naturalismus und Psychologismus umfaßt, wird gleichzeitig das Drama als Ausdruck dieser Weltanschauung die "höchste Dichtungsform"³³⁶, was letztlich nichts anderes ist als die Bestimmung des Dramas als Synthese von Objektivem und Subjektivem, von Epos und Lyrik, wie sie bereits im Idealismus wiederholt gegeben wurde³³⁷ und wogegen sich Dilthey explizit gewandt hatte³³⁸. Beriger bezieht noch 1938 die "Gattungen" auf "weltanschauliche Grundlagen", meint jedoch, daß es sich hierbei um eine der schwierigsten Fragen handle, die sich die Literaturwissenschaft stellen könne. Die große Lyrik setzt für ihn ein "mystisch-pantheistisches Weltgefühl" voraus, für die Tragödie sei ein "dualistisch-idealistisches Weltbild" am günstigsten und im Roman fänden "Determinismus und Skeptizismus ... ihre natürlichste Ausdrucksform".[339] Immerhin erkennt Beriger bereits, daß die einzelnen "Gattungen" in verschiedenem Maße durch jeweils verschiedene andere Systeme geprägt seien. Das Drama z. B. sei in besonderer Weise an "weltanschauliche, soziologische und kulturelle Voraussetzungen gebunden", während die verschiedenen lyrischen Formen mehr "individuell weltanschaulich als allgemein geistesgeschichtlich" bedingt seien.[340] Ein grundsätzliches In-Beziehung-Setzen von Weltanschauungstypen und literarischen Formen findet sich schließlich auch schon beim frühen Lukács, wenn er formuliert: "Bestimmte Weltanschauungen bringen bestimmte Formen mit, ermöglichen sie, schließen andere genauso von vornherein aus"[341].

Gegenüber diesen psychologischen und weltanschauungstypologischen Differenzierungsversuchen, denen es wesentlich um die Formulierung überzeitlicher Invarianten zu tun ist, vollzieht sich in soziologischen Ansätzen eine weitgehende Historisierung des Formbegriffs.

4.3.3.2 Soziologische Kriterien

Eine seltsame Verquickung soziologischer und psychologischer Kriterien, die nicht weiter begründet wird, findet sich bei Burke. Er unterscheidet zunächst drei grundsätzlich verschiedene Haltungen, "Yes, No, and the realm of Maybe"[342], und möchte die literarischen "Gattungen" (Epos, Tragödie, Satire usw.) als durch soziologische und psychologische Faktoren differenzierte Symbolisierungen dieser Grundhaltungen begreifen[343]. So sei das Epos etwa "a typical frame of symbolic adjustment under primitive conditions"[344], während das Material, mit dem der Tragiker arbeite, "much more urban, complex, sophisticated" sei[345]. Rein psychologisierend ist die Bestimmung der Satire: "... the satirist attacks in others the weaknesses and temptations that are really within himself"[346].

Gegenüber diesen naiv-oberflächlichen Korrelierungsversuchen entwickeln Kuhn (²'59) und Waltz ('70) wesentlich nuanciertere Differenzierungskriterien auf der Basis allgemeiner sozio-kultureller Gegebenheiten. Bei Kuhn sind diese jeweils auf eine der von ihm unterschiedenen Schichten bezogen[347]. Die Bestimmung der "Typen" als stark historisch konditionierter "Werkstattschematen und -schablonen"³⁴⁸ könne wegen der im Mittelalter vielfältigen Überschneidungen von Vers und Prosa, musikalischem und rhetorischem Vortrag, religiöser und weltlicher Thematik usw. nicht so ohne weiteres wie in der modernen Literatur von formalen und inhaltlichen Gesichtspunkten ausgehen: "Hier muß die Gruppierung der Dichter, des Gebrauchs, der Überlieferung mit größerem Gewicht dazutreten."³⁴⁹ Kuhn greift hierzu vor allem auf die Gruppierung von Texten in Handschriften zurück. Daneben betont er die grundsätzliche soziologische Bedingtheit auch der übergreifenderen Gattungen: "Für die höfischen Gattungen im Speziellen, Minnesang und Epos, ist zunächst das Soziologische bestimmend; in der Form: Vortrag als Vorgang, das höfische Publikum; im Inhalt: nicht die Ritterideologie selbst, sondern ihre kritische Ausweitung zu einer Lebenslehre für den Ritter, den Laien in der Welt und vor Gott. Die höfischen Gattungen sind also von diesen beiden Seiten her nicht *sui generis* im ästhetischen Sinn, sondern Ergebnis einer literarischen Bewußtseinsbildung des Adels, als des zuerst zu einem nationalen und ständischen Selbstbewußtsein gekommenen und um seine Deutung ringenden Volksteils"³⁵⁰. Bei dieser Äußerung ist zu beachten, daß sie sich auf die spezifischen historischen Realisationen einer bzw. mehrerer Gattungen bezieht, nicht auf das Epos oder gar das Epische / Narrative im allgemeinen, d. h. daß in Kuhns Modell die soziologischen Kriterien nicht transepochale Gattungen wie das Epos oder ahistorische Schreibweisen wie das Narrative differenzieren, sondern bestimmte, aus soziologischen Gegebenheiten resultierende Transformationen allgemeinerer Strukturen. Indem Kuhn dergestalt eine Beziehung nicht zwischen den Formen als solchen, sondern zwischen der Historizität der Formensprache und der je spezifischen Konstitution des soziokulturellen Gesamtsystems herstellt, wobei er durchaus die zumindest relative Konstanz bestimmter Formmuster zugesteht³⁵¹, vermeidet er die soziologistischen 'Kurzschlüsse', denen selbst 'aufgeklärte' Marxisten unterliegen, wenn sie die verschiedensten literarischen Strukturen aus ein und demselben sozio-ökonomischen System, dem des Kapitalismus natürlich, abzuleiten versuchen³⁵².

Ohne Bezug auf Kuhn und ohne Differenzierung spezifischer Schichten entwickelt Waltz — ebenfalls am Beispiel mittelalterlicher Dichtung — ein im Grundsätzlichen dem Ansatz von H. Kuhn sehr ähnliches Modell der Gattungsdifferenzierung. Er zählt ein ganzes Bündel von Eigenschaften auf, die hierzu dienen können: "ein bestimmtes Publikum, eine Situation, d. h. das durch Gewohnheiten, Sitten oder Institutionen festgelegte Zusammentreten dieses Publikums mit bestimmten Erwartungen, einen Realisationsmodus, eine Form, typische Inhalte, die Stellung und Funktion in einem der symbolischen Systeme, in denen sich die Gesellschaft ausdrückt"[353]. Diese Eigenschaften würden sich wechselseitig beeinflussen, jede habe eine gewisse Selbständigkeit und an jeder könne eine Veränderung einsetzen, die die Entwicklung der "Gattung" bestimme.[354] Zur wichtigsten unter den angeführten Kategorien wird für Waltz der Begriff der Funktion einer "Gattung" im Rahmen eines symbolischen Systems. Aufbauend auf den Überlegungen der theologischen Formgeschichte, wonach alle Literatur in einer bestimmten "Lebenslage" verfaßt sei, ihren besonderen "Sitz im Leben" habe[355], gelangt er zu der Feststellung, daß bei einer Gattungsbestimmung weder von den Realisationsumständen (ob ein Werk z. B. gesungen oder vom Schauspieler gespielt wurde) noch von dem anvisierten Publikum auszugehen sei — letzteres könne in der Regel erst aus den Texten selbst rekonstruiert werden —, sondern der zentrale Aspekt sei "der Platz, den eine Gattung in dem umgreifenden symbolischen System einnimmt und die Funktion, die sie in ihm ausübt"[356]. Dieser Ansatz wirft jedoch drei Probleme auf, von denen Waltz selbst zwei erwähnt. Zum einen muß er seine Grundannahme, wonach im Gegensatz zur Neuzeit, wo die "Gattungen" gegenüber dem gesellschaftlichen Zusammenhang "eine gewisse Autonomie gewonnen" hätten, diese im Mittelalter "in sehr unmittelbarer Weise durch eine Funktion bestimmt" seien, dahingehend einschränken, daß dies vom höfischen Lied und anderen höfischen Formen nicht bzw. nicht im selben Maße gelte[357], was sich mit der Kuhnschen Feststellung der Herausbildung von Entelechien trifft. Zum anderen räumt er ein, daß der "Sitz im Leben" nicht als genereller Grund für die Entstehung von "Gattungen" angegeben werden kann: "Außer bei Ausdrucksformen, die ganz unmittelbar praktischen Zwecken dienen, formt die Gattung ebenso den Sitz im Leben wie dieser die Gattung."[358] Wenn jedoch der "Sitz im Leben" und damit die Funktion keine dem Text vorgeschaltete, ihn konditionierende Kategorie ist, sondern ihrerseits erst Ergebnis der jeweiligen Vertextung sein kann, dann kann sie genausowenig als Heuristicum fungieren wie das Publikum, und zwar eben deshalb, weil sie nicht Bestandteil eines v o r g e g e b e n e n symbolischen Systems ist, sondern dieses erst konstituiert. Das eigentliche Problem des von Waltz vorgeschlagenen Differenzierungsverfahrens scheint jedoch bei der Nichtscheidung von Struktur und Funktion zu liegen. Im Anschluß an G. Klaus haben wir bereits oben auf die Grundeinsicht der allgemeinen Systemtheorie verwiesen, wonach ein und dieselbe Struktur mehrere Funktionen haben und umgekehrt ein und dieselbe Funktion Ergebnis verschiedener Strukturen sein kann.[359] Jede rein funktionale Analyse der "Gattungen" verstößt gegen diese Erkenntnis, indem sie entweder von der Textkonstitution her Heterogenes aufgrund der gleichen Funktion identifiziert oder aber die Isomorphie von Strukturen aufgrund verschiedener Funktionen übersieht. Das *Neue Testament* läßt sich z. B. von seiner Funktion her als einheitlicher Text begreifen, der der Vermittlung einer Heilswahrheit dient, während unter dem Gesichtspunkt der Struktur die grundsätzliche Verschiedenheit etwa der Evangelien gegenüber den Apostelbriefen festzuhalten ist, wobei innerhalb dieser beiden Gruppen nochmals verschiedene Vertextungsverfahren zu unterscheiden sein dürften[359a]. Bei der Bestimmung von "Gattungen" ist also zwischen Struktur und Funktion zu unterscheiden; Funktionen sind als Differenzierungskriterien nur unter der Bedingung zu verwenden, daß keine eineindeutige Abbildung der Menge der Strukturen auf die Menge der Funktionen angenommen wird, sondern daß in jedem Einzelfall die jeweils spezifische Relation von Funktion und Struktur festgestellt wird.[360]

Abschließend sei betont, daß die vorangegangenen Überlegungen natürlich nicht den Versuch darstellen sollen noch können, die Problematik literatursoziologischer Ansätze grundsätzlich zu diskutieren. Uns ging es nur darum, einige prinzipielle Fragen soziologischer G a t t u n g s bestimmung zu umreißen.

4.4 Zusammenfassung: Interdependenz von Strukturierungsverfahren, Schichtenspezifizierung und Differenzierungskriterien

Die vorausgehenden Überlegungen erlauben einige zusammenfassende Folgerungen zur Fundierung einer systematischen Gattungstheorie. Als wesentliches Grundprinzip ist zu formulieren, daß das Problem der Differenzierungskriterien nicht unabhängig von der Frage nach den Strukturierungsverfahren und von der Unterscheidung verschiedener Abstraktionsebenen zu diskutieren ist. Dabei ist einem taxonomisch-klassifizierenden Vorgehen, das Texte allein aufgrund des Vorhandenseins oder Fehlens bestimmter Eigenschaften (Elemente) einer bestimmten "Gattung" zuordnet, ein im eigentlichen Sinne 'strukturierendes' vorzuziehen, das spezifische Relationen zwischen diesen Elementen erstellt, die für den jeweiligen Texttyp bezeichnender sind als die einfache Kumulation isolierter Elemente. Die Applizierung eines nicht mehr statischen, sondern dynamischen Strukturbegriffs ermöglicht es ferner, verschiedene generische Schichten zu unterscheiden und diese doch in einen systematischen Zusammenhang zu integrieren, wobei die Gesetze der Struktur, die abstrakten Relationen als solche, die absolut oder relativ, d.h. für bestimmte sozio-kulturelle Systeme, konstanten Schreibweisen ergeben, während die auf der Basis der Gesetze der Struktur möglichen Transformationen zu deren historisch konkreten Realisationen im Rahmen bestimmter historischer Gattungen führen. Bei der Strukturierung solch historischer Textkorpora ist zu beachten, daß diese nicht nur aus einer generischen Tiefenstruktur, sondern aus der Überlagerung mehrerer Schreibweisen resultieren können, wobei dann deren jeweils spezifische Relationierung im Rahmen des durch sie konstituierten holistischen Systems zu bestimmen ist. Selbst dort, wo verschiedene generische Schichten, wenn auch in anderer als der hier skizzierten Weise, unterschieden wurden, ist in der Regel übersehen worden, daß Differenzierungskriterien nicht generell, sondern nur relativ zur jeweiligen Schicht zu formulieren sind. Da es sich in unserer Konzeption bei den generischen Tiefenstrukturen um abstrakte Bezugssysteme von Elementen handelt, die über das Prinzip der *abstraction réfléchissante* erstellt werden, dürften bestimmte mathematische Teildisziplinen wie etwa die Theorie der Relationen oder der Abbildungen sowohl Formalisierungsverfahren für intuitiv konstituierte Strukturen liefern als auch — im heuristischen Sinn — ein 'Arsenal' von Modellen zur Elementrelationierung zur Verfügung stellen, das die Konstruktion bzw. Neukonstruktion generischer Tiefenstrukturen fördert. Im Transformationsteil wären dann alle jene Regeln zu formulieren, über die sich die Konkretisierung der abstrakten Relationen in bestimmten sozio-kulturellen

Systemen vollzieht. Hierzu können die verschiedensten der oben angeführten Differenzierungskriterien Verwendung finden (Thema, Aufbau, Metrum, stilistische Kodes, Aufführungssituation usw.). Diese sind einer Systematisierung zu unterwerfen, wofür die Rhetoriktradition, wie neuere Arbeiten beweisen, einen nicht zu unterschätzenden Anknüpfungspunkt liefern könnte[361]. Eine historisch adäquate Formulierung der Transformationsregeln ist natürlich nur auf dem Hintergrund des sprachlich-literarischen Gesamtsystems der jeweiligen Epoche möglich und verlangt ein Mitreflektieren und Einbeziehen der jeweils historisch sich wandelnden Produktions- und Rezeptionsweisen von Texten.[362] Das jeweilige sprachlich-literarische System, das den Spielraum der Transformationen absteckt, ist seinerseits auf das sozio-kulturelle Gesamtsystem zu beziehen bzw. beziehbar, wobei jedoch im Sinn der Tynjanov-Jakobson-Thesen ein naiver Soziologismus zu vermeiden ist: "Methodologisch verhängnisvoll ist eine Betrachtung der Systemkorrelation ohne Berücksichtigung der immanenten Gesetze eines jeden Systems."[363] Insbesondere ist darauf zu achten, daß nicht nur vage Analogien zwischen den verschiedenen Systemen, sondern explizite Bedingungen für deren Korrelierbarkeit formuliert werden, und daß zwischen der gesellschaftlichen Funktion und der sprachlich-literarischen Struktur bzw. den Strukturen, durch die diese Funktion realisiert werden kann, unterschieden wird. Ob und in welcher Weise der äußerst komplexe Bereich der historischen Transformationen formalisierbar ist, kann beim augenblicklichen Forschungsstand nicht prognostiziert werden. Wissenschaftstheoretisch wertlos sind *ad hoc* konstruierte Pseudoformalismen, weil sie genau das nicht zu leisten vermögen, was die eigentliche Aufgabe formaler Systeme ist, nämlich die f o r m a l e Gültigkeit von Aussagen, deren Widerspruchsfreiheit, zu garantieren: diese ist nur in einem kohärenten System von Axiomen und Deduktionsregeln feststellbar. Privatsprachliche Siglen erlauben höchstens abkürzende, eventuell präzisierende Darstellung.[364] Auf keinen Fall darf die Formalisierbarkeit mit simplifizierter oder gar falscher Problemstellung erkauft werden.

5 EVOLUTIONSMODELLE

Im vorhergehenden Kapitel ging es uns wesentlich um die Möglichkeiten der Differenzierung und Bestimmung verschiedener generischer Schichten, um die Erstellung einer systematischen Relation von absoluten bzw. relativen Invarianten und historischen Variablen. Der grundsätzliche Blickwinkel war dabei jeweils ein synchroner, d. h. es wurde gefragt, wie innerhalb eines gegebenen historischen Systems zwischen Konstanten, die dieses System transzendieren, und Veränderlichen, die dessen spezifischen Charakter ausmachen, unterschieden werden kann. Abschließend sollen nunmehr noch Ansätze zur Beschreibung der Diachronie, der Gattungsentwicklung, diskutiert werden. Selbstverständlich kann hier nicht auf die Gesamtproblematik der Beschreibung geschichtlicher Prozesse eingegangen werden, sondern uns kann es nur darum gehen, einige grundlegende Theorien zur Evolution von "Gattungen" hinsichtlich der generellen Frage zu charakterisieren, ob und auf welche Weise sich allgemeine Entwicklungstendenzen formulieren lassen. Von grundsätzlicher Bedeutung wird sich hierbei wiederum die Unterscheidung verschiedener generischer Schichten erweisen.

5.1 Geschichtsphilosophische Modelle

5.1.1 Idealistische und marxistische Ansätze

Wie O. Marquard im Anschluß an Koselleck feststellt, ist der "emphatische Begriff 'die Geschichte' ebenso wie der Begriff 'Geschichtsphilosophie' eine Prägung der Mitte des achtzehnten Jahrhunderts"[1]. In der Gattungspoetik kommt geschichtliches und geschichtsphilosophisches Denken wesentlich erst mit der deutschen Klassik und Romantik auf. So lassen sich etwa bei Friedrich Schlegel nicht nur Ansätze zur Historisierung des Formbegriffs nachweisen[2], sondern das 434. Athenäum-Fragment belegt, daß Schlegel den historischen Wandel "für berechenbar hält", womit "an die Stelle der Geschichte ... die Geschichtsphilosophie"³ tritt: "Im Universum der Poesie selbst aber ruht nichts, alles wird und verwandelt sich und bewegt sich harmonisch; und auch die Kometen haben unabänderliche Bewegungsgesetze. Ehe sich aber der Lauf dieser Gestirne nicht berechnen, ihre Wiederkunft nicht vorherbestimmen läßt, ist das wahre Weltsystem der Poesie noch nicht entdeckt."⁴ Eine solche geschichtsphilosophische Konzeption, die Geschichte also nicht als unvorhersagbare Ereignisfolge begreift, sondern deren Entwicklungsprozeß als unter apriorischen Gesetzmäßigkeiten stehend betrachtet, wirkt über den deutschen Idealismus hinaus in neueren Gattungstheorien weiter, insbesondere natürlich dort, wo ein mittelbarer oder unmittelbarer Bezug zum Idealismus besteht.

Ein mittelbarer ist dieser Bezug bei Bovet ('11), der von Hugos *Préface à Cromwell* (1827) ausgeht, die ihrerseits auf Gedankengut der deutschen Romantik verweist. In diesem Vorwort entwirft Hugo eine Geschichte der Menschheit, die er in drei Phasen einteilt: die primitive, die antike und die moderne; diesen drei Phasen werden die drei literarischen "Gattungen", Lyrik, Epik und Dramatik, zugeordnet, und diese Dreiheit "découle de trois grandes sources: la Bible, Homère, Shakespeare"⁵. Nach Hugos Meinung würde man dieser Dreierfolge im historischen Entwicklungsprozeß jeder einzelnen Literatur wie in demjenigen der Weltliteratur insgesamt begegnen, wobei er einschränkend natürlich betonen muß, daß dergestalt nur der "caractère dominant" der jeweiligen Epoche zu bestimmen sei.⁶ Bovet verweist nun auf einige Schwierigkeiten des Hugoschen Systems, etwa die Tatsache, wie, wenn man mit Shakespeare die moderne Gesellschaft und damit die Dominanz des Dramas beginnen lasse, man für Frankreich die Triade Malherbe (Lyrik), Chapelain (Epik) und Corneille (Dramatik) angeben könne⁷, im Prinzipiellen hat Hugo für ihn jedoch mit der Abfolge *lyrisme, épopée, drame* "la loi universelle et logique" der Gattungsentwicklung entdeckt⁸.

Epik, Lyrik und Dramatik sind dabei für Bovet keine Klassenbegriffe im oben skizzierten Sinn⁹, sondern "trois modes essentiels de concevoir la vie et l'univers", zwischen denen es "des transitions innombrables" gebe und die in einem einzelnen Werk durchaus zusammen auftreten könnten, wobei ein bestimmter *mode* dann jeweils zum "élément générateur" des Ganzen werde¹⁰, d. h. Bovet meint mit *genre* eigentlich die 'Naturformen' im

Goetheschen Sinn[11], die er zusammenfassend folgendermaßen definiert: "le lyrisme, c'est la foi et aussi le désespoir; l'épopée, c'est l'action et aussi la passion, quand elle crée; le drame, c'est la crise, tendant à la sérénité (Katharsis)"[12]. Die Lyrik wird weiterhin mit "jeunesse", die Epik mit "maturité" und die Dramatik mit "la fin d'une journée, où les ténèbres luttent avec la lumière"[13] assoziiert. Für Bovet besteht nun ein unmittelbarer Zusammenhang zwischen den sozialen, politischen und moralischen Gegebenheiten einer bestimmten Epoche einerseits und den "faits littéraires" andererseits, wobei letztere "en quelque sorte le graphique du développement des nations, et le témoignage le plus sûr des crises et des renaissances morales de l'humanité" darstellen[14]. Die einzelnen Epochen seien jeweils durch für sie spezifische "principes directeurs" charakterisiert, deren Verfall gleichzeitig zu einem "nouvel enfantement" führe. Aufgrund dieser Prämissen wird die Evolution der "Gattungen" zu einem sich permanent wiederholenden, zyklischen Prozeß: "chaque nouveau principe est salué comme une foi nouvelle et définitive (lyrisme), il se réalise plus ou moins imparfaitement (épopée), puis il s'effondre devant un nouveau principe (drame)".[15] Diesen zyklischen Geschichtsverlauf glaubt Bovet am Beispiel der französischen Literatur nachweisen zu können, indem er die französische Geschichte in drei *ères* ("l'ère féodale et catholique", l'ère des royautés absolues" (1500—1800), "l'ère des nationalités et des démocraties") einteilt, die ihrerseits wiederum drei *périodes* enthalten: "Chaque ère est dominée par un grand principe (politique, moral, social), qui en fait l'unité et dont les phases successives caractérisent les périodes: les débuts lyriques, la création épique, la désagrégation dramatique."[16] Daß diese "loi universelle et logique" beispielsweise nicht nur nicht auf die italienische Literatur zutrifft, deren Entwicklung, wie Bovet selbst zugibt, nach seinem Schema "incomplète" sei[17], sondern daß sie absurde Konsequenzen auch für den französischen Bereich mit sich bringt, zeigt bereits die Tatsache, daß das klassische Theater in die zweite, also epische Periode der zweiten Ära fällt, die folgendermaßen unterteilt ist: 1520—1610 (Lyrik), 1610—1715 (Epik), 1715—1789 (Dramatik).[18] Andererseits sind die drei *genres* so vage definiert, daß in der Tat Verschiedenstes unter sie subsumierbar ist. Bovets Grundintention, allgemeine historische Gesetze zu formulieren, verweist im übrigen nicht nur auf den Idealismus, sondern entspricht ebensosehr der grundsätzlichen Zielsetzung des Positivismus, analog zu den Naturwissenschaften auch in den Geisteswissenschaften zu exakten Gesetzesaussagen zu kommen.[19]

Wie Bovet geht Petersen ('25) gleichfalls davon aus, daß jeweils eine bestimmte "Gattung" die besonderen Aspirationen einer bestimmten Epoche am adäquatesten auszudrücken vermag, schränkt diese Konzeption aber einerseits dahingehend ein, daß das Sprechen von "dramatischen, epischen oder lyrischen Perioden der Geistesgeschichte" nicht ausschließe, "daß in einer Art absoluter Kulturhöhe alle Gattungen in gleicher Blüte stehen", und betont andererseits, daß die Reihenfolge Bovets durch subjektive Zäsuren zustande gekommen sei: "Je nach dem Einsatz kann dieselbe Reihe auch in der Folge Epos, Drama, Lyrik oder Drama, Lyrik, Epos abgelesen werden", ja, es bliebe sogar die Frage, "ob bei veränderter Richtung des Zeitgeistes die Wetterfahne nicht einmal in umgekehrter Bewegung zur Reihenfolge Epos, Lyrik, Drama ausschlägt", wofür Petersen in der Entwicklung der deutschen Literatur der — von seinem Standpunkt aus — letzten drei Generationen einen Beleg sieht.[20] Wurde die Unhaltbarkeit von Bovets 'Gesetz' also sehr schnell erkannt und zur reinen M ö g l i c h k e i t relativiert, so gehörte die Vorstellung, daß bestimmte "Gattungen" nur zu bestimmten Zeiten möglich sind bzw. sich voll entfalten können, zu den Grundkonzeptionen der Gattungstheorie in den zwanziger und dreißiger Jahren. Sie findet sich bei Ermatinger[21] ebenso wie bei Schwarz[22], und auch Lukács gehört in seiner idealistischen wie in seiner marxistischen Phase in dieses Paradigma, wobei sich allerdings ein grundsätzlicher Widerspruch auftut.

Wie bereits Ludz in der Einleitung zu seiner Auswahl von Lukács' literatursoziologischen Schriften hat zeigen können, ist die Widersprüchlichkeit in Lukács' ästhetischen Grundpositionen nicht erst ein Ergebnis der marxistischen Umkehrung idealistischer Anschauungen, sondern findet sich bereits in der vormarxistischen Phase durch die Koppelung eines Formapriorismus mit einer geschichtsphilosophischen Interpretation des Formenwandels, wobei sich in späteren Arbeiten eben nur die geschichtsphilosophische Grundposition verändert[23]. Am explizitesten ist der Formapriorismus in einer der ersten und in seiner letzten Publikation, der *Ästhetik*, formuliert, wobei sich in dieser, wie wir glauben, durch die implizite Unterscheidung verschiedener Abstraktionsebenen eine Vermittlung historischer und ahistorischer Formkonzeptionen anzudeuten scheint. Im Vorwort zur ungarisch erschienenen *Entwicklungsgeschichte des modernen Dramas* (1912) formuliert Lukács ausdrücklich, daß jedes Erlebnis des Künstlers "bereits sub specie formae erlebt" sei: "Die echte Form des echten Künstlers ist a p r i o r i , eine s t ä n d i g e F o r m den Dingen gegenüber, etwas, ohne das er nicht fähig wäre, die Dinge überhaupt wahrzunehmen"[24]. Dem Apriori der Form wird nun, ähnlich wie in der deutschen Klassik, die Geschichtlichkeit der "Materie" entgegengesetzt, worunter das "ganze äußere und innere Leben einer Epoche" gemeint ist; dabei ist es die Materie, die eine bestimmte, vorgegebene Form verlangt; und wie Beriger, Wundt u. a. formuliert auch Lukács: "Bestimmte Weltanschauungen bringen bestimmte Formen mit, ermöglichen sie, schließen andere genauso von vornherein aus."[25] Das heißt also, daß die Form als solche überzeitlich vorgegeben ist, da sie eine ideale Norm darstellt, und daß nur die jeweilige Auswahl aus dem vorgegebenen Formarsenal durch die historischen Gegebenheiten bestimmt wird. Etwas modifiziert wird diese Position in der *Theorie des Romans* (1920), deren Untertitel — "Ein geschichtsphilosophischer Versuch über die Formen der großen Epik" — bereits auf das methodische Konzept verweist. Mit seiner Konzeption der in der Neuzeit verlorenen ursprünglichen Totalität der Griechen steht Lukács "eindeutig im Banne jenes klassisch-humanistischen Ideals", das "die Ideologie der deutschen Klassik so eindrucksvoll manifestiert"[26]. Die Grundthese von Lukács ist nun, daß in einer problematisch gewordenen Welt, wie sie die Neuzeit darstellt, das Epos nicht mehr möglich ist, sondern nur mehr der Roman als "Epopöe der gottverlassenen Welt", wobei "die tiefste Melancholie jedes echten und großen Romans" ein "Reflektierenmüssen" sei[27], während sich die Tragödie, "wenn auch verwandelt, so doch in ihrer Essenz unberührt in unsere Zeit herüber gerettet" habe[28]. Der These Szondis, wonach Lukács bereits in der *Theorie des Romans* zur Entwicklung einer "historische(n) Ästhetik"[29] gelangt sei, ist allerdings nicht zuzustimmen. Wie Goethe und die diesem nachfolgende germanistische Gattungsforschung setzt er nämlich unzweifelhaft "Epik" und "Drama" — gemeint sind das Epische und das Dramatische — als Formaprioris: "Die große Epik gestaltet die extensive Totalität des Lebens, das Drama die intensive Totalität der Wesenhaftigkeit. Darum kann das Drama, wenn das Sein die sich spontan abrundende und sinnlich gegenwärtige Totalität verloren hat, in seiner Formapriorität dennoch eine vielleicht problematische, aber trotzdem alles erhaltende und in sich abschließende Welt finden. Für die große Epik ist dies unmöglich. Für sie ist die jeweilige Gegebenheit der Welt ein letztes Prinzip, sie ist in ihrem entscheidenden und alles bestimmenden transzendentalen Zuge empirisch"[30]. Was auch immer hiermit genau gemeint ist, festgehalten kann werden, daß 'Epik' und 'Drama' für Lukács im selben Maße Formapriorismen darstellen wie die "Naturformen" für Goethe und daß eine ansatzweise Historisierung — und dies nur für die Epik — erst auf der Ebene der historischen Gatungen, von Epos und Roman, vollzogen wird, wobei diese Historisierung nur negativ bestimmt wird, insofern die Form des Romans eben das Ergebnis der Unmöglichkeit der Realisation des idealtypisch Epischen in einer problematisch gewordenen Welt darstellt. Dies ergibt sich nicht zuletzt aus Lukács' Feststellung, daß "demselben Kunstwollen (sc. dem Ausdruck der Totalität des Lebens) — geschichtsphilosophisch bedingt — verschiedene Kunstformen entsprechen", daß im Roman "die alte Parallelität der transzendentalen Struktur im gestaltenden Subjekt und in der herausgesetzten Welt der geleisteten Formen zerrissen ist, daß die letzten Grundlagen des Gestaltens heimatlos geworden sind"[31]. Trotz der in der Folgezeit vollzogenen Konversion Lukács' zum Marxismus finden sich die gleichen Grundgedanken auch noch in *Der historische Roman* (1937). Explizit wird hier der Begriff der "Lebenstatsachen", eine anthropologische Kategorie also, zur Grundlage der Scheidung von Epik und Dramatik, woraus die Annahme einer grundsätzlichen Apriorität der Form notwendig folgt: "Die Formgesetze des Dramas entspringen aus der Lebensmaterie, deren allgemeinste künstlerische aufs höchste verallgemeinerte Widerspiegelung eben seine Form ist. Darum schaffen die großen Dichter verschiedener Perioden Dramen von ganz verschiedenem Typus. Aber eben darum herrscht in diesen sehr verschiedenen Kunstwerken doch eine gleiche innere Formgesetzlichkeit: die Gesetzlichkeit der Bewegung im Leben selbst, deren künstlerische Abbilder die Dramen sind"[32].

In dem bedrückend dogmatischen Artikel von 1954, "Kunst und objektive Wahrheit", wird über die unmittelbare Applizierung der Leninschen Widerspiegelungstheorie und auf der Basis einiger Marx-Zitate der explizite Versuch unternommen, die "Objektivität" der Formen, die Auffassung, "daß ein jedes Genre seine bestimmten objektiven Gesetze der Gestaltung" habe, mit derjenigen, daß diese "Objektivität eine historische" sei, zu vermitteln[33]. Lukács verwickelt sich hierbei in unauflösbare Widersprüche, indem er einerseits die Formen als Widerspiegelung des historisch Gegebenen ansieht, gleichzeitig aber von einem "Zerfall der künstlerischen Form in der Niedergangsperiode der Bourgeoisie" spricht, worin "derselbe Verfaulungsprozeß der Bourgeoisie in der Periode des Monopolkapitalismus zum Ausdruck kommt wie auf anderen ideologischen Gebieten"[34], die Form also offensichtlich nicht mehr "richtig" d. h. der idealtypischen Norm entsprechend widergespiegelt wird, was eindeutig eine Eigengesetzlichkeit und Übergeschichtlichkeit der ästhetischen Form impliziert, eine Auffassung, die abschließend dann auch explizit formuliert wird: Um die kommunistischen Künstler davor zu bewahren, die pervertierten bürgerlichen Formen nachzuahmen, muß man "ihnen marxistisch klar verständlich machen ..., was Erzählen, was Singen usw. seinem o b j e k t i v e n W e s e n nach ist", um sie dergestalt dem "Sumpf der imperialistischen Formzersetzung"[35] zu entreißen. Die Widersprüchlichkeit der Behauptung einer apriorischen Objektivität der Form bei gleichzeitiger Postulierung von deren geschichtlicher Bedingtheit läßt sich auch sprachlich nicht mehr übertünchen und wird in anderem Zusammenhang in Wendungen wie derjenigen von der "Parteilichkeit der Objektivität" eindeutig[36].

Ein Ansatz zum Ausgleich dieser Widersprüche erscheint uns allerdings in der *Ästhetik* gegeben. Wie in Lukács (1954) spricht er auch hier von der "historisch-systematische(n) Beschaffenheit" des Systems der Künste, das "nicht einfach aus dem anthropologischen Wesen des Menschen abgeleitet werden kann, sondern aus dem seiner gesellschaftlich-geschichtlichen Entwicklung" — was, wie wir bereits oben im Anschluß an Ludz, dem die *Ästhetik* allerdings noch nicht vorlag, feststellten, eine belanglose Unterscheidung ist, denn um Konstanten, um 'ewige Normen', die irgendwo im Menschen als dem Träger des Geschichtsprozesses anzusiedeln sind, handelt es sich allemal, — doch geht Lukács über seine frühere Position insofern hinaus, als er im Rahmen einer "Gattung" zwischen ahistorischen Konstanten und historischen Variablen unterscheidet: "Das gesellschaftlich-geschichtliche Entstehen und Vergehen der Kunstarten steht ... zu einer derartigen Systematik nicht in Widerspruch; um so weniger, als es in vielen Fällen nachweisbar ist, daß entstehende bzw. verschwindende Genres — wir verweisen erneut auf Roman und Kunstepos — in ausschlaggebenden Prinzipienfragen eng miteinander verbunden sind; die beide bestimmende Verhaltensweise läßt sich z. B. in diesem Fall zwanglos auf den Goetheschen Rhapsoden zurückführen", auf die Anwesenheit eines Erzählmediums also, womit implizit das Redekriterium als Differenzierungsmerkmal von Narrativem und Dramatischem angesprochen ist[37]. Damit wird nun jedoch nicht mehr das homerische Epos als idealtypische Realisation eines epischen Formapriorisis verabsolutiert, das den neuzeitlichen Roman nur mehr als Ausdruck der Sehnsucht nach der verlorenen Totalität, also negativ, bestimmen ließ, sondern es werden allgemeinste Strukturierungen ("ausschlaggebende Prinzipienfragen") angenommen, die auf verschiedener Weise historisch konkretisierbar sind, ein Konzept, woraus sich eben die "historisch-systematische Beschaffenheit" des literarsichen Systems ergibt, d. h. beim späten Lukács zeichnet sich *in nuce* eine Unterscheidung von — in unserer Terminologie — Schreibweise (das Narrative) und historischen Gattungen (Epos, Roman) ab. Auf diese Weise lassen sich einerseits Geschichte und System widerspruchsfrei vermitteln, andererseits impliziert dieser Ansatz nicht mehr notwendigerweise eine Normativität der Gattungskonzepte, und zwar eben deshalb nicht, weil eine bestimmte historische Ausprägung nicht mehr zum Idealtypus hypostasiert werden muß, um solchermaßen einen Fixpunkt zu erhalten, auf dessen Hintergrund der geschichtliche Wandlungsprozeß beschreibbar ist.

War für die frühen marxistischen Arbeiten die grundsätzliche Annahme des "Widerspiegelungscharakters der Formen"[38] bestimmend, so erlaubt die Differenzierung von Konstanten und Variablen in der *Ästhetik* eine Überwindung des reinen Widerspiegelungsprinzips, indem Lukács zwar daran festhält, daß das Entstehen von "Gattungen" bestimmt sei "von konkreten gesellschaftlich-geschichtlichen Bedürfnissen", daß es andererseits aber "eine ebenso unbestreitbare Tatsache" sei, daß die "Gattungen", "wenn einmal konstituiert, eine ungeheuere Stetigkeit, Remanenz und zugleich Entwicklungsfähigkeit ihrer grundlegenden Prinzipien zeigen."[39] Dergestalt wird dem Ästhetischen gegenüber dem Gesellschaftlich-Ökonomischen zumindest eine relative Eigendynamik zugestanden, die den Entwicklungsprozeß von "Gattungen" nicht mehr einfach als Abbildung des gesellschaftlichen Evolutionsprozesses beschreibbar und somit im Rahmen der marxistischen Geschichtsphilosophie prognostizierbar macht. Dennoch bleibt festzuhalten, daß es nicht zuletzt die spekulative Begrifflichkeit idealistischer Provenienz ist, die darauf verweist, daß unter den bisher besprochenen Konzeptionen auch und gerade diejenige von Lukács wohl eher in ein *post scriptum* zur goethezeitlichen Ästhetik gehört, die sie, partiell reinterpretiert, fortführt, und nicht etwa einen Neuansatz begründet, wie die, nicht mehr wissenschaftsgeschichtlich, sondern nur noch politisch zu begreifende Lukács-Renaissance der letzten Jahre vermuten lassen könnte.[40]

Findet sich eine ähnliche Aufgabe der naiven Widerspiegelungstheorie wie bei Lukács auch bei anderen marxistischen Literaturtheoretikern, z. B. bei W. Krauss[41], so ist die Position von Kagan ('67) eine ausgesprochen orthodoxe. Er geht davon aus, daß "eines der interessantesten Zeugnisse für die soziale Determiniertheit und zugleich relative Selbständigkeit der Kunstgeschichte" die ungleichmäßige Entwicklung der verschiedenen Gebiete des künstlerischen Schaffens, der verschiedenen Kunstarten (Architektur, Musik, Literatur) und deren jeweiliger "Gattungen" sei.[42] Geschichtsphilosophisch ist seine Position nun bereits dadurch, daß er behauptet, daß in jeder Epoche die verschiedenen Kunstarten und -gattungen einen einheitlichen "sozialen Auftrag" erhielten und alle ihre "Ressourcen" mobilisierten, um diesen zu erfüllen, daß jedoch diese "Ressourcen" in den verschiedenen Bereichen des künstlerischen Schaffens unterschiedlich seien und daß demzufolge "die verschiedenen Methoden zur künstlerischen Aneignung der Welt nicht mit dem gleichen Maß an Hellhörigkeit auf alle ideellästhetischen Forderungen der Gesellschaft reagieren und mit dem gleichen Maß an 'Effektivität' alle 'sozialen Aufgaben' erfüllen" könnten[43], daß also nur bestimmte Kunstarten und -gattungen adäquater Ausdruck für den 'Geist' bestimmter Epochen seien. Eine solche These ist natürlich nur dann formulierbar, wenn man weiß bzw. zu wissen glaubt, was das 'Wesen', die spezifischen 'Ressourcen' einer bestimmten "Gattung" ausmacht. Kagan möchte nun aber gerade nicht — dies wäre ja unmarxistisch, da unhistorisch — von als apriorischen Ideen gesetzten Gattungskonzeptionen ausgehen und macht eben dies Hegel zum Vorwurf, der zwar das "Gesetz der ungleichmäßigen Entwicklung der Kunstarten und

-gattungen" entdeckt, den Wert der einzelnen Kunstarten jedoch "metaphysisch" verabsolutiert habe.[44] Entgegen seiner expliziten Intention tut Kagan jedoch genau das gleiche. Da ist kühn von der "Sackgasse" der "abstraktionistischen Selbstzerstörung" der Malerei und der "Sackgasse" des absurden Theaters die Rede[45], am aufschlußreichsten für die apriorische Setzung bestimmter, meist idealistischer Gattungsnormen, aufgrund derer dann geschichtsphilosophisch die Unmöglichkeit der adäquaten Realisation einer bestimmten "Gattung" in einer bestimmten Epoche 'deduziert' wird, dürfte jedoch folgende Äußerung zum Drama sein: Im Mittelalter sei das Theater in eine "Krise" geraten, "denn das Drama, das sich ins Mysterium verwandelt hatte, verlor die Grundlage seiner selbständigen künstlerischen Existenz: die Wechselwirkung der individuell-eigenartigen Charaktere, die einen bestimmten freien Willen besitzen. Es ist kein Zufall, daß das Mittelalter auf diesem Gebiet der Kultur keine großen ästhetischen Werte hinterließ, die neben die Schöpfungen des antiken oder des Renaissancetheaters gestellt werden könnten; zwischen Euripides und Shakespeare gähnt in der Geschichte der dramatischen Kunst eine gewaltige Leere."[46] Eine Diskussion dieser Feststellung erübrigt sich. Bemerkt sei nur, daß Kagan dergestalt eindeutig seine unreflektierten ästhetischen Aprioris 'entlarvt' — um im marxistischen Jargon zu bleiben — und genau das tut, was er Hegel vorwirft, denn das geschichtsphilosophische Postulat der Möglichkeit bzw. Unmöglichkeit des adäquaten Ausdrucks spezifischer 'sozialer Bedürfnisse' einer bestimmten Epoche durch eine bestimmte "Gattung" ist nur zu machen, wenn man den "Gattungen" ein apriorisches τέλος, ein normativ-notwendiges So-sein zuspricht. Dies heißt dann natürlich auch, daß der jeweilige Entwicklungsprozeß, den man konstatiert, abhängig ist von der apriorisch gesetzten Norm. Kagan konzipiert jedoch nicht nur in idealistischer Manier geschichtsphilosophische Entwicklungsmodelle einzelner "Gattungen", die insgesamt auf das 'Gesetz' der ungleichmäßigen Entwicklung hinauslaufen, sondern dieses Gesetz sei "unter dem Einfluß eines neuen und in der Perspektive stärkeren Gesetzes zu überwinden, des Gesetzes von der N o t w e n d i g k e i t der gleichmäßigen Entwicklung aller Zweige des Kunstschaffens in der Epoche des Kommunismus. Diese Annahme ist nicht nur theoretisch begründet, sondern stützt sich auch auf durchaus reale Beobachtungen an den Prozessen, die sich bereits in der künstlerischen Entwicklung der sozialistischen Gesellschaft vollziehen."[47] Als allgemeinste Gesetzmäßigkeit formuliert Kagan also den Übergang von der ungleichmäßigen zur gleichgeschalteten Entwicklung, von der Vielfalt zur Einfalt, da es im Kommunismus ja keine Klassenantagonismen und infolgedessen keine verschiedenen sozialen Bedürfnisse mehr geben kann bzw. darf, auf die ihrerseits die verschiedenen Kunstarten und -gattungen zurückgeführt wurden. Fragt sich nur, wie im Kommunismus nun die verschiedenen Kunstarten und -gattungen, denen zunächst grundsätzlich verschiedene Leistungen zugesprochen worden waren, plötzlich ein und dasselbe zu leisten vermögen und wodurch sie sich dann noch unterscheiden.

5.1.2 Biologismus und Gegenpositionen

Wie bereits Kayser feststellt, handelt es sich bei Brunetière, neben Symonds der rigoroseste Vertreter eines gattungstheoretischen Darwinismus, "um eine biologisch fundierte Geschichtsphilosophie"[48]. In bezug auf die Entwicklung der einzelnen "Gattung" übernimmt er das traditionelle teleologische Entstehungs-, Höhepunkt- und Verfallschema, das er, wie wir bereits oben zeigen konnten[49], in explizit biologischer Metaphorik formuliert, während er die Gründe für diesen Prozeß und die Auffassung von der Entwicklung des Gattungssystems insgesamt aus der Darwinschen Evolutionstheorie bezieht: "Il s'agit de savoir quel est le rapport de ces formes entre elles, et les noms que l'on doit donner aux causes encore inconnues qui semblent les avoir comme dégagées successivement les unes des autres." Der Schluß des Zitats impliziert bereits das generelle Modell, das Brunetière für die Entwicklung der "Gattungen" ansetzt, indem er diese in Analogie zur Entwicklung der "nature vivante" als eine "différenciation progressive" beschreiben möchte[51]: "Sans doute la différenciation des genres s'opère dans l'histoire comme celle des espèces dans la nature, progressivement, par transition de l'un au multiple, du simple au complexe, de l'homogène à l'hétérogène."[52] Dabei geht es ihm um den Aufweis der These, daß der Entwicklungsprozeß der einzelnen "Gattungen" und des Gattungssystems insgesamt nicht ein chronologisch-kontingenter ist, "l'œuvre des circonstances, des conditions du dehors", sondern daß es sich um "génération dans le vrai sens du mot" handle.[53] In diesem Zusammenhang gibt Brunetière durchaus zu, daß auch literatur- bzw. gattungsexterne Bedingungen, "race", "milieux" (die geographischen, klimatologischen, gesellschaftlichen und geschichtlichen Gegebenheiten) und die Individualität des Produzenten evolutionsbeeinflussende Faktoren sind, doch sei das eigentliche "principe" der Gattungsdifferenzierung in Analogie zur Biologie in der "divergence des caractères" zu sehen, und man müsse in der Literaturgeschichte nach Entsprechungen für Phänomene suchen, die in der Entwicklung der Natur mit Begriffen wie "concurrence vitale", "persistance du plus apte", sélection naturelle" belegt würden.[54] Es sei weiterhin zu fragen, ob das Entstehen einer neuen "Gattung" zu einem bestimmten Zeitpunkt das Verschwinden anderer bewirke, und ob es richtig sei, daß "la lutte pour la vie ne soit jamais plus âpre qu'entre deux expèces voisines", eine Erscheinung, die sich nach Brunetière durch zahlreiche Beispiele aufweisen ließe.[55]

Im einzelnen brauchen Brunetières Vorstellungen hier nicht weiter beschrieben zu werden. Aus dem bisher Gesagten geht klar hervor, daß er die Darwinschen Konzeptionen unmittelbar auf historische Prozesse übertragen und dergestalt ein allgemeines geschichtsphilosophisches Modell für die Entwicklung von "Gattungen" konstruieren zu können glaubt. Wie jedoch bereits Curtius festgestellt hat, ist "die merkwürdige Tatsache zu constatiren", daß Brunetière seine Methode sehr oft "im allgemeinen besprochen und angepriesen, aber auffallend selten praktisch angewendet hat"[56]. So ist beispielsweise die im ersten und einzigen Band der *Evolution des genres* enthaltene *Evolution de la critique* nichts anderes als eine abgekürzte G e s c h i c h t e der französischen Literaturkritik. Es zeigt sich, wie ebenfalls bereits bei Curtius zu lesen ist, das Brunetière den Begriff *évolution* in zweifacher Bedeutung verwendet, einmal im Sinn des historischen Geschehens überhaupt, des Wirkens eines Werkes auf das andere, und zum anderen in dem engeren, biologischen Verstand: im einen Fall geht es ihm einfach um die "interne Causalität" der Literatur, im anderen um die "Onto- und Phylogenese der literarischen Gattungen"[57]. Außer in dem programmatischen Vorwort handelt es sich in dem zitierten Band nur um die 'Evolution' im ersteren Sinn.[58]

Diese weitere Bedeutung von 'Evolution' resultiert dabei offensichtlich aus der Einengung des Begriffs 'Geschichte'; diese halte sich nach Brunetière "au détail précis et caractéristique, à l'anecdote, au trait, à la nuance" auf, während die 'Evolution' "ne raconte pas, elle explique".[58a] Er artikuliert in diesem Zusammenhang ein durchaus berechtigtes Unbehagen an einer Form der Literaturgeschichtsschreibung, die sich in einer Serie von Monographien erschöpft, "mises bout à bout et reliées d'ordinaire par un fil assez lâche"[59]. Diese Vereinzelung der Fakten möchte er überwinden, indem er ein Modell mit Erklärungsanspruch konzipiert, das nicht beim einfachen Beschreiben stehen bleibt, sondern das Warum des historischen Prozesses aufzeigt. Daß er sich hierzu der biologischen Entwicklungstheorie bedient, rechtfertigt er mit den Ergebnissen, die auf deren Basis in anderen Wissenschaftsbereichen bereits erzielt werden konnten.[60] Die wenigen tatsächlichen Verifizierungsversuche dieses Modells, die Brunetière am Beispiel der französischen Literaturgeschichte vorgenommen hat, sind jedoch durchgängig widerlegbar und auch längst widerlegt worden.[61] Grundsätzlich problematisch ist vor allem, wie wir oben zeigen konnten[62], daß er, um von der 'Geburt', der 'Reife' und dem 'Tod' einer "Gattung" sprechen zu können, eine apriorische Gattungsnorm annehmen muß, die er jedoch nur intuitiv, aufgrund seines Geschmacks, setzen kann. Seine grundlegende Intention, den Impressionismus der Literaturkritik zu überwinden und eine exakte Literaturwissenschaft zu entwickeln[63], entspricht durchaus einem vor allem in den letzten Jahren wieder stärker artikulierten Bedürfnis nach einer größeren intersubjektiven Verbindlichkeit literaturwissenschaftlicher Aussagen, doch versucht er etwas zu leisten, was bis heute nicht geleistet ist, nämlich, historische Feststellungen auf allgemeine Gesetzmäßigkeiten zu gründen und damit auch für die historischen Wissenschaften einen deduktiv-nomologischen Erklärungsanspruch zu erheben[64], und verfällt dadurch in eine letztlich reaktionäre Position, indem er die zwar beschränkte, aber relativ exakte historische Einzelforschung des Positivismus erneut in spekulative Geschichtsphilosophie überführt.[65]

In der amerikanischen Literaturwissenschaft findet sich um die Jahrhundertwende ebenfalls ein Rekurs auf darwinistische Vorstellungen, die, wie Ehrenpreis ('45) zeigen konnte, eine Neuformulierung älterer, letztlich auf Herder zurückweisender Auffassungen vom geschichtlichen Entwicklungsprozeß bewirken[66], doch setzt sich sehr schnell eine Skepsis gegenüber der Identifizierbarkeit von literarischer und biologischer Evolution durch, die schließlich in einer grundsätzlichen Ablehnung der Brunetièreschen Positionen mündet[67].

Eine gegenüber Brunetière vorsichtige Haltung vertritt bereits Manly ('06 / '07). Er schließt nicht mehr unmittelbar an Darwin an, sondern an die Modifikation der Evolutionstheorie durch die Mutationstheorie von De Vries (1901 / 03), wonach sich neue Arten nicht durch "the gradual accumulation of insensible differences, but by a sudden definite change" konstituieren[68], was er glaubt, an der Genese der *mystery-, miracle-* und *morality-plays* belegen zu können. Wollte De Vries die Entstehung neuer Arten entgegen der Auffassung von Darwin grundsätzlich nur in der abrupten Veränderung, im Auftreten eines neuen, distinktiven Elements, das eine gänzlich neue Einheit schaffe, sehen, so formuliert Manly für die Literatur die Hypothese, daß beide Entwicklungsmodelle möglich seien: "It is for us to find out in each case what are the facts."[69] Um diese Fakten jedoch erkennen zu können, bedarf es nach Manly einer Theorie[70] — eine Einsicht, die zu Beginn dieses Jahrhunderts wiederholt formuliert wurde[71] —, im Gegensatz zu Brunetière erkennt er jedoch, daß die Theorien anderer Wissenschaften bestenfalls Analogien darstellen, auch wenn sie "suggestive in the highest degree"[72] sein können, dies allerdings nur, solange man nicht die Analogie mit der "explanation of the process", die Applikation einer Formel mit dem "real mastery of the phenomena" verwechsle[73].

Eine deutlichere Absage an Brunetières Theorie hatte schon früher Marsh (1896) formuliert, der es als wenig wahrscheinlich ansieht, "that the premature adoption of the doctrine (sc. der Evolutionstheorie), even as a working hypothesis, would lead to useful and permanent results"[74], d. h. er stellt nicht nur die explikative, sondern auch die heuristische Funktion des Evolutionsmodells in Frage. Vorsichtig ist auch die Stellungnahme Gayleys, der Brunetières Grundthese der Entwicklung vom Einfachen zum Komplexen akzeptiert, das organologische Schema (Geburt usw.) sowie die Vorstellung der Transformation einer "Gattung" in eine andere jedoch ablehnt und anstelle der Evolution das Prinzip einer beständigen Permutation, eines Entstehens und Sich-Veränderns aufgrund verschiedenster Bedingungen, einführt.[75]

Noch deutlicher distanziert sich Hoskins von Brunetières Anschauungen. Zwar gesteht er diesem zu, daß er durchaus die Rolle des Individuums als Faktor des literarischen Wandels mit einbezogen habe[76], doch würde er die verschiedenen, hieran beteiligten Faktoren nicht adäquat aufeinander beziehen. Wenn man dies nämlich tue, würde sich ergeben, "that the struggle for existence and the survival of the fittest are not phases of literary development in any sense truly analogous to natural selection in the biological world"[77]. Hoskins ist im Gegensatz etwa auch zu Gayley, der für eine der wesentlichsten Einsichten der evolutionistischen Literaturtheorie die Überwindung der Auffassung vom inspirierten, nur aus sich selbst heraus schaffenden Dichterindividuum hält[78], der Meinung, daß zu einer angemessenen Beschreibung des literarischen Wandels nur zu gelangen ist, wenn jenem Ich die zentrale Rolle zugesprochen wird, "in whose consciousness the change or the idea of the change first arose"[79]. Die bewußte Reflexion möglicher Ausdrucksformen im dichterischen Individuum wird damit für Hoskins zum wesentlichen Faktor des Entwicklungsprozesses, den er als "imitative selection" beschreibt, wobei für ihn das Entscheidende eben darin liegt, "that the process is psychological", d. h. sich durch "conscious choice and imitation" vollziehe.[80] Dieser Ansatz führt Hoskins zwar nicht mehr zur romantischen Inspirationstheorie zurück, weil er die jeweilige biologische (familiäre) und gesellschaftliche Konditioniertheit des produzierenden Individuums betont und die literarische Variation als Ergebnis aus dem Zusammenwirken von biologischem und sozialem Erbe und der neuen, spontanen Beobachtung solcher Vorgegebenheiten begreift, doch ergibt sich dergestalt ein uneingeschränkter Biographismus. So kommt er beispielsweise zu der Feststellung, daß die Werke Gerhart Hauptmanns am besten aus dessen "biological" (Sohn eines Gastwirts und einer anthroposophischen Mutter) und "social heredity" (Mitgliedschaft in der SPD u. a.) erklärt werden könnten.[81] Der entscheidende Unterschied zu Brunetière liegt dabei in der grundsätzlichen Negierung literaturimmanenter 'Gesetzmäßigkeiten', insofern für Hoskins Veränderungen in den meisten Fällen durch Kräfte "at work in realms of thought extrinsic to literature proper"[82] hervorgebracht werden. So ist für ihn der Verfall einer literarischen Form nicht etwa die Folge aus dem Entstehen neuer, 'stärkerer' Formen nach dem Prinzip des "survival of the fittest", sondern Ausdruck des Bewußtseins der Produzenten, daß die alten Formen "no longer express the truth and reality of life as society now sees ist".[83] Dergestalt gelangt er erneut zu einer monokausalen Relationierung von sozialem und literarischem System, wobei letzteres die Sinnentwürfe von ersterem unmittelbar artikuliert. Dadurch aber, daß die Entwicklung des gesellschaftlichen Systems nicht einer bestimmten Geschichtsphilosophie unterworfen wird, ist auch für die Entwicklung der literarischen Formen keine allgemeine Gesetzmäßigkeit mehr anzugeben, sondern das literarische System spiegelt die Kontingenz der Entwicklung des sozialen und dessen spezifische Brechung in der individuellen Reflexion wider. Das unhaltbare biologistische Entwicklungsmodell wird damit aufgegeben, gleichzeitig aber auch der entscheidende Grundgedanke Brunetières, der, vom naturwissenschaftlichen Ballast befreit, bei den Russischen Formalisten wieder auftauchen sollte, nämlich, daß die Literatur nicht nur ein Sammelsurium einzelner Werke darstellt, deren spezifisches So-Sein aus außerliterarischen Faktoren resultiert, sondern daß verschiedene literarische 'Reihen' — der Begriff selbst kommt bei Brunetière noch nicht vor — existieren, die durch jeweils immanente 'Gesetzmäßigkeiten' charakterisiert sind und zueinander in einem Interdependenzverhältnis stehen.

Abschließend sei noch erwähnt, daß manche Entwicklungskonzeptionen der deutschen Gattungstheorie der zwanziger und dreißiger Jahre denen Brunetières ähneln, aber nicht auf die Evolutionstheorie, sondern auf Vorstellungen der Goethezeit zurückverweisen. Petersen z. B. fußt auf Goethes Konzeption der Urpflanze, wenn er eine "noch ungeschiedene Urform" ansetzt, aus der sich die "Gattungen unter gegenseitiger Hilfeleistung entbunden" haben[84], während Petschs Auffassung, daß "der Weg zu den höchsten Einheiten ... durch solche von niederer Art" hindurch führe[85], beispielsweise in Herders Naturphilosophie vorgeprägt ist[86].

5.2 Modelle ohne deterministische Gesetzeshypothesen

5.2.1 Deduktiv-nomologische vs. historische Erklärung

Den bisher skizzierten Ansätzen war bei aller Verschiedenheit im einzelnen das Eine gemeinsam, daß sie versuchten, historische Entwicklungen auf allgemeingültige Gesetze zurückzuführen und von hieraus zu erklären, d. h. sie gaben sich den Anschein deduktiv-nomologischer Erklärungen, die dadurch charakterisiert sind, daß das Explanandum (das zu erklärende Ereignis) auf ein Explanans bezogen wird, das sich aus spezifischen Antecedensbedingungen und allgemeinen Gesetzmäßigkeiten zusammensetzt.[87] Die vorgenommenen Erklärungen genügen dabei jedoch keiner der Adäquatheitsbedingungen, wie sie Stegmüller in Weiterführung der Thesen von Hempel und Oppenheim formuliert, etwa derjenigen, daß das Explanans einen empirischen Gehalt besitzen muß[88], womit jegliche Art von Geschichtsphilosophie als Erklärungshypothese ausscheidet, oder daß "Gesetze und Antecedensbedingungen nicht ein Explanans für j e d e s b e l i e b i g e E x p l a n a n d u m bilden dürfen"[89], wie dies in marxistischen Arbeiten der Fall ist, die die verschiedensten kulturellen Phänomene aus den gleichen ökonomischen Verhältnissen ableiten. Generell führt Stegmüller aus, daß historische Erklärungen, "selbst in idealen Fällen", gar keine deduktiv-nomologischen sein können, "weil die benützten Regelmäßigkeiten und Theorien in der überwiegenden Mehrzahl der angebbaren Beispiele ... bloß statistischen Charakter haben"[90] und damit keine strikten oder deterministischen Gesetze sind, sondern bloß "statische oder probabilistische Gesetzesannahmen"[91]. Damit sind jedoch deduktiv-nomologische Erklärungen, wie sie die oben skizierten Modelle zu geben versuchen, nicht nur empirisch falsifizierbar, sondern in ihrem grundsätzlichen Anspruch verfehlt.

Aus diesen Schwierigkeiten ist andererseits nicht der Schluß zu ziehen, daß in den historischen Wissenschaften Erklärungen grundsätzlich unmöglich seien, doch bedarf es, wie Stegmüller ausführt, eines andern Erklärungsbegriffs, wobei wegen der Schwierigkeiten, allgemeine Gesetzeshypothesen adäquat zu formulieren, auf diese verzichtet und nur mehr auf Antecendensbedingungen rekurriert werden sollte.[92] Bevor jedoch überhaupt erklärt, bevor nach dem Warum gefragt werden kann, sind Fragen von der Gestalt 'was ist/war der Fall' zu beantworten.[93] In der Praxis literaturwissenschaftlicher Untersuchungen sind beide Fragen meist mehr oder minder explizit verknüpft. Dies gilt auch von den im folgenden darzustellenden Evolutionsmodellen; im Gegensatz zu den oben behandelten steht jedoch, selbst bei partiellem Rückgriff auf teleologisch-geschichtsphilosophische Konzeptionen, der empirisch-deskriptive Aspekt im Vordergrund.

5.2.2 Genieästhetische Ansätze

Lehnten bereits die Russischen Formalisten die unmittelbare Rückbeziehung literarischer Veränderungen auf die Autorpsyche oder das Milieu ab, weil nach ihrer Auffassung nicht Einzelphänomene, sondern nur Systeme korrelierbar sind[94], so finden sich individualistisch-psychologistische Auffassungen des Evolutionsprozesses bis in die sechziger Jahre. Dies gilt etwa für Seidler, für den der Dichter die "Gattung" übernehmen kann, "wenn sie ihn fördert", er kann sie aber auch "umformen oder zerbrechen"[95]. Dabei wird das Übernehmen bzw. Zerbrechen zur Grundlage eines Werturteils: "die kleineren Dichter, die unsicheren von geringer persönlicher Schöpferkraft, richten sich ziemlich genau nach den Lehren. Die großen aber ... suchen sich den Vorschriften zu entziehen."[96] Ähnliche Vorstellungen finden sich etwa auch bei Wellek/Warren ('63)[97] oder Pichois/Rousseau ('67)[98] und tauchen massiert natürlich, wie wir oben im Rahmen der nominalistischen Gattungsauffassungen zeigen konnten[99], bei Autoren auf, die Literaturkritik ausdrücklich auf dem Fundament einer individualistischen Ausdrucksästhetik betreiben. Daß die Individualität des Autors in verschiedenster Weise in die Textproduktion eingeht, ist unbestritten, nur darf der Spielraum dieser Individualität nicht als ein absoluter gesehen werden, wie dies die Genieästhetik tut, sondern muß in seiner historischen Konditioniertheit betrachtet werden, wobei diese in verschiedenen Subreihen ein und desselben synchronen Systems sehr unterschiedlicher Art sein kann. So ist Voltaire z. B. als Tragödienautor im Verständnishorizont seiner Zeit ganz anderen Normzwängen unterworfen denn als Verfasser der poetologisch nicht kodifizierten *Contes*[100], und der Bruch mit dem Regelsystem der klassizistischen Tragödie in der französischen Romantik läßt sich sicher nicht auf die dramatische Genialität eines Hugo oder Vigny zurückführen. Dem Rekurs auf das Geniekonzept zur Bestimmung von Evolutionsprozessen kommt nur der Charakter einer "Pseudoerklärung"[101] zu, mit dessen Hilfe man sich auf einfache Weise komplexer Probleme entledigt.

5.2.3 Stufenmodelle

Eine Vermischung der Objekt- und Beschreibungsebene findet sich bei Moisés, wenn er den "processo evolutivo" der "Gattungen" in folgenden drei Stufen beschreibt: Zunächst würden die "Gattungen" vor ihrer Bewußtwerdung *de facto* existieren als eine "resposta à tendência profunda do homem para a repetição"; dann werde man sich induktiv ihrer Existenz bewußt; schließlich würden sie "por dedução" klassifiziert "e passam a preexistir aos escritores"[102]. Hier wird die theoretische Erstellung von Gattungsbegriffen, die Beschreibungsebene also, mit dem historischen Prozeß der Konstitution und Veränderung von kommunikativen Normen verwechselt, womit natürlich nicht bestritten werden soll, daß reflektierte Einsicht in die Gattungsstrukturen und deren Festlegung evolutionsbeeinflussende Bedeutung auf der Produktionsebene erlangen kann. Typisches Beispiel hierfür wäre die Kodifizierung der Gattungen in der rhetorisch-poetischen Tradition, die auf die Produktion und somit auf die Gattungsentwicklung entscheidend zurückwirkte. Grundsätzlich sind die Ebenen selbstverständlich getrennt zu halten, weil sich die verschiedenen generischen Normen ja auch in einer Weise entwickeln können, die der Kodifizierung entgegenläuft und die zu einem Auseinanderklaffen von Theorie und Praxis, von präskriptiver Festlegung und tatsächlicher Evolution, führt.

Fowler ('71) greift mit seinem Ansatz auf die biologistische Evolutionstheorie zurück. Zwar erkennt er den eindeutig analogischen Charakter der naturwissenschaftlichen Konzeptionen, möchte aber weiter mit ihnen arbeiten und argumentiert grundsätzlich gegen die anti-evolutionistische Position in Wellek ('63). So spricht er beispielsweise erneut von der 'Geburt' und dem 'Tod' der als historische Textgruppen verstandenen *genres,* doch handelt es sich bei seiner Konzeption in Wirklichkeit keineswegs um eine Neuauflage des Darwinismus, sondern in Gegenreaktion auf Welleks übertriebenen Individualismus hebt er hervor, daß auch eine Gattung "such historical laws as govern all organizations in time" unterworfen sei: "like any other, it is bound to evolve"[103]. Fowler versucht nun nicht, einfach irgendwelche Evolutionsprinzipien aus der Biologie zu übertragen, sondern möchte aus dem geschichtlich Gegebenen induktiv spezifische Gesetzmäßigkeiten literarischer Entwicklung ableiten. Er kommt dabei zu dem Ergebnis, daß sich die Gattungsentwicklung in mindestens drei Phasen vollzieht: "These are organic and invariable in sequence, though development need not go beyond the first or the second."[104] Die erste Phase ist dadurch gekennzeichnet, daß sich allmählich ein "genre-complex" zusammenfügt, der sich als "formal type" konstituiert; in der zweiten Phase entwickelt sich eine sekundäre Version der Gattung, die bewußt auf einer früheren, primitiveren fußt, wo bei diese als "object of sophisticated imitation, in the Renaissance sense", fungiert; die dritte Phase schließlich ergibt sich dadurch, daß ein Autor eine sekundäre Form in grundsätzlich neuer Weise verwendet, daß er eine "burlesque, or antithetic, or symbolic modulation of the secondary" vornimmt.[105] Als Beispiel führt Fowler u. a. das Epos an, wonach eine primäre Form die Homerischen Epen oder *Beowulf* darstellen würden, ein sekundäres Epos wäre die *Äneis,* während Miltons *Paradise Lost* als tertiäre Ausprägung hiervon zu verstehen sei, "in that it treats Virgilian motifs antiheroically".[106] Fowler räumt ein, daß die drei Phasen nicht immer sehr deutlich voneinander zu unterscheiden seien und daß das einzelne, konkrete Werk u. U. verschiedenen Phasen zugerechnet werden könne, er erkennt jedoch nicht, daß diese Problematik einerseits mit der recht vagen Definition der einzelnen Phasen und andererseits mit der rein einzelgattungsimmanenten, organologischen Sicht des Evolutionsprozesses zusammenhängen könnte. So ließen sich beispielsweise bei einem rein diachronen Beziehen von Voltaires *Pucelle* auf das vorausgehende ernste Epos zwar 'Abweichungen' feststellen, doch könnte erst eine synchrone Betrachtung dieser Abweichungen ihre spezifische System- und nicht Evolutionsgebundendenheit sichtbar machen, nämlich, um mit den Formalisten zu sprechen, die Ausbreitung eines epochal führenden Konstruktionsprinzips, des Satirischen, auch auf die Gattung des Epos[107].

Dieser letzte Einwand leitet zu einer zweiten Konzeption Fowlers über, die adäquater erscheint, nämlich der Auffassung, daß aus einer Gattung, nachdem sie einmal bewußt geworden und in der Kritik fixiert worden ist, ein allgemeinerer *mode* extrahiert wird, der sich auf die verschiedensten Gattungen ausdehnt, daß beispielsweise aus der Verssatire das Satirische abgeleitet wurde, das dann in die verschiedensten Gattungen Eingang fand.[108] Diese

Konzeption läßt sich sicher in einer Reihe von Fällen belegen. Ob es sich hierbei jedoch wirklich um eine generalisierbare Hypothese handelt, wie Fowler meint[109], daß sich also historische Gattungen grundsätzlich zu Schreibweisen entgrenzen, erscheint fraglich. Von einer m ö g l i c h e n Entwicklungstendenz ist jedoch zweifelsohne zu sprechen.

5.2.4 Evolution als Systemwandel

Von besonderer Aktualität erwies sich in den letzten Jahren die Evolutionstheorie der Formalisten. Tynjanovs Artikel von 1927 "Über die literarische Evolution" ist dabei nach Striedter "eine Art 'Summe' der damals bereits ein Jahrzehnt währenden Diskussion"[110]. Zentral für den formalistischen Ansatz ist die Kombination der synchronen mit der diachronen Betrachtung. In der diachronen Perspektive kreisen die Ausführungen vor allem um das Verhältnis von Kontinuität und Innovation, während in der synchronen die jeweils wechselnde Stellung der einzelnen Gattungen (die Formalisten meinen hiermit immer historische Textkorpora) im System betrachtet wird. Bereits in Šklovskijs Grundthese von der Kunst als 'Verfremdung' wird der Aspekt der Innovation gegenüber jenem der Kontinuität entscheidend in den Vordergrund gerückt. Diese Konzeption führt ihn dazu, *Tristram Shandy* als den "typischste(n) Roman der Weltliteratur"[111] zu bezeichnen und an einer anderen Stelle zu bemerken, daß dieser Roman Sternes und genauso Tolstojs *Krieg und Frieden* "nur deshalb als Romane bezeichnet werden (können), weil sie speziell die Regeln des Romans verletzen"[112]. Diese Auffassung faßt Stiredter in der paradoxen Formulierung zusammen, daß für die Formalisten "die tiefgreifenden 'Verstöße' gegen die gerade geltenden Vorbilder oder Regeln mindestens ebenso genreprägend sind wie die Bekräftigungen"[113], eine Feststellung, die natürlich die Frage aufwirft, aufgrund welcher Kriterien ein Text dann überhaupt noch in eine bestimmte Gattung eingereiht werden kann und wie sich diese von anderen unterscheidet, wenn sich jede Gattung, wie Šklovskij meint, beständig "von Grund auf verändert"[114]. Dieses Problem hat Tynjanov erkannt, und er unterscheidet deshalb, wie wir oben sahen, zwischen primären und sekundären Gattungsmerkmalen, wobei er den diachronen Zusammenhang auf die Konstanz der sekundären Merkmale gründet.[115] Generell stellt er fest, daß "von einer Erbfolge nur bei dem Auftreten einer Schule, eines Epigonentums gesprochen werden kann, aber nicht bei Erscheinungen einer literarischen Evolution, deren Prinzip Kampf und Ablösung ist"[116]. Aus dieser Konzeption, daß der Evolutionsprozeß als beständige Innovation zu begreifen ist, bei der nur Sekundäres konstant bleibt, ergeben sich einige Probleme, die in der Formalismus-Euphorie der letzten Jahre nicht genügend reflektiert wurden. Die Tatsache, daß einem solchen Evolutionsverständnis ein modernistisches Originalitätsdenken zugrunde liegt, das bis zum Ende des 18. Jhs. nicht oder nur sehr bedingt anzusetzen ist, bedarf keiner weiteren Diskussion. Darüberhinaus scheint es zweifelhaft, ob mit dem ausschließlichen Prinzip der Innovation überhaupt irgendeine Periode der Literaturgeschichte adäquat zu beschreiben ist, denn Innovation kann sich ja immer nur auf dem Hintergrund eines mehr oder weniger verbindlichen und verfestigten Regelkanons vollziehen; wenn nun aber die Evolution nur "Kampf und Ablösung" ist und jegliche Konstitution einer "Erbfolge", einer Kontinuität, als Epigonentum abgetan wird, dann kann sich überhaupt kein Regelsystem mehr bilden, das die Basis für Innovationen darstellen könnte, d. h. der Begriff der Kontinuität darf nicht einfach in denjenigen des Epigonalen überführt werden, sondern müßte, will man an diesem Modell festhalten, als eigenständige Phase zwischen Innovation und Automatisierung in den Evolutionsprozeß integriert werden[117]. Schließlich sind die sekundären Merkmale als Kontinuitätsgaranten einer Gattung zweifelhaft, weil im jeweiligen synchronen System nicht mehr anzugeben ist, warum ein Werk ein "Nicht-Poem" und ein anderes beispielsweise ein Roman bzw. ein Anti-Roman sein soll, denn das Kriterium der "Größe" bzw. des "Umfangs", das Poem und Nicht-Poem diachron als einer Gattung zugehörig ausweisen soll[118], reicht synchron nicht zur Differenzierung von Nicht-Poem und (Anti-)Roman. Sekundäre Merkmale sind nicht distinktiv genug, um hierauf transepochale Gattungszusammenhänge zu gründen; wie selbst der späte Lukács erkannte, bedarf es hierzu der Übereinstimmung in "ausschlaggebenden Prinzipienfragen"[119]. Dies müssen keineswegs ausschließlich generische Tiefenstrukturen sein, sondern auch Oberflächenmerkmale können diese Funktion haben, wobei es sich in der Regel allerdings um eine spezifische Kombination einer größeren Anzahl von Merkmalen handeln muß, damit sich eine wirkliche Opposition zu anderen Merkmalsmengen konstituieren läßt. Die grundsätzliche Problematik der diachronen Gattungsanalyse der Formalisten scheint uns nicht zuletzt damit zusammenzuhängen, daß sie nicht zwischen der 'normalen' Evolution einer Gattung und deren bewußter Parodie unterscheiden. Parodistischer Einsatz von Verfahren ist freilich *per definitionem* eine Negierung von deren bisheriger Funktion, nur handelt es sich hierbei um einen Spezialfall, der nicht zum Grundprinzip der Evolution generalisiert werden darf.

Richtungweisender als das, was die Formalisten über die diachrone Entwicklung der einzelnen Gattungen sagen, scheint ihr Konzept von der wechselnden Stellung der Gattungen im jeweils synchronen System einer Epoche zu sein und die hieraus abgeleiteten Folgerungen für die Evolution der literarischen 'Reihe' insgesamt, ein Komplex, der hier nur kurz angedeutet werden kann. Für die Formalisten ist, wie bereits erwähnt[120], das einzelne Werk wie die einzelne Gattung nicht einfach eine Summe von Verfahren, sondern ein System mit wechselnder Dominantenbildung, woraus die jeweilige Spezifizität des Systems erwächst. In gleicher Weise wird auch die Epoche als System betrachtet, in dem je nach deren Grundintentionen bestimmte "Genres, die ihr in besonders hohem Maße Ausdruck zu verleihen vermögen, an die Spitze der Genre-Hierarchie rücken und zu "dominierenden Genres der Epoche" werden[121]. Deutlich wird dies beispielsweise von Tynjanov formuliert: "Die Erforschung isolierter Genres ohne die Berücksichtigung der Zeichen des Genresystems, mit dem sie in Korrelation stehen, ist unmöglich. Der historische Roman Tolstojs steht in Korrelation nicht zum historischen Roman Zagoskins, sondern zur zeitgenössischen Prosa."[122] Wird in diesem Zitat der synchrone Aspekt einseitig überbetont, so ergibt sich aus den Arbeiten der Formalisten insgesamt deutlich der Vermittlungsversuch von diachroner und synchroner Perspektive, insofern eine Gattung eben nicht mehr nur durch ihren immanenten Entwicklungsprozeß als Subreihe der literarischen oder normalsprachlichen Reihe zu beschreiben versucht wird, sondern auch durch ihre Stellung zu anderen Subreihen innerhalb des jeweiligen Systems. Auf diese Weise wird die Evolution des literarischen Systems insgesamt bestimmbar als "Veränderung der Korrelation der Glieder eines Systems"[123], und es werden Evolutionsprozesse sichtbar, die das simplifizierende Innovations- und Automatisierungsschema weitgehend differenzieren, wie beispielsweise die Tatsache, daß das dominierende Genre einer Epoche aus dem Zentrum an die Peripherie rücken und daß seinen Platz eine neue Erscheinung, die "aus den Kleinigkeiten der Literatur, aus ihren Hinterhöfen und Niederungen"[124] stammt, einnehmen kann, daß eine nichtliterarische Gattung zu einer bestimmten Zeit zum "literarischen Faktum", d. h. in das literarische System integriert wird, um später eventuell wieder in die außerliterarische Reihe zurückzutreten (Tynjanov verweist auf das Beispiel des Briefs[125]), oder daß eine neue Ausdrucksrichtung in ihrer Reaktion gegen die bisher dominierende an weiter zurückliegende Tendenzen anschließt[126]. Evolution wird dergestalt zur "Ablösung des Systems", wobei sich dieser Ablösungsprozeß verschieden schnell vollziehen könne und "keine plötzliche und vollständige Erneuerung und keinen Tausch der formalen Elemente" voraussetze, sondern "eine neue Funktion dieser formalen Elemente".[127] Indem für Tynjanov die Grenzen zwischen dem literarischen und dem normalsprachlichen System fließend sind, beinhaltet seine Konzeption keineswegs nur ein beständiges Umorganisieren vorhandener Elemente, sondern ebenso das Aufnehmen neuer aus anderen Systemen und das Ausscheiden alter, automatisierter.[128] Ziel der Evolutionstheorie der Formalisten ist "die Aufdeckung immanenter Gesetze in der Geschichte der Literatur (bzw. der Sprache)", die "jede konkrete Ablösung literarischer (bzw. sprachlicher) Systeme zu charakterisieren" erlauben[129]. Im Gegensatz zu den oben skizzierten geschichtsphilosophischen Modellen gehen die Formalisten jedoch nicht von "außer- und überliterarischen Höhen einer metaphysischen Ästhetik" aus, die sich "mit Gewalt ... 'passende' Erscheinungen" zusammensucht, sondern versuchen, die Konzepte ihrer Literaturtheorie als "konkrete Folge konkreter Fakten" einzuführen[130], d. h. die literarischen Entwicklungsgesetze sind nicht aus einer apriorischen Geschichtsphilosophie deduktiv abgeleitete N o t w e n d i g k e i t e n , sondern aufgrund verschiedener Bedingungen verschieden realisierte und am konkreten Material ablesbare M ö g l i c h k e i t e n . Besonders in den Tynjanov-/Jakobson-Thesen von 1928 wird darüberhinaus betont, daß es die literaturimmanente Betrachtung nicht erlaube, "das jeweilige Evolutionstempo und gerade diese eine, unter mehreren möglichen gewählte Evolutionsrichtung zu begründen", weil die immanenten Gesetze der literarischen Evolution "nur eine unbestimmte Gleichung" ergäben, "die wohl eine begrenzte Anzahl Lösungsmöglichkeiten, nicht aber notwendig eine einzige zuläßt"; diese Frage nach der konkret gewählten Richtung sei "nur durch die Analyse der Korrelation der literarischen mit den übrigen historischen Reihen zu lösen", wobei die Formalisten jedoch wiederum keinen apriorischen Koppelungsmechanismus annehmen, wie ihn etwa die Widerspiegelungstheorie des Marxismus postuliert, sondern davon ausgehen, daß dieses "System der Systeme" eigene Strukturgesetze besitze, die es erst zu erforschen gelte, und daß dies nicht ohne Berücksichtigung der immanenten Gesetze eines jeden Systems möglich sei.[131]

Entscheidend für die Konzeption der Formalisten und richtungweisend ist also ihre Verbindung von Diachronie und Synchronie, von 'Geschichte' (Evolution) und 'Struktur' (System), die Tynjanov/Jakobson auf die Formel brachten, daß "jedes System notwendig als Evolution vorliegt und andererseits die Evolution zwangsläufig Systemcharakter besitzt"[132].

Unter neueren Arbeiten greift vor allem Jauß ('73) die formalistischen Grundkonzeptionen auf. Dies gilt sowohl in bezug auf die anti-organologische Auffassung des Entwicklungsbegriffs wie die Korrelation von Synchronie und Diachronie, hinsichtlich der Betrachtung der Evolution der Einzelgattung ebenso wie hinsichtlich der systemhaften Relationiertheit der Gattungen untereinander.[133] Im Anschluß an Kuhn versucht er darüber hinaus, seine Konzeption deutlich von teleologischen Entwicklungsauffassungen, von denen auch die Formalisten nicht ganz frei sind, insbesondere was das Innovations- und Automatisierungsschema betrifft, abzusetzen: "Folgt man dem Grundsatz der Historisierung des Formbegriffs und sieht man die Geschichte literarischer Gattungen als einen zeitlichen Prozeß fortgesetzter Horizontstiftung und Horizontveränderung, so kann für die Metaphorik der Entwicklungs-, Reife- und Verfallsabläufe die teleologiefreie Begrifflichkeit des Durchspielens einer begrenzten Zahl von Möglichkeiten eintreten."[134] Hierbei taucht jedoch zum einen das Problem der Fixierung dieses Spielraums auf, der ja nur dann eine sinnvolle Kategorie darstellt, wenn sich verschiedene 'Spielräume' voneinander abgrenzen lassen, d. h. es müssen Kriterien zur Operationalisierung dieses Begriffs angegeben werden, und zum anderen läßt die Fortsetzung des Zitats erkennen, daß die Teleologie nicht wirklich aufgehoben, sondern nur sprachlich überspielt ist: "In dieser

Begrifflichkeit ist ein Gipfelwerk durch eine so unerwartete wie bereichernde Horizontveränderung der Gattung, deren Vorgeschichte durch ein Versuchen und Erproben von Möglichkeiten, ihre Annäherung an ein geschichtliches Ende durch formales Erstarren, durch Automatisierung oder durch ein Aufgeben oder Mißverstehen von Spielregeln bestimmbar, wie es sich häufig bei den letzten Epigonen findet."[135] Solange man die Gattungsentwicklung implizit doch wiederum als einen organischen Prozeß betrachtet, der allmählich auf ein Gipfelwerk hinführt und mit Epigonen endet, hat man die Teleologie nicht überwunden, ganz abgesehen von der Tatsache, daß es zumindest bis ins 19. Jh. nicht angeht, für 'Gipfelwerke' eine besonders unerwartete Horizontveränderung zu postulieren. Eine teleologiefreie Charakterisierung von Evolutionsprozessen erscheint nur möglich, wenn man grundsätzlich auf wertende Charakterisierung der einzelnen Phasen verzichtet, denn sobald ein 'Höhepunkt' angesetzt wird, ist notwendig eine Entwicklung auf diesen hin und von diesem weg impliziert. Ein solches Festhalten an überzeitlichen Wertmaßstäben, wie es sich in der Gleichsetzung von Horizontdurchbrechung und ästhetischer Qualität manifestiert, verweist auf eine apriorisch-substantialistische Auffassung des Ästhetischen als solchem, die im Gegensatz zur Historisierung und Entsubstantialisierung der einzelnen Formbegriffe steht.[136]

Was die möglichen Kriterien für die Operationalisierung des Begriffs 'Spielraum' betrifft, so glauben wir, daß diese aufgrund der verschiedenen Art und Weise der Konstitution historischer Gattungen nicht generell zu formulieren sind, sondern von eben dieser Konstitution abhängen. Bezieht man sich auf das von uns vorgeschlagene Modell der Gattungsbestimmung, so kann zunächst einmal davon ausgegangen werden, daß sich verschiedene Oberflächen auf die gleiche generische Tiefenstruktur zurückführen lassen. Auf diese Weise wäre etwa zu entscheiden, ob ein konkreter Text in den 'Spielraum' der Gattung 'Verssatire' oder jenen der Gattung 'Versconte' gehört, je nachdem, ob sich das Satirische oder das Narrative als fundierendes Strukturprinzip ausmachen läßt; noch nicht bestimmbar ist allerdings, ob es sich, angenommen der Text besitze eine narrative Tiefenstruktur, um eine 'Möglichkeit' beispielsweise des Epos oder aber des Versconte handelt; in solchen Fällen dürfte sich der 'Spielraum' nur mehr auf der Ebene der Transformationsregeln eingrenzen lassen (Metrum, *elocutio*, Aufbaufragen, Motivik u. ä.). Synchron wäre der 'Spielraum' einer Gattung dann als eine zu anderen Gattungen distinktive Menge von Transformationsregeln zu bestimmen, während er sich in der Diachronie aus der Vereinigung der synchronen Regelmengen ergäbe. Insgesamt ließe sich der 'Spielraum' einer Gattung also definieren als eine im Rahmen einer spezifischen Tiefenstruktur mögliche Menge von Transformationen, deren jeweilige Zusammensetzung in verschiedenen synchronen Systemen verschieden ist bzw. sein kann, die jedoch jeweils in Opposition zu anderen Mengen von Transformationen steht.[137]

Komplementär zur Definition des Spielraums sind sodann Kriterien anzugeben, wann es sich nicht mehr nur um Erweiterung bisheriger Möglichkeiten, sondern um die Konstitution einer neuen Gattung handelt. Hierbei ist unserer Meinung nach wiederum zwischen den beiden grundlegenden Abstraktionsebenen, zwischen Tiefenstrukturen und Transformationen, zu unterscheiden. Bezüglich der letzteren hat Neuschäfer ('69) am Beispiel des *Decameron* überzeugend nachweisen können, wie die neue Gattung der Novelle Kombination (und Veränderung) einer Vielzahl von Organisationsprinzipien aus verschiedenen bereits existierenden Gattungen darstellt.[138] Um einen wesentlich anders gelagerten Fall handelt es sich demgegenüber beim 'Epischen Theater', das sich durch die Verbindung zweier verschiedener generischer Tiefenstrukturen konstituiert.[139]

Für das Überschreiten existenter 'Spielräume' und das Herausbilden neuer Gattungen lassen sich demnach folgende zwei grundsätzliche Bedingungen formulieren: Neue Gattungen entstehen dann, wenn eine im jeweils vorgegebenen System nicht vorhandene Verknüpfung von zwei oder mehr generischen Tiefenstrukturen oder eine Vereinigung von Mengen bzw. Teilmengen von Transformationsregeln, die vorher in Opposition zueinander standen, auftritt. Das 'oder' ist hierbei im einschließenden Sinn zu verstehen, da beide Bedingungen gleichzeitig auftreten können.

Wie auch immer im einzelnen der Evolutionsprozeß einer Gattung bzw. eines Gattungssystems zu fassen ist, so dürfte sich die generelle, im Kern bereits von den Formalisten vertretene und in Teilbereichen auch schon verifizierte Hypothese formulieren lassen, daß der historische Prozeß kein völlig zufälliger ist, sondern als Um- bzw. Neukonstruktion von Strukturen auf der Basis von jeweils vorgegebenen zu begreifen ist. Hierbei ergibt sich nun zwar nicht, wie bei den psychogenetischen und soziogenetischen Konstruktionsprozessen logischer Strukturen, eine fortgesetzte Integration der einfacheren in komplexere, dies wurde oben bereits festgestellt[140], wohl aber läßt sich eine analoge Dialektik von Genese und Struktur erkennen, die von Piaget dergestalt bestimmt wurde, daß es keine Genese ohne Strukturen gebe, denn jede Genese bestehe aus der allmählichen Transformation einer vorgegebenen Struktur "sous l'influence de situations nouvelles" und münde, nach einem Stadium partieller Störung des Gleichgewichts ("déséquilibres partiels"), in eine neue Struktur, die ihrerseits die Möglichkeit neuer Genesen enthalte, denn "il n'y a pas de structure définitive marquant l'achèvement de toute construction".[141] Im Gegensatz zur "construction dirigée" bzw. zur "construction semi-dirigée" in den jeweiligen Wissenschaftszweigen ist der Entwicklungsprozeß historischer Normen als eine "construction à faible direction" zu begreifen (wie Piaget hinsichtlich der sprachlichen Normen formuliert), die mangels einer "équilibration progressive" durch "une suite partiellement aléatoire de déséquilibres et de rééquilibrations" konstituiert werde.[142] Analog bestimmt Goldmann, der schon früh auf die Bedeutung von Piaget aufmerksam machte, auch wenn er ihn zu sehr für den Marxismus reklamierte[143], den literarischen Evolutionsprozeß als einen "processus à double face: d e s t r u c t u r a t i o n de structurations anciennes et s t r u c t u r a t i o n de totalités nouvelles aptes à créer des équilibres qui sauraient satisfaire aux nouvelles exigences des groupes sociaux qui les élaborent"[144]. Auf der Ebene des historischen Wandels ist somit eine zweite Art von Transformationsregeln einzuführen, die sich nicht mehr im Rahmen der Gesetze einer spezifischen Struktur vollziehen, sondern diese transzendieren und neue Strukturierungen erzeugen. Diesen zweiten Typus setzt Piaget auch bei der Konstruktion formaler Systeme an, und zwar handelt es sich hierbei um die Regeln, die den Übergang von einer 'niedrigeren' zu einer 'höheren' Struktur, die erstere als Substruktur integriert, angeben.[145] Auf literarische Prozesse bezogen wäre es nun zweifelsohne unsinnig, z. B. das im 18. Jh. entstehende *drame* als eine gegenüber Tragödie und Komödie 'höhere' Struktur, die deren Gesetzmäßigkeiten voll integriert, aufzufassen, wohl aber ist die Genese dieser neuen Gattung zu verstehen als eine Transformation des vorgegebenen Systems dramatischer Komposition, indem Teilmengen der bisher jeweils für Komödie oder Tragödie spezifischen Regelmengen zu einer neuen 'Ganzheit' verbunden werden. Anhand einer detaillierten Analyse eines konkreten Beispiels, der Umstrukturierung des Minnesang-Sprachsystems bei Neidhard, hat Titzmann ('71) zeigen können, zu welch interessanten Einsichten eine Untersuchung gelangt, die historische Wandlungsprozesse als Transformationen von Strukturen bzw. Systemen zu beschreiben versucht und dabei die Restrukturierungen auf die Basis vorgegebener Strukturierungen bezieht.

Der Unterschied zwischen dem Filiationsprozeß historischer Normensysteme einerseits und der Konstitution wissenschaftlicher Erkenntnis andererseits bringt uns abschließend nochmals auf die eingangs geforderte Differenzierung von Objekt- und Beschreibungsebene zurück. Allein aus der Tatsache, daß sich für den Evolutionsprozeß kommunikativer Normen kein irgendwie geartetes 'Ziel' angeben läßt, die Beschreibung des Prozesses aber in eben diesem ihr vorgegebenes Objekt, ihren 'Zielpunkt' hat, ergibt sich die Notwendigkeit der Unterscheidung dieser beiden Ebenen und die Unhaltbarkeit einer Anschauung, die die Unsystematik der Theorie der Unsystematik des Objekts anlasten möchte.

6 ZUSAMMENFASSENDE THESEN

1. Unabdingbare Voraussetzung für eine sinnvolle Diskussion der Gattungsproblematik ist die Überwindung der Begriffsanarchie. Die einzelnen Textgruppenbezeichnungen sind als normierte Prädikatoren einzuführen, die im Unterschied zu Gebrauchsprädikatoren kontextunabhängige und kontextinvariante Elemente einer spezifischen Wissenschaftssprache darstellen und in systematischem Bezug zueinander stehen müssen. Dies heißt vor allem, daß die einzelnen Termini nicht in verschiedenen Kontexten verschieden gebraucht werden und sich nicht gegenseitig überschneiden dürfen.
2. Es ist grundsätzlich zu unterscheiden zwischen der Objektebene (den zu verschiedenen Gruppen zusammenfaßbaren Texten) und der Beschreibungsebene (der wissenschaftlichen Theorie und Terminologie). Die vielfältige Verbindung verschiedener generischer Strukturen in konkreten Texten bzw. Textgruppen kann nicht als Argument für eine unsystematische Beschreibung verwendet werden. Auch Unsystematisches läßt sich in seiner Unsystematik nur systematisch erfassen.
3. Die verschiedenen generischen Konzepte bezeichnen keine konkreten Individuen, sondern verschiedene Typen abstrakter Entitäten, die nicht durch eine "Zeigehandlung" aufgewiesen werden können. Damit ergibt sich die Frage nach der 'Existenz' dieser Begriffe, die die Gattungsproblematik in den Zusammenhang des Universalienstreites rückt. Zwischen den traditionellen Positionen des Nominalismus und Realismus stellt der Konstruktivismus eine Synthese her, insofern er die Allgemeinbegriffe weder nur als Sprachfiktionen abtut noch ihnen apriorische Existenz neben den konkreten Individuen im platonischen oder aristotelischen Sinne zugesteht, sondern sie als aus der Interaktion von Erkenntnissubjekt und -objekt resultierende Konstrukte begreift.
4. Strikt nominalistische Positionen führen, wie verschieden auch immer der jeweilige methodologische Ausgangspunkt sein mag, generell zu einem individualistischen Literaturkonzept, das die Möglichkeit von Allgemeinerkenntnis leugnet, während im

Rahmen realistischer Auffassungen die verschiedensten methodologischen Bestimmungen der "Gattungen" vorgenommen wurden. Hier waren vor allem drei Konzeptionen — eine anthropologische, eine produktionsästhetische und eine kommunikative — zu unterscheiden: "Im ersteren Fall wurde den "Gattungen" (worunter dann meist die 'Naturformen' verstanden wurden) implizit oder explizit apriorische Existenz zugesprochen, wohingegen sich in den beiden letzteren sowohl ein apriorisches Verständnis wie ein historisches wie eine Kombination beider Auffassungen nachweisen ließ. Diese wechselnden Bestimmungen resultierten vorrangig daraus, daß nicht zwischen verschiedenen generischen Schichten unterschieden wurde, woraus als erste Konsequenz das Postulat einer systematischen Auffächerung des Begriffs 'Gattung' abzuleiten ist.

5. Verkürzen anthropologische Auffassungen die "Gattungen" um ihre spezifische semiotische Funktion und beschränken sich produktionsästhetische Konzeptionen allein auf den 'Sender', so ist eine adäquate Neufundierung der Gattungskonzepte nur auf kommunikativer Grundlage, d. h. unter Einbeziehung von Sender (= Autor) und Empfänger (= Leser), möglich.

6. Ansätze zu einem kommunikativen Gattungsverständnis finden sich vereinzelt bereits seit den zwanziger Jahren, präzisere Bestimmungen ergaben sich jedoch erst mit den Fortschritten anderer Kommunikationswissenschaften (Linguistik und Informationstheorie). Von zentraler Bedeutung erwies sich hierbei die Unterscheidung eines spezifischen, konkreten kommunikativen Akts (strukturalistisch: *parole,* informationstheoretisch: *message,* generativ: Performanz) von dem abstrakten Regelsystem (*langue*/Kode/Kompetenz), das diesen Akt für den Sprecher erzeugbar und für den Hörer verstehbar macht. Diese Dichotomie ist auf der Textebene genauso applizierbar wie auf der Satzebene (für die sie zunächst konzipiert war), weil Texte ebenso wenig eine beliebige Aneinanderreihung von Sätzen darstellen wie Sätze eine solche von Wörtern, sondern allgemeinen Strukturierungsverfahren gehorchen, auch wenn diese schwieriger zu fixieren sind. Es ist also zu unterscheiden zwischen einer linguistischen Kompetenz, die die Wohlgeformtheitsbedingungen für Sätze in idealisierten Sprechsituationen formuliert, und einer allgemeinen "kommunikativen Kompe-

tenz", die die Regeln zur Bildung von Texten enthält. Die generischen Strukturen sind in dieser "kommunikativen Kompetenz" anzusiedeln und nicht apriorisch als isomorph mit Satzregeln zu betrachten, wie dies von den Pariser Semiologen postuliert wird.
7. Betrachtet man "Gattungen" generell als kommunikative Normen (im Sinn von mehr oder minder internalisierten "Spielregeln", nicht im Sinn von präskriptiven Postulaten), so ist zwischen einer historisch variablen und einer absolut oder relativ konstanten Komponente der "kommunikativen Kompetenz" zu unterscheiden. Erstere läßt sich als Performanzkompetenz bezeichnen und meint ein ähnliches 'mittleres Allgemeines' wie der Begriff der 'Norm' bei Coseriu; die Bestimmung der letzteren als absolut *oder* relativ konstant trägt der Tatsache Rechnung, daß beim augenblicklichen Forschungsstand kaum der Nachweis einer tatsächlichen Universalität bestimmter kommunikativer Normen erbracht werden kann, sondern sich dieser in der Regel zunächst auf spezifische sozio-kulturelle Systeme erstreckt. Das Postulat einer eigenständigen poetischen Kompetenz — in der die generischen Strukturen ebenfalls angesiedelt werden könnten — als Beschreibung der Kenntnisse eines 'idealen homo poeticus' über die Strukturiertheit sprachlicher Kunstwerke erscheint wenig sinnvoll, weil zum einen auf der Basis generischer Invarianten wie dem Narrativen nicht nur sogenannte 'sprachliche Kunstwerke' generierbar sind und weil zum anderen das, was als 'poetisch' angesehen wird, vom jeweiligen sozio-kulturellen System abhängt, also auf der Ebene der sich historisch wandelnden Performanzkompetenzen anzusiedeln ist. Die generischen Invarianten sind für uns also Bestandteile einer mehr oder minder 'universalen' kommunikativen Kompetenz, während die verschiedenen generischen Variablen je nach dem Verständnis in den einzelnen soziokulturellen Systemen der normalsprachlichen oder der poetischen Performanzkompetenz zuzuordnen sind.
8. Die Annahme generischer Invarianten rechtfertigt sich nicht nur aufgrund der Aporien einer rein historisch orientierten Gattungstheorie oder aufgrund der Entwicklung der linguistischen Theorienbildung, sondern konnte experimentell durch die Analyse psychogenetischer Prozesse nachgewiesen werden. Dabei ergab sich, daß für einfache narrative Strukturen der-

selbe allmähliche, allerdings erst in einem späteren Alter einsetzende Konstruktionsprozeß gilt, wie ihn Piaget für die logischen Strukturen ermittelt hat. Das Postulat generischer Invarianten impliziert also nicht die wie auch immer konkretisierte Annahme einer a p r i o r i s c h e n Existenz von "Universalien" (eingeborene Ideen usw.).
9. Der Strukturbegriff Piagets ermöglicht es, die Annahme generischer Invarianten und die Variabilität historischer Textgruppen in einen systematischen Zusammenhang zu integrieren, indem zwischen den Gesetzen der Struktur und den in ihrem Rahmen möglichen Transformationen unterschieden wird. Die Gesetze der Struktur ergeben die Schreibweisen als absolute bzw. relative generische Invarianten (das Narrative, das Satirische usw.), die sich über bestimmte Transformationen in den historischen Gattungen (Epos, Verssatire usw.) konkretisieren, wobei diese nicht nur auf einer, sondern auf der Überlegung von zwei und mehr Schreibweisen beruhen können. In diesem Rahmen lassen sich unschwer weitere Begriffe definieren (Typus, Untergattung), was uns jedoch nicht weiter beschäftigt hat. Einen grundsätzlich anderen Begriffstyp konstituieren die Sammelbegriffe (Epik, Lyrik, Dramatik, Zweckformen u. ä.), die nicht struktural, sondern nur als Klassen durch Abstraktion isolierter Einzeleigenschaften definierbar sind und nur abkürzendem Sprachgebrauch dienen sollten.
10. Die einzelnen Schreibweisen, die in verschiedenster Weise in den jeweiligen historischen Gattungen konkretisiert sein können, sind nicht über die verwendeten Elemente selbst, sondern nur über die abstrakten Relationen zwischen diesen Elementen zu definieren. Für die historischen Gattungen sind Transformationsregeln aufzustellen, die die Konkretisationsmöglichkeiten dieser abstrakten Relationen im Rahmen bestimmter sozio-kultureller Systeme angeben. Hierfür können verschiedenste Kriterien Verwendung finden, doch sind diese einer Systematisierung zu unterwerfen. Werden Differenzierungskriterien aus einem anderen als dem sprachlich-literarischen System selbst bezogen, so sind explizite Bedingungen für die Korrelierbarkeit der Systeme anzugeben; gesellschaftliche Funktion und sprachlich-literarische Struktur dürfen nicht als grundsätzlich eineindeutig Abbildung aufgefaßt werden.
11. Die generischen Strukturen sind jeweils in spezifische Typen

von Sprechsituationen eingebettet, die als durch bestimmte Faktoren charakterisierte Relationen zwischen einem Sprecher und einem Hörer zu definieren sind. Der Aufbau einer allgemeinen Theorie und Typologie der Sprechsituationen ist demzufolge eine wesentliche Vorbedingung für die Konstitution einer systematischen Gattungstheorie. Als erster Ansatz hierzu wurde auf der Basis einer Neuformulierung des Redekriteriums eine Differenzierung von performativer und berichtender Sprechsituation versucht. Diese Unterscheidung erlaubte eine Subkategorisierung der Schreibweisen: Als primär sind solche anzusehen, die nur in einer bestimmten Sprechsituation möglich sind (das Narrative in der berichtenden, das Dramatische in der performativen), während sekundäre Schreibweisen (das Komische, das Satirische usw.) in verschiedenen Typen von Sprechsituationen vorkommen können. Sekundäre Schreibweisen können primäre überlagern; ferner sind Überlagerungen innerhalb der einzelnen Ebenen möglich (episches Theater). Ein komplettes Repertoire generischer Invarianten ist selbstverständlich apriorisch nicht angebbar, sondern ist nur aufgrund der empirischen Gegebenheiten allmählich zu konstruieren, indem historische Textkorpora auf sie transzendierende allgemeinere Strukturierungsverfahren untersucht werden.

12. Der hier vorgeschlagenen Differenzierung liegt im Grundsätzlichen dasselbe Prinzip zugrunde wie der Unterscheidung von Tiefen- und Oberflächenstruktur in der generativen Grammatik. Aufgrund der anderen Objektphänomene war natürlich eine verschiedene Bestimmung der beiden Ebenen notwendig, wobei im übrigen auch in der Grammatiktheorie umstritten ist, wie die Basis- und wie die Transformationskomponente zu konstituieren sind. Ausschlaggebend für den gewählten Ansatz war die Überlegung, daß die intuitiv schon immer erkannten Ähnlichkeiten zwischen an der Oberfläche heterogenen Texten nicht durch die 'klassische' Abstraktion und Klassifikation isolierter Einzelelemente bestimmt werden können, sondern nur durch die Erstellung abstrakter Bezugssysteme zwischen diesen Elementen, deren historisch variable Konkretisationen dann über jeweils spezifische Transformationsregeln erfaßbar sind.

13. Ein grundlegender Unterschied zwischen dem hier vorgeschlagenen Modell zur Analyse generischer Strukturen und den

einzelnen Konzeptionen generativer Grammatiken besteht natürlich darin, daß wir keinen Formalismus für die verschiedenen Regeltypen angeben. Ob und wie dies geleistet werden kann, ist in der augenblicklichen Forschungslage kaum abzusehen, nachdem bereits die adäquate formale Beschreibung von Sätzen enorme Probleme aufwirft. Als allgemeine Hypothese ließe sich formulieren, daß die Gattungstheorie als Teiltheorie in eine allgemeine Texttheorie zu integrieren ist, wobei zwischen Mikrostrukturen auf Satzebene und textuellen Makrostrukturen, für die jeweils verschiedene Regelsysteme erstellt werden müssen, zu unterscheiden ist. Zu den Makrostrukturen gehören auf jeden Fall Sprechsituationen und Schreibweisen, die in die Texttiefenstruktur einzuführen sind. Da unterschiedliche Sprechsituationen und Schreibweisen zu grundsätzlich divergierenden Oberflächenmanifestationen führen, dürfte es sich als unpraktikabel erweisen, den Generierungsprozeß eines Textes mit dem unspezifizierten Initialsymbol T (= Text) beginnen zu lassen und eine 'Normalform' von Texten zu postulieren; erfolgversprechender erschiene intuitiv, von einem zumindest nach Sprechsituation, eventuell auch nach Schreibweise spezifizierten T auszugehen, weil Sätze wie 'Morgen kam er' eben nur in einem T_{narr} vorkommen. Hieraus ergäbe sich, daß eine allgemeine Texttheorie nicht vor und nicht unabhängig von den in sie zu integrierenden Teiltheorien zu formulieren ist, sondern daß ein wechselseitiges Bedingungsverhältnis besteht, wobei Fortschritte in den Teiltheorien zu Fortschritten in der umfassenden Theorie führen und umgekehrt. Eine adäquate Formalisierung dürfte sich dabei am ehesten für Sprechsituationen und Schreibweisen konzipieren lassen, während für den überaus komplexen Bereich der historischen Transformationen ein kohärenter Formalismus nur schwer vorstellbar ist.[2] Zwar kann man von der grundsätzlichen Hypothese ausgehen, daß jede erstellte Struktur formalisierbar ist, nur muß sich die Formalisierung einer Struktur nicht unmittelbar an deren Konstruktion anschließen[3]. Wissenschaftstheoretisch wertlos sind *ad hoc* konstituierte Pseudoformalismen. Auf keinen Fall darf das Streben nach Formalisierbarkeit zur Applizierung inadäquater Strukturierungsverfahren führen; das Kriterium der Formalisierbarkeit ist demjenigen der Objektadäquatheit einer Theorie nachzuordnen, weil die Überprüfung der formalen Gültigkeit nur *eine* der Möglichkeiten zur Verifizierung bzw. Falsifizierung erstellter Strukturen ist[4].

14. Für den Prozeß der Gattungsentwicklung, den diachronen Zusammenhang bestimmter Texte, sind keine strikten, deterministischen Gesetze zu formulieren, aus denen der Wandel deduktiv-nomologisch zu erklären wäre. Die bisher unternommenen Versuche stellen Pseudoerklärungen auf der Basis geschichtsphilosophischer Spekulationen dar.

15. Aufgrund der empirischen Gegebenheiten scheint vorderhand als allgemeines Entwicklungsprinzip nur die Dialektik von Genese und Struktur angebbar, die einen nicht deterministischen, teleologiefreien Prozeß der Destrukturation existenter Strukturierungen und der Restrukturierung neuer Ganzheiten konstituiert, dessen jeweils konkreter Verlauf nicht aus allgemeinen Gesetzmäßigkeiten ableitbar ist, sondern sich aus spezifischen Antecedensbedingungen des jeweiligen Systems und/oder solchen aus übergeordneten Systemen ergibt, wobei im letzteren Fall (wie bei der Verwendung systemtranszendierender Differenzierungskriterien) explizite Bedingungen für die Korrelierbarkeit verschiedener Systeme formuliert werden müssen.

16. Gegenüber dem nicht zielgerichteten Entwicklungsprozeß generischer Normen hat der wissenschaftliche Erkenntnisprozeß in eben diesen seinen Zielpunkt. Daß sich wie in anderen Wissenschaften auch in der Literaturwissenschaft die Konstitution von Erkenntnissen als ein allmählicher, zunehmend adäquatere Strukturierungen vornehmender Approximationsprozeß an ein Objekt begreifen läßt, ergibt sich aus der Darstellung der Forschungsentwicklung. Selbstverständlich ist dieser Prozeß noch weniger als in anderen Wissenschaften ein einfach linearer: erstaunlichen Vorwegnahmen von sich generell erst wesentlich später durchsetzenden Positionen stehen ebenso erstaunliche Rückschritte gegenüber. Allein dadurch jedoch, daß von einem Fortschritt bzw. Rückschritt hin auf ein Ziel gesprochen werden kann, handelt es sich um einen vom Evolutionsprozeß auf der Objektebene verschiedenen Vorgang, woraus sich eine weitere Begründung für die Notwendigkeit der Unterscheidung von Objekt- und Beschreibungsebene ableiten läßt.

17. Unsere Ausführungen begreifen sich, dies sei abschließend betont, im Sinn folgender Formulierung Petöfis: "Beim derzeitigen Stand der Forschung kann meiner Meinung nach von der Theorie nicht mehr erwartet werden, als daß es ihr allmählich gelingt, die r e l e v a n t e n F r a g e n zu stellen."[5]

ANMERKUNGEN

Anmerkungen zu Kapitel 1

[1] Erst nach Beginn des Umbruchs wurden uns Ihwe ('72) und van Dijk ('72a) zugänglich, die nicht mehr berücksichtigt werden konnten. Von Gülich / Raible ('72) konnten nur die unten erwähnten Arbeiten, die uns vor Druckbeginn in Manuskriptform vorlagen, einbezogen werden.

Anmerkungen zu Kapitel 2

[1] Zur Grundlagenproblematik der Mathematik vgl. z. B. J. Piaget ('67), 554 ff.
[2] Vgl. z. B. Menne ('66), 33 ff.
[3] Zu diesem Begriff, der die unpräzisen und verwaschenen Termini des traditionellen geisteswissenschaftlichen Diskurses meint, vgl. Kamlah / Lorenzen ('67), 24.
[4] Ein Prädikator ist ein 'Name', der Gegenständen zu- oder abgesprochen werden kann. Prädikatoren im logischen Sinne sind also z. B. Buch, Symphonie, groß, klein, klappern, schreiben usw. Vgl. hierzu Kamlah / Lorenzen ('67), 27 ff.
[5] Ebd., 71 f.   [6] Lämmert ('55), 10.   [7] Ebd.
[8] "Man bezeichnet solche Gebilde wie Lied, Novelle usf. herkömmlicherweise als G a t t u n g e n. Aber damit ergeben sich bereits die Schwierigkeiten. Denn was herkömmlicherweise als Gattungen bezeichnet wird, ist völlig heterogen ... Alle diese Bezeichnungen sind Gruppenbezeichnungen, aber man erkennt auf den ersten Blick, daß die Prinzipien der Gruppenbildung völlig verschiedener Art sind." Kayser ([8]'62), 330. Ebenso Seidler ([2]'65), 344 f.
[9] Vgl. Suerbaum ('71), 108 ff.   [10] Ebd., 109.
[11] Ebd., 110.   [12] Ebd., 110 f.   [13] Heringer ('71), 54.
[14] Vgl. hierzu Kamlah / Lorenzen ('67), 70 ff. Zu einer allgemeinen erkenntnistheoretischen Bestimmung und Differenzierung der drei am Erkenntnisprozeß beteiligten Faktoren — Erkenntnissubjekt, Erkenntnisobjekt und Strukturen bzw. Formen — vgl. Piaget ('67), 3 ff.
[15] Skwarczyńska ('66), 19. Bei dieser Unterscheidung handelt es sich um eine Übertragung des Unterschieds von *signifiant* ("nom gén."), *signifié* ("concept gén.") und *referent* ("objet gén.") in die Gattungsforschung. Die Verwendung von "génologique" erscheint, zumindest

was die Objektebene betrifft, unglücklich; es müßte wohl eher *générique* (generisch) heißen.

[16] Vgl. hierzu Kamlah / Lorenzen ('67), 57 ff.

[17] Vgl. z. B. Harweg ('68), Irmen ('71) und Gülich / Raible ('72).

[18] Vgl. auch Suerbaum ('71), 107: "Den Textsorten der täglichen Sprache entsprechen die Gattungen der Literatur, und wie zwischen dem sprachlichen Kunstwerk und dem Normaltext kein prinzipieller Unterschied existiert, so sind die Gattungen im Grunde nicht anders konstituiert als nicht-literarische Arten von Texten."

[19] Weinrich ('72), 161.

[20] Vgl. hierzu die Arbeiten in Gülich / Raible ('72).

[21] Zur Charakterisierung der verschiedenen Sprachtypen (natürliche Sprache, Fachsprache, Kunstsprache) und zur Theorie der semantischen Stufen (Metasprache, Objektsprache) vgl. Klaus (^{3}'72), 27 ff.

[22] Vgl. Menne ('66), 28.   [23] Petsch ('34), 83 f.; Seidler (^{2}'65), 345.

[24] Skwarczyńska ('66), 18, 22 f. Ebenso Wehrli ('51), 72.

[25] Viëtor (^{2}'52), 292; nach Goethe ('49 ff.), II, 187.

[26] Cysarz ('40), 177.

[27] Vgl. Lämmert ('55), 13 und Scherpe ('68), 250 ff. Verwendung findet diese Unterscheidung neuerdings bei Brummack ('71), 276 ff.

[28] Staiger ('71), 166 f.   [29] Ebd., 167.   [30] Ebd., 7.

[31] So bezeichnet Seidler (^{2}'65), 369 Epik, Lyrik, Dramatik, obwohl er sie an anderer Stelle (vgl. A. 23 oben) als "Gattungen" bezeichnet hatte. Ähnliches zeigt sich bei Staiger, der die Grundbegriffe mitunter auch wieder "Gattungen" nennt (z. B. 143).

[32] Zur anthropologischen Konzeption der Grundbegriffe vgl. unten S. 62 ff.

[33] Kayser (^{8}'62), 333 und 338.   [34] Ebd., 338.   [35] Ebd., 333.

[36] Ebd., 346. Hervorhebung von uns.   [37] Ruttkowski ('68), 23.

[38] Vgl. z. B. Überschrift und Beginn des 2. Kapitels (S. 26) oder S. 8, wo Epik, Lyrik usw. "Grundbegriffe o d e r Grundhaltungen" sind.

[39] Die bibliographischen Angaben sind ebenso unzuverlässig wie die inhaltliche "Information". So werden Zeitschriftenaufsätze als eigenständige Publikationen zitiert (z. B. Hack ('16)); es wimmelt von Fehlern, die keine Druckfehler sind (z. B. Pearson ('41) ist nicht in *English Institute Annals*, sondern im *English Institute Annual* erschienen; Lamy, und nicht: Lancy; Sebeok, und nicht: Sebeck; usw.); es werden zahlreiche Titel aufgeführt, die überhaupt nichts mit Gattungspoetik zu tun haben (entgegen der Vorrede zur Bibliographie: "Hier werden nur Werke aufgeführt, die entweder allgemeine Probleme der Gattungspoetik behandeln oder mehrere Gattungen zugleich beschreiben", S. 137); schließlich ist das Anführen historischer Texte der Poetik absolut beliebig: man fragt sich, warum z. B. Horaz aufgenommen wird, nicht aber Aristoteles usw. Das Eklatanteste in diesem Zusammenhang ist jedoch,

daß er sein eigenes Werk in der Bibliographie falsch zitiert: "Ruttkowski, W.: Theorie der literarischen Gattungen. 1968" (147).

Inhaltlich sind z. B. die Ausführungen zur antiken Gattungspoetik äußerst irreführend (26 ff.), wo zunächst behauptet wird, daß sich die Dreiheit von Lyrik, Epik und Dramatik erst relativ spät entwickelt habe (26), um dann doch wiederum schon Aristoteles und Horaz eine Unterscheidung dieser Trias zu unterschieben: "Schon Aristoteles und Horaz unterschieden Dichtung, in der der Dichter nur in eigener Person spricht (Lyrik), von solcher, bei der er hinter seinen Charakteren verschwindet (Dramatik) und schließlich von solcher, in der er teils als Erzähler selbst spricht, teils seine Personen sprechen läßt (Epik)." (28) Diese Koppelung von Redekriterium und Sammelbegriffen ist historisch falsch. Vgl. unten S. 157 f.

[40] Van Tieghem ('39), 95.

[41] Goudet ('65), 508: "Il est depuis longtemps courant de répudier la critique de genre".

[42] Barthes ('66), 3.

[43] Vgl. vor allem die Vorlagen in *Communications* 8, Todorov ('71) und ('69), Kristeva ('70).

[44] Z. B. Todorov ('68), 114.

[45] Ebd., 115: "On ne saurait trop insister sur l'interpénétration de tous ces registres dans les textes concrets."

[46] Todorov ('70), 18.

[47] Ebd., 25.   [48] Ebd., 19.   [49] Ebd., 19 f.

[50] Strieder ('71), X, A. 3.

[50a] Vgl. Fubini ('56), 171 ff. und Guillén ('70), 159 ff.

[51] Rodway ('70), 83.

[52] Vgl. z. B. die Zitate aus englischen Poetiken bei Behrens ('40). "Kind(e)" findet sich z. B. bei Sidney (Behrens, 120), Webbe (121), Harington (122), Francis Mere (122 f.), Chapman (125) usw.

[53] Vgl. z. B. Manly ('06/'07).

[54] Vgl. z. B. Ehrenpreis ('45), Mantz ('17).

[55] Vgl. z. B. Hack ('16), Gayley / Kurtz ('20), Fowler ('71).

[56] Wellek / Warren ('63), 273, A. 8 erwähnen, daß I. Babbitt 1910 auf die allmähliche Einbürgerung von *genre* im englischen literaturkritischen Sprachgebrauch verweise.

[57] Vgl. z. B. die Titel von Wellek ('67), Guthke ('66), Means ('65), Moseley ('65), Hernadi ('67).

[58] Ehrenpreis ('45), 5.   [59] Pearson ('41), 69 f.

[60] Gerade diese letzte Bedeutung von *form* möchte Ehrenpreis ('45), 5 andererseits prinzipiell von den Termini *kind / type / genre* unterscheiden: "Mere stylistic devices, such as the heroic couplet or periodic sentence structure, must be distinguished from *kinds,* which are patterns of complete pieces of literature."

⁶¹ Fowler ('71), 202.
⁶² Vgl. Rodway / Lee ('64), 116 ff. und Rodway ('70), 88 ff.
⁶³ Rodway / Lee entfernen sich mit dieser Begriffsbildung nicht unwesentlich vom normalen englischen Sprachgebrauch, was sie auch selbst betonen: "... the distinctions are purely *formal*, and in the case of Lyric this does lead to a considerable departure from normal usage." Rodway / Lee ('64), 119. Standop ('56) konnte durch eine Gegenüberstellung von *lyric* / Lyrik und *poetry* / Dichtung zeigen, daß die jeweiligen sprachlichen Felder ganz verschieden strukturiert sind. *Poetry* entspricht etwa dem deutschen Lyrik als Sammelbegriff für nicht-dramatische und nicht-epische Versdichtung; demgegenüber meint *a lyric* eine spezifische Art lyrischer Dichtung, nämlich das Lied, ist also enger als Lyrik, während Dichtung gegenüber *poetry* weiter ist, da ja auch durchaus Prosa 'Dichtung' sein kann (vgl. 383 ff.). Die gängigen englischen Bezeichnungen für die Sammelbegriffe sind *fiction, drama, poetry*. Rodway / Lee folgen im übrigen inhaltlich wie terminologisch einer Stelle aus James Joyce's *The Portrait of the Artist as a Young Man* ('16), 250-253 (vgl. hierzu Hernadi ('67), 110 f.), und in neueren englischsprachigen Abhandlungen scheint in zunehmendem Maße "the lyric" als Sammel- bzw. Grundbegriff Verwendung zu finden, wohl durch Einfluß der deutschen Terminologie (vgl. z. B. Wellek ('67), Hernadi ('67), 111 u. ö., Erskine (²'66), 13 f. u. a.).
⁶⁴ Vgl. Rodway ('70), 95: *Kind* enthalte zwar ein größeres "element of technicality", müsse jedoch ähnlich flexibel sein wie *mode* "to the point ... of being interchangeable with ... Mode".
⁶⁵ Beides auf ein und derselben Seite: Rodway ('70), 95.
⁶⁶ Ebd.   ⁶⁷ Rodway / Lee ('64), 118.   ⁶⁸ Ebd.
⁶⁹ Vgl. oben S. 20.   ⁷⁰ Suerbaum ('71), 113 f.
⁷¹ Lämmert ('55), 256, A. 5.   ⁷² Ebd., 14 f.
⁷³ Ebd., 15 f.   ⁷⁴ Stanzel (⁴'69), 8.   ⁷⁵ Lämmert ('55), 16.
⁷⁶ Vgl. z. B. Stegmüller (⁴'69), 81 ff. und unten S. 119 ff.
⁷⁷ Vgl. Leibfried ('70), 255 ff.; 278 ff.; insb.: "Alle Aussagen über Dichtung müssen angeben, relativ zu welcher Schicht sie gemeint sind. Nur so können sie Verbindlichkeit beanspruchen. Gemeinhin aber wird dies nicht beachtet, vielmehr verwirrt." (279)
⁷⁸ Vgl. ebd., 268 ff.   ⁷⁹ Ebd., 259 ff.   ⁸⁰ Ebd., 268.
⁸¹ Ebd., 259.   ⁸² Ebd., 268.   ⁸³ Ebd., 278.
⁸⁴ Ebd., 279, A. 2.   ⁸⁵ Vgl. unten S. 119 ff.   ⁸⁶ Vgl. unten S. 93 ff.
⁸⁷ Hirsch ('72), 141.   ⁸⁸ Ebd., 151.   ⁸⁹ Ebd., 134 f.
⁹⁰ Vgl. unten S. 96 f.   ⁹¹ Sengle (²'69), 42.
⁹² Ebd., 41.
⁹³ Ebd. Trotz der generellen Polemik dieser Schrift gegen die idealistische Ästhetik und gegen Tendenzen in der Germanistik, die auf dem Hintergrund dieser Ästhetik zu begreifen sind, scheut sich Sengle nicht,

diesen unbestimmten und unbestimmbaren idealistischen Begriff zu verwenden.

[94] Ebd., 35.

[95] Ebd., 37: "Man darf annehmen, daß die Theorie der Töne vor allem deshalb so beliebt wurde, weil sie geeignet war, die allzu starre Lehre von den drei Stilebenen aufzulockern und aus der Praxis der neueren Dichtung zu ergänzen. Sie bietet daher für eine Theorie, die nicht nur modern sondern auch für andere Epochen verwendbar sein möchte, einen brauchbaren Anknüpfungspunkt."

[96] Dies kritisiert bereits Leibfried ('70), 280 f.

[97] Aus dem Zitat A. 95 geht hervor, daß Sengle die Tönelehre als Entwicklung der Rhetorik im ausgehenden 18. und im beginnenden 19. Jh. begreift. Ferner konstruiert er einen Gegensatz zwischen Gattungs- und Töne-Poetik: "... der systematische Unterschied zwischen den Tongattungen und den Gattungen der engeren Poetik hat sich aufgelöst, wenn Wachler auch vom Erzählungs- oder Idyllenton spricht." (Sengle (^{2}'69), 40) Beide Feststellungen sind unzutreffend. Wie in Hempfer ('72), 37 ff. anhand der französischen Tradition gezeigt werden konnte, besteht zum einen ein wechselseitiges Bedingungsverhältnis (und kein Gegensatz) zwischen Gattung und Stil bzw. Ton, indem eine Gattung u. a. eben dadurch bestimmt ist, daß ihr ein bestimmter Stil bzw. Ton zugeordnet ist, und ist zum anderen die Unterscheidung verschiedener Töne bzw. Stile innerhalb der drei Hauptstilarten Grundlage der gesamten rhetorischen Tradition und nicht Produkt der Biedermeier-Ästhetik. Es ist also keineswegs so, daß es nur "Ansätze zu einer einheitlichen Töne- und Formenpoetik ... schon in der vorrealistischen Literarästhetik" (40) gäbe, sondern diese Kombination ist Grundlage der gesamten Tradition und erklärt sich aus dem Prinzip des *aptum* (vgl. Hempfer ('72), 42 f.).

[98] Vgl. Kummer ('68), Wunderlich ('71) u. a.

[99] Zu einer Definition der Sprechsituation als 9-tupel vgl. Wunderlich ('71), 177; zu einer solchen von Sprechakt vgl. Searle ('71), 29 ff. und Habermas ('71), 102 ff. Konzise Definitionen der im folgenden verwendeten linguistischen Begriffe finden sich in Welte ('73).

[100] Vgl. Wunderlich ('71), 153; Brekle ('72), 99 ff.

[101] Wunderlich ('71), 177.

[102] Auf das vielschichtige Verständnis des Typusbegriffs kann hier nicht eingegangen werden. Vgl. hierzu Brunecker ('54), 52 ff. (zu Diltheys Typusbegriff), Hempel/Oppenheim ('36), Hempel ('65), 155-171 und Kutschera ('71), 267 ff. Ob der Typusbegriff neben dem der generischen Tiefenstruktur wirklich benötigt wird, läßt sich beim gegenwärtigen Stand der gattungspoetologischen Diskussion nicht mit Sicherheit sagen. Er wurde eingeführt, um bestimmte 'Typen' des Narrativen, wie sie Lämmert oder Stanzel aufstellen (einsträngige vs. mehrsträngige

Handlung, Ich-Erzähler vs. auktorialer Erzähler), mit in das vorgeschlagene System integrieren zu können.

[103] Vgl. Piaget ('68), 6 ff. und unten S. 139 ff.

[104] Sengle (²'69) macht hierfür ebenfalls die "Trinitätsspekulationen" (7) vor allem der germanistischen Literaturwissenschaft verantwortlich, erkannte jedoch nicht die spezifische Art der Begriffsbildung, sondern wandte sich nur gegen die ausschließliche Konzentration der Forschung auf diese "Gattungen" und die Mißachtung der "Zweckformen", die von der traditionellen Trias aus nicht in den Griff zu bekommen seien, ein Gedanke, den H. Kuhn bereits 1956 geäußert hatte. Sengle plädiert dafür, daß "wir unser literarisches System prinzipiell allen Formen öffnen." (15) Wenn wir unser l i t e r a r i s c h e s System jedoch prinzipiell allen Formen öffnen (Sengle führt z. B. die verschiedenen publizistischen Formen an wie Chronik, Feature, Fernsehkritik, Filmkritik usw. [13 f.]), dann wird der Literaturbegriff hinfällig und man dürfte nurmehr von Texten sprechen, weil dann ja die Bestimmung literarischer Text nicht mehr eine spezifische Teilmenge der Menge aller möglichen Texttypen bezeichnet. Es geht wohl in Wirklichkeit gar nicht darum, Formen wie die Fernsehkritik in unser 'literarisches System' einzuverleiben, sondern darum, die Untersuchungsobjekte der Literaturwissenschaft zu erweitern, indem diese auch nichtliterarische Texte einbezieht und sich dergestalt zu einer Textwissenschaft erweitert. Hermand ('70) — Hermand ('71) ist eine gekürzte Wiederholung der Thesen von Hermand ('70) — bringt im wesentlichen erneut die Argumentation Sengles, verfällt dabei jedoch in eine sich vor allem gegen den Verfasser selbst richtende Polemik ("All das [sc. Bänkelsang, Satire, Flugblatt, Reportage] wäre den Ordinarien der Stresemann-Ära nicht 'würdig', das heißt nicht konservativ genug erschienen." [85]), ignoriert Arbeiten (wie diejenige H. Kuhns), die nicht in sein Bild der germanistischen Gattungsforschung passen wollen und endet mit einem Aufruf zur "nötigen Vorurteilslosigkeit", damit sich endlich eine fundamentale Erkenntnis durchsetzen könne: "Wahre Kunstwerke entstehen nun einmal nur dann, wenn sich 'Form und Inhalt als identisch erweisen', wie schon Hegel wußte." (94) Die so sehr geschmähte Germanistik der Stresemann-Ära brachte immerhin die Arbeiten Viëtors und G. Müllers hervor, in denen man nach ähnlichen Banalitäten vergeblich suchen würde. Im übrigen ist es historisch schlechterdings falsch (dies muß auch Sengle entgegengehalten werden), die germanistische Gattungsforschung nahezu ausschließlich auf "Trinitätsspekulationen" festlegen zu wollen, denn schließlich untersuchten z. B. Viëtor, G. Müller, Kayser und Beißner jeweils historische Gattungen (Ode, Lied, Ballade, Elegie), nicht aber das Lyrische bzw. die Lyrik an sich.

[105] Suerbaum ('71), 110 ist also nicht zuzustimmen, wenn er darauf verweist, daß es sich bei "Drama, Erzähldichtung und Poesie nicht um

analoge, auf gleicher Ebene liegende Kategorien handelt". Freilich werden diese drei Begriffe aufgrund verschiedener Kriterien voneinander abgegrenzt, es fehlt ein einheitliches Klassifizierungskriterium, was sie denn auch problematisch macht, sie liegen jedoch von der Begriffsbildung her insofern auf einer Ebene, als sie allgemeinste Grobklassifikationen darstellen. Dieses Argument ist also nicht gegen die Einführung "präzis definierter Gruppenbegriffe" (ebd. 113) zu verwenden.

[106] Unter den neuen Terminus der 'Zweckformen' (vgl. Sengle (^{2}'69), 15) wäre etwa so Verschiedenes zu subsumieren wie 'Feuilleton', 'Rundfunknachricht', 'Flugblatt', 'Sachbuch', aber auch 'Lehrgedicht', 'Verssatire' und 'satirisches Epos'. Kriterium dieser Einreihung wäre die Zweckhaftigkeit. Andererseits ließe sich das satirische Epos z. B. aufgrund anderer Kriterien (Vorhandensein eines Erzählers, Musenanruf, Versmaß) auch der Epik zuordnen. Eine adäquate Bestimmung der Spezifizität dieser Untergattung wird erst möglich, wenn man nicht einfach klassifiziert, sondern die Interdependenz verschiedener Strukturprinzipien analysiert.

[107] Zur Differenzierung von Struktur- und Klassenbegriff vgl. auch Piaget ('67), 570.

[108] Vgl. Dieckmann ('66). Scherpe ('68) kann zeigen, wie sich erst im Laufe des 18. Jh.s in der deutschen Poetik der Sammelbegriff 'Lyrik' im modernen Wortsinn als dritte bzw. — neben der Didaktik — vierte Hauptgruppe herausschält. Vgl. hierzu auch unten S. 157 f.

Anmerkungen zu Kapitel 3

[1] Wir folgen hierin wesentlich Stegmüller (^{2}'67). Die Argumente, die neuerdings Searle ('71), 150 ff. gegen Quines Ontologiekriterium vorbringt, und seine Differenzierung von Referenz und Prädikation, wobei er erstere rein realistisch und als nur auf das Subjekt eines Satzes bezogen definiert, während letztere, auf das Prädikat bezogen, schwankend realistisch und nominalistisch bestimmt wird, vermag nicht zu überzeugen. Stegmüllers Darstellung, obwohl zum ersten Mal bereits 1956 erschienen, wird nicht berücksichtigt.

[2] Vgl. Menne ('66), 17 und 24.

[3] Dieser Terminus bezeichnet bei Stegmüller dasselbe wie 'Prädikator' bei Kamlah / Lorenzen ('67).

[4] Stegmüller (^{2}'67), 48.   [5] Chomsky ('69), 44.
[6] Stegmüller (^{4}'69), 57.   [7] Ebd., 56.   [8] Ebd.   [9] Ebd.
[10] Stegmüller (^{2}'67), 49.   [11] Ebd.   [12] Ebd.

[13] In der formalen Logik werden zwei Arten von Quantoren verwendet, die All- und Existenzaussagen ermöglichen: der sog. Allquantor, geschrieben (∀x) oder (x) oder $\bigwedge$x, der zu lesen ist: 'für alle x gilt',

und der Existenzquantor, geschrieben ⴺx oder (ⴺx) oder (Ex) oder $\bigvee x$, der zu lesen ist: 'für mindestens ein x gilt'. Zu den Quantoren vgl. Kamlah / Lorenzen ('67), 160 ff. oder Menne ('66), 56 ff.

[14] Stegmüller (^{2}'67), 51.
[15] Ebd. und Quine (^{2}'64), 1 ff., hier: 15.
[16] Vgl. Stegmüller (^{2}'67), 52.
[17] Ebd., 53. Diese Formulierung bezieht sich natürlich nur auf den extensionalen, mit Klassenbegriffen arbeitenden Platonismus, auf den sich Stegmüller bei seinen Ausführungen weitgehend beschränkt. Zur Unterscheidung von Intension und Extension vgl. Menne ('66), 24 und 73.
[18] Ebd., 57.
[19] Sprachlich: für alle x gilt: x ist ein Mensch und x strebt danach, glücklich zu sein.
[20] Vgl. zu diesem Beispiel Stegmüller (^{2}'67), 57. Allgemeine Prädikate dürfen, wie wir oben sahen, in einem nominalistischen System innerhalb von Aussagen ja durchaus vorkommen, nur isoliert bedeuten sie nichts, weil sie nicht Namen von etwas sind, sondern Satzfragmente, die sich zu einem sinnvollen Satz ergänzen lassen.
[21] Von 'platonisch' sprechen wir in bezug auf die Philosophie Platons, während 'platonistisch' Synonym von 'realistisch' zur Bezeichnung einer generellen ontologischen Position ist.
[22] Vgl. Stegmüller (^{2}'67), 58.
[23] Vgl. ebd., 66 f. Wie Stegmüller zeigt, findet sich die Trennung von idealen Wesenheiten und Allgemeinerkenntnis zum ersten Mal bei Duns Scotus (ebd., 67), dann aber vor allem in George Berkeleys nominalistischer Kritik am Konzeptualismus Lockes (ebd., 72 ff.).
[24] Stegmüller (^{2}'67), 63.
[25] Ebd. Zu einer weiteren, bereits von Ockham vorgebrachten Kritik an der Unterscheidung von *universalia ante res* und *universalia in rebus* vgl. ebd., 69 f.
[26] Ebd., 64 f.   [27] Ebd., 71 ff.
[28] Vgl. ebd., 65 das im Zusammenhang mit Boëthius Gesagte.
[29] Ebd., 73.   [30] Ebd., 97.
[31] Ebd., 97 f. Formal ließe sich dies folgendermaßen darstellen: Eine definierende Bedingung soll durch den offenen Satz 'Fx' mit der freien Variablen x ausgedrückt werden. Eine Klasse a wird dann durch die Bedingung Fx genau dann festgelegt, wenn die Aussage zutrifft: (x) (xεa $\equiv$ Fx), d. h., ein Gegenstand x gehört zu der Klasse a genau dann, wenn 'Fx' gilt. Damit man jedoch dieses Vorgehen nicht nur auf bestimmte Bedingungen anwenden kann, muß folgendes Prinzip aufgestellt werden: Es gibt immer, was auch für eine Bedingung Fx gewählt worden sein mag, eine Klasse a die zu Fx in der angeführten Relation steht. D. h. wir müssen die folgende Aussage als wahr annehmen: (Ea) (x)

(xεa ≡ Fx), sprachlich: Es gibt eine Klasse a, von der gilt: jedes x ist in a immer dann enthalten, wenn die Bedingung Fx gilt. Aus der Formalisierung ist eindeutig ersichtlich, daß hier zwei Typen von Variablen (x, a) vorkommen und daß eine Klasse als gebundene Variable (Ea) erscheint. Es liegt also eine platonistische Position nach der eingangs gegebenen Definition vor. Auf die Notwendigkeit der Umformung der angegebenen Formel durch die Einführung einer Klassenhierarchie, um bestimmte Antinomien auszuscheiden, wie sie sich in der Mengenlehre ergeben würden, braucht in unserem Zusammenhang nicht eingegangen zu werden. (Vgl. Stegmüller (^{2}'67), 98 ff.)

[32] Piaget ('67), 4. Hervorhebung von uns.

[33] Ebd., 6.   [34] Stegmüller (^{2}'67), 82.

[35] Erwähnt sei hier noch, daß Kutschera ('71) neben realistischen und nominalistischen auch pragmatische semantische Theorien unterscheidet (162 ff.). Als Hauptvertreter dieser Richtung erscheint bei ihm der späte Wittgenstein der *Philosophischen Untersuchungen* und dessen Grundthese: "Die Bedeutung eines Wortes ist sein Gebrauch in der Sprache." (Wittgenstein ('71), 43 und Kutschera ('71), 218 ff.) Allein dadurch, daß Wittgenstein Prädikate nicht als Namen von etwas auffaßt, vertritt er eine Sprachtheorie, "die von jedem Platonismus frei ist" (Stegmüller (^{2}'67), 80). Die ontologische Position ist auf jeden Fall eine nominalistische, nur daß Wittgenstein über traditionelle nominalistische Theorien insofern hinausgeht, als er ein Verfahren angibt, wie man die Bedeutung von Prädikaten erlernt, wenn sie nichts bezeichnen, nämlich durch das Erlernen von Regeln für ihren Gebrauch. Dieser Grundgedanke findet sich allerdings bereits bei einem alten Nominalisten, Berkeley, angedeutet (vgl. Stegmüller (^{2}'67), 73 ff.). Was bei Wittgenstein dann nicht mehr hinterfragt wird, ist die Seinsweise dieser Regeln.

[36] Fubini ('56), 186 ff.

[37] Wellek ('67), 392: "Benedetto Croce ... launched an attack on the concept (sc. of genre) from which it has not recovered in spite of many attempts to defend it or to restate it in different terms."

[38] Fubinis Aufsatz über die literarischen Gattungen erschien zuerst 1948 und mit Zusätzen dann 1956.

[39] Croce ('39), 396.   [40] Croce ('43), 221 f.   [41] Babbitt ('24/'25), 379.

[42] Vgl. Russo ('32), 538 f.; "Es bleibt das ausdrückliche Verdienst der Croceschen 'Reform der Kunst- und Literaturgeschichte' tatkräftig die Aufmerksamkeit gelenkt zu haben auf das unbedingt individuelle und selbstschöpferische Gepräge der Kunstwerke". Zitiert nach Zacharias ('51), 1, A. 3.

[43] Neben Anceschi vgl. z. B. Bianca ('61) und de Pino ('61).

[44] Vgl. hierzu etwa Orsini ('61). Eine knappe Inhaltsangabe der *Estetica* liefert Vossler ('02).

[45] Vgl. Croce ('02), 42 ff. und Vossler ('02), 482.

[46] Zacharias ('51), 3.
[47] Ebd., 4.   [48] Croce ('02), 38.   [49] Ebd., 38 f.
[50] Ebd., 39. Die Auffassung von der linearen Hierarchie der Begriffe ist auf den frühen Croce beschränkt und wird in den späteren Schriften zu einer zirkulären Konzeption modifiziert. Die Schichtendifferenzierung bleibt jedoch dieselbe. Vgl. Croce (^{5}'68), 52 ff.
[51] Vgl. Croce (^{2}'71), 26 ff.
[52] Hierin besteht der Zusammenhang der theoretischen Kategorien (des Ästhetischen und des Logischen) gegenüber den praktischen: "Il concetto ha il carattere dell'espressività, ossia è opera conoscitiva, e come tale espressa o parlata; non è già atto muto dello spirito, come sarebbe, per sé considerato, un atto pratico." (Ebd., 26)
[53] Ebd., 26 f.
[54] Ebd., 27. Am Beispiel des Tragischen sieht Croces Argumentation dann folgendermaßen aus: "La teoria della tragedia pone il concetto del tragico e da esso deduce questo o quel necessario requisito della tragedia; e la critica dei generi letterarî dimostra che il tragico non è concetto, ma anch'esso gruppo mal delimitato di rappresentazioni artistiche, che hanno tra loro alcune estrinseche simiglianze, e perciò non può servire di fondamento a nessuna teoria." (Ebd.)
[55] Vgl. z. B. Croce (^{3}'71), 106 ff.
[56] Der Begriff der Konkretheit ergibt sich daraus, daß Croce die 'wahren' Begriffe als in den Einzeldingen existierend ansetzt, also die *universalia-in-rebus*-These vertritt. Vgl. Croce (^{2}'71), 27 f.
[57] Ebd., 29 f.   [58] Vgl. Anm. 56.
[59] Vgl. Croce (^{2}'71), 23 und unten S. 49 f.
[60] Jauß ('73), 108 f.   [61] Vgl. Stegmüller (^{2}'67), 71 ff.
[61a] Vgl. Croce ('68), 23 ff.   [62] Vgl. Kamlah / Lorenzen ('67), 42 f.
[63] Vgl. auch Zacharias ('51), 171 ff. Im Unterschied zu seinen ersten Schriften betont Croce in späteren allerdings stärker den Unterschied zwischen der legitimen Verwendung der Gattungsnamen als 'empirischer' Begriffe und deren Ablehnung als ästhetische Kategorien (ebd. 171). Orsini ('61), 337 weist darauf hin, daß in einem Aufsatz von 1885 Croce noch an die kritische Bedeutung der Gattungsbegriffe glaubt (vgl. Croce (^{2}'43), I, 471).
[64] *Tel Quel* ist der Name einer Zeitschrift, die das Publikationsorgan für eine Gruppe von Schriftstellern, Literaturkritikern und -wissenschaftlern, Philosophen und Linguisten ist, zu deren führenden Vertretern Sollers, Kristeva und Ricardou zählen und die in den letzten Jahren, ausgehend von der generativen Grammatik Chomskys und den *Anagrammes* Saussures, einen neuen Textbegriff zu entwickeln versucht hat, dabei aber zu derartig überspitzten und esoterischen Positionen gelangt, die entweder rational nicht nachvollziehbar oder offensichtlich falsch sind. Vgl. hierzu Nicolas ('70), 63 ff. und Hempfer ('72a), 255 ff.

⁶⁵ Croce (³'71), 159.
⁶⁶ Vgl. z. B. Croce ('02), 39 f. und Croce ('22), 5.
⁶⁷ Roetteken (1896), insb. 349 f.
⁶⁸ "... under his banner I enrolled myself long ago, and here enroll myself in what I say now." Spingarn (²'31), 20.
⁶⁹ Ebd., 22.
⁷⁰ Viëtor (²'52), 304: Die Gattungsbesonderheit "ist kein 'Gesetz', sondern eine Struktur, die überall zugrunde liegt, aber in keiner Norm erstarrt und nirgends mit einem einzelnen Dichtwerk zusammenfällt."
⁷¹ Petersen (³'43), 120 f., mit direktem Bezug auf Croce.
⁷² Fubini ('56), 150. Hervorhebung von uns.
⁷³ Ebd., 151.   ⁷⁴ Ebd., 149 f.
⁷⁵ Vgl. etwa Croce (³'71), 107: "Unica e indivisibile è ... la categoria della bellezza, sebbene infinite siano le sue manifestazioni singole, e sebbene queste si possano raggruppare in classi affatto empiriche, come sempre le classi, e che non hanno niente di comune con le distinzioni speculative del concetto speculativo." Der Sprachgebrauch Croces ist für einen heutigen Leser verwirrend: spekulativ ist keineswegs abwertend gemeint, sondern bezeichnet das *concetto puro*, den Universalbegriff, während 'empirisch' im Gegensatz zu unserem Sprachgebrauch die negative Konnotation enthält, insofern 'empirische' Begriffe, wie wir sahen, eben nur Begriffs f i k t i o n e n sind.
⁷⁶ Vgl. Croce (²'71), 121 ff. und 313 ff.
⁷⁷ Vossler ('02), 484.   ⁷⁸ Vgl. Vossler ('02), 483 f.
⁷⁹ Und dies tut er mit verblüffender Arroganz. Vgl. z. B. Croce ('02), 342 f.: "La 'storia dei generi poetici e letterarî' è quella che maggiormente nutre la sufficienza degli 'scienziati' della letteratura ... perché è evidente che questa storia si può fare prescindendo da ogni gusto, intelligenza e giudizio della poesia". Um Gattungsgeschichten zu schreiben, würden "modeste qualità di animo e di mente" genügen, während "altre meno comuni sono necessarie per intendere in che consista la poesia del singolo creatore di poesia e bene interpretarla."
⁸⁰ Spingarn (²'31), 23.   ⁸¹ Hack ('16), 58.
⁸² Ebd. Hervorhebung von uns.
⁸³ Ebd., 34.   ⁸⁴ Gundolf (⁵'18), 18.   ⁸⁵ Ebd.   ⁸⁶ Ebd., 17.
⁸⁷ Vgl. hierzu Weinberg ('61), 635 ff.   ⁸⁸ Gundolf (⁵'18), 19.
⁸⁹ Zu Shakespeare vgl. etwa Weimann ('67), zu Cervantes' *Don Quijote* Neuschäfer ('63). Ähnlich wie Gundolf will Schinz ('05) die Gattungen zwar für das Mittelalter zulassen, nicht jedoch mehr für die Literatur seit der Renaissance. Hier spricht er sich für thematische Untersuchungen wie 'die Rolle der Frau in der französischen Literatur' u. ä. aus.
⁹⁰ Zu Diltheys Einfluß auf die germanistische Literaturtheorie zu Beginn dieses Jahrhunderts vgl. Hermand ('68), 35 ff.

[91] Daß sich Spitzer Croce verpflichtet fühlt, ergibt sich etwa aus der Widmung seines Aufsatzes zu La Fontaine (Spitzer (^{2}'59), 160). Zu dem Zusammenhang zwischen dem *crocianesimo* und der romanistischen Stilistik vgl. auch Jauß ('73), 109.

[91a] Eine deutliche Absage an die Methoden der Stilkritik findet sich in Croce ('66), 265 ff.

[92] Vgl. den Titel von dessen programmatischem Aufsatz "The New Criticism" (Spingarn [^{2}'31], 3 ff.).

[93] Zu einer kritischen, allerdings einseitig marxistischen Bestandsaufnahme und Auseinandersetzung mit dem *new criticism* vgl. Weimann ('62).

[94] Zur morphologischen Schule vgl. Maren-Grisebach ('70), 68 ff. und unten S. 80 ff.

[95] Vgl. van Rossum-Guyon ('70), 15 ff.

[96] Vgl. Chevalier ('70). [97] Vgl. Meschonnic ('69), 15 f.

[98] Ebd., 16, A. 2. [99] Vgl. Popper ('63), 223 ff. und Piaget ('67).

[100] Meschonnic ('69), 18. [101] Ebd., 17, 19 u. ö.

[102] Todorov ('68), 163: "La poétique ne traite que des virtuels, et non des réels." Aus dieser und ähnlichen Aussagen, die Meschonnic zitiert, möchte er den Reduktionismus der Strukturalisten ableiten, was nicht angeht.

[103] Meschonnic ('69), 19.

[104] Ebd., 27, A. 54 wird Gattungsforschung explizit als "abstraction normative" ausgegeben.

[105] Ebd., 20. [106] Ebd. [107] Ebd., 24.

[108] Bei Chomsky werden die beiden Begriffe natürlich nicht für die Text-, sondern für die Satzebene definiert.

[109] Meschonnic ('69), 24. [110] Vgl. Lotman ('72), 28.

[111] Vgl. Meschonnic ('69), 24 die Umschreibung mittels eines Proust-Zitats: "la révélation de l'univers particulier que chacun de nous voit et que ne voient pas les autres".

[112] Ebd., 26. [113] Todorov ('68), 125. [114] Meschonnic ('69), 26.

[115] Vgl. unten S. 98 f. und 212 ff.

[116] Meschonnic ('69), 26. [117] Croce ('02), 40.

[118] Hack ('16), 58. [119] Gundolf (^{5}'18), 19 f.

[120] Spingarn (^{2}'31), 22. [121] Stegmüller (^{2}'67), 66 f.

[122] Hack ('16), 63 f. Hervorhebung von uns.

[123] Meschonnic ('69), 28. Das Zitat von Desnos nach *Europe* (April/Mai '58), 58. Mit zum Störendsten bei Meschonnic gehört, daß er beständig Fachtermini vor allem der Linguistik metaphorisiert und dergestalt sinnentleert, obwohl er sich hiergegen selbst explizit ausspricht (vgl. 19). Vgl. hierzu vor allem den Schluß des Artikels.

[124] Croce (^{2}'27), 119. [125] Croce ('02), 41. [126] Ebd.

[127] Spingarn (^{2}'31), 25. Vgl. auch S. 22.

¹²⁸ Gundolf (⁵'18), 17.
¹²⁹ Vgl. z. B. Croce (³'40), 165 und Zacharias ('51), 28.
¹³⁰ Hack ('16), 59. Hervorhebung von uns.
¹³¹ Vgl. oben S. 39 f.   ¹³² Croce ('22), 2.
¹³³ Ebd., 4: "l'ufficio di discernere e classificare le svariate creazioni della poesia per agevolarne l'esame e il discorso".
¹³⁴ Ebd., 4 f. Hervorhebung von uns.
¹³⁵ Vgl. auch Croce (³'71), 159: "il contenuto dei loro (sc. der Rhetoren und Poetiker) precetti era ... storico, e la storia si muove e cangia, non si ferma ai comandi di alcuno".
¹³⁶ Croce ('22), 6.   ¹³⁷ Ebd., 7.   ¹³⁸ Ebd., 8.
¹³⁹ Vgl. hierzu unten S. 136 ff.
¹⁴⁰ Vgl. auch Zacharias ('51), 80.
¹⁴⁰ᵃ Vgl. etwa Croce ('23).   ¹⁴¹ Croce (³'71), 165.   ¹⁴² Ebd.
¹⁴³ Vgl. hierzu auch Bianca ('61), 222 f.
¹⁴⁴ Vgl. Croce (⁵'59) und Zacharias ('51), 60 f.
¹⁴⁵ Zum gleichen Ergebnis kommt Bianca ('61), 222 f.
¹⁴⁶ Vgl. Croce ('39), 395 f.
¹⁴⁷ Zur Problematik der Literaturgeschichtsschreibung vgl. Jauß (²'70), 144 ff.
¹⁴⁸ Zacharias ('51) kann zeigen, wie Croces Ausführungen zur *poesia popolare* den von ihm stets bekämpften Versuch darstellen, "einen Gattungsbegriff zu schaffen" (98). Denn *poesia* ist für Croce Dichtung und nur Dichtung — ohne alle Attribute. Wenn auch die Volksdichtung 'echte' Dichtung sei, unterscheide sie sich in nichts von der Kunstdichtung. Gleichzeitig zeige er aber, daß beiden Dichtarten eine verschiedene Geisteshaltung zugrunde liege. "Seinen bisherigen Thesen zufolge würde dies bedeuten, daß jede Volksdichtung, die nicht 'echte' (also der Kunstdichtung völlig gleichwertige) Dichtung ist, der Nichtdichtung gleichkäme, daß die Bezeichnung *poesia popolare* also nicht nur überflüssig, sondern — strenggenommen — sogar widersinnig ist" (99); d. h. Croce schafft *implicite* eine "Gattung" 'Volksdichtung' neben der "Gattung" 'Kunstdichtung'. Einen Ausweg aus diesem Dilemma sucht Croce in der *Poesia* ('36), indem er verschiedene Arten von *espressioni* anerkennt, und damit Formen, die nicht der reinen Dichtung angehören, ausgrenzbar und nicht einfach nur als *non-poesia* ablehnbar macht. Doch gehören diese Formen dann eben nicht mehr zur e i g e n t l i c h e n Dichtung, was jedoch wiederum nur aufgrund eines apriorisch gesetzten Dichtungsverständnisses formulierbar ist.
¹⁴⁹ Bianca ('61), 223.   ¹⁵⁰ Fubini ('56), 162 ff.   ¹⁵¹ Ebd., 163.
¹⁵² Vgl. z. B. Croce ('22), wo er auch noch den zeitgenössischen Autoren vorwirft, daß sie "seguitano a trattare di lingua, di metrica, di stile poetico, quando la teoria rettorica dell'ornato e quella meccanica dell' opera d'arte come aggregato di contenuto e di forma sono state sorpas-

sate, e il punto di partenza e la materia delle loro trattazioni dovrebbe essere unicamente la concreta opera di poesia, che non si riveste già di lingua, ritmo o stile poetico, ma è essa stessa poetica in tutte le sue parti, le quali, astratte dal tutto, cessano di avere carattere poetico."
(5) Auf die historische Unhaltbarkeit dieser Behauptungen braucht nicht weiter eingegangen zu werden, da erwiesen ist, daß für bestimmte Epochen mit bestimmten Wörtern und Stilfiguren als solchen ganz bestimmte Grade an Poetizität verbunden waren (für das französische 18. Jh. vgl. etwa Hempfer ('72), insb. 37 ff. und die dort angegebene Literatur), entscheidend in unserem Zusammenhang ist nur, daß Fubini gerade diese Einzelelemente, die stilistischen Traditionen, als durchaus untersuchungswürdig anerkennt.

[153] Fubini ('56), 167 f.   [154] Ebd., 168.   [155] Ebd., 163.
[156] Ebd., 162.   [157] Ebd., 157.   [158] Vgl. unten S. 122 ff.
[159] Vgl. z. B. Croce ('22), 5: Die Dreiteilung sei begründet in "condizioni esterne delle recite dei poemi, delle rappresentazioni teatrali e dei canti accompagnati con musiche, e da altrettali circostanze."
[160] Ebd., 6. Hervorhebung von uns.
[161] Fubini ('56), 169.   [162] Ebd.   [163] Ebd., 171.
[164] Dies gilt auch noch von der *Poesia*, nach Fubini "l'esposizione più compiuta del pensiero crociano" (Fubini ('56), 254). Hier betont Croce zwar, die einzig erlaubte Untersuchung "circa un genere è d'indole storica, cioè dei bisogni sociali e culturali". Diese haben jedoch, wie wir bereits sahen, nichts mit der Dichtung als solcher zu tun, und hier liegt der entscheidende Unterschied zu Fubini: "Ma son cose che non hanno che vedere con la poesia propriamente detta." Croce (^{3}'71), 340.
[165] Vgl. unten S. 112 f., 163 f. u. ö.   [166] Vgl. unten S. 80 ff.
[167] Dies gilt etwa von Kohler ('40), 135 f. und A. 2, der seine Position zunächst als realistisch bestimmt, um sie dann in einer offensichtlich nachträglich angebrachten Fußnote konzeptualistisch zu nennen, ohne etwas an den Ausführungen selbst zu ändern: "Croyant à la réalité des genres, je ne songe pas à prétendre qu'ils existent dans l'absolu, dans quelque empyrée platonicien, antérieurement à toute production artistique et littéraire." Dies ist jedoch auch keine konzeptualistische Position, sondern Kohler ist, wie er zunächst meinte, Realist, nur möchte er die "Gattungen" nicht als *universalia ante res,* sondern als *universalia in rebus* verstehen.
[168] Krauss ('68), 49.   [169] Van Tieghem ('39), 99.
[170] Vgl. Wellek / Warren ('63), 211; Rodway ('70), 87; Whitmore ('24), 730 f. Dies heißt natürlich nicht, daß es seit dem 19. Jh. keine Aussagen mehr darüber gebe, was und wie Literatur 'sein soll', sondern nur, daß die traditionelle Regelpoetik durch andere Konzeptionen abgelöst wurde und daß sich allmählich eine Trennung von normativer Literaturkritik und deskriptiver Literaturwissenschaft herausbildete.

¹⁷¹ Landmann ('63), 146. Zum analogen Aristotelesverständnis der *Chicago Critics* vgl. unten S. 116.

¹⁷² Eine explizite Annahme von *universalia ante res* kann Hack ('16), 43 in Cicero, *Or.* 10-12, nachweisen, indem sich dieser bei seiner Vorstellung von der echten Redekunst auf die platonischen Ideen beruft. Da sowohl Cicero wie Horaz ins Zentrum ihrer Überlegungen das *decorum*-Prinzip rücken, folgert Hack auch für Horaz: "the laws of the genres are nothing but the expression in the sphere of literature of the Platonic doctrine of ideal forms." (Ebd.) Hack möchte dann auch die Poetik von Aristoteles als platonisch begreifen, was wohl schon deshalb nicht angeht, weil sich Aristoteles von Platon ja gerade durch die Verfechtung der *universalia-in-rebus*-These unterscheidet. Vgl. Stegmüller (²'67), 61 ff.

¹⁷³ Vgl. unten S. 65 f., 84, u. ö. ¹⁷⁴ Vgl. unten S. 202 ff.

¹⁷⁵ Die Evolutionisten verstehen hierunter im wesentlichen die historischen Gattungen (Tragödie, Komödie, Epos usw.), mitunter aber auch die Sammelbegriffe Lyrik und Drama.

¹⁷⁶ Zu Brunetières Literaturtheorie insgesamt vgl. Curtius ('14), Babbitt (1897) und Hocking ('36).

¹⁷⁷ Brunetière (1890), 11.   ¹⁷⁸ Ebd., 12. Hervorhebung von uns.

¹⁷⁹ *Revue des deux Mondes* (15. 7. 1879), 454 f. Zit. bei Curtius ('14), 68. Hervorhebung von uns.

¹⁸⁰ Brunetière (1890), 13.   ¹⁸¹ Symonds (1890), I, 58 f.

¹⁸² Stegmüller (²'67), 61.   ¹⁸³ Coserin ('71), 186 f.

¹⁸⁴ Brunetière (1892), 665 ff. In bezug auf die Lyrik vertritt Brunetière das romantische Verständnis, während sein Normensystem sonst weitgehend an klassizistischen Vorstellungen orientiert ist.

¹⁸⁵ Bereits Erskine (²'66), 6 hatte darauf aufmerksam gemacht, daß man keine Aussagen über die Entwicklung der Lyrik usw. machen könne, "unless there is first a definition of what is eternally lyrical".

¹⁸⁶ Brunetière (1890 / 1907), III, 104 f. Zit. bei Curtius ('14), 31. Hervorhebung von uns.

¹⁸⁷ Brunetière (1890a), 19. Zit. bei Curtius ('14), 31. Hervorhebung von uns.

¹⁸⁸ Ebd.

¹⁸⁹ Vgl. Brunetière (1890/1907), III, 311 und Curtius ('14), 31.

¹⁹⁰ Vgl. Croce (³'71), 342 f.   ¹⁹¹ Vgl. z. B. Schinz ('05).

¹⁹² Vgl. Babbitt ('06), 687 ff.   ¹⁹³ Pommier ('45), 72.

¹⁹⁴ Guyard ('61), 18.   ¹⁹⁵ Pichois / Rousseau ('67), 156.

¹⁹⁶ Ermatinger ('30), 332.   ¹⁹⁷ Ebd., 352 f.

¹⁹⁸ Ermatinger (³'39), III ff., hier: VII.

¹⁹⁹ Vgl. Dilthey (¹⁴'65).

²⁰⁰ Vgl. Hartl ('24), I und Brunecker ('54), 22 ff.

²⁰¹ Vgl. Dilthey ('57 ff.), V, 402 ff.

[201a] Brunecker ('54), 68.
[202] Dilthey ('57 ff.), V, 397. Zit. bei Brunecker ('54), 69.
[203] Vgl. Brunecker ('54), 70 ff.   [204] Vgl. unten S. 181 ff.
[204a] Zu Lukács, der partiell ebenfalls in dieses Paradigma gehört, vgl. unten S. 195 ff.
[205] Dilthey ('57 ff.), VI, 103. Zit. bei Brunecker ('54), 22.
[206] Vgl. Brunecker ('54), 22 ff., hier: 22.
[207] Vgl. Brunecker ('54), 41 f.   [208] Dilthey ('57 ff.), VI, 228.
[209] Vgl. Brunecker ('54), 22 ff., 39 ff. und Dilthey ('57 ff.), VI, 188 ff.
[210] Hartl ('24), II f. Hervorhebung von uns.
[211] Beriger ('38), 90.   [212] Ebd., 90 f. Hervorhebung von uns.
[213] Diese Behauptung ist falsch, vgl. unten S. 156 ff.
[214] Hartl ('24), III.
[215] Beriger versteht hierunter sowohl die historischen Gattungen wie die Sammelbegriffe.
[216] Beriger ('38), 94.   [217] Ebd., 96.
[218] Hirt ('23), 5. Bei den Erlebnisformen werden im einzelnen unterschieden: "Haltungen der Seele zur Welt" (naiv, sentimentalisch usw.), "Haltungen der Seele auf der Distanz Natur und Kunst" (naturalistischer, idealistischer Stil usw.), "lyrische, epische, dramatische Haltungen", und schließlich "von Ideen mitgeformte" Erlebnisformen wie Tragödie, Komödie usw. (ebd. 4 f.).
[219] Ebd., 6.   [220] Ebd., 12.   [221] Vgl. unten S. 158 f.
[222] Wie wir oben, S. 19, ausgeführt haben, wird bis zu Staiger zwischen diesen beiden Begriffen nicht grundsätzlich getrennt.
[223] Goethe ('49 ff.), II, 187.   [224] Vgl. hierzu unten S. 85 f.
[225] Vgl. Petsch ('34a), ('39) und ('45)   [226] Viëtor (^{2}'52), 292 f.
[227] Petsch ('34), 83. Ebenso Petsch ('33), 55.
[228] Vgl. hierzu unten S. 181 f.   [229] Berger ('43), 246.
[230] Ebd., 245.   [231] Schwarz ('42), 108.
[232] Hankiss versteht hierunter nicht die "Naturformen", sondern die historischen Gattungen (vgl. S. 119).
[233] Hankiss ('40), 119.   [234] Ebd., 126.   [235] Ebd., 127.
[236] Bonnet ('51), 7 ff.; vgl. auch unten S. 152.
[237] Vgl. oben S. 19.
[238] Staiger ('71), 167. Im Ansatz findet sich diese Unterscheidung allerdings schon in dem unbeachtet gebliebenen Artikel von Valentin (1898); vgl. hierzu unten S. 165 f. Nach Szondi ('70), 192 und 196 ff. läßt sich ferner eine Entgrenzung der drei Sammelbegriffe zu "Tönen" und der Gebrauch von substantivierten Adjektiven bereits bei F. Schlegel nachweisen.
[239] Ebd., 7.
[240] Ebd., 8. Staiger diskutiert nicht das Problem, daß es sich hierbei schon um einen sekundären, metaphorischen Sprachgebrauch handelt,

der von einer bestimmten Auffassung von epischer Dichtung abgeleitet ist.

[241] Ebd.   [242] Ebd., 143.
[243] Zu Husserl vgl. Stegmüller (⁴'69), 49 ff.
[244] Staiger ('71), 8.   [245] Vgl. z. B. Hjelmslev (²'63), 53.
[246] Vgl. Kutschera ('71), 280 ff., Kamlah / Lorenzen ('67), 45 ff. u. a. In der Sprachwissenschaft vollzieht sich seit einigen Jahren eine Reaktion gegen den absoluten Relativismus, indem erneut die Frage nach den linguistischen Universalien gestellt wird (vgl. z. B. Chomsky ('69), 43 ff., Bach / Harms ('68) u. a.), doch handelt es sich hierbei um weit abstraktere Strukturen als die Bedeutungen von Wörtern.
[247] Vgl. Dieckmann ('66), 82 f. und Anm. 24, und Hempfer ('72), 44, Anm. 34.
[248] Staiger ('71), 9 f.   [249] Vgl. unten S. 169 f.   [250] Staiger ('71), 157.
[251] Ebd., 10.   [252] Ebd., 147.
[253] Ebd., 148. Hier tauchen also erneut die kantischen Seelenvermögen auf.
[254] Ebd., 152.
[255] Ebd., 155. Durch ihre Koppelung an die dreidimensionale Zeit hatte Erskine bereits 1920 die drei Grundgattungen als fundamentale anthropologische Kategorien begriffen: "A poet's temperament prescribes into which of the three *genres* his work shall fall; and similarly the temperament of average men prescribes whether they shall live in the present, or in the past, or in the future. In these three eternal ways of meeting experience, it is believed, are to be found the definitions of the lyric, the drama, and the epic. The qualities to which we give the names 'lyrical', 'dramatic', 'epic', are no less normal and fundamental than these three apprehensions of life — as simply a present moment, or as a present moment in which the past is reaped, or as a present moment in which the future is promised." Erskine (²'66), 13 f.
[256] Vgl. Stegmüller ('69 / '70), I, 5.
[257] Staiger ('71), 161.
[258] Zum Beleg ließe sich seitenweise aus Staiger zitieren, doch möge folgende Stelle hierfür genügen: "Im Dramatischen droht ihm (sc. dem Menschen) der Tod des Zerbrechens, das tragische Scheitern seiner Welt. Im Lyrischen droht ihm Auflösung — er kann sich selbst nicht mehr halten. Darüber wußte Franz Baader Bescheid, der das Fließende und das Starre als äußerste Zonen bezeichnet, in denen kein Leben zu gedeihen vermag. Ein Vorrang des lyrischen oder dramatischen Seins ist also pathologisch, Brentano einerseits, der als Dichter und Mensch vor unsern Augen zerrieselt, Kleist andrerseits, dessen Grausamkeit, dessen Schärfe und Härte uns erschreckt. Das Epische finden wir in der Mitte. Das Fließende hat sich soeben gefestigt, das ständige Selbst entdeckt sich erst." Staiger ('71), 151.

[259] Vgl. Böckmann ('49), 13 ff.
[260] J. Müller ('56), 143.   [261] Landmann ('63), 171.
[262] Ebd., 172 f.   [263] Betti ('67), 426.
[264] Priesemann ('65), II, 1, 238.
[265] Ruttkowski bezieht sich im wesentlichen nur auf die 'klassischen' Arbeiten der zwanziger und beginnenden dreißiger Jahre sowie auf Staiger und Kayser; wären andere, in der Bibliographie zitierte Werke einbezogen worden, hätte das Buch so nicht erscheinen können.
[266] Nach den erwähnten Ausführungen über Kleist und Stifter 'folgert' der Verfasser: "Daß es allgemein menschliche Grundhaltungen gibt, die sich — in verschiedenen Mischungsgraden — auch in der Literatur niederschlagen müssen, ebenso wie der Personalstil als ein Ausdruck der Persönlichkeit des Dichters aufgefaßt werden muß, leuchtet darum sicher ein." Ruttkowski ('68), 19. Eine weitere Begründung erfolgt nicht.
[267] Diese Frage stellte bereits Fubini ('56), der, wie erwähnt, die Grundhaltungen / Naturformen überhaupt nicht als *generi* begreift, sondern als "classi psicologiche, qualificanti certi contenuti dell'opera di poesia. Con questa alternativa: che, o quei contenuti sono stati considerati come alcuni fra gl'infiniti possibili e perciò quei generi non diversi dalle innumeri classi psicologiche, le quali insieme con essi possono concorrere a definire il carattere di un'opera poetica, o sono stati ritenuti contenuti fondamentali di ogni opera di poesia, e perciò ciascuno di essi o congiuntamente si sono rivelati, dissolvendosi come generi, una definizione della poesia." (172)
[268] Ruttkowski ('68), 102.
[269] Vgl. Daiches ('58), 69 ff.
[270] Todorov ('70), 15 ff., insb. 17: "Les classifications de Frye ne sont pas logiquement cohérentes: ni entre elles, ni à l'intérieur de chacune d'entre elles." Vgl. ferner Hernadi ('67), 140 ff.
[271] Die Inkonsequenz geht z. B. so weit, daß Frye ('64), 99 "in der rhetorischen Kritik die völlige Abwesenheit einer Erörterung von Fragen der Gattung" beklagt, was doch eine erstaunliche Unkenntnis der Fakten verrät, dann aber trotzdem S. 244 ff. die Theorie der "Gattungen" als Methode der rhetorischen Kritik betrachtet.
[272] Frye ('64), 340.
[273] Zu den beiden anderen wichtigen Klassifizierungen Fryes — nach dem Redekriterium bzw. der Aufführungsart und nach dem Gegenstand der Darstellung — vgl. unten S. 156 und 159 f.
[274] Frye ('64) 98.   [275] Ebd., 99.   [276] Ebd., 100 ff.
[277] Ebd., 102.   [278] Ebd., 133 ff., insb. 160 ff.   [279] Ebd., 135.
[280] Ebd., 141.   [281] Ebd., 141 f.   [282] Ebd., 142.   [283] Ebd., 137.
[284] Ebd., 142.
[285] Mit "erzählend" (= "narrative") ist nicht bereits eine bestimmte

Schreibweise gemeint, sondern ganz allgemein Handlung / Geschehen in einem fiktiven Werk.

[286] Ebd., 164. Frye bezieht sich auf seine Ausführungen S. 152 f.

[287] Ebd. Analogie der Unschuld und Analogie der Erfahrung sind die beiden Reiche des umgesetzten Mythos, wo dieser nicht mehr direkt, sondern verwandelt erscheint: "In der Analogie der Unschuld begegnen uns die göttlichen oder hochgeistigen Gestalten in der Regel als alte, weise, väterliche Gestalten mit Zauberkräften wie Prospero, oder als freundliche Schutzgeister wie Raphael vor Adams Fall ..." (153)

[288] Vgl. auch S. 160 f.: "Die Analogien der Unschuld und der Erfahrung stellen Anpassungen des Mythus an das Naturgeschehen dar: sie bieten uns nicht die Stadt und den Garten am Endpunkt der menschlichen Einsicht, sondern die V o r g ä n g e des Bauens und Pflanzens. Die Grundform solchen Fortschreitens ist eine zyklische Bewegung ... Unsere sieben Kategorien von Bildern können mithin auch als verschiedene Formen k r e i s e n d e r B e w e g u n g betrachtet werden."

[289] Ebd., 164.

[290] Ebd. Ironie und Satire gehören dem "Reich der Erfahrung" an und werden anstelle des von Frye nicht geschätzten Begriffs 'Realismus' verwendet (vgl. S. 164 f. und S. 142).

[291] Ebd., 164.   [292] Eb., 165.

[293] So meint Frye etwa im Vorwort zu einer englischen Bachelard-Übersetzung, daß Erde, Luft, Wasser und Feuer die vier Elemente der Erfahrung des Imaginativen seien und es ewig bleiben werden. Vgl. hierzu Todorov ('70), 22.

[294] Frye ('64), 163.   [295] Ebd.

[296] Vgl. etwa ebd., S. 108 f., wo explizit gesagt wird, daß für den archetypischen Kritiker jede Handlung ein Ritual und jeder "bedeutsame Inhalt" der "Konflikt zwischen Wunsch und Wirklichkeit (ist), dessen Grundlage der Traum" darstellt. Zusammenfassend folgert Frye hieraus: "Daher sind Ritus und Traum Fabel und bedeutsamer Inhalt der Literatur vom archetypischen Aspekt her gesehen." Zur Kritik am Reduktionismus der Archetypik vgl. neuerdings auch Schwartz ('71), 122 ff.

[297] Frye ('64), 162.

[298] Vgl. Hernadi ('67), 143. Hernadi beurteilt Frye insgesamt viel zu positiv, weil er nicht seine Gattungstheorie als System, sondern bestimmte Bemerkungen zu bestimmten Schreibweisen darstellt. Unter diesen Einzelbemerkungen, etwa zum Komischen, finden sich in der Tat eine Reihe richtiger und wichtiger Feststellungen, uns ging es jedoch um das theoretische Gesamtkonzept, die Art und Weise der Fundierung der Gattungsbegriffe, und dieses ist rational nicht nachvollziehbare Metaphysik.

[299] Zur morphologischen Literaturwissenschaft vgl. Maren-Grisebach ('70), 68 ff.

[300] Vgl. Piaget ('68), 46 ff.
[301] Vgl. die einzelnen Hefte der Zeitschrift *Die Gestalt*; zu den Grundpositionen der Gestalttheoretiker vgl. vor allem Wolf / Troll ('40), zur mathematischen Gestalttheorie Steck ('44).
[302] Maren-Grisebach ('70), 69 schreibt dieses Verdienst fälschlicherweise G. Müller zu, obwohl dieser Begriff in der Germanistik auch schon für die 1930 zum ersten Mal erschienene Arbeit von Jolles grundlegend ist. Zu Propps Bezug auf Goethe vgl. Propp ('70), 6 ff. und die jeweiligen Zitate aus Goethes *Morphologie* zu Beginn der einzelnen Kapitel; das Wichtigste aus den Schriften Goethes zu diesem Thema sowie weiterführende Literaturangaben in Goethe ('49 ff.), XIII, 53 ff.
[303] Vgl. Goethe ('49 ff.), XIII, 63, 172; XI, 374 u. a.
[304] Dies soll in den Bänden dieser Reihe zur Narrativik geschehen.
[305] Vgl. Propp ('70), 28 ff. [306] Vgl. ebd., 172 ff.
[307] Ebd., 27. Daß Propp sein Modell im Verhältnis zu den konkreten Texten zunächst als abstraktes Regelsystem begreift, ergibt sich aus dem Vergleich zur Grammatik, die den "support *abstrait*" der Sprache als einer "donnée *concrète*" darstelle (ebd., 26). Hervorhebung von uns.
[308] Vgl. z. B. Bremond ('71), insb. 222, oder ('66), insb. 76. Zu einer Kritik an Propps Transformationsverständnis vgl. auch Lévi-Strauss ('60), 142 f.
[309] Jolles (⁵'69), 1.
[310] Goethe ('49 ff.), XIII, 55; zit. bei Jolles (⁵'69), 6.
[311] Jolles (⁵'69), 6. [312] Ebd., 6 f. [313] Vgl. unten S. 122 ff.
[314] Zu dieser Auffassung von Gestalt vgl. auch Piaget ('68), 46 ff., insb. 51.
[315] Steck ('44), VII. [316] G. Müller ('44), 6 f. [317] Ebd., 18.
[318] Ebd., 57.
[319] Müller ('44), 63 f. führt im Zusammenhang mit Drama und Epos aus, daß dies viel komplexere Formen seien als die Lyrik und daß es infolgedessen viel schwieriger sei, die "volle Anschauung eines solchen Werkes zu gewinnen ... Völlige Anschauung wird aber stets die Ansatzstelle einer morphologischen Betrachtung sein". (64)
[320] Ebd., 61. [321] G. Müller ('28 / '29), 142. [322] Ebd.
[323] Ebd., 144.
[324] Ebd., 143 ff., insb. 146. Als Beispiel verweist Müller auf die verschiedenen Liedhaftigkeiten bei Abschatz und Goethe.
[325] Ebd., 147.
[326] Zu dem von uns vorgeschlagenen Modell vgl. unten S. 122 ff. und 139 ff.
[327] Vgl. Ermatinger ('30), 358, 371.
[328] Goethe wollte den Atomismus der vergleichenden Anatomie überwinden, indem er den "Vorschlag zu einem anatomischen Typus, zu einem allgemeinen Bilde, worin die Gestalten sämtlicher Tiere, der Mög-

lichkeit nach, enthalten wären" macht, dabei aber gleichzeitig die Warnung ausspricht, "daß schon aus der allgemeinen Idee eines Typus folgt, daß kein einzelnes Tier als solcher Vergleichskanon aufgestellt werden könne; kein Einzelnes kann Muster des Ganzen sein." Goethe ('49 ff.), XIII, 172.

[329] Ermatinger ([3³]'39), 178.   [330] Lämmert ('55), 16.
[331] Zu Lämmert vgl. ferner unten S. 143.
[332] Vgl. oben S. 67.   [333] Viëtor ('23), 3.   [334] Ebd.
[335] Viëtor ([2]'52), 304.
[336] Vgl. ebd., 302: "Den literarischen Gattungstypus gewinnt man durch Zusammenschau sämtlicher zur Gattung gehöriger Einzelwerke, er ist Abstraktion, d. h. begrifflich-schematische Bestimmung dessen, was sozusagen die nur in lauter Besonderungen existierende Grundstruktur, das 'Allgemeine' der Gattung ist."
[337] Ebd., 295.   [338] Ortega ([4]'57), I, 366.   [339] Burke ([2]'59), 57.
[340] Kohler ('39), insb. 242 f.
[341] Pommier ('45), insb. 47, 54.
[342] Bray ('37), 103.   [343] Pichois / Rousseau ('67), insb. 96, 157.
[344] Landmann ('63), insb. 169.
[345] Vgl. z. B. Böckmann ('54), 349: "Im darstellenden Verhalten sind eigentümliche Gattungsunterschiede angelegt, z. B. schon in der Art, wie die Gesprächssituation in die mimische Gebärde übergeht oder die sachliche Erörterung eine symbolisch-zeichenhafte Begrenzung erfährt ... Sie (sc. die Gattungen) dürfen nicht als feststehende Normen mit bestimmten Baugesetzen verstanden werden, da sie höchstens ein äußeres Formschema anbieten; aber als elementare Auffassungsformen wollen sie in konkreten literarischen Situationen ergriffen und jeweils neu verwirklicht werden. So steht die Gattungsform von sich aus in einem lebendigen Widerspiel zu den individuellen und epochalen Stilformen."
[346] Vgl. Seidler ([2]'65), insb. 376.
[347] Flemming ('67), 67. Flemming ('59) ist mit Flemming ('67) identisch. Im Gegensatz zu Viëtor versteht Flemming unter 'Gattung' die Sammelbegriffe (Epik, Lyrik, Dramatik und Gedankendichtung), unter 'Art' die historischen Gattungen.
[348] Ebd., 28.
[349] Moisés ('67), 50: "os gêneros não são espartilhos sufocantes nem moldes fixos, mas estructuras que a tradição milenar ensina serem básicas para a expressão do pensamento e de certas formas de ver a realidade circundante."
[350] Guillén ('70), 158.   [351] Ebd., 156.   [352] Ebd., 155.
[352a] Kuhn ([2]'59), 44.   [352b] Ebd., 44 ff.   [352c] Ebd., 46.
[352d] Ebd.   [352e] Ebd., 46 f.   [352f] Ebd., 52.   [352g] Ebd., 58.
[352h] Ebd., 58 ff.   [352i] Mantz ('17), 476. Hervorhebung von uns.
[353] Vgl. Stempel ('70 / '71), 565 und Jauß ('73), 110: "Wie es keinen

Akt sprachlicher Kommunikation gibt, der nicht auf eine allgemeine, soziale oder situationshaft bedingte Norm oder Konvention zurückbeziehbar wäre, so ist auch kein literarisches Werk vorstellbar, das geradezu in ein informatorisches Vakuum hineingestellt und nicht auf eine spezifische Situation des Verstehens angewiesen wäre."

[354] Mantz ('17), 477.   [355] Petersen ($3'43$), 121.
[356] Van Tieghem ('39), 98 f.   [357] Ebd., 99.
[358] Ebd. Ebenso Pommier ('45), 56.   [359] Kohler ('39), 236.
[360] Pearson ('41), 70.   [361] Ebd.   [362] Levin ('46), insb. 167.
[363] Wellek / Warren ('63), 202.
[364] Ebd., 203.   [365] Ebd., 212. Hervorhebung von uns.
[366] Auf diesen fußen natürlich auch Wellek / Warren; eine breitere Rezeption des Russischen Formalismus in der westlichen Literaturwissenschaft wird jedoch erst mit Erlich ('55) eingeleitet und durch die Übersetzung wichtiger Texte in den letzten Jahren entscheidend gefördert (vgl. z. B. Todorov ('65) und Striedter / Stempel ('69 /'72)).
[367] Vgl. Jauß ('73) und unten S. 110 ff.
[368] Diese findet sich natürlich auch schon bei Viëtor u. a., nur daß hier ausschließlich von produktionsästhetischer Seite her argumentiert wird.
[369] Moisés ('67), 48 ff., hier: 50.
[370] Vgl. die Zusammenfassung seiner Vorstellungen in Anceschi ('70). Anceschi ('68) ist nur eine Aufsatzsammlung; hier ist das Vorwort zu seiner Anthologie *Lirici nuovi* (Mailand 1943) abgedruckt, in welchem er als einer der ersten in Italien Croces Gattungskonzeption zu attackieren wagte und das ihm die erwähnte rüde Besprechung eingetragen hat (vgl. oben S. 38).
[371] Vgl. Hirsch ('72), 319.
[372] Vgl. oben S. 75.   [373] Betti ('67), 423.   [374] Ebd., insb. 424.
[375] Vgl. z. B. "A Symposium on E. D. Hirsch's *Validity in Interpretation*", *Genre* 1 ('68), 169-255.
[376] Vgl. vor allem Anhang II "Gadamers Theorie der Interpretation" (301 ff.), ein Wiederabdruck eines 1965 in der *Review of Metaphysics* veröffentlichten Artikels, in dem die wesentlichen Positionen des späteren Buches bereits im Ansatz enthalten sind.
[377] Vgl. Hempfer ('73).   [378] Vgl. Hirsch ('72), 95.
[379] Ebd., 96 f. und 321 ff.   [380] Ebd., 97.   [381] Vgl. oben S. 24 f.
[382] Ebd., 141.   [383] Ebd., 104.   [384] Ebd., 113.   [385] Ebd., 104 f.
[386] Vgl. ebd., 98 ff., insb. 106 f.: "Selbst wenn der Sinn, den ein Sprecher zu kommunizieren wünscht, ungewöhnlich ist ..., so weiß er doch, daß er, um seinen Sinn zu übermitteln, das wahrscheinliche Verständnis des Interpreten in Rechnung stellen muß ... Der Sprecher kann diese Sozialisierung seiner Erwartungen nur dann erreichen, wenn er die ihm selbst und seinem Interpreten gemeinsamen typischen früheren Ver-

wendungsweisen und Erlebnisse kennt. Durch diese gemeinsamen früheren Erlebnisse ist der Sinntyp, den er übermitteln will, auch der Sinntyp, den sein Interpret zu erwarten veranlaßt wird. Es ist offensichtlich, daß diese Erwartungen zu einem Sinntyp gehören müssen und nicht nur zu einem einmaligen Sinn, da der Interpret sonst keine Möglichkeit besäße, sie zu erwarten."

[387] Hirsch unterscheidet nicht zwischen Rezipient und Interpret, sondern spricht immer nur von letzterem. Dies hängt mit seiner These zusammen, daß das, "was wir verstehen, in allen Fällen eine Auslegung" ist (65), eine nicht haltbare Behauptung, denn schließlich erfaßt z. B. jeder 'normale' Radiohörer den Unterschied zwischen einer Nachrichtensendung und einer Reportage, er versteht also die Konventionen, ohne daß er diese in der Regel konzeptuell formulieren könnte, was Aufgabe des Interpreten bzw. Analysators ist. Dieser hat also eine grundsätzlich andere Funktion als der primäre Rezipient — er analysiert den Kommunikationsprozeß, in dem der Rezipient ein Beteiligter ist —, eine Tatsache, die Hirsch völlig übersieht und aus der sich etliche Schwierigkeiten seines Systems ergeben, denn bestimmte Aussagen gelten zwar für Rezipient wie Interpret, andere aber jeweils nur für einen der beiden.

[388] Hirsch ('72), 97.   [389] Ebd., 121.   [390] Ebd., 142.
[391] Ebd., 140.   [392] Ebd., 143.   [393] Ebd., 141.

[394] Bezeichnend ist folgende Feststellung: "Das wahre Genre, das uns dazu zwingt, einen bestimmten Sinn anzunehmen, wird nicht sofort dem Geist des Interpreten gegenwärtig, sondern ergibt sich häufig erst nach einem Einengungsprozeß." Ebd., 133.

[395] Vgl. ebd., 134 ff.   [396] Ebd., 321.   [397] Ebd., 105.
[398] Ebd., 162. Hervorhebung von uns.
[399] Vgl. Hempfer ('73).   [400] Vgl. unten S. 122 ff.
[401] Hirsch ('72), 140.   [402] Ebd., 140 f.

[403] Vgl. oben S. 37 ff., insb. 52 ff. In seinem Vorwort, in dem er darlegt, warum er ästhetischen Texten nicht grundsätzlich einen anderen ontologischen Charakter zusprechen möchte als anderen, beruft er sich explizit auf Croce, allerdings zu unrecht, denn Croce lehnt zwar Untergliederungen des Ästhetischen ab, identifiziert das Ästhetische aber z. B. keineswegs mit dem Logischen und infolgedessen auch nicht Texte aus diesen für ihn grundsätzlich verschiedenen ontologischen Bereichen. In bezug auf die historischen Gattungsbegriffe im Rahmen der Literatur besteht andererseits durchaus eine Verwandtschaft zum *crocianesimo*, doch findet sich in diesem Zusammenhang kein Verweis.

[404] Striedter ('71), XLI.
[405] Tynjanov ('71), 393 ff., Tomaševskij ('65), 306 f.
[406] Tynjanov ('71), 397, Tomaševskij ('65), 306.
[407] Vgl. Striedter ('71), LXI.
[408] Tynjanov ('71), 397.   [409] Tynjanov ('71a), 451.

[410] Jauß ('73), der ganz auf der Historisierung des Formbegriffs durch die Formalisten aufbaut, nimmt diese ontologische Fixierung explizit vor. Vgl. unten S. 111.
[411] Vgl. oben S. 16. [412] Skwarczyńska ('66), 20.
[413] Ebd., 21. [414] Ebd., 20 f. [415] Ebd., 19. [416] Ebd.
[417] Ebd., 22. [418] Ebd., 23. [419] Ebd., 26. [420] Vgl. oben S. 16.
[421] Vgl. hierzu unten S. 101 f.
[422] Skwarczyńska ('66), 23. [423] Ebd., 24.
[424] Als beste Einführung in Grundkonzepte der Glossematik vgl. Malmberg (^{2}'68), 207 ff., zur Darstellung und Kritik glossematischer Literaturtheorie Trabant ('71), dessen Thesen jedoch mit den kritischen Einwänden von Wienold ('71a) und Hempfer ('72b) zu konfrontieren sind.
[425] Stender-Petersen ('48), 281 f.
[426] Ebd., 285. [427] Ebd., 286. [428] Vgl. unten S. 176 f.
[429] Stender-Petersen ('48), 286. [430] Barthes ('70), 102.
[431] Ebd., 93. Analog faßt Coseriu ('62), 95 seinen Normbegriff: "la norma, que contiene sólo lo que en el hablar concreto es repetición de modelos anteriores."
[432] Barthes ('66), 1. [433] Todorov ('70), 7. [434] Vgl. ebd., 26.
[435] Bastide ('61), 15. Eine dritte, vermittelnde Position, jene Piagets, wird unten S. 122 ff. skizziert.
[436] Todorov ('70), 21 ff.
[437] Ebd., 26. [438] Ebd. [439] Ebd.
[440] Näheres hierzu unten S. 122 ff.
[441] Vgl. unten S. 142. [442] Todorov ('70), 12. [443] Vgl. oben S. 20.
[444] Vgl. Hempfer ('72), 17 ff. [445] Vgl. unten S. 160 ff.
[446] Hirsch ('72), 144. [447] Stempel ('70 / '71), 566.
[448] Ebd., 565. [449] Ebd. [450] Ebd., 566. [451] Ebd., 567.
[452] Zum Isotopiebegriff vgl. Greimas ('66), 69 ff., insb. 96.
[453] Stempel ('70 / '71), 568.
[454] Ebd. [455] Ebd., 568 f. [456] Ebd., 570. [457] Ebd., 568.
[457a] Vgl. hierzu unten S. 146 ff. Zum wesentlich modifizierten Modell von Stempel ('72) vgl. unten S. 108 f.
[458] Sacks ('68), 106. [459] Ebd., 110. [460] Ebd. [461] Ebd., 111.
[462] Vgl. z. B. Piaget ('68), 74 ff., Putnam ('67), Kutschera ('71), 111 ff.
[462a] Stempel ('72), Ms. S. 1. In der Druckfassung, sprachlich verändert, S. 175.
[462b] Ebd., 175.
[462c] Ebd., Ms. S. 2. Druckfassung S. 176 (sprachlich verändert).
[462d] Ebd., Ms. S. 4 (Druckfassung, sprachlich verändert, S. 178).
[463] Trzynadlowski ('61), 36, vgl. auch ebd., 34.
[464] Ebd., 36: "instruction is a code, adapted to information".

⁴⁶⁵ Zur Nachricht als Teilklasse der Klasse der Informationen vgl. Klaus ('71), 269 ff. und 437. Trzynadlowski möchte allerdings *message* von *information* dadurch scheiden, daß er nur dann von Information sprechen will, wenn es sich um "true data" handle, wobei er sich als Wahrheitskriterium auf die Feuerbachthesen von Marx beruft (S. 35), doch ist diese inhaltliche Definition völlig unnötig. Vgl. Klaus ('71), 269 ff., insb. 271 f.

⁴⁶⁶ Vgl. Lotman ('72), 28.   ⁴⁶⁷ Trzynadlowski ('61), 42 f.

⁴⁶⁸ Informationstheoretisch ist ein Programm "die eindeutige Anweisung für die Lösung einer Aufgabe, insbesondere für die Lösung einer mathematisch formulierten Aufgabe auf einer Rechenanlage" (Klaus ('71), 484).

⁴⁶⁹ Trzynadlowski ('61), 45. Hervorhebung von uns.

⁴⁷⁰ Ebd., 43: "That phenomenon (sc. das Entstehen sekundärer semantischer Strukturen) is encountered in all kinds of utopias, literary fantasias, in Romantic, allegorical and symbolic conventions, that is over the vast field stretching from symbolism to science fiction."

⁴⁷¹ Pichois / Rousseau ('67), 157.

⁴⁷² Wir beziehen uns auf Jauß ('73), die erweiterte Fassung von Jauß ('70).

⁴⁷³ Jauß ('73), 110.   ⁴⁷⁴ Ebd.   ⁴⁷⁵ Ebd.

⁴⁷⁶ Ebd. Gegen Stempels Klassenkonzeption wendet sich auch Coseriu ('71), 285 und bezeichnet die "Gattungen" ebenfalls als Gruppen bzw. historische Familien. Andererseits ist eine "Gattung" für Coseriu aber auch ein Individuum. Vgl. oben S. 60.

⁴⁷⁷ Vgl. oben S. 98 f.   ⁴⁷⁸ Jauß ('73), 111.

⁴⁷⁹ Vgl. Hempfer ('72) und unten S. 139 ff.   ⁴⁸⁰ Jauß ('73), 113.

⁴⁸¹ Ebd., 114. Diese vier Modalitäten sind: Autor und Text, *modus dicendi*, Aufbau und Ebenen der Bedeutung, *modus recipiendi* und gesellschaftliche Funktion (ebd., 114 ff.).

⁴⁸² 'Autor und Text' wird z. B. untergliedert in Rhapsode vs. Erzähler vs. abwesender Erzähler, epische Objektivität vs. auszulegende Fabel vs. zu diskutierendes Ereignis, epische Distanz vs. Aktualität / Wie-Spannung vs. Ob-überhaupt-Spannung (ebd., 114).

⁴⁸³ Vgl. ebd., 112.

⁴⁸⁴ Vgl. Klaus ('71), s.v. Funktion, Struktur, System, sowie Titzmann ('71), 482 und die weitere, dort angeführte Literatur.

⁴⁸⁵ Ähnlich hatte Kayser die Differenzierung der Grundhaltungen von den historischen Gattungen vorgenommen, indem er nur die historischen Gattungen, nicht aber die Grundhaltungen als "geschlossene Strukturen" ansah (Kayser (⁸'68), 338, vgl. auch 333).

⁴⁸⁶ Vgl. hierzu unten S. 139 ff.   ⁴⁸⁷ Jauß ('73), 113.

⁴⁸⁸ Zur Grundlegung der Rezeptionsästhetik vgl. Jauß (²'70), 144 ff., insb. 173 ff.

[489] Ebd., 177 und Jauß ('73), 119.   [490] Vgl. oben S. 36.
[491] Diese historische Filiation der beiden Schulen wird in Crane ('52), 14 explizit formuliert.
[492] Crane ('52), 17 ff.   [493] Ebd.,11.
[494] Ebd., 13. Ebenso Olson ('52), 554.
[495] Crane ('52), 12 f.   [496] Ebd., 15.   [497] Vgl. ebd., 18 f.
[498] Vgl. Wimsatt ('70), 41 ff.   [499] Crane ('52), 19.
[500] Olson ('52), 558.   [501] Vgl. Crane ('52), 18.   [502] Ebd.
[503] Olson ('52), 558.
[504] Zu den Differenzierungskriterien vgl. unten S. 155 f.
[505] Vivas ('68), 103 ff.   [506] Ebd., 103.
[507] Schwartz ('71), 116 ff., hier: 117.   [508] Ebd.
[509] Ebd., 118.   [510] Ebd., 115.   [511] Ebd., 121.   [512] Ebd., 122.
[513] San Juan ('68), 262.   [514] Vgl. Menne ('66), 73.
[515] San Juan ('68), 263.   [516] Vgl. Menne ('66), 28.
[517] San Juan ('68), 262.

[518] Vgl. oben S. 93 ff. Erwähnt wird nur Hirschs heuristische Gattungskonzeption.

[519] Klasse ist in der Logik definiert als $\lambda x\,(fx)$, gelesen: die x, für die gilt: f von x.

[520] San Juan ('68), 263.

[521] Vgl. oben S. 32 f. und Stegmüller (^{2}'67), 53.

[522] Leibfried ('70), 69, A. 1.

[523] Vgl. Geiger ('28), 136 ff. und Lazarowicz ('63), XII ff. Interessant ist, daß, auf Husserl aufbauend, Lempicki in Polen bereits 1920 die Grundannahmen der psychologistischen Poetik zu widerlegen suchte und eine "reine Poetik" auf apriorischer Grundlage konzipierte. Vgl. Lempicki ('71).

[524] Vgl. oben S. 93 ff.   [525] Vgl. Stegmüller (^{4}'69), 81 ff.

[526] Vgl. Piaget ('67), 33 ff.   [527] Stegmüller (^{4}'69), 89.

[528] Man vergleiche u. a. folgende Formulierung: "Daß die folgenden Untersuchungen für Literaturwissenschaftler u. U. schwer verständlich sind, sollte von ihrer kritischen und vorurteilsfreien Prüfung nicht abschrecken. Daran sind nicht die vorgetragenen Gedanken schuld, sondern ein Versehen der Literaturwissenschaft selbst, das in der Nichtbeachtung Husserlscher Gedanken besteht." (Leibfried ('70), 69, A. 1)

[529] Husserl ('50), 16. Zit. bei Leibfried ('70), 236.

[530] Leibfried ('70), 237.

[531] Ebd., 239.   [532] Ebd., 239 f.   [533] Ebd., 283.

[534] m = Moment, l = lyrisch; Leibfried ('70), 282 f.   [535] Ebd., 282.

[536] Vgl. auch Piaget ('67), 34: "Une telle connaisance 'éidétique' ... pourrait être comparée à un modèle platonicien, mais immanent à la nature et non pas radicalement détaché d'elle."

[536a] Vgl. Stegmüller (^{2}'67), insb. 90 f.

[537] Piaget ('67), 94. Eingehende Darstellung und Kritik des logischen Positivismus ebd., 79 ff.
[538] Ebd., 65.
[539] Vgl. ebd., 3 ff. Unter dem Begriff der 'Struktur', der unten eine Präzisierung erfährt, seien zunächst die verschiedensten Arten abstrakter, transindividueller Entitäten (Klassen, Relationen usw.) zusammengefaßt.
[540] Vgl. hierzu Piaget ('67), 102 f., 129 ff. u. ö. Im Detail nachgewiesen in Jonckheere / Mandelbrot / Piaget ('58).
[541] Piaget ('67), 65 f.
[542] Vgl. Inhelder / Piaget ('59), Zusammenfassung der Ergebnisse in Piaget ('67), 384 ff. und Piaget ('68), 46 ff.
[543] Vgl. die Ausführungen zur Logik als Axiomatisierung der *pensée naturelle* in Piaget ('67), 382 ff., zum Zusammenhang zwischen den elementaren logischen Strukturen und den *structures mères* der Mathematik ebd., 412 ff.
[544] Vgl. Piaget ('68), 24 f., 27 ff., Piaget ('67), 312 ff., 375 ff., 554 ff. u. a.
[545] Piaget ('67), 382.   [546] Ebd., 1145.
[547] Von besonderer Wichtigkeit sind folgende Abschnitte: Piaget ('67), 3-131, 375-398, 403-422, 554-596, 1238-1250.
[548] Vgl. ebd., 1246 ff.   [549] Vgl. ebd., insb. 130 f.   [550] Ebd., 116.
[551] Piaget ('68), 57 f.   [552] Olson ('52), 558.   [553] Hirsch ('72), 135.
[554] Fubini ('56), 157. Hervorhebung von uns. Ähnliches findet sich in Anlehnung an Fubini bei Bianca ('61), insb. 223.
[555] Piaget ('67), 1146, vgl. ferner ebd., 1140 f. und Goldmann ('64), 338.
[556] Vgl. Piaget ('67), 126.   [557] Ebd., 14 f.
[558] Diesen Begriff übernehmen wir von Habermas ('71). In dieser "kommunikativen Kompetenz" siedelt auch Sandig ('72), 113 die von ihr untersuchten gebrauchssprachlichen Textsorten an, macht aber nicht die im folgenden eingeführte Unterscheidung.
[559] Dies entspricht in etwa der oben, S. 102, erwähnten Differenzierung von *langue* einerseits und Norm bzw. Idiolekt andererseits. Zum Begriff vgl. Brekle ('72), 121.
[560] Vgl. hierzu Communications 8 ('66), 168 ff., insb. 170 und die dort angegebene Literatur.
[561] Piaget ('67), 564.   [562] Vgl. Wunderlich ('71), 175.

Anmerkungen zu Kapitel 4

[1] Vgl. Ermatinger ('30), 334. Ebenso Whitmore ('24), 733. Im übrigen verwies bereits F. Schlegel auf die Notwendigkeit der Vermitt-

lung von Induktion und Deduktion zur Bestimmung der "Gattungen"; vgl. Szondi ('70), 185.

[2] Ebd., 333. [3] Ebd., 334. [4] Ebd., 335.

[5] Vgl. Stegmüller ('69 / '70), II, 293 ff., insb. 361, und II, 9: "Vermutlich dürfte es keinem empiristischen Programm glücken, mit dem Dilemma des synthetischen Apriorismus fertig zu werden." Nach Piaget bräuchte man natürlich keine absoluten Apriorismen anzunehmen, sondern sozusagen nur relative, nämlich zu einem bestimmten Zeitpunkt die Perzeption in einer gewissen Weise steuernde Strukturen.

[6] Olson ('52), 558, Crane ('52), 18 f. [7] G. Müller ('44), 66.

[8] Vgl. hierzu oben S. 81 f. [9] Barthes ('66), 2. [10] Ebd., 3.

[11] Lotman ('72) z. B. hat zeigen können, daß die 'Sprache' der Kunst als sekundäres modellbildendes System grundsätzlich anders strukturiert ist als es die natürlichen Sprachen sind.

[12] "Comment opposer le roman à la nouvelle, le conte au mythe, le drame à la tragédie (on l'a fait mille fois) sans se référer à un modèle commun? Ce modèle est impliqué par toute parole sur la plus particulière, la plus historique des formes narratives." Barthes ('66), 1.

[13] Vgl. unten S. 160 ff.

[14] Im sog. 'epischen Theater' liegen die Verhältnisse natürlich anders, doch gründet sich die Spezifizität dieser Form ja eben hierauf.

[15] Vgl. oben S. 103.

[16] Andererseits ist es natürlich auch wiederum falsch, aus dem spezifischen Problem von Gattungen wie der Elegie die grundsätzliche Unmöglichkeit der Erstellung ahistorischer Invarianten abzuleiten, wie dies Beißner ('41), X, tut. Aus der Tatsache, daß kein Elegisches zu konstituieren ist, folgt nicht notwendig, daß das gleiche auch für das Dramatische, Narrative, Satirische usw. gelten muß.

[17] Vgl. Bach ('64), 29, erwähnt in Barthes ('66), 2, A. 3.

[18] Stempel ('70 / '71), 567.

[19] Todorov ('68), 155. In Todorov ('70) ist durch die Unterscheidung von theoretischen und historischen Gattungen (vgl. oben S. 20) diese einseitige Position bis zu einem gewissen Grad überwunden.

[20] Vgl. Todorov ('68), 154 f.

[21] Unter der Normalform eines Textes versteht Wienold Zusatzstrukturierungen, die die Grammatik in keiner Weise verletzen, während die Neutralform die Basis der Strukturierung spezieller Textsorten meint. Vgl. Wienold ('69), 109 f.

[22] Wienold ('69), 110.

[23] In Wienold ('72) wird, nach Ansätzen in Wienold ('69), zur Überprüfung von Hypothesen über spezifische Textkonstitutionen eine empirische Rezeptionsanalyse vorgeschlagen, wonach "solche Strukturen als textsortenspezifische Eigenschaften anzusehen" seien, "denen ein unter-

schiedliches Verhalten von Sprachteilnehmern in der Verarbeitung von Texten zugeordnet werden kann" (S. 144). Dieses Verfahren löst allerdings nicht das Problem des Anfangs, d. h. wie der Analysator überhaupt zu einer sinnvollen Hypothese kommt, sondern ermöglicht nur die Verifizierung bzw. Falsifizierung bereits erstellter Hypothesen. Ferner sind die hierzu notwendigen experimentellen Verfahren, wie Wienold selbst betont, erst zu entwickeln. (Vgl. ebd., 153 f.)

[24] Lämmert ('55), 11.   [25] Skwarczyńska ('66), 26.
[26] Zu dieser Differenzierung vgl. unten S. 139 ff.
[27] Vgl. Knoche (^{2}'57), 7 ff., hier: 21.
[28] Vgl. hierzu auch Hempfer ('72), 21 f.
[29] Viëtor (^{2}'52), 302.   [30] Ebd.
[31] Hierauf verwiesen bereits G. Müller ('28 / '29), 136 und Seidler (^{2}'65), 370.
[32] Zur rigorosen Normativität Ermatingers vgl. unten S. 183 f. und Ermatinger (^{3}'39), 178 ff.
[33] Viëtor (^{2}'52), 302.   [34] G. Müller ('28 / '29), 136.
[35] Viëtor (^{2}'52), 305, mit Verweis auf Dilthey ('57 ff.), V, 330.
[36] Viëtor (^{2}'52), 308.   [37] Seidler (^{2}'65), 370 f.
[38] Rodway ('70), 94 f.
[39] Zum Problem des Anfangs in bezug auf die Konstruktion einer adäquaten Wissenschaftssprache vgl. Kamlah / Lorenzen ('67), 15 ff.
[40] Vgl. Kuhn (^{2}'59), 49.   [41] Vgl. Hempfer ('72), 24 ff.
[42] Vgl. Viëtor (^{2}'52), 309, Pommier ('45), 79, Flemming ('65), 67.
[43] Vgl. z. B. in Hempfer ('72), 240 ff. das im Zusammenhang mit Chénier Gesagte.
[44] Vgl. z. B. Jauß ('73), 123 und Hempfer ('72), 37 ff.
[45] Einige bei diesem Vorgehen auftauchende Probleme werden in bezug auf die Verssatire in Hempfer ('72), 24 ff. besprochen.
[46] Vgl. Todorov ('68), 154 f.   [47] Vgl. Stempel ('71), 281.
[48] Vgl. unten S. 177 ff.   [49] Stempel ('71), 281.
[50] Piaget ('67), 570.   [51] Todorov ('68), 154.
[52] Unter einem holistischen System versteht man ein Gefüge von Strukturen, das Ganzheitseigenschaften aufweist, die sich nicht aus der Summierung der Eigenschaften der einzelnen Strukturen ergeben. Vgl. hierzu Fischer ('70), 115. Unter dem Durchschnitt einer Anzahl von Mengen versteht man die Elemente, die in jeder dieser Mengen enthalten sind. Vgl. *Fischer / Lexikon Mathematik* I ('64), 249.
[53] Tynjanov ,'71a), 451.
[54] Jauß ('73), 112.
[55] Vgl. in Goethe ('49 ff.), II, 188, z. B. die Ausführungen über das griechische Trauerspiel, wo alle drei Naturformen verbunden seien und zu verschiedenen Epochen jeweils verschieden dominierten: "So lange der Chor die Hauptperson spielt, zeigt sich Lyrik obenan ..."

⁵⁶ Staiger ('71), 144. Ebenso Seidler (²'65), 353, 360 f. u. a. Der gleiche Gedanke findet sich bereits bei Valentin (1898), 43.
⁵⁷ Olson ('52), 559. Hervorhebung von uns.
⁵⁸ Vgl. hierzu auch oben S. 115 ff.   ⁵⁹ Jauß ('73), 118.
⁶⁰ Sinnvoll ist der Strukturbegriff ja nur, wenn er nicht eine bloße Summe von Elementen, sondern die spezifische Relation zwischen den Elementen meint. Vgl. Piaget ('68), 9.
⁶¹ Langer (²'59), 281 f. Die Charakterisierungsversuche einzelner "Gattungen", die Langer vorführt, bleiben allerdings recht vage.
⁶² Hartmann ('64), 19.   ⁶³ Stempel ('70/'71), 567 f.
⁶⁴ Ebd., 568. Hervorhebung von uns.
⁶⁵ Hempfer ('72), 17 ff.   ⁶⁶ Piaget ('68), 6 f.
⁶⁷ Ebd., 8: "Une structure est certes formée d'éléments, mais ceux-ci sont subordonnés à des lois caractérisant le système comme tel; et ces lois dites de composition ne se réduisent pas à des associations cumulatives, mais confèrent au tout en tant que tel des propriétés d'ensemble distinctes de celles des éléments."
⁶⁸ Ebd., 10.
⁶⁹ Ebd., 12: "il faut distinguer en une structure ses éléments, qui sont soumis à de telles transformations, et les lois mêmes qui règlent celles-ci".
⁷⁰ Ebd., 11.   ⁷¹ Ebd.   ⁷² Ebd., 68 ff.   ⁷³ Chomsky ('69), 174.
⁷⁴ Vgl. hierzu Welte ('73). Auf eine Darstellung dieser Diskussion kann auch deswegen verzichtet werden, weil wir aufgrund des anderen Untersuchungsobjekts Tiefen- und Oberflächenstrukturen anderen Objektphänomenen zuordnen. So wollte Chomsky in seiner G r a m m a t i k theorie z. B. Stilphänomene nicht als Transformationen auffassen, während für uns gerade die historischen Formensprachen und damit wesentlich Stilphänomene die Transformationskomponente der generischen Strukturen konstituieren. Vgl. Chomsky ('69), 162 ff.
⁷⁵ Piaget ('68), 13 f. Hier sei nochmals betont, daß die Gesetze der Struktur in Piagets konstruktivistischer Erkenntnistheorie natürlich bezogen sind auf die Strukturierungskapazität eines erkennenden Subjekts und demzufolge nicht als ewig präformiert, sondern als von dieser Kapazität abhängig begriffen werden. Vgl. hierzu oben S. 122 ff.
⁷⁶ Tynjanov ('71a), 451. An Tynjanov schließt sich ohne Verweis Todorov ('68), 154 f. an.
⁷⁷ Jauß ('73), 112.   ⁷⁸ Skwarczyńska ('66), 22.
⁷⁸ᵃ Zur spezifischen Problematik der festen Formen vgl. unten S. 147 f.
⁷⁹ Vgl. oben S. 81 ff.   ⁸⁰ Jolles (⁵'69), 42 ff., insb. 46 f.
⁸¹ Ebd., 46.   ⁸² Ebd., 265; zur Analyse vgl. 56 ff.
⁸³ Lämmert ('55), 16 f.   ⁸⁴ Ebd., 16 ff.
⁸⁵ Wienold weist in diesem Zusammenhang darauf hin, daß sich auch

die Funktionen und Indices von Barthes' *récit*-Modell "nicht eindeutig der Textoberfläche zuordnen" ließen (Wienold ('69), 115).

[86] Ebd., 116.

[87] Ebd., 112. Zum Begriff der Neutralform vgl. oben Kap. 4, A. 21.

[88] Ebd., 120.   [89] Vgl. ebd., 116 ff.   [90] Vgl. etwa Wunderlich ('71).

[91] Van Dijk ('72), 184.   [92] Ebd., 185 ff.   [93] Vgl. oben S. 108 f.

[94] Wienold ('69), 116.   [95] Chomsky ('69), 179.   [96] Vgl. oben S. 129.

[97] Vgl. Hempfer ('72), 37 ff.

[98] Wenn Jauß ('73), 122 f., z. B., im Anschluß an Neuschäfer ('69) formuliert, daß sich in der historischen Entwicklung der Novelle nicht alle Elemente der von Boccaccio geprägten Gattungsstruktur wiederfinden müssen, so wird hier offensichtlich d i e Gattungsstruktur mit ihrer konkreten historischen Realisation bei Boccaccio gleichgesetzt. Hieraus ergibt sich notwendigerweise die Problematik, daß man einerseits bestimmte Elemente als gattungskonstitutiv ansieht (bei Boccaccio), gleichzeitig aber zugeben muß, daß sie in späteren Realisationen derselben Gattung nicht mehr auftauchen, was heißt, daß die zunächst als gattungskonstitutiv betrachteten Elemente so konstitutiv nicht sein können, weil ein Text auch dann, wenn sie fehlen, als 'Novelle' rezipiert wird.

[99] Vgl. oben S. 130 f.   [100] Piaget ('68), 18.

[101] Hempfer ('72), 30 ff. Einen absoluten Mangel stellt hierbei freilich die Verwendung nicht näher explizierter, intuitiver Begriffe dar. Dies gilt insbesondere vom Begriff der Tendenz, der, wie wir mittlerweile meinen, über das Greimassche Isotopiekonzept einer exakteren Formulierung zugeführt werden könnte. Zu einer anders gelagerten Kritik an unserem Modell des Satirischen vgl. auch Hantsch ('73).

[102] Vgl. unten S. 160 ff.

[103] Vgl. z. B. Wunderlich ('71) und die dort zitierte Literatur.

[104] Vgl. Piaget ('67), 382 ff. und 412 ff.   [105] Vgl. oben S. 130 f.

[106] Vgl. etwa Helicon 2 ('40), 127: "M. Fuchs (Paris): Le sonnet est une form fixe et non un genre."

[107] Dies gilt nicht etwa nur oder vorrangig von Staiger, der ja im wesentlichen eine Tradition kontinuiert, die seit der Goethezeit die deutschsprachige Gattungsreflexion beherrscht. So bemerkt beispielsweise Hartl, und liefert hierfür Belege aus der Gattungstheorie seit der Klassik, daß die Lyrik immer mit Begriffen wie "Subjektivität, Innerlichkeit, Stimmung, Gefühl" umschrieben worden sei, und gelangt auf diesem Hintergrund zu folgender Feststellung: "Gefühlsmäßiger Inhalt, eine an die Musik erinnernde Verwendung des sprachlichen Materials, eine sich dem Musikalischen nähernde Form lassen es als völlig unproblematisch erscheinen, daß die Lyrik vor allem Gefühlsdichtung ist, daß ihre Wirkung in einem Gefühlserlebnis besteht, daß sie andrerseits einer mächtigen Gefühlserregung im Dichter ihre Existenz verdankt. So können wir

schon hier die Lyrik als die Dichtung des Gefühls, der vasomotorischen Erregung, vollkommen eindeutig bestimmen und aus dem Kreis der zu behandelnden Probleme ausscheiden." Hartl ('24), 14. Dieses Zitat vermag eindeutig zu belegen, daß der Lyrikbegriff in der Tat solange unproblematisch war, als er mit Erlebnisdichtung gleichgesetzt werden konnte.

[108] Vgl. unten S. 160 ff.   [109] Vgl. Hempfer ('72), 273 ff.

[110] Vgl. hierzu auch Dirscherl ('73), der am Beispiel Baudelaires zwei weitere, in der 'Lyrik' verwendete Schreibweisen unterscheidet: das Besprechen und das Beschreiben. Bemerkt sei noch, daß auch die linguistisch orientierte Forschung mit dem Begriff des Lyrischen wenig anfangen kann — ganz im Gegensatz zu dem des Narrativen —, und sich statt dessen der Analyse des 'Poetischen' zuwendet, was natürlich eine wesentlich allgemeinere Kategorie darstellt. Vgl. etwa Jakobson ('60), 350 ff.

[111] Vgl. Hempfer ('72), 59 ff., 93 ff., 194 ff., 257 ff.

[112] Hankiss ('40), 18 f.

[113] Stanzel (^{4}'69), 9. Einschränkend bemerkt Stanzel, daß mit bestimmten stofflichen Differenzierungskriterien gleichzeitig echte typenbildende Elemente gegeben sein können: "Es sind z. B. Abenteuer- und Entwicklungsroman im allgemeinen durch Einsträngigkeit der Handlungsführung, Generationen- und Familienroman durch Vielsträngigkeit gekennzeichnet." (Ebd.)

[114] Viëtor (^{2}'52), 297.   [115] Ehrenpreis ('45), 5.

[116] Priesemann ('65), II, 1, 242.

[117] Vgl. oben S. 15 f.   [118] Pichois / Rousseau ('67), 157.

[119] Bonnet ('51), 9. Hier wird auf Differenzierungskriterien zurückgegriffen, wie sie vor allem im deutschen Idealismus gängig waren. Vgl. Hartl ('24), 3 ff.

[120] Ehrenpreis ('45), 5.

[121] Suerbaum ('71), 115 ff. Im Abschnitt "Die gattungsprägenden Faktoren" wird nicht zwischen Differenzierungskriterien für und dem historischen Entstehen von "Gattungen" unterschieden; zu letzterem Aspekt gehört die Wechselwirkung von literarischer Theorie und "Gattung" (127 ff.) sowie der "gattungsprägende Einfluß von Vorbildern und Modellen" (129 ff.).

[122] Vgl. oben S. 16 ff.   [123] Vgl. unten S. 156 ff.

[124] Suerbaum ('71), 116.   [125] Ebd., 122.

[126] So gehört das Drama etwa zu den "größeren Gattungen" (117), während Abenteuerroman, Sonett, Epigramm oder Kurzgeschichte zu den "kleineren" zählen (125).

[127] Jauß ('73), 111.

[128] Vgl. oben S. 104 ff. In der Anmerkung verweist Jauß explizit auf Stempel.

[129] Jauß ('73), 113.   [130] Ebd.   [131] Tynjanov ('71a), 445.

[132] Tynjanov ('71), 395.   [133] Lämmert ('55), 15.
[134] G. Müller ('28 / '29), 147.   [135] Viëtor (^{2}'52), 295.
[136] Ebd., 300.   [137] Ebd., 299.   [138] Ebd., 300.
[139] Vgl. ebd., 296 ff. Suerbaum ('71), 126 betont demgegenüber, daß es keine notwendige Beziehung zwischen bestimmten Themen und bestimmten Formen gebe.
[140] Wellek / Warren ('63), 208.
[141] Ebd., 209.   [142] Ruttkowski ('68), 15.
[143] Poetik 1447a, übersetzt v. Gohlke ('59).
[144] Statt "Mittel" übersetzt Gigon ('62) an einer Stelle (S. 25) "Material", was das von Aristoteles Gemeinte deutlicher macht, der hierunter nicht Stilfiguren u. ä., sondern "Rhythmus, Musik und Verskunst" versteht. Zur Verbindung poetischer und rhetorischer Kategorien bei der Gattungsdifferenzierung vgl. Hempfer ('72), 37 ff.
[145] Olson ('52), 553.   [146] Vgl. Poetik 1449b.
[147] Vgl. Olson ('52), 555 f.   [148] Hirsch ('72), 130 f.
[149] Ebd., 131.   [149a] Frye ('64), 37 f.
[149b] Vgl. oben S. 76 ff. und Todorov ('70), 17 ff.
[150] Vgl. hierzu Larthomas ('64).
[151] Vgl. Fubini ('56), insb. 162 ff. und oben S. 54 ff. Ähnlich de Pino ('61), 236 f.
[152] Sandig ('70), 192.
[153] Zu dieser Tradition vgl. Hempfer ('72), 37 ff.
[154] Vgl. Tynjanov ('72) und Striedter ('71), LXII f.
[155] Sengle (^{2}'69), 22.
[156] Poetik 1448a.
[157] Vgl. Platon, Politeia 392c ff., insb. 394b: "Und jetzt denke ich dir schon deutlich zu machen, was ich vorher nicht vermochte, daß von der gesamten Dichtung und Fabel einiges ganz in Darstellung besteht, wie du sagst die Tragödie und Komödie, anderes aber in dem Bericht des Dichters selbst, welches du vorzüglich in den Dithyramben finden kannst, noch anderes aus beiden verbunden, wie in der epischen Dichtkunst und auch vielfältig anderwärts, wenn du mich verstehst."
[158] "Man versteht die idealistischen Spekulationen besser, wenn man weiß, daß sich die triadische Poetik auf Plato, den Urvater des Idealismus, berufen konnte." Und: "Der direkte Rückgriff auf Plato lag dem deutschen Idealismus nahe und konnte gegenüber dem 18. Jh. als Fortschritt erscheinen." Sengle (^{2}'69), 23 f.
[159] Für das antike Dreierschema gilt also keineswegs der von Sengle dem idealistischen gemachte Vorwurf, der historischen Vielfalt der Formen nicht gerecht zu werden. Vgl. ebd., 7 ff.
[160] Vgl. hierzu Behrens ('40), 3 ff. Die eine Unterart des Aristoteles, wo der Dichter "unverändert derselbe bleibt", wird gern, wenn auch fälschlich, mit dem modernen Lyrikbegriff identifiziert, obwohl zugegeben

wird, daß dem anderen Stellen der *Poetik* widersprechen; vgl. z. B. Hartl ('24), 1.

[161] Hartl ('24), 3. Solche inhaltlichen Merkmale sind z. B. das Gefühl und das Begehrungsvermögen (Humboldt), das Subjektive, das Objektive und deren Synthese (A. W. Schlegel, Schelling), Gegenwart und Vergangenheit (Goethe / Schiller), u. a. Vgl. Hartl ('24), 3 ff. und Jäger ('70), 375 ff.

[162] Sengle (^{2}'69), 23. [163] Ebd.

[164] Vgl. hierzu Scherpe ('68), 11 ff., Wellek ('67), 403 und Jäger ('70), 381: "Die Romantik und Klassik haben der Literaturwissenschaft bislang den Blick dafür verstellt, daß die Dreiteilung bis 1850 eine Ausnahme ist."

[165] Behauptet wird dies etwa von Croce ('02), 465 (anders dagegen in seinen Studien zur Renaissance, vgl. Orsini ('61), 105), Ker (^{2}'66), 147, Wellek / Warren ('63), 204, Frye ('64), 247, Moisés ('67), 43, Rodway ('70), 88 f. u. a.

[166] Croce ('22), 5 verwechselt bei seiner Argumentation Produktions- und Rezeptionsebene, für Hankiss ('40), 118 und Wellek ('67), 400 ist das Kriterium zu äußerlich.

[167] Vgl. Hirt ('23), "Zur Einführung" (o. S.) und Goethe ('49 ff.), XII, 249: "... ihr großer wesentlicher Unterschied beruht darin, daß der Epiker die Begebenheit als vollkommen vergangen vorträgt und der Dramatiker sie als vollkommen gegenwärtig darstellt." Die Differenzierung nach den Zeitstufen (vergangen / gegenwärtig) und nach dem Redekriterium (vorträgt / darstellt) ist in dieser Formulierung vereinigt.

[168] Hirt ('23), 8.

[169] Ebd. Die Unterscheidung von textimmanentem Erzähler bzw. Sprecher und dem Autor ist bei Hirt wie in der Mehrzahl der früheren Arbeiten — und auch noch etlicher neuerer — nicht durchgeführt.

[170] Ebd., 8 f. [171] Ebd., 11. [172] Ebd., 13. [173] Petersen ('25), 100. [174] Ebd., 89. [175] Ebd., 102. [176] Vgl. Olson ('52), 560 f.

[177] Kayser (^{8}'62), 332 f. [178] Rodway ('70), 88 f.

[179] Frye ('64), 244 ff.

[180] Ebd., 248. Vgl. ferner: "Die Romane von Dickens gehören, als Bücher, zur Prosadichtung; als Fortsetzungsromane in einer zum Lesen in der Familie bestimmten Zeitschrift sind sie im Grunde genommen auch noch Prosadichtung, obschon näher dem *epos*. Aber als Dickens anfing, aus seinen eigenen Werken vorzulesen, ging die Gattung vollkommen in das *epos* über." (S. 250)

[181] Fryes Ausführungen kranken zudem daran, daß er nicht adäquat zwischen Autor und Erzähler unterscheidet. So ist die Feststellung, daß im "hochdramatischen Drama ... der Autor von relativ geringer Wichtigkeit" sei (250), eine Absurdität, denn schließlich stammt ja wohl der Text *in toto* vom Autor. Was Frye hier meint, ist, daß keine vermitteln-

de, textimmanente Erzähler-/*presenter*-Figur auftritt, die, wenn sie vorhanden ist, andererseits natürlich nicht mit dem realen Autor identifiziert werden darf, was bei Frye ebenfalls zu belegen ist (S. 250).

[182] L. Müller ('68), 429 ff.   [183] Vgl. Kayser (^{8}62), 335.

[184] L. Müller ('68), 430.   [185] Ebd., 431.

[186] Wunderlich ('71), 178, A. 18.   [187] Ebd., 178.

[188] Eben dies betont auch Wunderlich ('71), 177, wenn er feststellt, daß sich die Beziehung Sprecher / Hörer nicht "auf einen irgendwie gearteten kognitiven Gehalt der Äußerung" reduzieren lasse, sondern den "eigentlichen irreduziblen Effekt der sprachlichen Kommunikation" darstelle.

[189] Austin ('62), 60.

[190] Vgl. Austin ('62), insb. 56 ff., 147 ff. und Searle ('71), 84 ff.

[191] Ein impliziter performativer Sprechakt ist z. B. "Schuldig!" im Gegensatz zur expliziten Formulierung: "Ich spreche Sie schuldig." Vgl. Austin ('62), 58 ff.

[192] Ebd., 61. Hervorhebung von uns.   [193] Ebd., 138.

[194] Zu beibehaltenen Unterschieden zwischen diesen beiden Äußerungsformen vgl. ebd., 138 ff.

[195] Im Gegensatz zu Wunderlich ('71) sind wir nicht der Meinung, daß eine Sprechsituation einfach als 9-tupel definiert werden kann, d. h. als Menge von neun Elementen, sondern auf der Basis mengen- und relationentheoretischer Operationen muß eine spezifische Relationierung und Hierarchisierung dieser Elemente erfolgen, wenn man eine formale Darstellung erreichen will, die den empirischen Gegebenheiten gerecht wird.

[196] Sobald der Hörer auf einen Bericht reagiert, indem er sich sprachlich äußert, wird nicht mehr berichtet, sondern eine Reaktion 'dargestellt', d. h. die berichtende geht in die performative Sprechsituation über.

[197] Hierauf verweist auch Stempel ('72), 176, der als allgemeinste Dichotomie die Unterscheidung von narrativer und direkter Rede einführt. Doch ist diese zum einen zu speziell und zum anderen keine wirkliche Opposition, weil 'direkte Rede' ja etwa auch im Roman vorkommt; entscheidend ist, daß sie hier nur in Abhängigkeit von einem übergeordneten Sprecher einzuführen ist und sich nicht durch das Ansprechen eines Gegenüber soz. 'von selbst' konstituiert.

[198] Unberücksichtigt muß hier auch die Frage bleiben, ob neben der performativen und der berichtenden noch weitere Typen von Sprechsituationen zu unterscheiden sind und wie diese zu bestimmen wären. Als wahrscheinlich notwendig dürfte sich die Einführung eines konstativen Typs erweisen, der z. B. Beschreibungen oder dem wissenschaftlichen Diskurs zugrunde liegt. Er könnte u. U. dadurch charakterisiert werden, daß die Sprechsituation *qua* Sprechsituation weder temporal noch lokal

fixiert ist oder aber einer solchen Fixierung nicht bedarf, daß die Deiktika also nur auf der Ebene der Referenz von Bedeutung sind (z. B. 'rechts' und 'links' in einer Bildbeschreibung).

[199] Entscheidend für die Differenzierung von performativer und berichtender Sprechsituation ist also, wie dieses Beispiel verdeutlichen kann, keineswegs der textexterne Rezipient, der als solcher ja in den verschiedensten Äußerungsformen anzusetzen ist, sondern die Frage, ob a) eine umkehrbare Relation zwischen Sprecher und Hörer besteht, in der sich die Äußerung selbst und ihr kognitiver Gehalt konstituieren, und zwar unabhängig davon, ob es außerhalb dieser Situation einen 'Zuhörer' — wie im Theater — gibt oder nicht, oder ob b) ein Sprecher über eine Sprech- bzw. Handlungssituation einem textexternen Rezipienten berichtet, wobei zwischen diesen die Sprecher-Hörer-Relation nicht umkehrbar ist, auch wenn letzterer als fiktiver Hörer / Leser in den Text integriert ist. Daß es Kontaminationen dieser Sprechsituationen gibt, wie etwa im *dramatic monologue* versteht sich.

[200] In Hempfer ('72), wo wir noch nicht zwischen Sprechsituationen und Schreibweisen unterschieden haben, konnten wir nur generell die amimetische, satirespezifische 'Deformierung' mimetischer Darstellungsweisen aufzeigen (vgl. insb. S. 160 ff., 220 ff.). In bezug auf den Roman des 19. Jh.s hat bereits Preisendanz ('63) auf ein solches Phänomen, die Subjektivierung narrativer Strukturierung durch das Prinzip des Humors, hingewiesen.

[201] In Hempfer ('72) konnte die satirische Funktionalisierung komischer Mittel, aber auch die zweck-lose, rein komische Verselbständigung satirischer Verfahren aufgezeigt werden (zu letzterem vgl. insb. S. 77 ff.).

[202] Ohne Angabe eines Valenzkriteriums formuliert Stanzel dasselbe: "Die Gültigkeit und Relevanz einer Typologie hängt weiters von der gattungswissenschaftlichen Wesentlichkeit der ihr zugrunde liegenden *causa partitionis* ab. Je näher diese dem Gattungskern kommt, desto aufschlußreicher werden die nach ihr bestimmten Typen sein." Stanzel (^{4}'69), 9. Zu der Tatsache, daß die französischen Semiologen in der Mehrzahl keine Narrativitätsmodelle, sondern allgemeine Handlungsmodelle entwerfen und dies partiell auch erkennen (z. B. Bremond ('71), 222), vgl. auch Gülich/Raible ('72a), Ms. 67 ff.

[203] Szondi (^{4}'67), 12: "... auf die systematische, a l s o normative Poetik zu verzichten ..." Hervorhebung von uns.

[204] Ebd., 9 f.   [205] Ebd., 10 f.   [206] Ebd., 12.   [207] Ebd., 13

[208] Auch im Abschnitt "Das Drama", S. 14 ff., geht es Szondi eindeutig um prinzipielle Leistungen des Dramatischen. Man vergleiche nur Formulierungen wie: "Das Drama ist primär: Dies ist mit ein Grund, warum historisches Spiel allemal 'undramatisch' ausfällt ... Indem das Drama je primär ist, ist seine Zeit auch je die Gegenwart." (S. 17)

[209] Valentin (1898), 37.   [210] Ebd., 37 ff.

[211] Valentin verwendet bereits substantivierte Adjektive.
[212] Ebd., 42 f.   [213] Ebd., 43.   [214] Ebd., 36.   [215] Ebd., 45.
[216] Jolles (5'69), 10.   [217] Vgl. ebd., 11 ff.   [218] Ebd., insb. 45.
[219] Ebd., 36 ff.   [220] Berger ('43), 248.   [221] Ebd., 250.
[222] Petersen (3'43), 121: "Subjekt, Prädikat, Objekt sind Formen sprachlichen Erlebnisausdrucks im Satz wie Lyrik, Drama und Epos in der Dichtung."
[223] Staiger ('71), 144.   [224] Ebd., 144 f.   [225] Vgl. oben S. 72.
[226] Das Problem wird noch offenkundiger, wenn Staiger die drei Phasen Cassirers in den Begriffen Fühlen, Zeigen, Beweisen konkretisiert (S. 149): ein mathematischer Beweis ist wohl zumindest ebenso 'beweishaft' wie das dramatischste Drama.
[227] Kayser (8'62), 335. Fast analog formuliert Snell ('52), 175: "Im Epos ist das Element des Darstellens, in der Lyrik das des Ausdrucks, im Drama das des Wirkens dominant."
[228] Kayser (8'62), 335. Diese Vorstellung geht natürlich bereits auf Goethes Naturformenlehre zurück.
[229] Ebd., 339.   [230] Ebd., 343 ff.
[231] Bühler (2'65) unterscheidet, ähnlich wie Junker, Darstellung, Kundgabe oder Ausdruck und Appell.
[232] Jakobson ('60), 350 ff. Zu einer überaus klaren Explizierung von Jakobsons Modell vgl. Posner ('69).
[233] Jakobson ('60), 357.
[234] Diesen Einwand äußert bereits Trabant ('70), 249.
[235] Jakobson ('35), 360.   [236] Vgl. Goethe ('49 ff.), XII, 249-251.
[237] Vgl. Wellek ('67), 405 f.   [238] Kleiner (2'59), 5.   [239] Ebd., 6.
[240] Ebd., 10.   [241] Schwarz ('42), 95.   [242] Ebd., 95 ff.
[243] Staiger ('71), 152.
[244] Hirt ('23), 10. Trotz dieser Einsicht in die Doppelheit der Zeitebenen entgeht Hirt noch die grundsätzliche Bedeutung des Verhältnisses von Erzählzeit zu erzählter Zeit für die Analyse narrativer Texte.
[245] Ebd.   [246] Ebd., 11.   [247] Ebd.   [248] Hamburger (2'68), 10.
[249] Ebd., 52.   [250] Ebd., 44.
[251] Ballade und Ich-Erzählung, die sich nicht in das System integrieren lassen, werden als "Sonderformen" in einem Anhang behandelt (S. 233 ff.).
[252] Ebd., 12.   [253] Ebd.
[254] In der Geschichte wurden nicht nur zahlreiche fiktive Werke als 'wahre Begebenheiten' rezipiert, sondern der naive Leser ist sogar nur dann zufriedenzustellen, wenn sich die dargestellte Geschichte zumindest ereignet haben könnte, d. h. der ästhetische Genuß resultiert gerade aus dem Überspringen der Fiktivität des Textes.
[255] Zur expliziten Absetzung von Bühlers Modell vgl. ebd., 34 f. Hamburgers Nichtbeachtung neuerer Ergebnisse und Methoden der Linguistik — wenn überhaupt, werden nur Sprachtheoretiker und Grammatiker

der zwanziger und dreißiger Jahre zitiert — bei einer primär linguistischen Frage, der Struktur der Aussage, mußte notwendigerweise zu einer vom Wissenschaftsstand her überholten Theorienbildung führen.

[256] Ebd., 35 f.

[257] Ebd., 37: "Das Aussageobjekt oder der Aussageinhalt der durch diesen Behauptungssatz ausgedrückten Aussage..." Hervorhebung von uns.

[258] Ebd.   [259] Ebd., 39 f.   [260] Ebd., 40. Hervorhebung von uns.

[261] Vgl. demgegenüber die von Bünting ('68), 43 gegebene Zusammenfassung des Bühlerschen Modells, das wesentlicher Ausgangspunkt für neuere, sprechsituationsorientierte Ansätze geworden ist: "Das Zeichen ist Symptom kraft seiner Abhängigkeit vom Sender einer Nachricht (Sprecher) und hat somit Ausdrucksfunktion, es ist Symbol kraft seiner Beziehung zu Gegenständen und Sachverhalten und hat somit Darstellungsfunktion, und es ist Signal kraft seiner Beziehung zum Empfänger einer Nachricht (Hörer) und hat somit Appellfunktion."

[262] Hamburger (^{2}'68), 45. Dieser Satz müßte unserer Meinung nach eine Wenn-dann-Struktur haben, denn Aussage ist ja nicht immer Wirklichkeitsaussage, sondern sie ist dann Wirklichkeitsaussage, wenn...

[263] Ebd., 51 f.   [264] Ebd., 55.   [265] Ebd., 56.   [266] Ebd., 216.

[267] Ebd., 220.   [268] Ebd., 221.

[269] Selbst wenn man diese These akzeptieren könnte, ergäbe sich ein grundsätzliches Problem. Steht z. B. über einem Gedicht "Prometheus" und ist diese Figur selbst der Sprecher des Gedichts (wie in Goethes *Prometheus*), dann ist doch das Aussagesubjekt ein fiktives, d. h. aber, daß auch die Lyrik genauso unsinnig aufgespalten werden müßte, wie dies in der Epik durch die kategoriale Scheidung von Er- und Ich-Erzählung geschieht.

[270] Vgl. Hamburger (^{2}'68), 115 ff., 147 ff.

[271] Ebd., 144 ff., insb. 144 und 150 f.

[272] Dieser grundsätzliche Unterschied ist auch in dem auf den Begriff der Sprechsituation rekurrierenden Modell von Kummer ('72) nicht enthalten.

[273] Ähnliche Überlegungen bei Leibfried ('70), 249.

[274] Dies soll in einem demnächst erscheinenden Aufsatz gezeigt werden.

[275] Hamburger (^{2}'68), 151.

[276] Im Text selbst spricht Hamburger davon, daß in der dramatischen Fiktion die Erzählfunktion fehle, in einer Anmerkung muß sie jedoch zugeben, daß, wenn sie genau sein wollte, sie sagen müßte, daß von der fluktuierenden Erzählfunktion nur der Dialog übriggeblieben sei, weil dieser in der Epik ja als eine neben anderen gleichberechtigten Erzählfunktionen begriffen worden war. Dabei bemerkt sie jedoch, daß auf diese Weise die Dramatik überhaupt nicht mehr von der Epik abzu-

grenzen ist: "Doch würde eine solche Bestimmung nicht nur den Unterschied zwischen der epischen und der dramatischen Form der Fiktionsdichtung terminologisch zu stark verwischen, sie ist auch darum nicht recht am Platz, weil der dramatische Dialog d e n n o c h v o n a n d e r e r s t r u k t u r e l l e r u n d s t i l i s t i s c h e r A r t ist als der epische ..." (ebd., 158, A. 118).

[277] Ebd., 158. [278] Vgl. oben A. 276. [279] Ebd., 160.

[280] Auf diesen Zusammenhang von Hamburgers Theorie mit dem Redekriterium hat auch bereits Wellek ('67), insb. 393, verwiesen, wogegen sich Hamburger (^{2}'68), 194 f., A. 148, wehrt. Es ist in der Tat richtig, daß der Begriff des Aussagesubjekts nicht einfach, wie dies Wellek tut, mit dem Sprecher gleichzusetzen ist und daß Hamburgers System insgesamt nicht auf der traditionellen Fassung des Redekriteriums beruht, doch ist andererseits nicht zu übersehen, daß sie bei der Bestimmung des Dramatischen (Fehlen der Erzählfunktion) *implicite* hierauf zurückgreift.

[281] Tarot ('70), 130. [282] Ebd., 132 f.

[283] Zu diesem Begriff vgl. Hamburger (^{2}'68), 245 ff.

[284] Tarot ('70), 137. [285] Ebd., 138 f. [286] Ebd., 137.

[287] Vgl. oben S. 101 f. [288] Stender-Petersen ('49), 282.

[289] Ebd., 286. [290] Ebd.

[291] Gegen eine Gattungssystematik, der als allgemeinstes Differenzierungskriterium die Scheidung von Vers und Prosa zugrunde liegt, wandte sich bereits Schinz ('05), während Moisés ('67) noch immer dieses Schema verwendet.

[292] Vgl. die Matrix bei Gülich / Raible ('72a), Ms. S. 74.

[293] Vgl. ebd., S. 27 ff.

[294] Die angegebenen Differenzierungskriterien sind nur in Zusammenhang mit dem jeweiligen Textmodell zu erläutern. Da dies Gülich / Raible unternommen haben, können wir hierauf verzichten.

[295] Dies wird von Wienold ('72), 144 in bezug auf die gesamte bisherige linguistische Textsortentheorie explizit bemängelt, ebenso von Gülich / Raible ('72), 2.

[296] Vgl. hierzu oben S. 108 f.

[297] Wienold ('72), 144.

[298] Ebd. Kummer ('72a) geht bei seiner Erstellung einer Theorie der Argumentation nicht mehr von der Verknüpfung von Sätzen, sondern von Sprechakten aus und glaubt, daß die Art und Weise einer solchen Verknüpfung "specifiable types of discourse" ergebe (S. 125).

[299] Sandig ('72), 114. [300] Piaget ('68), 14.

[301] Weinrich ('72), 161. [302] Ebd.

[303] Sandig ('72), Ms. S. 1, Druckfassung, sprachlich leicht verändert, S. 113.

[303a] Vgl. oben S. 144.

[304] Petersen ('25), 107 ff. gibt eine ausführliche Darstellung dieser Ansätze.
[305] Ebd., 107 ff. und die dort angeführte Literatur.
[306] Ebd., 112 ff. und Kretschmer (^{20}'51), 305 ff.
[307] Petersen ('25), 115 und Dilthey (^{14}'65), 244.
[308] Hartl ('24), 13.   [309] Petersen ('25), 114.   [310] Ebd., 115 f.
[311] Ermatinger (^{3}'39), 172 f.   [312] Ebd., 174 f.   [313] Ebd., 176.
[314] Ebd.   [315] Ebd., 184.   [316] Vgl. oben S. 158 f.
[317] Ermatinger ('30), 372.   [318] Vgl. hierzu auch oben S. 64 f.
[319] Ermatinger (^{3}'39), 312.   [320] Ebd., 336.   [321] Ebd., 345.
[322] Ebd., 349.   [323] Ebd., 367.   [324] Vigée ('63), 120.

[325] Ebd., 100. Zu den besonderen Schwierigkeiten, die sich Vigée bei dieser Konzeption im Zusammenhang der nationalen Epen bieten, vgl. insb. ebd., 110.

[326] Ebd., 100.   [327] Goudet ('65), 509.

[328] Ebd., 510. Goudet ist Italianist und seine Anlehnung an Croces Ästhetik unverkennbar.

[329] Ebd.

[330] Ebd., 512 ff. Das Dramatische umfaßt für Goudet sowohl die Werke, die normalerweise als Dramen bezeichnet werden, als auch narrative Texte: "Ce qui distingue le mode lyrique ... du mode dramatique — Balzac, Tolstoï ..." (ebd., 509).

[331] Vgl. oben S. 63 f.   [332] Wundt ('30), 414 f.   [333] Ebd., 415.
[334] Ebd.   [335] Ebd., 416.   [336] Ebd.
[337] Vgl. oben Kap. 4, A. 161 und Szondi ('70), 190 ff.
[338] Vgl. Brunecker ('54), 41 f.   [339] Beriger ('38), 93.   [340] Ebd., 312.
[341] Lukács (^{3}'68), 73.   [342] Burke (^{2}'59), XI.   [343] Ebd., XI f.
[344] Ebd., 34.   [345] Ebd., 37.   [346] Ebd., 49.   [347] Vgl. oben S. 87 ff.
[348] Kuhn (^{2}'59), 46.   [349] Ebd., 49.   [350] Ebd., 55.
[351] Vgl. oben S. 88 f.

[352] Vgl. hierzu etwa Goldmann ('64) und Goldmann ('68), wo einerseits die Struktur d e s Romans und andererseits die Struktur d e r Aufklärung jeweils aus denselben kapitalistischen Produktionsbedingungen abgeleitet werden.

[353] Waltz ('70), 38.

[354] Ebd.

[355] Ebd., 34. Waltz folgt im wesentlichen Koch ('64). Zur formgeschichtlichen Methode vgl. auch Jauß ('73), 129 ff.

[356] Waltz ('70), 36.   [357] Ebd., 33, A. 17.   [358] Ebd., 34.
[359] Vgl. oben S. 113.

[359a] Vgl. hierzu Güttgemanns ('72), insb. 95, und die dort angeführte Literatur.

[360] Zu dieser Terminologie vgl. *Fischer Lexikon Mathematik* I ('64), 261 ff. Zu einer systematischen Vermittlung von Struktur- und Funktions-

analyse auf der Basis der Luhmannschen Systemtheorie vgl. Warning ('73).
[361] Zu Versuchen, Konzepte der Rhetorik auf strukturaler Basis neu zu formulieren vgl. z. B. Dubois ('70) und *Communications* 16 ('70).
[362] Vgl. hierzu Jauß (²'70), 173 ff.
[363] Tynjanov / Jakobson ('72), 391.
[364] Vgl. Stegmüller ('69 / '70), I, 1 ff. und Piaget ('67), 3 ff., 128 ff.

Anmerkungen zu Kapitel 5

[1] Marquard ('72), 242.   [2] Vgl. Szondi ('70), 187 ff.   [3] Ebd., 189.
[4] Zit. bei Szondi ('70), 189.   [5] Hugo ('63), I, 423.
[6] Ebd., I, 423 f. Ähnliche, wenn auch aufgrund verschiedener literarhistorischer Gegebenheiten anders konkretisierte Zuordnungsversuche von "Gattungen" zu bestimmten Epochen, woraus dann ebenfalls Geschichtsgesetze extrapoliert werden, finden sich bereits in der Ästhetik der Goethezeit, etwa bei F. Schlegel. Vgl. Szondi ('70), 190 ff.
[7] Bovet ('11), 5; Hugo ('63), I, 423.
[8] Bovet ('11), 7.   [9] Vgl. oben S. 27 f.   [10] Bovet ('11), 13.
[11] Vgl. hierzu auch ebd., 15.
[12] Ebd., 14.   [13] Ebd.   [14] Ebd., 9.   [15] Ebd., 17.
[16] Ebd., 32.   [17] Ebd.   [18] Ebd., 80 ff.
[19] Vgl. Hernadi ('67), 13 f. Bovet scheint die relevanten idealistischen Texte nicht zu kennen, sondern nur von Hugo auszugehen; einen unmittelbaren Einfluß Hegels leugnet er explizit. Vgl. Bovet ('11), VI f.
[20] Petersen ('25), 105.   [21] Vgl. Ermatinger ('30), 372.
[22] Schwarz ('42), 99 stellt die Frage, "welches die Lebensbedingungen sind, unter denen der epische, dramatische oder lyrische Formeinsatz jeweils geschichtliche Wirklichkeit und Grundlage für Dichtungen großen Stils werden kann".
[23] Vgl. Ludz (³'68), 29 ff.
[24] Lukács (³'68), 72. Hervorhebung von uns.
[25] Ebd., 73. Zu Beriger, Wundt u. a. vgl. oben S. 63 f. und 185 f. Zur Unterscheidung der Geschichtlichkeit des Stoffes von der Universalität der Form in der deutschen Klassik vgl. Szondi (⁴'67), 9 f.
[26] Ludz (³'68), 38.
[27] Lukács ('71), 77 und 74. Vgl. auch ebd., 77: "... die Psychologie des Romanhelden ist das Dämonische; die Objektivität des Romans die männlich reife Einsicht, daß der Sinn die Wirklichkeit niemals ganz zu durchdringen vermag, daß aber diese ohne ihn ins Nichts der Wesenlosigkeit zerfallen würde: alles dies besagt ein und dasselbe. Es bezeichnet die produktiven, von innen gezogenen Grenzen der Gestaltungsmöglichkeiten des Romans und weist zugleich eindeutig auf den geschichtsphilo-

sophischen Augenblick hin, in dem große Romane möglich sind, in dem sie zum Sinnbild des Wesentlichen, was zu sagen ist, erwachsen. Die Gesinnung des Romans ist die gereifte Männlichkeit und die charakteristische Struktur seines Stoffes ist seine diskrete Art, das Auseinanderklaffen von Innerlichkeit und Abenteuer. 'I go to prove my soul', sagt Brownings Paracelsus und die Unangemessenheit des wundervollen Wortes liegt nur darin, daß es ein dramatischer Held sagt. Der Held des Dramas kennt kein Abenteuer ..."

[28] Ebd., 32.   [29] Szondi ($4^\prime$67), 11.

[30] Lukács ('71), 37. Hervorhebung von uns.   [31] Ebd., 31.

[32] Vgl. Lukács ('65), 108 ff., hier: S. 126. (Hervorhebung von uns.) Diese Stelle wäre ein weiterer Beleg für die von Ludz ($3^\prime$68), 38 f. in anderem Zusammenhang gemachte Bemerkung, daß es für die Lukács'sche Grundposition letztlich unerheblich sei, wenn er "in seinen späteren Arbeiten die e w i g e Norm des griechischen Ideals gleichsam umzuschmelzen versucht in eine aus dem h i s t o r i s c h e n P r o z e ß sich herauskristallisierende, allgemein gültige, 'wesentliche Gesetzmäßigkeit'."

[33] Lukács ('54), 135 und 136.   [34] Ebd., 139.

[35] Ebd., 146. Hervorhebung von uns.

[36] Ebd., 125.   [37] Lukács ('63), 628. Hervorhebung von uns.

[38] Lukács ('54), 135.

[39] Lukács ('63), 625. Bemerkenswert ist, daß Lukács hier nicht die marxistische Verengung auf das rein Ökonomische vornimmt, sondern viel allgemeiner von "gesellschaftlich-geschichtlichen Bedürfnissen" spricht.

[40] Vgl. hierzu Demetz ('59).

[41] So formuliert beispielsweise Krauss ('68), 55, daß die "Gattungen ... gewissermaßen einen Apriorismus der literarischen Wirklichkeit darstellen".

[42] Kagan ('67), 21.   [43] Ebd.   [44] Ebd., 23.   [45] Ebd., 33 und 35.

[46] Ebd., 30.   [47] Ebd., 40.   [48] Kayser ($8^\prime$62), 331.

[49] Vgl. oben S. 59.   [50] Brunetière (1890), 7.   [51] Ebd., 9.

[52] Ebd., 20.   [53] Ebd., 8.   [54] Ebd., 20.   [55] Ebd., 22.

[56] Curtius ('14), 72.   [57] Vgl. ebd., 63 ff., hier: S. 67.

[58] Vgl. auch Marsh (1898), 162.   [58a] Brunetière ('05 / 06), I, 4.

[59] Brunetière (1890), XII.   [60] Ebd., 2.

[61] Vgl. z. B. die Ausführungen von Curtius ('14), 73 ff. zur Tragödie, die nach Brunetière mit Ducis 'sterben' soll, und zur angeblichen Transformation der Lyrik in die Kanzelrede, sowie Babbitt (1897), 763, der Brunetières Ansatz als System "admirable" findet, während dieser in der praktischen Applizierung nicht überzeuge.

[62] Vgl. oben S. 60 f.   [63] Vgl. Babbitt (1897).

[64] Vgl. Stegmüller ('69 / '70), I, 82 ff. und unten S. 207 ff.

[65] Zur grundsätzlichen Problematik der Geschichtsphilosophie vgl. Marquard ('72).

⁶⁶ Zur Vorstellung der Literatur als eines sich allmählich entwickelnden Organismus bereits bei Herder vgl. Ehrenpreis ('45), 18 ff.; zur Rezeption deutscher Literaturkritik in Amerika ebd., insb. S. 27 und S. 120. A. 62.
⁶⁷ Vgl. Ehrenpreis ('45), 32 ff.
⁶⁸ Manly ('06 / '70), 590 f.   ⁶⁹ Ebd., 592.
⁷⁰ Ebd.: "Theory, hypothesis, is absolutely essential ... Without it we cannot see the facts."
⁷¹ Dies gilt etwa von Whitmore ('24), der darauf hinweist, daß Literaturwissenschaft vielleicht "without e x p l i c i t theory" möglich sei, jedoch kaum "for long without i m p l i c i t theory" (S. 732) und Ermatinger (vgl. oben S. 128 f.)
⁷² Manly ('06 / '07), 592.   ⁷³ Ebd., 594.   ⁷⁴ Marsh (1896), 162.
⁷⁵ Gayley ('03), 60 ff.
⁷⁶ Vgl. hierzu beispielsweise Brunetière (1890), 22.
⁷⁷ Hoskins ('08 / '09), 409.   ⁷⁸ Gayley ('03), 65.
⁷⁹ Hoskins ('08 / '09), 411.   ⁸⁰ Ebd., 414.   ⁸¹ Ebd., 432.
⁸² Hoskins ('09 / '10), 75.   ⁸³ Vgl. ebd., 62 ff., hier: 74 f.
⁸⁴ Petersen ('25), 78.   ⁸⁵ Petsch ('34), 83.
⁸⁶ Zu Herder vgl. Ehrenpreis ('45), 18 ff., insb. 19.
⁸⁷ Vgl. Stegmüller ('69 / '70), I, 82 ff.
⁸⁸ Ebd., I, 86.   ⁸⁹ Ebd., I, 89.   ⁹⁰ Ebd., I, 348.   ⁹¹ Ebd., I, 83.
⁹² Stegmüller gibt folgende Fassung des historischen Erklärungsbegriffs: "Eine Erklärung von E (= Explanandum) auf Grund von Antecedensdaten $A_1, \ldots A_n$ läge danach dann vor, wenn das Explanandumereignis auf Grund dieser Antecedensereignisse z u e r w a r t e n w a r und zwar zu erwarten entweder im Sinn eines rein intuitiven und nicht weiter definierten oder im Sinn eines formal präzisierten Bestätigungsbegriffs." Ebd., I, 348.
⁹³ Zur Gegenüberstellung von Beschreiben und Erklären vgl. ebd., I, 76 ff.
⁹⁴ Vgl. Tynjanov ('71a), 457 ff. und unten S. 215 f.
⁹⁵ Seidler (²'65), 362.
⁹⁶ Ebd., 363. Etwas nuancierter findet sich diese Position ebd., 368.
⁹⁷ Wellek / Warren ('63), 212; ebenso Wellek ('63), 50 ff.
⁹⁸ Pichois/Rousseau ('67), 177.   ⁹⁹ Vgl. oben S. 37 ff.
¹⁰⁰ Vgl. hierzu Schick ('68), 113 ff.
¹⁰¹ Zu diesem Begriff vgl. Stegmüller ('69 / '70), I, 349.
¹⁰² Moisés ('67), 49.   ¹⁰³ Fowler ('71), 207.   ¹⁰⁴ Ebd., 212.
¹⁰⁵ Ebd., 212 f.   ¹⁰⁶ Ebd., 213.
¹⁰⁷ Zum Sich-Ausbreiten eines Konstruktionsprinzips auf weitere Bereiche vgl. Tynjanov ('71), 423 ff., zur weitgehenden Satirisierung verschiedenster Genera im 18. Jh. Hempfer ('72), 25 f.
¹⁰⁸ Fowler ('71), 213 f.

[109] Ebd., 214.   [110] Striedter ('71), LX.   [111] Ebd., 299.
[112] Ebd., XLI.   [113] Ebd.   [114] Ebd.
[115] Vgl. oben S. 153 und Tynjanov ('71), 395.   [116] Ebd., 401.
[117] In bezug auf die kleineren Einheiten der Konstruktionsprinzipien, die entstehen, sich auf verschiedene Bereiche ausdehnen und dann automatisieren, ist diese Integration vollzogen. Vgl. Tynjanov ('71), 411 ff.
[118] Vgl. ebd., 395 und oben S. 153 f.   [119] Vgl. oben S. 198 f.
[120] Vgl. oben S. 98 f. und 138.   [121] Striedter ('71), LXV.
[122] Tynjanov ('71a), 447.   [123] Ebd., 459.
[124] Tynjanov ('71), 399.   [125] Ebd., 421 ff.
[126] Vgl. Striedter ('71), LXV f. und die dort angeführten Zitate.
[127] Tynjanov ('71a), 459.   [128] Vgl. Striedter ('71), LXVI f.
[129] Tynjanov / Jakobson ('72), 391.   [130] Tynjanov ('71), 431.
[131] Tynjanov / Jakobson ('72), 391.   [132] Ebd., 389.
[133] Vgl. Jauß ('73), 134 ff.   [134] Ebd., 124.   [135] Ebd.
[136] Die gleiche Problematik zeigt sich bereits in der Gattungstheorie Viëtors, der ebenfalls den Formbegriff zu historisieren versucht und den Evolutionsprozeß einer Gattung als Durchspielen verschiedener Möglichkeiten begreift, gleichzeitig aber an dem Entstehungs-, Höhepunkt- und Verfallsschema festhält. Vgl. oben S. 85 f. und Viëtor ('23), 3.
[137] Diese Bestimmung des Spielraums gilt allerdings nicht für Gedichte in fester Form, weil hier ja, wie wir oben sahen (vgl. S. 147 f.), kaum generelle Tiefenstrukturen postulierbar sein dürften. Da sich solche Texte wesentlich durch ihre metrische Form als einer bestimmten Gattung zugehörig ausweisen, ist der Spielraum als Minimalbedingung durch die Wiedererkennbarkeit dieser Form abgesteckt.
[138] Vgl. hierzu auch Jauß ('73), 122 f.
[139] Vgl. Szondi (⁴'67), 13, 115 ff. und oben S. 163 f. Daß 'Episches' etwa auch in den Geistlichen Spielen aufweisbar ist, tut in diesem Zusammenhang nichts zur Sache. Diese Dramenform findet ihr Ende mit dem Ausgang des Mittelalters, und das 'Epische Theater' kann nicht einfach als Anknüpfung an eine gar nicht mehr lebendige Tradition begriffen werden, sondern ist auf dem Hintergrund der aristotelischen Dramenkonzeption, wie sie sich wesentlich seit dem 17. Jh. herausgebildet hat (vgl. Szondi (⁴'67), 12), zu sehen. Innerhalb dieses Systems bedeutet das 'Epische Theater' einen Neuanfang. Daß sich außerhalb von Traditionszusammenhängen tiefenstrukturelle Textisomorphien nachweisen lassen, ist ein ganz anderes Problem. Vgl. auch Warning ('73).
[140] Vgl. oben S. 125.   [141] Piaget ('67), 130 f.
[142] Ebd., 1146.
[143] Vgl. Goldmann ('59), insb. S. 118 ff.
[144] Goldmann ('64), 338.
[145] Vgl. Piaget ('68), 13 f., 16, 20.

Anmerkungen zu Kapitel 6

[1] Diese wird noch von Petöfi ('72), 32 angesetzt.
[2] Auf die Problematik der Formalisierbarkeit von Performanzkompetenzerscheinungen verweist auch Brekle ('72), 134.
[3] Piaget ('68), 7.
[4] Vgl. Piaget ('67), insb. 128 ff.
[5] Petöfi ('72), 33.

BIBLIOGRAPHIE

I. Gattungstheorie

Adel, K. ('69): "Der Zerfall der Dichtungsgattungen", *Literatur und Kritik* 36 / 37 (1969), 411-420.
Abrahams, R. D. ('69): "The Complex Relations of Simple Forms", *Genre* 2 (1969), 104-128.
Aldridge, A. O. (Hrsg.) ('69): *Comparative Literature. Matter and Method*, Urbana / London 1969, insb. S. 158 ff.
Anceschi, L. ('45): *Idea della lirica*, Mailand 1945.
Anceschi, L. ('55 / '56): "A Debate on Literary Types", *Journal of Aesthetics and Art Criticism* 14 (1955 / 56), 324-332.
Anceschi, L. ('68): *Le istituzioni della poesia*, Mailand 1968.
Anceschi, L. ('70): "Delle istituzioni letterarie", *Il Verri* 35 / 36 (1970), 17-26.
Aristoteles ('59): *Poetik*, hrsg. u. übertragen v. P. Gohlke, *Paderborn* 1959.
Aristoteles ('62): *Poetik, Übersetzung, Einleitung und Anmerkungen von O. Gigon*, Stuttgart 1962.
Barthes, R. ('66): "Introduction à l'analyse structurale des récits", *Communications* 8 (1966), 1-27; insb. 1-6.
Bausinger, E. ('68): *Formen der Volkspoesie*, Berlin 1968.
Becker, Ph. A. ('67): "Literaturgeschichtliche Forschung nach Gattungen. Programmatische Betrachtungen (aus dem Nachlaß, unvollendet)", Ph. A. B., *Zur romanischen Literaturgeschichte*, München 1967, S. 9-13.
Behrens, I. ('40): *Die Lehre von der Einteilung der Dichtkunst vornehmlich vom 16. bis 19. Jahrhundert. Studien zur Geschichte der poetischen Gattungen. Beihefte zur Zeitschrift für romanische Philologie* 92, Halle 1940.
Beißner, F. ('41): *Geschichte der deutschen Elegie*, Berlin 1941, insb. S. IX-XIII.
Berger, K. ('43): "Die Dichtung im Zusammenhang der Künste", *Deutsche Vierteljahresschrift* 21 (1943), 229-251, insb. 244 ff.
Beriger, L. ('38): *Die literarische Wertung*, Halle 1938, S. 88 ff.
Beriger, L. ('40): "Gattung, Form und Wort", *Helicon* 2 (1940), 97 f.
Betti, E. ('67): *Allgemeine Auslegungslehre als Methodik der Geisteswissenschaften*, Tübingen 1967, insb. S. 419 ff.
Bianca, G. A. ('61): "Nota sul problema dei generi letterari", *Siculorum gymnasium* 14 (1961), 220-225.
Boas, F. ('38): "Literature, Music, and Dance", F. B. (Hrsg.), *General Anthropology*, New York 1938, S. 589-608.

Boas, F. ('40): "Stylistic Aspects of Primitive Literature", F. B., *Race, Language and Culture*, 7. Aufl. N.Y. 1961, S. 491-502 (^{1}1940) (zuerst in: *Journal of American Folk-Lore* 38 (1925), 329-339; fast identisch mit ('38).

Boeckh, J. G. ('56): "Literaturforschung vor neuen Aufgaben", *Neue Deutsche Literatur* 4, 8 (1956), 125-132.

Böckmann, P. ('49): "Die Lehre von Wesen und Formen der Dichtung", *Vom Geist der Dichtung, Gedächtnisschrift für R. Petsch*, hrsg. v. F. Martini, Hamburg 1949, S. 13-30.

Böckmann, P. ('54): "Die Interpretation der literarischen Formensprache", *Studium Generale* 7 (1954), 341-351.

Bonnet, H. ('51): *Roman et poésie. Essai sur l'esthétique des genres*, Paris 1951.

Bovet, E. ('11): *Lyrisme, épopée, drame. Une loi de l'histoire littéraire expliquée par l'évolution générale*, Paris 1911.

Brandt-Corstius: J. ('57): "Oude en nieuwe genres", J. B.-C., *De muze in het morgenlicht*, Zeist 1957, S. 99-123.

Bray, R. ('37): "Des genres littéraires, de leur hiérarchie et du principe de cette hiérarchie dans la littérature classique", *Recueil de travaux publiés à l'occasion du quatrième centenaire de la fondation de l'Université*, Faculté des Lettres, Lausanne 1937, S. 103-111.

Bray, R. ('51): *La formation de la doctrine classique en France*, Paris 1951 u. ö., insb. S. 303 ff.

Bremond, Cl. ('66): "La logique des possibles narratifs", *Communications* 8 (1966), 60-76.

Bremond, Cl., ('71): "Oberservations sur la 'Grammaire du Décaméron'", *Poétique* 6 ('71), 200-222.

Brummack, J. ('71): "Zu Begriff und Theorie der Satire", *DVjS* 45 (1971), Sonderheft *275-*377.

Brunecker, J. ('54): *Allgemeingültigkeit oder historische Bedingtheit der poetischen Gattungen. Ein Hauptproblem der modernen Poetik. Herausgearbeitet an Dilthey, Unger und Staiger*, Diss. (Masch.) Kiel 1954.

Brunetière, F. (1890): *L'évolution des genres dans l'histoire de la littérature*, Paris 1890, insb. S. 1-31.

Brunetière, F. (1890a): *Nouvelles questions de critique*, Paris 1890.

Brunetière, F. (1892): "La Réforme de Malherbe et l'évolution des genres", *Revue des deux Mondes* 62 (déc. 1892), 660-683.

Brunetière, F. (^{4}05 / '06): *L'évolution de la poésie lyrique en France au dix-neuvième siècle*, 4. Aufl., 2 Bde., Paris 1905 / 06, I, 3-32 (^{1}1894).

Brunetière, F. (1898): "La Doctrine évolutive et l'histoire de la littérature", *Revue des deux Mondes* 68 (feb. 1898), 874-896.

Brunetière, F. (1890 / '07): *Etudes critiques sur l'histoire de la littérature française*, 8 Bde., Paris 1890-1907.

Burke, K. (^{2}59): "Poetic Categories", K. B., *Attitudes toward History*,

2 Bde., New York 1937, I, 41-119; revidierte Ausgabe in 1 Bd., Los Altos 1959, S. 34-91.

Burke, K. ('67): *The Philosophy of Literary Form. Studies in Symbolic Action*, revised ed., New York 1967 (^{1}1941), (deutsche Übersetzung: *Dichtung als symbolische Handlung*, Frankfurt 1966).

Calderwood, J. L./Toliver, M. R. ('68): *Forms of Poetry*, New Jersey 1968.

Cassirer, E. ('32): *Goethe und die geschichtliche Welt*, Berlin 1932, S. 27 ff.

Caussade, F. de (1888): *Rhétorique et genres littéraires*, Paris 1888.

Chraptschenko, M. (^{2}68): "Die typologische Erforschung der Literatur und ihre Prinzipien", *Kunst und Literatur* 16 (1968), 714-737, wieder abgedruckt als: "Typologische Literaturforschung und ihre Prinzipien", *Aktuelle Probleme der vergleichenden Literaturforschung*, hrsg. v. G. Ziegengeist, Berlin 1968, S. 17-46 (mit bibliographischen Verweisen auf die slawistische Forschung).

Cohen, G. ('40): "L'origine médiévale des genres littéraires modernes", *Helicon* 2 (1940), 129-135.

Coseriu, E. ('71): "Thesen zum Thema 'Sprache und Dichtung'", Stempel ('71), 183-188.

Crane, R. S. ('52): "Introduction", R. S. Crane (Hrsg.), *Critics and Criticism. Ancient and Modern*, Chicago/London/Toronto 1952, S. 1-24.

Croce, B. (^{2}27): "La critica letteraria. Questioni teoriche" (1894), abgedruckt in: *Primi saggi*, Bari ^{2}1927, S. 75-165.

Croce, B. ('02): *Estetica*, Bari 1902, insb. S. 38-41; S. 465-480, (deutsche Übersetzung: *Ästhetik*, Leipzig 1905).

Croce, B. (^{2}71): *Logica*, ed. econ., Bari ^{2}1971 (^{1}1905).

Croce, B. (^{3}40): *Problemi di estetica*, Bari ^{3}1940, insb. S. 103-111; 165-172; 471-477 (^{1}1910).

Croce, B. (^{2}43): *Pagine sparse*, 3 Bde., Bari ^{2}1943 (^{1}1919-1927).

Croce, B. ('22): "Per una poetica moderna", *Idealistische Neuphilologie. Festschrift für Karl Vossler*, hrsg. v. V. Klemperer / E. Lerch, Heidelberg 1922, S. 1-9.

Croce, B. (^{3}71): *La poesia*, ed. econ., Bari ^{3}1971 (^{1}1936), insb. S. 159 ff.; 340 ff. (deutsche Übersetzung: *Die Dichtung*, Tübingen 1970).

Croce, B. ('39): "I generi letterarii' a Congresso", *Critica* 37 (1939), 396 f.

Croce, B. ('43): Rezension von L. Anceschi, *Lirici Nuovi*, *Critica* 41 (1943), 221 f.

Croce, B. ('50): "Dei filologi 'che hanno idee'", *Quaderni della Critica* 16 (1950), 118-121.

Cysarz, H. ('40): "Die gattungsmäßigen Form-Möglichkeiten der heutigen Prosa", *Helicon* 2 (1940), 169-180, insb. 177 ff.

Dewey, J. ('34): *Art as Experience*, New York 1934, S. 214—244.

Díaz Plaja, G. (²'41): *Teoría y historia de los géneros literarios*, 2. Aufl., Barcelona 1941.

Dirscherl, K. ('73): *Besprechen und Beschreiben als poetische Sprechweisen in Baudelaires 'Fleurs du Mal'*, (erscheint demnächst bei W. Fink München).

Dohrn, W. ('07): *Die künstlerische Darstellung als Problem der Aesthetik*, Hamburg / Leipzig 1907.

Donohue, J. J. ('43 / '49): *The Theory of Literary Kinds*, 2 Bde., Iowa 1943 / 49.

Dresden, S. ('60): "Het begrip 'genre'", *Handelingen van het 26. Nederlands filologencongres*, Groningen 1960, S. 77-85.

Ehrenpreis, J. ('45): *The 'Types' Approach to Literature*, New York 1945.

Elster, E. ('03): *Über die Elemente der Poesie und den Begriff des Dramatischen*, Marburger Universitätsprogramm 1903.

Ermatinger, E. (³'39): *Das dichterische Kunstwerk*, 3. Aufl., Leipzig / Berlin 1939 (¹1921), S. 172 ff.; 310 ff.

Ermatinger, E. ('30): "Das Gesetz in der Literaturwissenschaft", E. E. (Hrsg.), *Philosophie der Literaturwissenschaft*, Berlin 1930, S. 331-375.

Erskine, J. (²'66): *The Kinds of Poetry*, Duffield 1920, unveränderter Nachdruck Washington / New York 1966.

Etiemble, R. ('62): "Histoire des genres et littérature comparée", *Acta literaria* 5 (1962), 203-207.

Etiemble, R. ('63): *Comparaison n'est pas raison: la crise de la littérature comparée*, Paris 1963, insb. S. 101-103.

Flemming, W. ('59): "Das Problem von Dichtungsgattung und -art", *Studium generale* 12 (1959), 38-60.

Flemming, W. ('67): *Bausteine zur systematischen Literaturwissenschaft*, Meisenheim 1965, S. 27 ff. (Identisch mit Flemming ('59.)

Fowler, A. ('70 / '71): "The Life and Death of Literary Forms", *New Literary History* 2 (1970 / 71), 199-216.

Frye, N. ('64): *Anatomy of Criticism*, Princeton 1957 (deutsche Übersetzung: *Analyse der Literaturkritik*, Stuttgart 1964).

Fubini, M. ('56): "Genesi e storia dei generi letterari", M. F., *Critica e poesia*, Bari 1956, S. 143-274, (deutsche Übersetzung: *Entstehung und Geschichte der literarischen Gattungen*, Tübingen 1971).

Gayley, Ch. M., ('03): "What is 'Comparative Literature'?", *The Atlantic Monthly* 92 (1903), 56-68.

Gayley, Ch. M. / Kurtz, B. P. ('20): *Methods and Materials of Literary Criticism. Lyric, Epic and Allied Forms of Poetry*, Boston 1920.

Gentile, G. ('37): *La filosofia dell'arte*, Florenz 1937.

Ghiano, J. C. (²'61): *Los géneros literarios. Principios griegos de su problemática*, 2. Aufl., Buenos Aires 1961 (¹1951).

Głowiński, M. ('67): "Gatunek literacki i problemy poetyki historycznej", *Proces historyczny w literaturze i sztuce*, Warschau 1967, 31-60.
Goethe, J. W. v. ('49 ff.): *Werke*, Hamburger Ausgabe, 14 Bde., Hamburg 1949 ff.
Goldmann, L. ('64): *Pour une sociologie du roman*, Paris 1964.
Goudet, J. ('65): "Les deux modes de l'intuition créatrice. Réflexions sur les genres littéraires", *Revue des études italiennes* 11 (1965), 505-517.
Gülich, E. / Raible W. (Hrsg.) ('72): *Textsorten. Differenzierungskriterien aus linguistischer Sicht*, Frankfurt 1972.
Guérard, A. ('40): *Preface to World Literature*, New York 1940, S. 183 ff.
Guillén, C. ('70): "Genere, contro-genere, sistema", *Critica e storia letteraria. Studi offerti a Mario Fubini*, 2 Bde., Padua 1970, I, 153-174.
Gundolf, Fr. ([5]18): *Goethe*, 5. Aufl., Berlin 1918, S. 17 ff.
Guthke, K. S. ('68): *Modern Tragicomedy. An Investigation into the Nature of the Genre*, 2. Aufl., New York 1966 (deutsche Übersetzung: *Die moderne Tragikomödie. Theorie und Gestalt*, Göttingen 1968, S. 94 ff.
Guyard, M.-F. ('61): *La Littérature comparée*, Paris 1961 ([1]1951), S. 18 ff.; 44 ff.
Hack, R. K. ('16): "The Doctrine of the Literary Forms", *Harvard Studies in Classical Philology* 27 (1916), 1-65.
Hamburger, K. ([2]'68): *Die Logik der Dichtung*, zweite, stark veränderte Aufl., Stuttgart 1968.
Hankiss, J. ('40): "Les genres littéraires et leur base psychologique", *Helicon* 2 (1940), 117-129.
Hankiss, J. ('58): "Les genres littéraires", *Zagadnienia rodzajów literackich* 1 (1958), 49-64 (zuerst in J. H., *La littérature et la vie*, São Paulo 1951, Kap. 14), (fast identisch mit ('40)).
Hantsch, I. ('73): *Kommunikationsstrategien im satirischen Roman des 20. Jh.s. Satirische, utopische, aktantielle und dramatische Vertextung und ihre Interaktion*, Diss. München 1973 (erscheint demnächst bei W. Fink München).
Hartl, R. ('24), *Versuch einer psychologischen Grundlegung der Dichtungsgattungen*, Wien 1924.
Hartmann, P. ('64): "Text, Texte, Klassen von Texten", *Bogawus* 2 (1964), 15-25.
Harweg, R. ('68a): "Die Rundfunknachrichten: Versuch einer texttypologischen Einordnung", *Poetica* 2 (1968), 1—14.
Hausenblas, K.: "On the Characterization and Classification of Discourse", *Travaux linguistiques de Prague* 1 (1964), 67-83.
Hempfer, K. W. ('72): *Tendenz und Ästhetik. Studien zur französischen Verssatire des 18. Jahrhunderts*, München 1972.

Hermand, J. ('70): "Probleme der heutigen Gattungsgeschichte", *Jahrbuch für Internationale Germanistik* 2 (1970), 85-94.
Hermand, J. ('71): "Nichtfiktionale Literaturgattungen: Einleitende Bemerkungen", *Jahrbuch für Internationale Germanistik* 3 (1971), 9-12 (Zusammenfassung von (1970)).
Hernadi, P. ('67): *Concepts of Genre in Twentieth Century Criticism*, Diss. Yale 1967, DA 28 (1968), 4130 A.
Hirsch, E. D. ('72): *Validity in Interpretation*, New Haven 1967 (deutsche Übersetzung: *Prinzipien der Interpretation*, München 1972, insb. S. 93 ff., 321 ff.).
Hirt, E. ('23): *Das Formgesetz der epischen, dramatischen und lyrischen Dichtung*, Leipzig 1923.
Hoskins, J. P. ('08 / '09) / ('09 / '10): "Biological Analogy in Literary Criticism", *Modern Philology* 6 (1908 / 09), 407-434; 7 (1909 / 10), 61-82.
Houston, P. H. / Bonnell, J. K. ('19): *Types of Great Literature*, New York 1919.
Huerta, A. ('62): *Esquema de poética*, Santiago de Chile 1962.
Ingarden, R. (^{3}65): *Das literarische Kunstwerk*, 3. Aufl., Tübingen 1965, insb. S. 257, A. 1.
Irmen, F. ('71): "Das Problem der Textarten in übersetzungsrelevanter Sicht", G. Nickel (Hrsg.), *Kongreßbericht der 2. Jahrestagung der Gesellschaft für angewandte Linguistik*, Heidelberg 1971, S. 49-55.
Jäger, G. ('70): "Das Gattungsproblem in der Ästhetik und Poetik von 1780-1850", *Zur Literatur der Restaurationsepoche 1815-1848*, hrsg. v. J. Hermand / M. Windfuhr, Stuttgart 1970, S. 371-404.
Jakobson, R. ('35): "Randbemerkungen zur Prosa des Dichters Pasternak", *Slawische Rundschau* 7 (1935), 357-373, insb. S. 360.
Jakobson, R. ('60): "Closing Statement: Linguistics and Poetics", *Style in Language*, hrsg. v. Th. A. Sebeok, Cambridge (Mass.) 1960, S. 350-377, insb. S. 357.
Jansen, S. ('68): "Esquisse d'une théorie de la forme dramatique", *Langages* 12 (1968), 71-93.
Jauß, H.-R. ('70), "Littérature médiévale et théorie des genres", *Poétique* 1 (1970), 79-101.
Jauß, H.-R. ('73): "Theorie der Gattungen und Literatur des Mittelalters", *Grundriß der romanischen Literaturen des Mittelalters*, hrsg. v. H. R. Jauß und E. Köhler, Heidelberg 1968 ff., Bd. I (1973), 107–138
Jolles, A. (^{5}69): *Einfache Formen*, unveränd. Nachdruck der 4. Aufl., Darmstadt 1969 (^{1}1930).
Kagan, M. ('67): "Die ungleichmäßige Entwicklung der Kunstarten und -gattungen", *Kunst und Literatur* 15 (1967), 21-40.
Ker, W. P. (^{2}66): *Form and Style in Poetry*, London 1928, Neuauflage mit einer Einleitung v. J. Buxton, London 1966, S. 104 ff.; S. 137 ff.

Kleiner, J. ('59): "The Role of Time in Literary Genres", *Zagadnienia rodzajów literackich* 2 (1959), 5-12 (zuerst in: *Pamietnik literacki* 22 / 23; abgedruckt in: J. K., *Studia z zakresu teorii literatury*, Lublin 1956, S. 49-58).

Koch, K. ('64): *Was ist Formgeschichte? Neue Wege der Bibelexegese*, Neukirchen-Vluyn 1964.

Körner, J. ('49): *Einführung in die Poetik*, Frankfurt 1949, ³1968.

Kohler, P. ('39) / ('40): "Contribution à une philosophie des genres", *Helicon* 1 (1939), 233-244, und *Helicon* 2 (1940), 96 f. und 135-147.

Koskimies, R. (²'66): *Theorie des Romans*, Helsinki 1935, unveränd. Nachdruck Darmstadt 1966, S. 27 ff.

Krausová, N. ('60): "Teória literárnych druhov v západoeurópskej buržoáznej literárnej vede", *Časopis pro moderní filologii* 42 (1969), 168-177 ("Die Theorie der literarischen Gattungen in der bürgerlichen Literaturwissenschaft Westeuropas").

Krauss, W. ('68): "Die literarischen Gattungen", in: W. K., *Essays zur französischen Literatur*, Berlin / Weimar 1968, S. 5-43.

Krauss, W. ('68a): *Grundprobleme der Literaturwissenschaft*, Hamburg 1968, S. 49-78 (identisch mit ('68)).

Kretschmer, E. (²⁰'51): *Körperbau und Charakter*, Berlin ²⁰1951 (¹1921).

Kreuzer, J. R. ('55): *Elements of Poetry*, New York 1955, S. 207 ff.

Kristeva, J. ('70): *Le texte du roman. Approche sémiotique d'une structure discursive transformationelle*, La Haye 1970.

Kuhn, H. (²'59): "Gattungsprobleme der mittelhochdeutschen Literatur", *Sitzungsberichte der Bayerischen Akademie der Wissenschaften, phil.-hist. Klasse*, Heft 4, 1956; wieder abgedruckt in: H. K., *Dichtung und Welt im Mittelalter*, Stuttgart 1959, S. 41-61.

Kummer, W. ('72a): "Aspects of a Theory of Argumentation", Gülich / Raible ('72), 25-58.

Kunne-Ibsch, E. ('69): "Die magische Dreizahl in der Gattungsforschung. Ein Versuch, sie zu überwinden. Zu: Wolfgang Victor Ruttkowski, *Die literarischen Gattungen, Levende Talen* (1969), 689-695.

Lämmert, E. ('55): *Bauformen des Erzählens*, Stuttgart 1955 u. ö., insb. S. 9-18.

Landmann, M. ('63): "Tod und Ewigkeit der Gattungen", in: M. L., *Die absolute Dichtung. Essays zur philosophischen Poetik*, Stuttgart 1963, S. 145-178.

Lang, L. ('57): "Nochmals über die literarischen Gattungen", *Neue Deutsche Literatur* 5, 6 (1957), 142-143.

Langer, S. K. (²'59): *Feeling and Form. A Theory of Art Developed from 'Philosophy in a New Key'*, 2. Aufl. London 1959, S. 280 ff. (¹1953).

Larthomas, P. ('64): "La notion de genre littéraire en stylistique", *Français moderne* 32 (1964), 185-193.

Lazarowicz, K. ('63): *Verkehrte Welt. Vorstudien zu einer Geschichte der deutschen Satire*, Tübingen 1963.

Lehmann, R. ('08): *Deutsche Poetik*, München 1908, insb. S. 119 ff.

Leibfried, E. ('70): *Kritische Wissenschaft vom Text. Manipulation, Reflexion, transparente Poetologie*, Stuttgart 1970, insb. S. 240 ff.

Letourneau, Ch. (1893): "Origins of Literary Forms", *The Popular Science Monthly* 43 (1893), 673-682.

Levin, H. ('46): "Literature as Institution", *Accent* 6 (1946), 159-168, abgedruckt in: Schorer / Miles / Kenzie (Hrsg.), *Criticism: The Foundations of Modern Literary Judgment*, rev. ed. New York 1958, S. 546-553.

Lévi-Strauss, C. ('60): "L'analyse morphologique des contes russes", *International Journal of Slavic Linguistics and Poetics* 3 ('60), 122-149.

Lichatschow, D. ('68): "Rabotu, kotoruju neobchodimo prodolshitj", *Woprossy literatury* 9 (1963) (deutsche Übersetzung: *"Über einige Aufgaben der vergleichenden Poetik"*, D. L., *Nach dem Formalismus. Aufsätze zur russischen Literatur*, München 1968, S. 47 ff.).

Lucka, E. ('28): "Das Grundproblem der Dichtkunst", *Zeitschrift für Ästhetik* 22 (1928).

Lukács, G. (³'68): "Aus dem Vorwort zu 'Entwicklungsgeschichte des modernen Dramas'", G. L., *Schriften zur Literatursoziologie*, 3. Aufl., Neuwied 1968, S. 71-74 (¹1912).

Lukács, G. ('71): *Die Theorie des Romans*, Neuwied / Berlin 1971 (¹1920).

Lukács, G. ('65), *Der historische Roman, Probleme des Realismus III, Werke* 6, Berlin / Neuwied 1965, insb. 108 ff. (¹1937).

Lukács, G. ('54): "Kunst und objektive Wahrheit", *Deutsche Zeitschrift für Philosophie* II, 1 (1954), 113-148.

Lukács, G. ('63): *Ästhetik, Werke* 11/12, 2 Bde., Berlin/Neuwied 1963, insb. I, 618 ff.

Manly, J. M. ('06 / '07): "Literary Form and the Origin of Species", *Modern Philology* 4 (1906 / 07), 577-595.

Mantz, H. E. ('17): "Types in Literature", *The Modern Language Review* 12 (1917), 469-479.

Marcus, S. ('71): "Ein mathematisch-linguistisches Dramenmodell", *LiLi* 1 (1971), 139-152.

Marias, J. ('69): "Les genres littéraires en philosophie", *Revue internationale de philosophie* 23 (1969), 495-508.

Markwardt, B. ('58 / '67): *Geschichte der deutschen Poetik*, 5 Bde., Berlin 1958-1967.

Martini, F. (³'66): "Poetik", *Deutsche Philologie im Aufriß*, hrsg. v. W. Stammler, 2. überarb. Aufl., 3 Bde., Berlin 1957, unveränd. Nachdruck 1966, S. 223-279.

Means, M. H. ('65): "Literary Genres and Literary Meaning", *University of Dayton Review* 2,2 (1965), 37-47.
Meschonnic, H. ('69): "Pour la poétique", *Langue française* 3 (1969), 14-31.
Meschonnic, H. ('70): *Pour la poétique*, Paris 1970.
Meyer, Th. A. ('01): *Das Stilgesetz der Poesie*, Leipzig 1901, insb. S. 107-112.
Michaut, G. ('57): *L'œuvre et ses techniques*, Paris 1957.
Moisés, M. ('67): *A criação literária. Introdução à problemática da literatura*, São Paulo 1967, S. 43-53.
Moseley, E. M. ('69): "Religion and the Literary Genres", *Comparative Literature Studies* 2 (1965), 335-348; abgedruckt in: A. O. Aldridge (Hrsg.), *Comparative Literature. Matter and Method*, Urbana / London 1969, S. 161-174.
Moulton, R. G. ('15): *The Modern Study of Literature. An Introduction to Literary Theory and Interpretation*, Chicago 1915.
Müller, G. ('28 / '29): "Bemerkungen zur Gattungspoetik", *Philosophischer Anzeiger* 3 (1928 / 29), 129-147.
Müller, G. ('44): *Die Gestaltfrage in der Literaturwissenschaft und Goethes Morphologie*, Halle 1944 (*Die Gestalt* 13), S. 55-66.
Müller, G. ('47): *Die Bedeutung der Zeit in der Erzählkunst*, Bonn 1947.
Müller, G. ('48): "Erzählzeit und erzählte Zeit", *Festschrift für P. Kluckhohn und H. Schneider*, Tübingen 1948, S. 195-212.
Müller, G. ('68): *Morphologische Poetik. Gesammelte Aufsätze*, hrsg. v. E. Müller, Darmstadt 1968.
Müller, J. ('56): "Zur Frage der Gattungen", *Neue Deutsche Literatur* 4, 10 (1956), 141-143.
Müller, L. ('68): "Die literarischen Gattungen und die 'Leistungen der Sprache'", *Festschrift f. Klaus Ziegler*, hrsg. v. E. Catholy / W. Hillmann, Tübingen 1968, S. 427-434.
Müller-Freienfels, R. ('14): *Poetik*, Leipzig 1914.
Neuschäfer, H.-J. ('69): *Boccaccio und der Beginn der Novelle*, München 1969.
Norden, H. ('68): *Form. The Silent Language*, Boston 1968.
Oliass, H. G. ('51): "Sterbende Formen", *Welt und Wort* 6 (1951), 333-335.
Olson, E. ('52): "An Outline of Poetic Theory", R. S. Crane (Hrsg.), *Critics and Criticism: Ancient and Modern*, Chicago 1952 (deutsche Übersetzung: "Abriß einer poetischen Theorie", *Moderne amerikanische Literaturtheorien*, hrsg. v. J. Strelka / W. Hinderer, Frankfurt 1970, S. 184-211).
Opacki, J. ('59): "Genologia a historycznoliterackie konkrety", *Zagadnienia rodzajów literackich* 2 (1959), 91-96.

Ortega y Gasset, J. ('57): "Meditación primera", aus: *Meditaciones del Quijote* (1914), in: J. O. y G., *Obras completas*, 4. Aufl., 6 Bde., Madrid 1957, I, 365 ff. (Partiell übersetzt als: "Traktat über die literarischen Gattungen", *Merkur* 13 (1959), 601-615).

Pajano, R. ('70): *La nozione di poetica*, Bologna 1970.

Papadima, O. ('57): "Cîteva observatii în problema genurilor literare", *Limbă și Literatură* 3 (1957), 215-236.

Patterson, W. F. (^{2}'66): *Three Centuries of French Poetic Theory. A Critical History of the Chief Arts of Poetry in France (1328-1630)*, 3 Bde., The University of Michigan 1935, unveränd. Nachdruck New York 1966.

Petersen, J. ('25): "Zur Lehre von den Dichtungsgattungen", *Festschrift für August Sauer*, Stuttgart 1925, S. 72-116.

Petersen, J. (^{3}'43): *Die Wissenschaft von der Dichtung*, Berlin 1939, 3. Aufl. 1943, S. 119-126.

Petsch, R. ('30): "Die Analyse des Dichtwerks", E. Ermatinger (Hrsg.), *Philosophie der Literaturwissenschaft*, Berlin 1930, S. 240-276 (insb. S. 270-272).

Petsch, R. ('33): "Goethe und die Naturformen der Dichtung", *Dichtung und Forschung. Festschrift für E. Ermatinger*, Frauenfeld / Leipzig 1933, S. 45-62.

Petsch, R. ('34), "Gattung, Art und Typus", *Forschungen und Fortschritte* 10 (1934), 83-84.

Petsch, R. ('34a): *Wesen und Formen der Erzählkunst*, Halle 1934.

Petsch, R. ('39): *Die lyrische Dichtkunst — Ihr Wesen und ihre Formen*, Halle 1939.

Petsch, R. ('45): *Wesen und Formen des Dramas*, Halle 1945.

Pichois, Cl. / Rousseau, A.-M. ('67): *La Littérature comparée*, Paris 1967, S. 96 ff.; 154 ff.; 170 f. (deutsche Übersetzung: *Vergleichende Literaturwissenschaft. Eine Einführung in die Geschichte, die Methoden und Probleme der Komparatistik*, Düsseldorf 1971).

Platon ('57 / '59): *Sämtliche Werke*, übersetzt v. F. Schleiermacher, hrsg. v. W. F. Otto, E. Grassi, G. Plamböck, 5 Bde., Hamburg 1957-1959, III, 125 ff.

Pommier, J. ('45): "L'idée de genre", *Publications de l'Ecole normale supérieure, section des Lettres* 2 (1945), 47-81.

Portmann, P. E. ('52): *Wir und die Dichtung. Betrachtungen über die Literaturformen und -gattungen*, Zürich 1952.

Prang, H. ('68): *Formgeschichte der Dichtkunst*, Stuttgart 1968.

Propp, V. ('70): *Morphologie du conte*, Paris 1970 (^{1}1928).

Reichard, G. A. ('21): "Literary Types and Dissemination of Myth", *Journal of American Folk-Lore* 34 (1921), 269-307.

Reichert, J. F. ('68): "'Organizing Principles' and Genre Theory", *Genre* 1 (1968), 1-12.

Rich, M. I. (²'37), *A Study of the Types of Literature*, rev. Ausg., New York 1937 (¹1921).

Rodway, A. ('70), "Generic Criticism: The Approach through Type, Mode and Kind", *Stratford-upon-Avon Studies* 12 (1970), 83-106.

Rodway, A. / Lee, B. ('64): "Coming to Terms", *Essays in Criticism* 14 (1964), 109-125, insb. 116 ff.

Roetteken, H. (1896): "Die Dichtungsarten", *Euphorion* 3 (1896), 336-350.

Rosenheim, E. W. ('61): *What Happens in Literature. A Student's Guide to Poetry, Drama, and Fiction*, Univ. of Chicago Press 1961.

Routh, H. V. ('13): "The Future of Comparative Literature", *The Modern Language Review* 8 (1913), 1-4.

Ruttkowski, W. V. ('68): *Die literarischen Gattungen. Reflexionen über eine modifizierte Fundamentalpoetik*, Bern / München 1968.

Sacks, Sh. ('68): "The Psychological Implications of Generic Distinctions", *Genre* 1 ('68), 106-115; Disk. 120-123.

Sandig, B. ('70): "Probleme einer linguistischen Stilistik", *Linguistik und Didaktik* 1 ('70), 177-194.

Sandig, B. ('72): "Zur Differenzierung gebrauchssprachlicher Textsorten im Deutschen", Gülich / Raible ('72), 113-124.

San Juan, E. ('68): "Notes Toward a Clarification of Organizing Principles and Genre Theory", *Genre* 1 ('68), 257-268.

Scherer, W. (1888): *Poetik*, Berlin 1888, S. 245 ff.

Scherpe, K. ('68): *Gattungspoetik im 18. Jahrhundert. Historische Entwicklung von Gottsched bis Herder*, Stuttgart 1968.

Schinz, A. ('05): "La Superstition du genre littéraire", *Mercure de France* 58 (nov. 1905), 161-177.

Schwarz, J. ('42): "Der Lebenssinn der Dichtungsgattungen", *Dichtung und Volkstum* 42 ('42), 93-108.

Seidler, H. (²'65): *Die Dichtung*, 2. überarbeitete Aufl., Stuttgart 1965, S. 344 ff. (¹1959).

Sengle, F. (²'69): *Die literarische Formenlehre. Vorschläge zu ihrer Reform*, Stuttgart 1967, 2. erw. Aufl. 1969.

Shipley, J. ('31): *The Quest for Literature. A Survey of Literary Criticism and the Theories of Literary Forms*, New York 1931.

Skwarczyńska, St. ('59): "Diskussionsbeitrag zu Problemen der genologischen Forschung", *Zagadnienia rodzajów literackich* 3 (1959), 115-122.

Skwarczyńska, St. ('65): *Wstęp do nauki o literaturze*, Warschau 1965 (= Einführung in das Studium der Literatur).

Skwarczyńska, St. ('66): "Un problème fondamental méconnu de la génologie", *Zagadnienia rodzajów literackich* 15 (1966), 17-33.

Skwarczyńska, St. ('67): "Un cas particulier d'orchestration générique de l'œuvre littéraire", *To Honor Roman Jakobson*, 3 Bde., Den Haag 1967, III, 1832-1856.

Snell, B. ('52): *Der Aufbau der Sprache*, Hamburg 1952, S. 174 ff.

Spingarn, J. E. (²'31): "The New Criticism", in: J. E. Sp., *Creative Criticism and Other Essays*, a new and enlarged edition, New York 1931 (¹1917), S. 3-38.

Spingarn, J. E. ('30): *A History of Literary Criticism in the Renaissance*, New York 1930.

Spoerri, Th. ('25): *Von der dreifachen Wurzel der Poesie*, Zürich 1925.

Spoerri, Th. ('29): *Präludium zur Poesie. Eine Einführung in die Deutung des dichterischen Kunstwerks*, Berlin 1929.

Staiger, E. ('71): *Grundbegriffe der Poetik*, 8. Aufl., Zürich 1968, dtv 1971 (¹1946).

Staiger, E. ('48): "Zum Problem der Poetik", *Trivium* 6 (1948), 274-296 (enthalten in Staiger ('71), 162 ff.).

Staiger, E. ('61): "Andeutungen einer Musterpoetik", *Unterscheidung und Bewahrung. Festschrift für Hermann Kunisch*, Berlin 1961, S. 354-362.

Standop, E. ('56), "Die Bezeichnung der poetischen Gattungen im Englischen und Deutschen", *GRM* 37 (1956), 382-394.

Stanzel, F. K. (⁴'69), *Typische Formen des Romans*, 4. Aufl., Göttingen 1969 (¹1964), insb. S. 3-11.

Stempel, W. D. (Hrsg.), ('71): *Beiträge zur Textlinguistik*, München 1971, insb. S. 22 f.; 123 ff.; 281 ff.

Stempel, W. D. ('70 / '71): "Pour une description des genres littéraires", *Actele celui de-al XII-lea congres international de linguistică si filologie romanică*, Bukarest 1968, 2 Bde., Bukarest 1970 / 1971, II, 565-570.

Stempel, W.-J. ('72): "Gibt es Textsorten?", Gülich / Raible (1972), 175-182.

Stender-Petersen, A. ('49): "Esquisse d'une théorie structurale de la littérature", *Travaux du Cercle linguistique de Copenhague* 5 (1949), 277-287.

Striedter, J. / Stempel W. D. ('69 / '72): *Texte der russischen Formalisten*, zweisprachige Ausgabe, hrsg. und eingel. v. J. Striedter und W. D. Stempel, 2 Bde., München 1969 / 1972, insb. I, LXI-LXVII.

Striedter, J. ('71): *Russischer Formalismus*, hrsg. u. eingel. v. J. Striedter, München 1971, insb. LXI-LXVII (identisch mit Striedter / Stempel, I, LXI-LXVII).

Stuiveling, G. ('60): "Hardop denken over het genre-begrip", *Handelingen van het 26. Nederlands filologencongress*, Groningen 1960, S. 66-77.

Stutterheim, C.F.P. ('48): "De theorie der literaire genres", *Feestbundel Prof. Dr. H. J. Pos*, Amsterdam 1948, S. 128-141.

Stutterheim, C.F.P. ('64): "Prolegomena to a Theory of the Literary Genres", *Zagadnienia rodzajów literackich* 6,2 (1964), 5-23.

Suberville, J. (²'51): *Théorie de l'art et des genres littéraires*, Paris ²1951 (¹1946).

Suerbaum, U. ('71): "Text und Gattung", *Ein anglistischer Grundkurs*, hrsg. v. B. Fabian, Frankfurt 1971, S. 104-132 (Schwerpunkte Anglistik 5).

Svoboda, K. ('47): *O literárních druzích*, Prag 1947.

Symonds, J. A. (1890): *Essays Speculative and Suggestive*, 2 Bde., London 1890.

Szondi, P. (⁴'67): "Historische Ästhetik und Gattungspoetik", P. S., *Theorie des modernen Dramas*, 4. Aufl., Frankfurt 1967, S. 9-13, (¹1956).

Szondi, P. ('70): "La Théorie des genres poétiques chez Fr. Schlegel", *Critique* (1968), 264-292 (dte. Übersetzung: "Friedrich Schlegels Theorie der Dichtarten. Versuch einer Rekonstruktion auf Grund der Fragmente aus dem Nachlaß", *Euphorion* 64 ('70), 181-199).

Tarot, R. ('70): "Mimesis und Imitatio. Grundlagen einer neuen Gattungspoetik", *Euphorion* 64 (1970), 125-142.

Teesing, H. P. H. ('60): "Het genre", *Handelingen van het 26. Nederlands filologencongres*, Groningen 1960, S. 98-104.

Tieghem, P. van ('39): "La question des genres littéraires", *Helicon* 1 ('39), 95-101.

Tieghem, P. van ('51): *La littérature comparée*, Paris 1931, unv. Neuaufl. Paris 1951, S. 70-86.

Todorov, T. ('68): "Poétique", O. Ducrot u. a., *Qu'est-ce que le structuralisme?*, Paris 1968, S. 99-166.

Todorov, T. ('69): *Grammaire du Décaméron*, Den Haag / Paris 1969.

Todorov, T. ('70): *Introduction à la littérature fantastique*, Paris 1970, S. 7 ff.

Todorov, T. ('71): *Poétique de la prose*, Paris 1971.

Tomaševsky, B. ('65): *Teorija literatury*, Leningrad 1925 (Abschnitt über Gattungen ins Französische übersetzt in: T. Todorov (Hrsg.), *Théorie de la littérature*, Paris 1965, S. 302 ff.).

Trabant, J. ('70): *Zur Semiologie des literarischen Kunstwerks*, München 1970, S. 254 ff.

Trzynadlowski, H. ('61): "Information Theory and Literary Genres", *Zagadnienia rodzajów literackich* 4, 1 ('61), 27-45.

Tynjanov, J. ('71): "Das literarische Faktum" (1924), J. Striedter ('71), 393-431.

Tynjanov, J. ('71a): "Über die literarische Evolution", (1927), ebd. S. 433-461.

Tynjanov, J. ('72): "Die Ode als oratorisches Genre", (1927), Striedter / Stempel, II, 272-337.

Valentin, V. (1892): "Poetische Gattungen", *Zeitschrift für vergleichende Litteraturgeschichte* 5 (1892), 35-51.

Van Dijk, T. A. ('72): "Aspects d'une théorie générative du texte poétique", A. J. Greimas (Hrsg.), *Essais de sémiotique poétique,* Paris 1972, S. 180-206, insb. 186 f.

Viëtor, K. ('23): *Geschichte der deutschen Ode,* München 1923.

Viëtor, K. (²'52): "Die Geschichte der literarischen Gattungen", K. V., *Geist und Form,* Bern 1952, S. 292-309 (zuerst in *DVjS* 9 (1931), 425-447).

Vigée, C. ('63): "Le lyrisme, l'épopée et le drame. Essai sur leurs interférences esthétiques", *Romanica et Occidentalia. Etudes dédiées à la mémoire de Hiram Peri (Pflaum),* hrsg. v. M. Lazar, Jerusalem 1963, S. 98-120.

Villiger, H. ('64): *Kleine Poetik. Eine Einführung in die Formenwelt der Dichtung,* Frauenfeld 1964, S. 91 ff.

Vincent, C. (²¹'51): *Théorie des genres littéraires,* Paris ²¹1951, (¹1903).

Vivas, E. ('68): "Literary Classes. Some Problems", *Genre* 1 ('68), 97-105, (Disk. 118-120).

Walley, H. R. / Wilson, J. H. ('34): *The Anatomy of Literature,* New York 1934.

Waltz, M. ('70): "Zum Problem der Gattungsgeschichte im Mittelalter. Am Beispiel des Mirakels", *Zeitschrift für romanische Philologie* 86 (1970), 22-39.

Warning, R. ('73): *Die Ambivalenzen des Geistlichen Spiels. Versuch einer Vermittlung von Strukturalismus und Hermeneutik* (erscheint demnächst bei W. Fink München).

Watson, G. ('69): *The Study of Literature,* London 1969, S. 84-101.

Wehrli, M. ('51): *Allgemeine Literaturwissenschaft,* Bern 1951, S. 71-93 (²1969).

Weinberg, B. ('61): *A History of Literary Criticism in the Italian Renaissance,* 2 Bde., Chicago 1961, S. 635 ff.

Weinrich, H. ('72): "Thesen zur Textsorten-Linguistik", Gülich / Raible ('72), 161-174.

Weisstein, U. ('68): *Einführung in die vergleichende Literaturwissenschaft,* Stuttgart 1968, S. 143-162.

Wellek, R. / Warren, A. ('63): *Theory of Literature,* New York 1948, 2. rev. Ausg. New York 1956, u. ö. (deutsche Übersetzung: *Theorie der Literatur,* Bad Homburg 1959, Ullstein TB Berlin 1963 u. ö.).

Wellek, R. ('67): "Genre Theory, the Lyric and 'Erlebnis'", *Festschrift für Richard Alewyn,* hrsg. v. H. Singer / B. von Wiese, Köln / Graz 1967, S. 392-412.

Weston, H. ('34): *Form in Literature. A Theory of Technique and Construction,* London 1934.

Whitmore, Ch. E. ('24): "The Validity of Literary Definitions", *PMLA* 39 (1924), 722-736.

Wienold, G. ('69): "Probleme der linguistischen Analyse des Romans", *Jahrbuch für Internationale Germanistik* 1 (1969), 108-128.
Wienold, G. ('71): *Formulierungstheorie — Poetik — Strukturelle Literaturgeschichte: Am Beispiel der altenglischen Dichtung*, Frankfurt 1971.
Wienold, G., ('72): "Aufgaben der Textsortendifferenzierung und Möglichkeiten ihrer experimentellen Überprüfung", Gülich / Raible (1972), 144-160.
Wienold, G. ('72a): *Semiotik der Literatur*, Frankfurt 1972, insb. S. 208-211.
Willschrei, K. H. ('66): *Das Verhältnis der poetischen Gattungen zur Bühne*, Diss. München 1966.
Wolff, E. (1890): *Prolegomena der literar-evolutionistischen Poetik*, Kiel / Leipzig 1890.
Wundt, M. ('30): "Literaturwissenschaft und Weltanschauungslehre", in: E. Ermatinger (Hrsg.), *Philosophie der Literaturwissenschaft*, Berlin 1930, S. 415 ff.
Zacharias, G. ('51): *Benedetto Croce und die literarischen Gattungen*, Diss. (Masch.) Hamburg 1951.
Zeitlin, J. / Rinaker, Cl. (Hrsg.) ('27): *Types of Poetry*, New York 1927.

II. Sonstiges

Austin, J. L. ('62): *How to Do Things with Words*, Oxford 1962.
Austin, J. L. ('70): "Performative Utterances", J. L. A., *Philosophical Papers*, Oxford 1970, S. 233-252.
Babbitt, J. (1897): "Ferdinand Brunetière and his Critical Method", *The Atlantic Monthly* 79 (1897), 757-766.
Babbitt, J. ('06): "Impressionist *versus* Judicial Criticism", *PMLA* 21 (1906), 687-705.
Babbitt, J. ('24 / '25): "Croce and the Philosophy of Flux", *Yale Review* 14 (1924 / 1925), 377-381.
Bach, E. ('64): *An Introduction to Transformational Grammars*, New York 1964.
Bach, E. / Harms, R. T. (Hrsg.) ('68): *Universals in Linguistic Theory*, New York 1968.
Barthes, R. ('70): *Le degré zéro de l'écriture / Eléments de sémiologie*, Paris 1970.
Bastide, R. (Hrsg.) ('62): *Sens et usage du terme structure dans les sciences humaines et sociales*, Den Haag 1962.
Boeckh, A. (^{2}1886): *Encyclopädie und Methodologie der Philologischen Wissenschaften*, Leipzig ^{2}1886.

Brekle, H. E. ('72): *Semantik. Eine Einführung in die sprachwissenschaftliche Bedeutungslehre*, München 1972.
Bühler, K. (²'65): *Sprachtheorie*, Reprint Stuttgart 1965.
Bünting, K.-D. ('71): *Einführung in die Linguistik*, Frankfurt 1971.
Chevalier, J.-Cl. ('70): *Alcools d'Apollinaire. Essai d'analyse des formes poétiques*. Paris 1970.
Chomsky, N. ('69): *Aspekte der Syntaxtheorie*, Frankfurt 1969.
Coseriu, E. ('62): "Sistema, norma y habla", E. C., *Teoría del lenguaje y lingüistica general. Cinco estudios*, Madrid 1962, S. 11-113.
Croce, B. (⁵'59): *Goethe*, 2 Bd., Bari ⁵1959 (¹1919).
Croce, B. ('68): *Ariosto, Shakespeare e Corneille*, ed. econ., Bari 1968 (¹1920).
Croce, B. (⁵'68): *Nuovi saggi di estetica*, Bari ⁵1968 (¹1920).
Croce, B. ('23): *Poesia e non poesia*, Bari 1923.
Croce, B. ('66): "La cosidetta 'critica stilistica'", B. C., *Letture di poeti, Opere di B. C.*, ed. ec., Bd. X, 265-274 (¹1950).
Curtius, E. R. ('14): *Ferdinand Brunetière. Beitrag zur Geschichte der französischen Kritik*, Straßburg 1914.
Daiches, D. ('58): Rezension von N. Frye, Anatomy of Criticism, in: *MPh* 56 (1958), 69-72.
Demetz, P. (59): *Marx, Engels und die Dichter. Zur Grundlagenforschung des Marxismus*, Stuttgart 1959.
Dieckmann, H. ('66): "Zur Theorie der Lyrik im 18. Jahrhundert in Frankreich, mit gelegentlicher Berücksichtigung der englischen Kritik", *Immanente Ästhetik — Ästhetische Reflexion, Poetik und Hermeneutik* II, hrsg. v. W. Iser, München 1966, S. 73-112.
Dijk, T. A. van ('72a): *Some Aspects of a Theory of Text Grammars*, Den Haag 1972.
Dilthey, W. ('57 ff.): *Gesammelte Schriften*, neue, teilweise unveränderte Aufl., Stuttgart / Göttingen / Zürich 1957 ff.
Dilthey, W. (¹⁴'65): *Das Erlebnis und die Dichtung*, Göttingen ¹⁴1965.
Dubois, J. / Edeline, F. / Klinkenberg, J. M. / Minguet, P. / Pire, F. / Trinon H. ('70): *Rhétorique générale*, Paris 1970.
Geiger, M. ('28): "Phänomenologische Ästhetik", M. G., *Zugänge zur Ästhetik*, Leipzig 1928, S. 136-158.
Goldmann, L. ('59): *Recherches dialectiques*, Paris 1959.
Goldmann, L. ('68): *Der christliche Bürger und die Aufklärung*, Neuwied / Berlin 1968.
Greimas, A. J. ('66): *Sémantique structurale*, Paris 1966.
Gülich, E. / Raible, W. ('72a), *Linguistische Textmodelle. Stand und Möglichkeiten*. Vorlage zum Rhedaer Kolloquim über "Differenzierungskriterien für Textsorten aus der Sicht der Linguistik und anderer Textwissenschaften", Rheda 20.-22. Januar 1972 (erscheint demnächst

in erweiterter Form unter dem Titel *Linguistische Textmodelle* bei W. Fink, München).

Güttgemanns, E. ('72): "Bemerkungen zur linguistischen Analyse von Matthäus 13, 24-30. 36-43", Gülich / Raible ('72), 81-97.

Habermas, J. ('71): "Vorbereitende Bemerkungen zu einer Theorie der kommunikativen Kompetenz", J. H. / N. Luhmann, *Theorie der Gesellschaft oder Sozialtechnologie*, Frankfurt 1971, S. 101-141.

Harweg, R. ('68): *Pronomina und Textkonstitution*, München 1968.

Hempel, C. G. ('65): "Typological Methods in the Natural and Social Sciences", C. G. H., *Aspects of Scientific Explanation and other Essays in the Philosophy of Science*, New York 1965, S. 155-171.

Hempel, C. G. / Oppenheim, P. ('36): *Der Typusbegriff im Lichte der neuen Logik*, Leiden 1936.

Hempfer, K. W. ('72a), "*Nouveau Roman* und Literaturtheorie. Zu einigen neueren Arbeiten zum *Nouveau Roman*", *Zeitschrift für französische Sprache und Literatur* 82 (1972), 243-262.

Hempfer, K. W. ('72b): Besprechung von J. Trabant ('70) in: *Zeitschrift für französische Sprache und Literatur* 82 ('72), 89-93.

Hempfer, K. W. ('73): Besprechung von E. D. Hirsch ('72) in: *Zeitschrift für französische Sprache und Literatur* 83 ('73) (erscheint demnächst).

Heringer, H. J. ('71): "Warum wir formale Theorien machen", *Probleme und Fortschritte der Transformationsgrammatik*, hsg. v. D. Wundelich, München 1971, S. 47-56.

Hermand, J. ('68): *Synthetisches Interpretieren. Zur Methodik der Literaturwissenschaften*, München 1968.

Hjelmslev, L. (^{2}63): *Prolegomena to a Theory of Language*, 2. Aufl., Madison 1963.

Hocking, E. ('36): *Ferdinand Brunetière. The Evolution of a Critic*, Madison 1936.

Husserl, E. ('50): *Ideen zu einer reinen Phänomenologie und phänomenologischen Philosophie, Husserliana III*, Den Haag 1950.

Ihwe, J. ('72): *Linguistik in der Literaturwissenschaft. Zur Entwicklung einer modernen Theorie der Literaturwissenschaft*, München 1972.

Inhelder, B. / Piaget, J. ('59): *La genèse des structures logiques élémentaires*, Neuchâtel 1959.

Jauß, H. R. (^{2}70): "Literaturgeschichte als Provokation der Literaturwissenschaft", H. R. J., *Literatur als Provokation*, Frankfurt 1970, 144-207 (^{1}1967).

Jonckheere, A. R. / Mandelbrot, B. / Piaget, J. ('58): *La lecture de l'expérience*, Paris 1958.

Kamlah, W. / Lorenzen, P. ('67): *Logische Propädeutik*, rev. Ausgabe, Mannheim / Wien / Zürich 1967.

Klaus, G. (^{3}72): *Semiotik und Erkenntnistheorie*, Berlin ^{3}1972 (^{1}1962).

Klaus, G. ('71): Wörterbuch der Kybernetik, hrsg. v. G. Klaus, 2 Bde., Frankfurt 1971.

Krenzlin, N. ('68): "Untersuchungen zur phänomenologischen Ästhetik", *Weimarer Beiträge* (1968), 1236-1284.

Kummer, W. ('68): Sprechsituation, Satztyp und Aussagecharakter", *Beiträge zur Linguistik und Informationsverarbeitung* 14 (1968), 48-68.

Kummer, W. ('72): "Sprechsituation, Aussagesystem und die Erzählsituation des Romans. Ein Beitrag zur Theorie der Kommunikationsspiele", *LiLi* 6 (1972), 83-105.

Kutschera, F. von ('71): *Sprachphilosophie*, München 1971.

Lotman, J. M. ('72): *Die Struktur literarischer Texte*. München 1972.

Ludz, P. (^{3}'68): "Marxismus und Literatur. Eine kritische Einführung in das Werk von Georg Lukács", G. Lukács, *Schriften zur Literatursoziologie*, Neuwied / Spandau ^{3}1968, S. 19-68 (^{1}1961).

Malmberg, B. (^{2}'68): *Les nouvelles tendances de la linguistique*, 2. Aufl., Paris 1968.

Maren-Grisebach, M. ('70): *Methoden der Literaturwissenschaft*, Bern 1970.

Marquard, O. ('72): "Wie irrational kann Geschichtsphilosophie sein?" *Philosophisches Jahrbuch* 79 ('72), 241-253.

Menne, A. ('66): *Einführung in die Logik*, Bern 1966.

Neuschäfer, H. J. ('63): *Der Sinn der Parodie im Don Quijote*, Heidelberg 1963.

Nicolas, A. ('70): "Ecriture et / ou linguistique (A propos du groupe 'Tel Quel')", *Langue française* 7 ('70), 63-75.

Orsini, G. N. G. ('61): *Benedetto Croce. Philosopher of Art and Literary Critic*, Carbondale 1961.

Petöfi, J. S. ('72): "Zu einer grammatischen Theorie sprachlicher Texte", *LiLi* 5 ('72), 31-58.

Piaget, J. ('67): *Logique et connaissance scientifique*, Paris 1967.

Piaget, J. ('68): *Le Structuralisme*, Paris 1968.

Popper, K. ('63): "Truth, Rationality and the Growth of Scientific Knowledge", K. P., *Conjectures and Refutations*, London 1963, S. 223 ff.

Posner, R. ('69): "Strukturalismus in der Gedichtinterpretation", *Sprache im technischen Zeitalter* 29 (1969), 27-58.

Putnam, H. ('67): "The 'innateness hypothesis' and explanatory models in linguistics", *Synthese* 17 (1967), 12-22.

Quine, W. V. ('60): *Word and Object*, Cambridge 1960.

Quine, W. V. (^{2}'64): *From a Logical Point of View*, Cambridge ^{2}1964.

Rickert, H. (1896): *Grenzen der naturwissenschaftlichen Begriffsbildung. Eine logische Einleitung in die historischen Wissenschaften*, Tübingen 1896.

Rossum-Guyon, Fr. van ('70): *Critique du roman*, Paris 1970, insb. S. 9-43.
Russo, L. ('32): "Richtlinien der literarischen Kritik und der Literaturgeschichte in Italien", *DVjS* 10 (1932), 534-547.
Schick, U. ('68): *Zur Erzähltechnik in Voltaires 'Contes'*, München 1968.
Searle, J. R. ('71): *Sprechakte. Ein philosophischer Essay*, Frankfurt 1971.
Spitzer, L. (²'59): "Die Kunst des Übergangs bei La Fontaine", L. S. *Romanische Literaturstudien 1936-1956*, Tübingen 1959, S. 160-209 (¹1936).
Steck, M. ('42): *Mathematik als Begriff und Gestalt*, Die Gestalt 12, Halle 1942.
Stegmüller, W. (⁴'69): *Hauptströmungen der Gegenwartsphilosophie*, vierte, erweiterte Aufl., Stuttgart 1969.
Stegmüller, W. (²'67): *Glauben, Wissen und Erkennen / Das Universalienproblem. Einst und Jetzt*, Libelli XCIV, 2., überprüfte Aufl., Darmstadt 1967.
Stegmüller, W. ('69 / '70): *Probleme und Resultate der Wissenschaftstheorie und Analytischen Philosophie*, 2 Bde., Berlin / Heidelberg / New York 1969 / 1970.
Titzmann, M. ('71): "Die Umstrukturierung des Minnesang-Sprachsystems zum 'offenen' System bei Neidhart", *DVjS* 45 ('71), 481-514.
Tynjanov, J. / Jakobson, R. ('72): "Probleme der Literatur- und Sprachforschung", Striedter, J. / Stempel, W.-D. (Hrsg.), *Texte der russischen Formalisten*, 2 Bde., München 1969 / 72.
Voßler, K. ('02): "Benedetto Croces Aesthetik als Wissenschaft des Ausdrucks", *Beilage zur Allgemeinen Zeitung*, 10. 9. 1902, S. 481-484.
Weimann, R. ('62): *New Criticism und die Entwicklung der bürgerlichen Literaturwissenschaft*, Halle 1962.
Weimann, R. ('67): *Shakespeare und die Tradition des Volkstheaters*, Berlin 1967.
Wellek, R. ('63): "The Concept of Evolution in Literary History", R. W., *Concepts of Criticism*, Yale 1963, S. 37-53.
Welte, W. ('73): *Moderne Linguistik: Terminologie / Bibliographie* (erscheint demnächst bei M. Hueber, München).
Wienold, G. ('71a): Rezension von J. Trabant, Zur Semiologie des literarischen Kunstwerks, in: *Poetica* 4 ('71), 559-565.
Wimsatt, W. K. ('70): *The Verbal Icon*, London 1970 (¹1954).
Wittgenstein, L. ('71): *Philosophische Untersuchungen*, Frankfurt 1971.
Wolf, L. / Troll, W. ('40): *Goethes morphologischer Auftrag. Versuch einer naturwissenschaftlichen Morphologie*, Die Gestalt 1, Leipzig 1940.
Wunderlich, D. ('71): "Pragmatik, Sprechsituation, Deixis", *LiLi* 1 (1971), 153-190.

ADDENDA

Hugo, V. ('63): *Théâtre*, 2 Bde., Paris 1963/64.
Joyce, J. ('16): *The Portrait of the Artist as a Young Man*, 1916.
Knoche, U. (²'57): *Die römische Satire*, 2. Aufl., Göttingen 1957.
Pino, G. de ('61): "I generi letterari e la loro influenza nella determinazione del linguaggio poetico", *Langue et littérature. Actes du VIIIe Congrès de la Fédération Internationale des Langues et Littératures Modernes*, Paris 1961, S. 236 f.

ANHANG I: ÜBERSETZUNG DER NICHTENGLISCHEN FREMDSPRACHLICHEN ZITATE

20,13: Aktualität und sogar jeglicher Art von Interesse
20,28: Die ersteren (sc. die historischen Gattungen) würden aus einer Beobachtung der literarischen Wirklichkeit resultieren; die letzteren (sc. die theoretischen Gattungen) aus einer Deduktion theoretischer Art
20,31: Die historischen Gattungen sind offensichtlich eine Teilmenge der Menge der komplexen theoretischen Gattungen
20,35: (durch das) gemeinsame Vorhandensein mehrerer Merkmale ... durch Vorhandensein oder Fehlen eines einzigen Merkmals
21,14: psychologische Klassen bzw. Universalien
36,30: die Untersuchung der formalen Bedingungen von Wahrheit
36,31: deduktive und nicht nur die faktische oder erfahrungsmäßige Gültigkeit
36,35: Untersuchung der Konstitution gültiger Erkenntnisse
38,1: Die 'literarischen Gattungen' haben sich Ende Mai dieses Jahres zu einem Kongreß in Lyon eingefunden: ein Unterfangen, das sie in Italien nicht gewagt hätten, denn hier erlitten sie vor etwa 40 Jahren ein Mißgeschick, von dem sie sich nicht mehr erholt haben
38,7: junger Mann, der keinerlei Vorbildung auf dem Gebiet
39,9: größter Triumph des intellektualistischen Irrtums
39,10: Familienleben, Ritterlichkeit, Idylle oder Grausamkeit
39,11: individuelle ästhetische Faktum, von dem wir ausgegangen sind
39,13: ästhetischen Menschen ... logischen Menschen
39,16: Der Irrtum beginnt dann, wenn man aus dem Begriff den Ausdruck deduzieren und in dem substituierenden Faktum die Gesetze des substituierten Faktums finden will; wenn die zweite Ebene als dasselbe wie die erste aufgefaßt wird, und man behauptet, obwohl man sich auf der zweiten befindet, auf der ersten zu sein
39,32: jener der Universalität, d. h. der Transzendenz gegenüber den einzelnen Erscheinungen, von denen weder eine einzelne noch eine bestimmte Anzahl je in der Lage ist, mit dem Begriff identisch zu sein
39,36: Zwischen dem Individuellen und dem Universalen gibt es kein Zwischending oder irgendeine Kombination: entweder das Einzelne oder das Ganze, in das jenes Einzelding mit allen anderen Einzeldingen eingeht. Ein Begriff, der als nicht universal erwiesen wird,

wird aus eben diesem Grund als Begriff verworfen; und auf diese Weise vollziehen sich in der Tat unsere philosophischen Widerlegungen

40,8: empirische Pseudobegriffe
40,10: abstrakte Pseudobegriffe
40,37: Dichtung der Harmonie
41,27: des Inventars der literarischen und poetischen Vorschriften
41,28: Die Entartung besteht darin, daß die historischen Bezüge, die in den Eintragungen und Definitionen der Wörterbücher und in den Mustern der Grammatiken, der Rhetoriken und der poetischen und literarischen Lehrschriften enthalten sind, zu philosophischen Definitionen und Kategorien erstarren, daß die Regeln ohne Gesetzeskraft, die die Präzeptistik formuliert, zu absoluten Geboten und Gesetzen werden
42,13: nicht alle erkennen, daß (die Regeln) die logische Konsequenz der Theorie von den Gattungen sind und daß es nicht zulässig ist, wie einige vorschlagen, an dieser Theorie mit geringen Korrekturen festzuhalten und den Gattungen dann eine normative Bedeutung abzusprechen
42,17: wenn man entschieden die 'Existenz' der Gattungen negiert
42,20: In der Tat wird mit dieser Einteilung sozusagen die Vielfalt der Empirie in den Begriff der Dichtung oder des Schönen eingeführt, der nur ein ungeteilter sein kann, und andererseits der Charakter des Absoluten ... Einzelzügen zugesprochen, die nur der Betrachtung einer Gruppe von Werken entnommen sind
46,9: als etwas Erlebtes
46,25: immanente Untersuchung
46,26: Generierungssystem von Tiefenformen
46,27: das immanente Vorgehen, um einen poetischen Akt zu durchdringen, der sich, um abkürzend mit Chomsky zu sprechen, in Performanz und Kompetenz konstituiert. Die Kompetenz als System ist es, die die Form schafft
47,4: zwischen der internen Notwendigkeit der individuellen Botschaft (die Kreativität ist) und dem Kode (Gattung, poetische Sprache einer Epoche usw.), der einer Gesellschaft oder einer Gruppe gemeinsam ist, dem Kode, der die Gesamtheit der verbrauchten, existierenden Werte, die Gemeinplätze, ausmacht
47,21: Welche Dichtung kann es außerhalb 'des Werks der einzelnen Dichter' geben? Und vor allem welche Strukturen? Man wird nur Konventionen feststellen. Es gibt nicht d i e poetische Sprache, sondern nur die eines Eluard, die nicht die eines Desnos ist, und diese wiederum ist nicht die eines Breton
47,31: Möglichkeiten des literarischen Diskurses
47,32: aber das Werk, und alle Literatur, ist nur Aktualisierung. Wo ist

das Virtuelle? Das Werk ist die 'antiécriture', die Antigattung (≈ ein Anschreiben gegen Stil- und Gattungsnormen). Jedes Werk verändert 'écriture' und Gattung, indem es sie aktualisiert, sie existieren nur in ihm

48,6: der 'écriture' dieselbe Realität zuzusprechen wie dem Werk

48,18: Jedes wahre Kunstwerk hat eine fixierte Gattung verletzt

49,30: Was soll erklärt werden? In der Dichtung wird nicht erklärt, in der Dichtung wird erfahren

50,10: Bezeichnungen und *ad hoc* Gruppierungen, nur um sich zu verständigen und ohne wissenschaftlichen Wert

50,13: Wörter und Redensarten

50,14: Gesetze und Definitionen

50,15: Der Irrtum fängt dort an, wo dem Wort das Gewicht einer wissenschaftlichen Unterscheidung gegeben wird

51,2: strenger und philosophischer Wissenschaft

51,3: einfache empirische Wissenschaft oder Disziplin

51,8: zu einer Zeit, in der die Geister aufgeklärt sind durch die idealistische Ästhetik, durch das Konzept der ästhetischen Synthesis a priori, der Kreativität der Kunst, ihrer Spontaneität und Autonomie, und sich die Kritik nicht mehr an festgelegte Vorstellungen vom Schönen hält und nach der Individualität in den einzelnen Kunstwerken sucht, von denen jedes eine Manifestation und einen entscheidenden Augenblick der Geschichte des menschlichen Geistes darstellt, müssen diese empirischen Begriffe, diese literarischen Gattungen, mit ihrer verschiedenartigen und weit zurückreichenden Herkunft, aufgrund der neuen Voraussetzungen weitgehend umgestaltet werden

51,28: ob ein Werk Dichtung ist

51,29: welche Dichtung es ist

51,30: das erste (Prinzip) wäre als dasjenige der Wertung zu bezeichnen, das zweite als das der näheren Bestimmung

51,33: klassische Dichtung ... romantische oder sentimentale Dichtung, Effektdichtung, intellektualistische Dichtung, soziologische Dichtung, disharmonische Dichtung, Fragmentdichtung, futuristische Dichtung

51,36: tragische Dichtung, wehmütige Dichtung, heitere Dichtung, fröhliche Dichtung, heroische Dichtung, realistische Dichtung, Dichtung der kleinen Formen, erhabene und feierliche Dichtung

52,32: die entschiedene Ablehnung ihrer Verwendung in der Dichtungsgeschichte impliziert nicht die Ablehnung ihrer Berücksichtigung in der Kultur-, Sozial- und Sittengeschichte, insofern ihre ästhetisch willkürlichen und unbegründeten Regeln Bedürfnisse anderer Art darstellen

53,3: mit der man die mittelalterliche Urtümlichkeit und Roheit überwinden wollte

53,37: (daß) explizit und ohne jede Zweideutigkeit angenommen wird, daß sich das Kunstwerk (und zwar gerade in seiner Eigenschaft als Kunst und nicht nur hinsichtlich seiner außerästhetischen Elemente) in einen Prozeß einfügt, der eben die Geschichte der Kunst, oder besser gesagt, der ästhetischen Ausdrucksmittel ist
54,6: stilistische Traditionen
54,8: Mittel
54,16: daß die Realität quasi eingezwängt und deformiert werde: und es kann auch gar nicht anders sein, wenn die geschichtliche Kontinuität eine der ganzen Geschichte ist und nicht nur diejenige einer Gattung oder eines Stils
54,20: mit der Geschichte einer Gattung die Geschichte der Kunstwerke zu geben, die, wie wir wissen, immer außerhalb und über den Schemata einer Gattung bleiben
54,23: künstlerische Individualität
54,26: kulturellen Vorgänger
54,33: Elemente gemeinsam (haben)
55,3: unwandelbaren und festliegenden Kategorie des Schönen
55,14: diese glorreiche Dreiteilung
55,15: kann man sich vorstellen, welcher Nutzen den anderen, noch oberflächlicheren oder geschichtlich zufälligeren (Einteilungen) zukommt, wie der Ode oder der Ekloge oder dem bürgerlichen Trauerspiel
55,19: desto größeren Wert ... besitzen, je mehr sie der geschichtlichen Realität verbunden bleiben, für die sie ein Ordnungsschema liefern sollen und die ihren tatsächlichen Inhalt ausmacht
55,23: Aber von welchem Nutzen ist wohl eine Untersuchung der Gattung 'Roman' und sei sie auch nur auf den italienischen Roman beschränkt
58,34: wie man sie leugnen könne, — denn schließlich ist eine Ode, die man zur Not mit einer *chanson* verwechseln kann, beispielsweise keine Charakterkomödie
59,2: Fixiertheit; eine nicht nur theoretische, sondern historische Existenz — womit ich sagen will, eine Existenz, die zwischen einem Datum und einem anderen liegt, — eine individuelle Existenz, die der Ihren oder der meinen vergleichbar ist, mit einem Beginn, einer Mitte und einem Ende
59,11: wie alle Dinge dieser Welt, werden sie nur geboren um zu sterben. Sie nutzen sich in dem Maße ab, wie sie ihre Meisterwerke hervorbringen
59,14: Eine Gattung wird geboren, wächst heran, erreicht ihre Vollendung, verliert an Kraft und stirbt schließlich
60,27: die persönliche oder individuelle Dichtung ... der Ausdruck des Ich des Dichters

61,2: Jede Gattung hat ihre Gesetze, die durch die ihr spezifische Natur determiniert sind
61,1: die Gesetze ..., so wie man sie aus der Natur und der Geschichte dieser Gattung abzuleiten sucht
61,10: Regeln, die die Kunst schützen
61,36: Die Ideen, die Brunetière in Umlauf gebracht hat, sind jetzt Allgemeingut
61,39: die Gattungen werden geboren, wachsen heran und sterben, manchmal ohne ersichtlichen Grund
62,2: realer Gattung, virtueller Gattung und nützlicher Gattung
62,5: lebendige Organismen
62,7: (durch) seine Funktion, seine Gefühlslage, seinen Stoff und seinen Stil
62,9: eine Grobklassifizierung
68,4: Poetik der Stimmungen
68,5: durch eine Stimmungsnuance oder eine psychische Haltung
68,6: banal-simplistische Gefühlspoetik
68,30: Formen der Freude am Schaffen
81,28: dieses Grundproblem, das sich nicht umgehen läßt, nämlich das der Ähnlichkeit der Märchen der ganzen Welt
86,10: dichterische Funktionen, Richtungen, in denen sich die ästhetische Produktion bewegt
86,12: gewisse Grundthemen, die nicht aufeinander rückführbar sind
86,16: etwas Bestimmtes, das man ausdrücken will, und die einzige Art und Weise, es vollständig auszudrücken
86,25: Wenn er sich nicht im eigentlichen Sinn darauf einstellt, so wird er darauf eingestellt
86,27: Naturformen des schöpferischen Geistes
87,12: Strukturmuster
87,13: das Vorhandensein einer 'causa' in einem von Menschen geschaffenen Gegenstand
87,15: Aufforderung zur Formgebung
90,29: Formen, die von der Erfindungskraft erprobt, von der Erfahrung vervollkommnet ..., von der Tradition aufgenommen, von der Erinnerung mit bestimmten Themen und mit bestimmten Denk- und Gefühlskategorien verbunden wurden
90,38: Man hört gern schöne Geschichten, die schöner und erhabener sind als die gemeine Wirklichkeit, und hieraus erwächst das Epos, später der idealistische Roman
91,5: vorgegebenen Ordnung
92,22: (eine) Verbindung zwischen dem Künstler und dem Publikum
92,23: der Künstler noch unverständlicher bliebe als er es ohnehin ist
99,19: eine spezifische Objektivität, also eine von unserem Erkennen unabhängige Existenz

99,21: im konkreten literarischen Material
100,2: Produkte unserer Erkenntnis ... diese genologischen Objekte abbilden
100,13: Gattungsgerüst
100,2: Produkte unserer Erkenntnis ... diese genologischen Objekte abbilden
100,13: Gattungsgerüst
100,24: ihre Elastizität und ihre Wiederholungsmöglichkeit
101,2: in direkter Beziehung zur Struktur der sprachlichen Äußerung
101,3: funktionelle Varianten
101,17: Instrumentalisierung ... Emotionalisierung
101,26: System thematischer Natur mit einem vom Sprachsystem grundsätzlich verschiedenen Charakter
101,29: Dieses Motiv wird im Kunstwerk zur Form und existiert außerhalb nur als amorphe Substanz
101,33: vier existierenden Grundgattungen
102,10: ein System von sekundären Bedeutungen, das die eigentliche Sprache sozusagen parasitär überlagert
102,15: eine bereits institutionalisierte, aber noch nicht grundsätzlich formalisierbare *parole,* wie sie die *langue* darstellt
102,20: die unendliche Anzahl der *paroles* in den Griff zu bekommen, indem man zu einer Beschreibung der *langue* gelangt, aus der sie hervorgegangen sind und auf deren Basis man sie erzeugen kann
102,27: Literarische Werke unter der Perspektive einer Gattung untersuchen ... heißt, eine Regel zu entdecken, die in mehreren Texten wirksam ist
103,3: Man müßte sagen, daß ein Werk diese oder jene Gattung manifestiert, nicht, daß sie in diesem Werk existiert
103,9: streng genommen keine Untersuchung der Werke eine Gattungstheorie bestätigen oder widerlegen kann
103,15: konstruierte Existenz
103,17: eine beispielhafte methodologische Sackgasse
104,26: die Konstitution der Gattung und ihr Funktionieren
104,29: generische und konventionelle Norm
104,30: der soziale und situationelle Index als Verhaltenseinheit
105,7: das Ergebnis eines pragmatischen Kompromisses, der die Beschreibungsebene in gleicher Entfernung vom zu Allgemeinen und vom zu Besonderen ansiedelt
105,10: die sich innerhalb einer Hierarchie situieren
105,16: so daß die generische Erscheinungsform eines Textes immer mehr oder weniger vielschichtig sein wird
105,27: die die Erwartung des Publikums lenkt, indem sie sich durch textimmanente Signale manifestiert
105,34: Für den Status der Gattung folgt hieraus, daß sie determinie-

rende Faktoren integriert, die in der Alltagskommunikation eher akzidenteller Natur sind. Die Gattung hat also, wenn man so will, gleichzeitig Anteil am System wie an der *parole,* ein Status, der dem entspricht, was Coseriu 'Norm' genannt hat

106,16: Vorwissen des Publikums

122,20: grundlegende Dimension der epistemologischen Untersuchung, d. h. die Diachronie oder die historische und genetische Konstruktion

122,23: die Prozesse wissenschaftlicher Erkenntnis eben aufgrund der Entwicklung und Entstehung dieser Erkenntnis zu begreifen

123,10: indem man von einem gegenwärtigen Korpus von Lehrmeinungen zur Untersuchung von dessen Herausbildung zurückgeht

123,11: die die psychologischen Bedingungen der Konstitution elementarer Erkenntnisse zu ermitteln sucht

123,25: (des) natürlichen Denkens

123,37: nicht nur aus dem Hinzufügen neuer Erkenntnisse besteht, die sich linear an die vorausgehenden anschließen, sondern aus Umstrukturierungen, die aus anfänglich nicht gegebenen, aber im Laufe der Zeit entstandenen Erfordernissen resultieren

124,4: zielgerichteten Konstruktion

124,6: partiell-zielgerichtete Konstruktionen ... mittels einer unbestimmten Folge zunehmender Annäherungen

124,19: im Bezug auf seine sukzessiven Interpretationen

124,24: die anfänglich nicht voraussehbar, wohl aber im Nachhinein rekonstruierbar ist

124,25: die einzig mögliche Erklärung für die Zielgerichtetheit der Annäherungen

124,32: es im rein stofflichen Bereich zu suchen, ist unannehmbar. Es im organischen Leben zu situieren, ist bereits fruchtbarer, aber nur unter der Bedingung, daß man sich bewußt ist, daß die höhere Algebra nicht im Verhalten der Bakterien oder der Viren 'enthalten' ist. Was dann noch bleibt, ist die Konstruktion selbst, und es ist nicht einzusehen, warum die Annahme unvernünftig sein sollte, daß der Charakter des Wirklichen letztlich in einer permanenten Konstruktion und nicht in einer Anhäufung vorgefertigter Strukturen besteht

125,9: alle Kritiker immer wieder neue Gattungen bilden, um sie dem untersuchten Werk anzupassen

125,21: durch eine partiell zufällige Folge von Störungen und Wiederherstellungen von Gleichgewichtszuständen

125,34: normative Gegebenheiten

126,1: zu einer immer größeren Objektivität durch eine doppelte Bewegung zu gelangen, einmal durch eine Annäherung an das Objekt und zum anderen durch eine Entfernung vom individuellen hin auf das epistemische Subjekt

126,5: was allen Subjekten ein und desselben Entwicklungsstandes, unabhängig von individuellen Unterschieden, gemeinsam ist
127,14: die am meisten interiorisierten Strukturen sind diejenigen, die am wenigsten von den subjektiv-individuellen Entscheidungen abhängen
129,30: hypothetisches Beschreibungsmodell
129,35: eine gleiche formale Organisation
131,25: operationale Hypothese
137,8: schwach strukturiertes System
139,18: Solidarität der Gattung
139,21: Die Gattung ist also letztlich ein System von Kompatibilitäten, das von einer Norm regiert wird, die sozusagen den Schlüssel der Gattung darstellt
140,2: ein System von Transformationen, das Gesetze in seiner Eigenschaft als System enthält (im Gegensatz zu den Eigenschaften der Elemente) und das sich eben durch das Spiel seiner Transformationen erhält oder verstärkt, ohne daß diese über seine Grenzen hinausgehen oder auf außerhalb befindliche Elemente zurückgreifen. In einem Wort, eine Struktur umfaßt also die folgenden drei Merkmale: Totalität, Transformationen und Selbstregulation
140,28: irgendeine statische Form
140,26: man die Vorstellung von Transformationen aufkommen sieht
140,28: unbeweglich
140,30: die bereits von Transformationen im eingeschränkten Sinn von individuellen Variationen handelt
141,34: sondern nur Elemente erzeugen, die immer der Struktur angehören und ihre Gesetze bewahren
142,15: generische Instrumentierung
144,36: Texttypologie
146,39: daß sie nicht von den Objekten selbst abgezogen ist, sondern von den Operationen, die man an diesen vornehmen kann und im besonderen von den allgemeinsten Koordinationen dieser Operationen, als da sind: Vereinigen, Ordnen, In-Beziehung-Setzen, usw.
147,32: Gedichte mit fester Form
151,39: geschichtlichen Entwicklung der Nation, der kulturellen Tradition, den Grundbedürfnissen des menschlichen Geistes, der besonderen Anlage des Autors, den Geschmacksrichtungen des jeweiligen Publikums
152,3: Formen der Freude am Schaffen
152,4: eine objektive Welt
152,7: gesellschaftliche Werte
152,8: anti-gesellschaftlich, anarchistisch, individualistisch
176,29: Folge mehr oder weniger deutlich markierter Emotionen
176,32: Beispiele einer maximalen Fiktion (maximale Instrumentalisierung und maximale Emotionalisierung)

176,35: Beispiele einer minimalen Fiktion
176,38: vier bestehenden Grundgattungen
178,34: (das) eigentliche Organisationsprinzip des Systems
184,20: die Ursubstanz jeder Dichtung
184,25: Die Definition einer Gattung hängt letzten Endes von der während des Schöpfungsprozesses von den Dichtern durchlebten Erfahrung ab
184,29: sich in die Schaffenssituation zurückzuversetzen
184,31: Haltung des schöpferischen Geistes
184,34: zwei Arten der schöpferischen Intuition, die lyrische und die dramatische
184,36: die ungleiche Nähe der artikulierten Expression zur Intuition
184,40: jemand, der seine Gefühle unmittelbar in Sprache umsetzt
193,20: hat drei bedeutende Quellen: die Bibel, Homer und Shakespeare
193,25: dominierende Charakter
193,33: das universale und logische Gesetz
193,35: drei essentielle Weisen, um Leben und Welt zu erfassen
193,36: unzählige Übergänge
193,39: Generator
194,2: die Lyrik ist Glaube und auch Verzweiflung; das Epos ist Handlung und auch Leidenschaft, sofern sie schöpferisch wird; das Drama ist die Krise, die zur Heiterkeit (Katharsis) hinstrebt
194,5: Jugend; Reife
194,6: dem Ende eines Tages, wo die Finsternis mit dem Licht kämpft
194,9: literarischen Gegebenheiten
194,10: gewissermaßen die Aufzeichnung der Entwicklung der Nationen und das sicherste Zeugnis für die moralischen Krisen und Wiedergeburten der Menschheit
194,14: führende Prinzipien
194,15: Neugeburt
194,16: jedes neue Prinzip wird als ein neuer und definitiver Glaube begrüßt (Lyrik), es realisiert sich mehr oder minder unvollkommen (Epos), dann muß es einem neuen Prinzip weichen (Drama)
194,22: die feudale und katholische Ära, die Ära des absoluten Königtums, die Ära der Nationalstaaten und Demokratien
194,25: jede Ära wird von einem großen (politischen, moralischen, sozialen) Prinzip beherrscht, das ihre Einheit ausmacht und dessen aufeinanderfolgende Phasen die Perioden charakterisieren: die lyrischen Anfänge, das epische Schaffen, die dramatische Zersetzung
194,31: unvollständig
202,23: Es handelt sich darum festzustellen, welche Beziehung zwischen diesen Formen besteht und welche Namen den noch unbekannten Ursachen zu geben sind, die sie quasi sukzessive voneinander abgesondert zu haben scheinen

202,29: lebenden Natur ... fortschreitende Differenzierung
202,30: Die Differenzierung der Gattungen vollzieht sich in der Geschichte wohl wie diejenige der Arten in der Natur, allmählich, als Übergang vom Einen zum Vielfältigen, vom Einfachen zum Komplexen, vom Homogenen zum Heterogenen
202,36: das Werk der Umstände, der äußeren Bedingungen
203,1: Fortpflanzung im wahren Sinne des Wortes handelt
203,3: Rasse, Milieux
203,6: Prinzip
203,8: Unterschied der Charaktere
203,10: Lebenskampf, Überleben des Stärkeren, natürlicher Selektion
203,14: der Kampf ums Überleben am heftigsten zwischen zwei benachbarten Arten sei
204,2: beim genauen Detail, bei der Anekdote, dem Einzelzug, der Nuance
204,3: nicht erzählt, sondern erklärt
204,7: die einfach aneinandergereiht und gewöhnlich nur durch ein sehr lockeres Band verknüpft seien
210,2: evolutiven Prozeß
210,4: Antwort auf eine tiefverwurzelte Neigung des Menschen zur Wiederholung
210,7: deduktiv ... und werden für die Schriftsteller zu Vorgegebenheiten
219,9: unter dem Einfluß neuer Situationen
219,12: es gibt keine definitive Struktur, die das Ende jeglicher Konstruktion markiert
219,14: zielgerichteten Konstruktion
219,14: partiell zielgerichteten Konstruktion
219,16: schwach zielgerichtete Konstruktion
219,18: progressiven Gleichgewichtsherstellung
219,19: eine partiell zufällige Folge von Ungleichgewichtszuständen und neue Gleichgewichtsherstellungen
219,23: auf zweifache Weise verlaufenden Prozeß: Destrukturation vorgegebener Strukturierungen und Strukturation neuer Ganzheiten, die imstande sind, Gleichgewichtszustände zu erzeugen, die den neuen Bedürfnissen der gesellschaftlichen Gruppen, die sie hervorbringen, genügen können

ANHANG II: KONTROLLFRAGEN

(Die Ziffern verweisen auf die für die Beantwortung relevanten Seiten.)

1. Begründen Sie die Notwendigkeit der Unterscheidung von Normal- und Wissenschaftssprache (14 f.).
2. Begründen Sie die Notwendigkeit der Unterscheidung von Objekt- und Beschreibungsebene (15 f., 22 f.).
3. Bestimmen Sie die beiden Hauptverwendungsweisen des Begriffs "Gattung" (16 f.).
4. Was versteht Staiger unter "Grundbegriffen" und was unter "Sammelbegriffen"? (19,69 f.)
5. Wie differenziert Lämmert 'Typus' und 'Gattung' (23), und welche anderen der angeführten Termini lassen sich jeweils der einen oder der anderen Begriffskategorie zurechnen? (18 ff.)
6. Bestimmen Sie den grundsätzlichen Unterschied zwischen Schreibweisen, Typen, Gattungen und Untergattungen einerseits und den Sammelbegriffen andererseits (27 f.).
7. Was versteht man unter 'Universalien' in der Logik und in welcher Bedeutung wird dieser Begriff in der neueren linguistischen Theorie gebraucht? (30 f.)
8. Wie unterscheiden sich traditionell Nominalismus, Realismus (= Platonismus) und Konzeptualismus? (31)
9. Was ist der Unterschied in der Auffassung der Allgemeinbegriffe als 'universalia ante res' und 'universalia in rebus'? (32)
10. Skizzieren Sie Croces Begriffssystem und seine Bestimmung der "Gattungen" im Rahmen dieses Systems (39 ff.).
11. Welches grundsätzliche Vorverständnis verbinden Nominalisten wie Croce, Fubini und Spingarn mit dem Gattungsbegriff? (41 ff.)
12. Skizzieren Sie den Zusammenhang zwischen der Ablehnung der Gattungsbegriffe und der Konstitution einer biographistischen und intuitionistischen Literaturkritik (44 ff.).
13. Welche Art der Verwendung der Gattungsnamen lassen die Nomalisten zu? (49 f.)
14. Skizzieren Sie das Gattungsverständnis der Evolutionisten (58 ff.).
15. Wo kommt der Begriff der "Naturformen" her, und wie wird er in der deutschen Gattungspoetik der 20er und 30er Jahre verstanden? (63 ff.)
16. Inwiefern konnte es der psychologistischen Poetik nicht gelingen, mit ihrem Begriffsarsenal die "Gattungen" als spezifische Äußerungstypen zu definieren? (insb. 68 f.)

17. Auf welchen sprachphilosohischen Annahmen beruht Staigers Theorie der "Grundbegriffe"? (70 ff.)
18. Inwiefern werden die "Grundbegriffe" bei Staiger zu Kategorien einer Fundamentalontologie? (72 f.)
19. Welche Gemeinsamkeiten und Unterschiede bestehen zwischen den anthropologischen und den archetypischen Gattungskonzeptionen? (62 ff.)
20. Wie lassen sich espressiv-produktionsästhetische Gattungskonzeptionen grundsätzlich von kommunikativen und beide zusammen von anthropologischen Auffassungen unterscheiden? (insb. 80)
21. Skizzieren Sie prästrukturale Denkansätze in der Gestalttheorie der 20er und 30er Jahre (80 ff.).
22. Wie vermittelt H. Kuhn die Anerkenntnis der Geschichtlichkeit der literarischen Formensprache mit der Annahme zumindest relativ konstanter Strukturprinzipien? (87 ff.)
23. Inwiefern ist bei Autoren wie Mantz, Wellek/Warren u. a. ein kommunikatives Gattungsverständnis angelegt? (89 ff.)
24. Bestimmen Sie die Funktion der Gattungsbegriffe und deren Verständnis im Rahmen hermeneutischer Textauslegung (92 ff.).
25. Auf welche Weise unterscheidet sich das Strukturverständnis von Viëtor, Frye, Skwarczyńska oder Flemming einerseits von dem von Todorov andererseits? (insb. 100 f.)
26. Im Rahmen welcher Modellkonzeption versuchen die verschiedenen strukturalistisch inspirierten Gattungstheorien eine systematische Vermittlung von Individuellem (Einzeltext) und Allgemeinem ("Gattung") zu erreichen? (98 ff.)
27. Auf welchen drei Grundprinzipien beruht die Gattungstheorie von Jauß? (110 ff.)
28. Inwiefern werden die *Chicago Critics* zurecht auch *Aristotelian critics* genannt? (115 f.)
29. Inwiefern handelt es sich bei Leibfried um einen apriorischen und nicht um einen konstruktivistischen Konzeptualismus? (119 ff.)
30. Welche drei Faktoren sind nach Piaget am Erkenntnisprozeß beteiligt, wie begreift er deren Interaktion, und inwiefern sind im Konstruktivismus Nominalismus und Realismus vermittelt? (122 ff.)
31. Wie läßt sich im Rahmen des Piagetschen Modells die Notwendigkeit der Unterscheidung von Objekt- und Beschreibungsebene unter evolutivem Aspekt formulieren? (125 f.)
32. Inwiefern lassen sich "Gattungen" als 'faits normatifs' begreifen? (125)
33. Welche Differenzierungen sind vorzunehmen, wenn man "Gattungen" in einer allgemeinen "kommunikativen Kompetenz" ansiedelt, und welche empirischen Fakten berechtigen zur Annahme kommunikativer Universalien? (126 f.)

34. Inwiefern sind Induktion und Deduktion bei der Bestimmung von "Gattungen" grundsätzlich vermittelt? (128 ff.)
35. Welche Probleme ergeben sich bei der Erstellung eines Korpus, aus dem eine Gattungsbestimmung abgeleitet werden soll oder auf das sie zutreffen soll? (130 ff.)
36. Warum kann bei einer Gattungsbestimmung weder vom Archetypus noch von einzelnen historischen Realisationen ausgegangen werden? (132 ff.)
37. Welche Aporien der Gattungsbestimmung lassen sich auf der Basis eines rezeptionsästhetisch-konstruktivistischen Ansatzes überwinden? (135 f.)
38. Worin besteht der grundsätzliche Nachteil einer Gattungsbestimmung auf der Basis des Subtraktionsverfahrens? (136 f.)
39. Über welche drei Kategorien definiert Piaget seinen Strukturbegriff, und auf welche Weise lassen sich diese für eine Neufundierung der Gattungstheorie fruchtbar machen? (139 ff.)
40. Welches traditionelle Problem der Gattungstheorie wird durch die Differenzierung von Oberflächen- und Tiefenstruktur zu überwinden versucht? (141)
41. Welche Probleme sind bei dem Versuch der Unterscheidung von Oberflächen- und Tiefenstruktur im Rahmen eines historischen Textkorpus zu berücksichtigen? (146 ff.) Welche spezifische Problematik ergibt sich in diesem Zusammenhang hinsichtlich der Gedichte mit fester Form und in bezug auf den traditionellen Lyrikbegriff? (146 ff.)
42. Inwiefern ist es notwendig, Differenzierungskriterien jeweils auf spezifische Abstraktionsebenen zu beziehen? (150 ff.)
43. Nennen Sie traditionelle Differenzierungskriterien und geben Sie an, auf welche Abstraktionsebenen diese bezogen sind (150 ff.).
44. Wie ist das Redekriterium bei Aristoteles definiert, und zur Differenzierung welcher Textgruppenbildung dient es in der neueren Gattungstheorie? (156 ff.)
45. Auf welche Weise läßt sich das Redekriterium zu einer Differenzierung von Sprechsituationen verwenden? (160 ff.)
46. Skizzieren Sie K. Hamburgers Ansatz zur Differenzierung der drei Sammelbegriffe (170 ff.).
47. Skizzieren Sie die Problematik einiger linguistischer Versuche der Textsortendifferenzierung (177 ff.).
48. Welche Probleme ergeben sich bei der Korrelation verschiedener Systeme zur Bestimmung der "Gattungen"? (180 f.)
49. Auf welche Ebenen der Gattungskonzepte beziehen sich vorzugsweise die psychologistischen Differenzierungskriterien, auf welche die soziologischen? (181 ff.)
50. Inwiefern sind Strukturierungsverfahren und Differenzierungskriterien interdependent? (189 ff.)

51. Charakterisieren Sie die Grundintention geschichtsphilosophischer Konzeptionen der Gattungsentwicklung (192 ff.).
52. Inwiefern zeigt sich bei Lukács ein Widerspruch zwischen zwei verschiedenen Gattungsverständnissen, und welche Lösung deutet sich in der *Ästhetik* an? (195 ff.)
53. Differenzieren Sie den deduktiv-nomologischen vom historischen Erklärungsbegriff, begründen Sie, warum es sich bei geschichtsphilosophischen Evolutionsmodellen um deduktiv-nomologische Erklärungsversuche handelt, und warum diese inadäquat sind (207 f.).
54. Inwiefern gelangen die Formalisten zu einer Vermittlung von Diachronie und Synchronie bei der Bestimmung des Evolutionsprozesses von Gattungen? (214 ff.)
55. Welche Kriterien lassen sich für die Bestimmung des 'Spielraums' einer Gattung einerseits und für das Transzendieren dieses 'Spielraums' und die Konstitution einer neuen Gattung andererseits formulieren? (217 f.)
56. Welches allgemeine Modell läßt sich für den Evolutionsprozeß kommunikativer Normen aufstellen, und wie unterscheidet sich hiervon der Konstitutionsprozeß wissenschaftlicher Erkenntnis? (218 ff.)

PERSONENINDEX

Anceschi: 38, 92, 237, 250
Aristoteles: 57, 64, 115, 116, 155, 157, 158, 243, 261
Austen: 79
Austin: 161, 263

Baader: 245
Babbitt: 38, 237, 231, 243, 270
Bach: 256
Bach / Harms: 245
Bachelard: 79
Bally: 140
Barthes: 20, 102, 129-130, 163, 231, 252, 256, 259
Bastide: 102, 252
Batteux: 157
Behrens: 10, 157, 231, 261
Beißner: 234, 256
Ben Jonson: 146
Berger: 67, 106, 244, 265
Bergson: 169
Beriger: 64, 65, 185-186, 196, 244, 268, 269
Betti: 75, 93, 246, 250
Bianca: 53, 237, 241, 255
Boeckh, A.: 156
Boeckh, J. G.: 74
Böckmann: 74, 86, 246, 249
Bonnet: 68, 152, 244, 260
Bovet: 193-195, 269
Bray: 10, 86, 249
Brekle: 126, 233, 255, 273
Bremond: 102, 248, 264
Brentano: 245
Brummack: 230
Brunecker: 233, 243, 244, 268
Brunetière: 9, 58-61, 202-204, 205, 206, 207, 243, 270, 271
Bühler: 168, 265

Bünting: 266
Burke: 86, 186, 249, 268
Butor: 169
Byron: 94-95, 96

Cassirer: 72, 167, 265
Chapelain: 193
Chénier: 257
Chevalier: 45, 240
Chomsky: 31, 46, 107, 108, 140, 145, 235, 245, 258, 259
Cicero: 243
Conrad: 159, 160
Corneille: 193
Coseriu: 60, 102, 223, 243, 252, 253
Crane: 115-116, 129, 254, 256
Croce: 9, 34, 37-45, 48-55, 61, 91, 93, 96, 158, 164, 185, 237-238, 239, 240, 241, 242, 243, 250, 251, 262, 268
Curtius: 203, 243, 270
Cysarz: 19, 230

Daiches: 76-77, 246
Darwin: 58, 202, 204, 205
Demetz: 270
De Vries: 205
Dieckmann: 235, 245
Dijk: 144-145, 229, 259
Dilthey: 9, 44, 62, 63, 64, 66, 87, 181, 185, 233, 239, 243, 244, 257, 268
Dirscherl: 260
Dubois: 269
Ducis: 270

Ehrenpreis: 21, 151, 152, 204, 231, 260, 271

Ennius: 133
Erlich: 250
Ermatinger: 62-63, 84, 85, 128-129, 131, 181, 182-184, 195, 243, 248, 249, 255-256, 257, 268, 269, 271
Erskine: 232, 243, 245
Euripides: 201

Fischer: 257
Flemming: 86-87, 100, 102, 249, 257
Fowler: 22, 210-212, 231, 323, 271-272
Frazer: 79
Frye: 12, 76-80, 100, 102, 156, 159-160, 246-247, 261, 262-263
Fubini: 37, 42, 46, 53-56, 96, 125, 156, 231, 237, 239, 241, 242, 246, 255, 261

Gadamer: 93, 113, 126, 250
Gayley: 205, 206, 231, 271
Geiger: 119, 254
Gilbert: 146
Goethe: 18, 58, 67, 69, 73, 80, 81, 84, 100, 106, 129, 133, 134, 138, 158, 168, 169, 194, 196, 207, 230, 244, 248-249, 257, 262, 265, 266
Goldmann: 219, 255, 268, 272
Goudet: 20, 184-185, 231, 268
Greimas: 20, 102, 104, 231, 252, 259
Gülich / Raible 137, 177, 229, 230, 264, 267
Güttgemanns: 268
Guillén: 87, 231, 249
Gundolf: 37, 44, 48, 50, 239, 240, 241
Guthke: 231
Guyard: 61, 243

Habermas: 233

Hack: 37, 43-44, 48, 49, 50, 230, 231, 239, 240, 241, 243
Hamburger: 170-175, 176, 185, 265-267
Hankiss: 68, 150, 158, 244, 260, 262
Hantsch: 259
Hartl: 64-65, 67, 157, 181-182, 243, 244, 259-260, 262
Hartmann: 139, 258
Harweg: 177, 230
Hauptmann: 206
Hegel: 169, 200, 201, 269
Heidegger: 69, 72
Hempel: 233
Hempel / Oppenheim: 208, 233
Hempfer: 103-104, 139, 147, 149, 233, 242, 245, 250, 252, 253, 257, 258, 259, 260, 261, 264, 271
Herder: 19, 204, 271
Heringer: 16, 229
Hermand: 87, 234, 239
Hernadi: 231, 232, 246, 247, 269
Hirsch: 24-25, 93-97, 104, 105, 114, 118, 119, 125, 156, 232, 250-251, 252, 255, 261
Hirt: 66, 158-159, 160, 170, 244, 262, 265
Hjelmslev: 101, 245
Hocking: 243
Hoskins: 205-206, 271
Homer: 157, 193, 211
Horaz: 73, 133, 146
Hugo: 193, 209, 269
Humboldt: 169, 262
Husserl: 24, 70, 93, 97, 119, 120, 121, 245, 254

Ihwe: 229
Ingarden: 119
Irmen: 230

Jäger: 10, 262

Jakobson: 168, 169, 191, 215-216, 260, 265, 269, 272
Jauß: 35, 40, 87, 90, 92, 93, 106, 111-114, 138, 139, 142, 153, 216-217, 238, 240, 249-250, 252, 253-254, 257, 258, 259, 260, 268, 269, 272
Jean Paul: 169
Jolles: 23, 81-82, 83, 112, 142-143, 166, 248, 258, 265
Joyce: 232
Jung: 79
Junker: 160, 165, 265
Juvenal: 133, 146

Kagan: 200-202, 270
Kamlah / Lorenzen: 229, 230, 235, 236, 238, 245, 257
Kayser: 15, 19, 159, 160, 167, 202, 229, 230, 234, 253, 262, 263, 265, 270
Keats: 168
Ker: 262
Klaus: 113, 189, 230, 253
Kleiner: 169, 265
Kleist: 75, 84, 245
Knoche: 257
Koch: 268
Kohler: 86, 91, 242, 249, 250
Koselleck: 192
Krauss: 200, 242, 270
Kretschmer: 181, 268
Kristeva: 231
Kuhn: 74, 87-89, 186-187, 216, 234, 249, 257, 268
Kummer: 233, 266, 267
Kurtz: 231
Kutschera: 233, 237, 245, 252

Lämmert: 15, 23-24, 27, 84-85, 143, 145, 154
Landmann: 57, 74-75, 86, 243, 246, 249
Langer: 139, 258

Larthomas: 261
Lazarowicz: 119, 254
Leibfried: 24, 119-122, 232, 233, 254, 266
Lemaître: 61
Lempicki: 254
Lenin: 197
Levin: 91, 92, 250
Lévi-Strauss: 103, 248
Lotman: 240, 253, 256
Lucilius: 133
Ludwig: 181
Ludz: 195, 198, 269, 270
Luhmann: 268
Lukács: 186, 195-200, 212, 244, 268, 269-270

Malherbe: 193
Malmberg: 252
Manly: 205, 231, 271
Mantz: 89-90, 92, 105, 249-250
Maranda: 126-127, 255
Maren-Grisebach: 240, 247, 248
Marquard: 192, 269, 270
Marsh: 205, 270, 271
Marx: 198
Means: 231
Menne: 229, 230, 235, 236, 254
Meschonnic: 41, 45-49, 50, 240
Milton: 211
Mörike: 73
Moisés: 87, 92, 102, 210, 249, 250, 262, 267, 271
Moseley: 231
Müller, G.: 45, 82-84, 112, 129, 134, 143, 154, 234, 248, 256, 257, 261
Müller, J.: 74, 246
Müller, L.: 160, 263

Neidhard: 220
Neuschäfer: 239, 259

Olson: 115-116, 125, 129, 138, 254, 255, 256, 258, 261, 262

Orsini: 237, 238, 262
Ortega: 86, 249
Orwell: 146

Pearson: 21-22, 23, 91, 230, 231, 250
Petersen: 42, 90, 159, 166, 182, 195, 207, 239, 250, 262, 265, 268, 269, 271
Petöfi: 228, 273
Petrarca: 73
Petsch: 18, 67, 74, 154, 207, 230, 244, 271
Piaget: 11, 27, 37, 46, 120, 122-124, 125, 126, 129, 139-140, 219, 224, 229, 234, 235, 237, 240, 248, 252, 254, 255, 257, 258, 259, 267, 269, 272, 273
Pichois / Rousseau: 61-62, 86, 110-111, 151-152, 209, 243, 249, 253, 260, 271
Pino: 237, 261
Piron: 146
Platon: 59, 157, 158, 176, 261
Pommier: 61, 86
Popper: 46, 240
Posner: 265
Preisendanz: 264
Priesemann: 246, 260
Propp: 80-81, 248
Puškin: 98
Putnam: 252

Quine: 33, 235, 236

Rickert: 9, 62, 129
Rodway: 22-23, 135, 159, 163, 231, 232, 242, 257, 262
Rodway / Lee: 22, 232
Roetteken: 42, 239
Rossum-Guyon: 240
Russo: 237
Ruttkowski: 19, 20, 23, 75-76, 155, 230, 231, 246, 261

Sacks: 107-108, 252
Sandig: 156, 178, 179
San Juan: 118-119, 254
Saussure: 93, 101, 108, 140
Schelling: 169, 262
Scherpe: 230, 235, 262
Schick: 271
Schinz: 239, 243, 267
Schiller: 158, 169, 181, 262
Schlegel, A. W.: 262
Schlegel, F.: 192-193, 244, 255-256, 269
Schleiermacher: 92
Schwartz: 117-118, 247, 254
Schwarz: 67, 169-170, 195, 244, 265, 269
Searle: 161, 233, 263
Seidler: 18, 86, 135, 209, 230, 249, 257, 258, 271
Sengle: 25, 87, 156, 157, 158, 232-233, 234, 235, 261, 262
Shaftesbury: 154
Shakespeare: 135, 193, 201, 239
Šklovskij: 98, 212
Skwarczyńska: 16, 18, 99-101, 102, 112, 133, 142, 229, 230, 252, 257, 258
Snell: 265
Spingarn: 37, 42, 43, 48, 50, 239, 240
Spitzer: 45, 240
Spoerri: 64
Staiger: 19, 66, 69-74, 75, 76, 93, 133, 138, 166-167, 168, 169, 170, 230, 244-245, 258, 259, 265
Stanzel: 23-24, 27, 150, 232, 233, 260, 264
Steck: 82, 248
Stegmüller: 31-37, 48, 73, 116, 120, 122, 129, 208, 232, 235-237, 238, 240, 243, 245, 254, 256, 269, 270, 271
Stempel: 90, 104-106, 108-109,

111, 114, 131, 137, 139, 142, 145, 153, 178, 249, 252, 253, 256, 257, 258, 259, 263
Stender-Petersen: 100, 101-102, 176-177, 252, 267
Sterne: 212
Stifter: 75
Stöhr: 182
Striedter: 21, 98, 212, 231, 251, 261, 272
Striedter / Stempel: 250
Suerbaum: 15, 23, 152-153, 229, 230, 232, 234-235, 260, 261
Symonds: 9, 58, 59, 60, 202, 243
Szondi: 163-164, 196, 244, 256, 264, 268, 269, 272

Tarot: 175-176, 267
Tieghem: 20, 90, 231, 242, 250
Titzmann: 220, 253, 273
Todorov: 20, 47, 77, 102-103, 130, 131-132, 137, 156, 231, 240, 246, 250, 252, 256, 257, 258, 261
Tolstoj: 212, 214
Tomaševskij: 98, 251
Trabant: 252, 265
Trzynadlowski: 109-110, 252-253
Tynjanov: 98, 138, 142, 153-154, 156, 191, 212-213, 214, 215-216, 251, 257, 258, 260-261, 269, 271, 272

Unger: 63, 185

Valentin: 165-166, 167, 244, 252, 258, 264-265

Vergil: 211
Viëtor: 18, 19, 42, 67, 69, 85-86, 100, 102, 128, 133-135, 151, 154, 155, 159, 230, 234, 239, 244, 249, 250, 257, 260, 261, 272
Vigée: 184, 268
Vigny: 209
Vischer: 169
Vivas: 116-117, 254
Voltaire: 146, 209, 211
Vossler: 37, 237, 239

Waltz: 187-189, 268
Warning: 268, 272
Wehrli: 230
Weimann: 239, 240
Weinberg: 10, 239
Weinrich: 17, 106, 178-179, 230, 267
Wellek: 37, 158, 163, 210, 231, 232, 237, 262, 265, 267, 271
Wellek / Warren: 12, 57, 91-92, 117, 155, 209, 231, 242, 250, 261, 262, 271
Welte: 233, 258
Whitmore: 242, 255, 271
Wienold: 132, 143-144, 145, 178, 252, 256-257, 258-259, 267
Wimsatt: 115, 254
Wittgenstein: 93, 95, 117, 237
Wolf / Troll: 248
Wunderlich: 127, 160, 233, 255, 259
Wundt: 63-64, 185, 196, 268, 269

Zacharias: 39, 237, 238, 241
Zagoskin: 214

Poetik und Hermeneutik

„Von einem Gremium von Gelehrten, zu denen einige der besten Köpfe gehören, die man in der Philologie aufzuweisen hat." FAZ

1. Hans Robert Jauß, Hrsg.: Nachahmung und Illusion

Kolloquium Gießen Juni 1963, 2. Aufl. 1969. Gr. 8°. 252 S. Ln. mit Schutzumschlag DM 28,—; Paperback DM 19,80

2. Wolfgang Iser, Hrsg.: Immanente Ästhetik — Ästhetische Reflexion

Lyrik als Paradigma der Moderne. Kolloquium Köln September 1964. 1966. Gr. 8°. 543 S. und 6 Kunstdrucktafeln (davon 1 farbig), Ln. mit Schutzumschlag DM 48,—; Paperback DM 25,—

3. Hans Robert Jauß, Hrsg.: Die nicht mehr schönen Künste

Grenzphänomene des Ästhetischen. Kolloquium Lindau September 1966. 1968. Gr. 8°. 735 S. und 13 Abb. auf Kunstdruck. Ln. mit Schutzumschlag DM 58,—; Paperback DM 36,—

4. Manfred Fuhrmann, Hrsg.: Terror und Spiel

Probleme der Mythenrezeption. Kolloquium Bielefeld Oktober 1968. 1971. Gr. 8°. 732 S. und 3 Abb. auf Kunstdruck. Ln. mit Schutzumschlag DM 58,—; Paperback DM 36,—

5. Reinhart Koselleck und Wolf-Dieter Stempel, Hrsg.: Geschichte — Ereignis und Erzählung

Kolloquium Reichenau Juni 1970. 600 S. und 9 Abb. auf Kunstdruck, Ln. DM 58,—; Paperback DM 36,—

 WILHELM FINK VERLAG MÜNCHEN

Kritische Information

Die neue Reihe stellt zu erschwinglichem Preis Hand- und Arbeitsbücher für das Studium, aber auch für den Bedarf des Oberstufen-Unterrichts an den Schulen bereit. An folgende Buchtypen ist dabei vorwiegend gedacht: 1. Ausgewogene Einführungen in große Fachgebiete; 2. Reader, in denen die maßgeblichen Beiträge zu neuen Fragestellungen, kommentiert und durch Register erschlossen, zusammengefaßt sind; 3. Kommentierte Bibliographien; 4. Fachdidaktiken; 5. Kommentare zentraler Texte; 6. Gesamtdarstellungen von Autoren des 20. Jahrhunderts.

1. Max Black: Sprache
Eine Einführung in die Linguistik. Übersetzt, erklärt und kommentiert von Herbert E. Brekle.

2. Ossip K. Flechtheim/Ernesto Grassi, Hrsg.: Marxistische Praxis
Selbstverwirklichung und Selbstorganisation des Menschen in der Gesellschaft.

3. Vladimir Karbusicky: Widerspiegelungstheorie und Strukturalismus
Zur Entstehungsgeschichte und Kritik der marxistisch-leninistischen Ästhetik

4. Wolfgang U. Dressler/Siegfried J. Schmidt: Textlinguistik
Kommentierte Bibliographie.

5. Dietrich Krusche: Kafka und Kafka-Deutung

6. Theodor Verweyen: Eine Theorie der Parodie
Am Beispiel Peter Rühmkorfs

7. Peter Haida: Komödie um 1900
Wandlungen des Gattungsschemas zwischen Hauptmann und Sternheim.

8. Winfried Schulze: Soziologie und Geschichtswissenschaft
Einführung in die Probleme der Kooperation beider Wissenschaften.

 WILHELM FINK VERLAG MÜNCHEN

9. Ernst L. Offermanns: Arthur Schnitzler
Das Komödienwerk als Kritik des Impressionismus.

10. Wolfgang Beilenhoff, Hrsg.: Poetik des Films
Deutsche Erstausgabe der filmtheoretischen Texte des russischen Formalismus.

11. Siegfried J. Schmidt, Hrsg.: Pragmatik I
Interdisziplinäre Beiträge zur Erforschung der sprachlichen Kommunikation. Mit einer Einführung des Herausgebers und separaten Einleitungen sowie Anmerkungen zu den einzelnen Beiträgen.

12. Herbert Kaiser: Materialien zur Theorie der Literaturdidaktik
Theorie, Literaturausbildung, Quellen- und Arbeitstexte.

13. Günter Waldmann: Theorie und Didaktik der Trivialliteratur
Modellanalysen – Didaktikdiskussion – literarische Wertung.

14. Wolfgang Huber: Assembler
Eine Einführung in die Assemblersprache.

15. Peter von Moos: Mittelalterforschung und Ideologiekritik
Der Gelehrtenstreit um Héloise.

16. Theo Elm: Siegfried Lenz - „Deutschstunde"
Engagement und Realismus im Gegenwartsroman.

17. Hajo Kurzenberger: Die Volksstücke Ödön von Horvaths

18. Dmitrij Tschizewskij: Russische Geistesgeschichte
Zweite, durchgesehene und erweiterte Auflage.

19. Lewis White Beck: Kants „Kritik der praktischen Vernunft"
Ein systematischer Kommentar. Übersetzt und mit einer Einleitung versehen von Karl-Heinz Ilting.

20. Georg Heike, Hrsg.: Phonetik und Phonologie
Ein Reader. Mit Kommentaren und Anmerkungen zur Entwicklung der Phonologiediskussion sowie einer Einleitung des Herausgebers.

 WILHELM FINK VERLAG MÜNCHEN

Historizität in Sprach- und Literaturwissenschaft

Die auf der Tagung der Vereinigung der deutschen Hochschulgermanisten vom 10. bis 14. April 1972 in Stuttgart gehaltenen Vorträge. Hrsg. von Walter Müller-Seidel. Ca. 480 S. Ln. mit Schutzumschlag ca. DM 58.—; Paperback ca. DM 36.—

Die Themen der Vorträge: Die Krise des historischen Bewußtseins und die Funktionskrise in den geschichtlichen Wissenschaften — Die Problematik des geschichtlichen Denkens in der Gegenwart. Von Dilthey zum französischen Strukturalismus — Probleme der Hochschuldidaktik — Einleitung zur Diskussion über die Fachgeschichte bzw. die Reformprobleme der Germanistik — Das Interesse am Leser — Zur Eröffnung einer Arbeitsstelle für Geschichte der Germanistik — Wissenschaftsgeschichte und Forschungsplanung — Diachronie des Ablaufs. Möglichkeiten und Grenzen einer generativen Phonologie — Historische und systematische Erklärungen in der Transformationsgrammatik — Zum sprachgeschichtlichen Erkenntniswert moderner Lauttheorie — Hemmungen in einem kybernetischen Modell der literarischen Rezeption. Das Problem der Diskontinuität in der Literaturgeschichte — Thesen zur Rezeptionsgeschichtsschreibung. Die Rezeption des Nibelungenlieds im 19. Jh. — Überlieferung und Rezeption der mhd. Lyriker im Spätmittelalter und in der frühen Neuzeit — Zur Kritik der Rezeptionsästhetik — Literaturgeschichte jenseits der antihistorischen Experimente — Epoche als Arbeitsbegriff der Literaturgeschichte — Die Vergangenheit der Gegenwartsliteratur — Literatur als Teil des Klassenkampfes — Dialektische Literaturwissenschaft — Aspekte einer Literaturgeschichte als Sozialgeschichte — Literarische Struktur und politisch-sozialer Kontext — Lyrik des 18. Jh. vor der Schwelle zur Autonomie-Ästhetik — Romantische Lyrik am Übergang von der Autonomie- zur Zweckästhetik — Autonomes Gedicht und politische Verkündigung im Spätwerk Stefan Georges — Das Verhältnis von Soziolinguistik und Systemlinguistik — Die soziale Verteilung von Dialekt und Einheitssprache — Kriterien zur Erarbeitung soziosemantischer Hypothesen — Sprachwandel, Individuum und Gesellschaft — Ahistorischer Strukturalismus: Ein Mißverständnis — Probleme der Wirkungsgeschichte unter besonderer Berücksichtigung marxistischer Literaturtheorien — Goethes „Werther": Ein rezeptionsästhetisches Modell — Aspekte der Rezeption des „Werther" im Frankreich des 18. Jh. — Rezeption: empirisch — Literatur im politischen Kontext — Zu Heinrich Manns Romanen der 20er Jahre — Apropos Neue Sachlichkeit — Über das geschichtliche Selbstverständnis des deutschen Humanismus — Barocker Stoizismus und Theorie der Tragödie — Lessing und die heroische Tradition — Zur Historizität des Autonomiebegriffs — Ideologiekritische Aspekte zum Autonomiebegriff am Beispiel Schillers — Die relative Autonomie der Literatur.

Mit seinen 40 Beiträgen leistet der Band eine umfassende Dokumentation der Situation, Reformpläne und Zukunftsaussichten des Faches Germanistik. Die Themen der zehn Sektionen lauten: Lautstruktur und Geschichte — Rezeption und Geschichte I und II — Literaturgeschichte als Problem — Literaturgeschichte und Sozialwissenschaft — Lyrik, Gesellschaft und Geschichte — Soziolinguistik und Systemlinguistik — Literarische Epochen: Die Weimarer Republik — Tradition und Rezeption der Antike – Zur Autonomie der Literatur.

 WILHELM FINK VERLAG MÜNCHEN

Fragen des Strukturalismus

Hans Günther: Struktur als Prozeß
Zur Literaturtheorie und Ästhetik des tschechischen Strukturalismus.
100 S. kart. DM 14,80

Jurij M. Lotman: Vorlesungen zur strukturalen Poetik
Hrsg. und mit einem Nachwort versehen von Karl Eimermacher. Übersetzt von Waltraud Jachnow. *Theorie und Geschichte der Literatur und der Schönen Künste*, Bd. 14. 234 S. Ln. DM 28,—; kart. DM 16,80
Inhalt: Einige Probleme einer allgemeinen Kunsttheorie — Spezifik der Kunst — Das Material der Kunst — Kunst und das Problem des Modells — Kunst als semiotisches System — Probleme der Versstruktur — Poesie und Prosa — Versübersetzung.

Christian Metz: Semiologie des Films
Übersetzt von Renate Koch. Mit einem Vorwort von W. A. Koch. 329 S. kart. DM 28,—
„Die filmtheoretischen Arbeiten von Christian Metz, der mit linguistischen und strukturalistischen Mitteln vorgeht, werden von großer Bedeutung und Fruchtbarkeit sein." *Humanisme*
„Metz beweist es: das Modell von Saussure bietet die einzig mögliche rationale Basis für die Interpretation des Films." *Revue Critique*

Wolf-Dieter Stempel, Hrsg.: Texte der russischen Formalisten
Bd. II: Theorie der poetischen Sprache und der Lyrik
Mit einer Einleitung „Zur formalistischen Theorie der poetischen Sprache" sowie mit Registern und Bibliographie. *Theorie und Geschichte der Literatur und der Schönen Künste*, Bd. 6, 2. 494 S. Ln. DM 38,—; kart. DM 28,—
Dieser Band rundet das für Philologen aller Fächer bestimmte und überall mit großem Beifall aufgenommene Unternehmen zu einem unentbehrlichen Handbuch.
Inhalt: W.-D. Stempel, Zur formalistischen Theorie der poetischen Sprache — V. Šklovskij, Die Auferweckung des Wortes — R. Jakobson, Die neueste russische Poesie. Viktor Chlebnikov — V. Žirmunskij, Die Aufgaben der Poetik — O. Brik, Rhythmus und Syntax — B. Tomaševskij, Vers und Rhythmus — Ju. Tynjanov, Die Ode als oratorisches Genre — S. Bernštejn, Ästhetische Voraussetzungen einer Theorie der Deklamation — Ju. Tynjanov / R. Jakobson, Probleme der Literatur- und Sprachforschung — R. Jakobson, Was ist Poesie?

Ingrid Strohschneider-Kohrs: Literarische Struktur und geschichtlicher Wandel
Aufriß wissenschaftlicher und methodologischer Probleme. 32 S. kart. DM 3,80

 WILHELM FINK VERLAG MÜNCHEN

Zu Fragen der Gattungspoetik

Egbert Faas: Poesie als Psychogramm
Die dramatisch-monologische Versdichtung im viktorianischen Zeitalter. 228 S. kart. DM 38,—

Jörg-Ulrich Fechner, Hrsg.: Das deutsche Sonett
Dichtungen, Gattungspoetik und Dokumente. Mit Einleitung und Kommentar. 456 S. Ln. mit Schutzumschlag DM 38,—; kart. DM 24,—

Ulrich Fülleborn: Das deutsche Prosagedicht
Zu Theorie und Geschichte einer Gattung. 59 S. kart. DM 9,80

Barbara Goth: Untersuchungen zur Gattungsgeschichte der Sottie
Bochumer Arbeiten zur Sprach- und Literaturwissenschaft, Bd. 1. 145 S. kart. DM 24,80

Klaus Willy Hempfer: Tendenz und Ästhetik
Studien zur französischen Verssatire des 18. Jahrhunderts. *Romanica Monacensia*, Bd. 5. 314 S. Ln. DM 48,—

Walter Jens, Hrsg.: Die Bauformen der griechischen Tragödie
Beihefte zu POETICA, Bd. 6. Zus. 466 S. Ln. DM 78,—

 WILHELM FINK VERLAG MÜNCHEN

Hans-Jörg Neuschäfer: Boccaccio und der Beginn der Novelle
Strukturen der Kurzerzählung auf der Schwelle zwischen Mittelalter und Neuzeit. *Theorie und Geschichte der Literatur und der Schönen Künste*, Bd. 8. 145 S. Ln. DM 24,–

Fritz Nies: Gattungspoetik und Publikumsstruktur
Zur Geschichte der Sévigné-Briefe. *Theorie und Geschichte der Literatur und der Schönen Künste*, Bd. 21. 376 S. mit 8 Abb. auf Kunstdruck, Ln. DM 68,–

Janos Riesz: Die Sestine
Ihre Stellung in der literarischen Kritik und ihre Geschichte als lyrisches Genus. *Humanistische Bibliothek*. Reihe I (Abhandlungen), Bd. 10. 334 S. kart. DM 58,–

Ernst A. Schmidt: Poetische Reflexion
Vergils Bukolik. 347 S. Ln. mit Schutzumschlag DM 78,–

Wolf Steidle: Studien zum antiken Drama
Unter besonderer Berücksichtigung des Bühnenspiels. *Studia et Testimonia Antiqua*, Bd. 4. 196 S. Ln. DM 28,– kart. DM 19,80

Barbara Tiemann: Fabel und Emblem
Die Bedeutung Gilles Corrozets für die französische Fabeldichtung der Renaissance. *Humanistische Bibliothek*. Reihe I (Abhandlungen), Bd. 18. 261 S. und 40 Abbildungen auf Kunstdruck, kart. DM 48,–

Alois Wierlacher: Das Bürgerliche Drama
Seine theoretische Begründung im 18. Jahrhundert. 207 S. kart. DM 28,–

 WILHELM FINK VERLAG MÜNCHEN

UTB

Uni-Taschenbücher GmbH
Stuttgart

40. Jurij Striedter, Hrsg.: Russischer Formalismus
Texte zur allgemeinen Literaturtheorie und zur Theorie der Prosa. Einsprachig deutsche Sonderausgabe. Mit einer kommentierenden Einleitung.
Zus. 345 S. DM 12,80.
ISBN 3-7705-0626-X (Fink)

103. Jurij M. Lotman: Die Struktur literarischer Texte
Übersetzt von Rolf-Diertrich Keil. 430 S. DM 12,80
ISBN 3-7705-0631-6 (Fink)

104. E. D. Hirsch: Prinzipien der Interpretation
Übersetzt von Adelaide Anne Späth. 333 S. DM 16,80
ISBN 3-7705-0632-4 (Fink)

105. Umberto Eco: Einführung in die Semiotik
Autorisierte deutsche Ausgabe von Jürgen Trabant. 474 S. mit zahlreichen Tabellen und 4 Abb. auf Kunstdruck. DM 19,80
ISBN 3-7705-0633-2 (Fink)

127. Manfred Brauneck, Hrsg.: Die rote Fahne
Kritik, Theorie, Feuilleton. Mit einem kritischen Kommentar von Manfred Brauneck. 512 S. und 16 Kunstdrucktafeln DM 19,80
ISBN 3-7705-0641-3 (Fink)

131. Annamaria Rucktäschel, Hrsg.: Sprache und Gesellschaft
405 S. DM 19,80
ISBN 3-7705-0639-1 (Fink)

136. Leo Trotzki: Literaturtheorie und Literaturkritik
Mit einer Einleitung von Ulrich Mölk. 184 S. DM 15,80
ISBN 3-7705-0637-5 (Fink)

163. Wolfgang Iser: Der implizite Leser
Kommunikationsformen des Romans von Bunyan bis Beckett.
420 S. DM 9,80
ISBN 3-7705-0793-2 (Fink)